Servicio Andaluz
de Salud (SAS)

Temario Específico Volumen 1

Fisioterapeutas

Servicio Andaluz de Salud (SAS)

eRodio
ediciones

Autores

Ricardo Sotillo Hidalgo
Doctor en Psicología
Enfermero

Cándido Jesús Chaves Marín
Enfermero

Ramón Vidal Ramírez
Licenciado en Derecho

Antonio Martos López
Licenciado en Veterinaria

Francisco Rivas García
Licenciado en Ciencia y Tecnología de Alimentos

Noelia Díez Herrero
Licenciada en Derecho

Odette Ochoa Guerra
Licenciada en Psicología

Juan Manuel Manzano
Enfermero

Miguel-Pelayo Galán Bravo
Enfermero

Cristina Velasco Cuevas
Enfermera

María José Pino Perles
Enfermera

Segunda edición, marzo 2017 (408 páginas)
Diseño de portada: Ediciones Rodio, S. Coop. And.
Edita: Ediciones Rodio, S. Coop. And.
Alameda de Hércules, 32-33. 1.ª planta. 41002-Sevilla
Teléfono: 955 28 74 84. Fax: 955 09 38 48
www.edicionesrodio.com
email: info@edicionesrodio.com
ISBN: 978-84-16963-16-4
ISBN Obra completa: 978-84-16963-21-8

Índice

Presentación

El equipo editorial de Ediciones Rodio, con más de 20 años de experiencia en el sector del libro para la preparación de oposiciones, pone a tu disposición este eficaz manual para la preparación de las pruebas de acceso a la categoría de Fisioterapeuta del Servicio Andaluz de Salud, según el Programa Oficial último.

Este primer volumen, del temario Específico para esta categoría, comprende diecisiete temas (del 10 al 26) convenientemente desarrollados y actualizados.

Con el deseo de ofrecer al opositor un manual eficaz y de garantía, hemos incluido las respuestas a algunas preguntas solicitadas, referidas a los temas expuestos, en últimas convocatorias del Servicio Andaluz de Salud.

De este modo, a lo largo del desarrollo de cada tema, el lector encontrará este icono: que indica el párrafo donde está situada la respuesta de una pregunta de Exámenes oficiales del SAS para esta categoría.

Con estos recursos didácticos, pretendemos dotar al opositor de herramientas útiles para afrontar con garantías las pruebas selectivas.

Ediciones Rodio presenta el programa completo de Temas para Fisioterapeuta del SAS, dividido en seis volúmenes:

- *El Temario Común y test (temas y test 1 al 9).*
- *Temario Específico, Volumen 1.*
- *Temario Específico, Volumen 2.*
- *Temario Específico, Volumen 3.*
- *Temario Específico, Volumen 4.*
- *El Cuestionario, tipo test, de los Temas Específicos.*

Las actualizaciones que se realicen desde este momento hasta la fecha de publicación de la Convocatoria en el Boletín Oficial de la Junta de Andalucía (BOJA) podrán consultarse en nuestra página web ***http://www.temariosoposiciones.com/actualizaciones*** *junto a otros materiales complementarios.*

Sólo nos queda desearte el mayor de los éxitos.

Tu triunfo será nuestro triunfo.

Queremos felicitarte por el paso que has dado. Sabemos que afrontar unas oposiciones es una decisión importante, una tarea que precisa, entre otras cualidades, de grandes dosis de constancia y determinación. Pero no solo eso, también es importante poder contar con ayuda.

La colaboración es nuestra piedra angular, porque la razón de ser del cooperativismo está en la persecución de un beneficio común, aunando voluntades, afianzando recursos y mejorando la situación de quienes forman parte de un mismo proyecto.

Fieles a nuestros principios fundacionales, las cooperativas mantenemos un compromiso ético en aras de una sociedad más justa, a través de valores como la democracia, la transparencia, la responsabilidad social, la equidad o la solidaridad. Así como la Igualdad de género, y la sostenibilidad empresarial y medioambiental, que tienen carácter transversal al resto de principios.

Porque nosotros mismos hemos adoptado la fórmula del emprendimiento cooperativista, apreciamos el valor de contar con el apoyo de quienes confían en un mismo proyecto. Por eso, en nuestro compromiso con el empleo, queremos decirte que no estás solo en tu propósito. Desde este momento formamos contigo un equipo, y estamos convencidos que, con los recursos que ponemos a tu disposición, podrás obtener el máximo provecho al esfuerzo invertido y alcanzar con éxito tus objetivos de empleo.

Temario específico
Volumen 1

Fisioterapeutas Servicio Andaluz de Salud (SAS)

Tema 10

Organización sanitaria (III). Biobancos del Sistema Sanitario Público de Andalucía. Ordenación administrativa y funcional de los servicios de Salud Mental. Plan Andaluz de Emergencias Sanitarias. Agencias Públicas Empresariales adscritas a la Consejería competente en materia de Salud. Consorcios y conciertos. Actuaciones en materia de Salud Pública: su regulación en la Ley 16/2011, de 23 de diciembre, de Salud Pública de Andalucía

Ramón Vidal Ramírez
Licenciado en Derecho

Rodio ediciones

Índice esquemático

1. BIOBANCOS DEL SISTEMA SANITARIO PÚBLICO DE ANDALUCÍA

1.1. Decreto 1/2013

A continuación, vamos a analizar el Decreto 1/2013, de 8 de enero, *por el que se regula la autorización para la constitución y funcionamiento de Biobancos con fines de investigación biomédica, se crean el Registro de Biobancos de Andalucía y el Biobanco del Sistema Sanitario Público de Andalucía.*

El artículo 54.1 del Estatuto de Autonomía para Andalucía reconoce a la Comunidad Autónoma en materia de investigación científica y técnica, la competencia exclusiva con relación a los centros y estructuras de investigación de la Junta de Andalucía.

Por su parte, el artículo 47.1.1.ª del mencionado Estatuto de Autonomía establece que corresponde a la Comunidad Autónoma la competencia exclusiva en materia de procedimiento administrativo derivado de las especialidades de la organización propia de la Comunidad Autónoma, la estructura y regulación de los órganos administrativos públicos de Andalucía y de sus organismos autónomos.

La investigación biomédica constituye un instrumento esencial para mejorar la salud, el bienestar y las expectativas de vida de los ciudadanos. En este contexto, la biotecnología destaca cada día más como el área del desarrollo tecnológico con más recorrido en un inmediato futuro y como fuente de conocimiento, de progreso y de riqueza.

Este nuevo enfoque necesariamente ha llevado a los respectivos legisladores nacionales, y en el ámbito comunitario, a las propias instituciones europeas, a la elaboración de un amplio marco jurídico regulador de la investigación biomédica que se ajusta a las previsiones acordadas en el convenio europeo sobre los derechos humanos y la biomedicina.

La Ley 14/2007, de 3 de julio, de Investigación Biomédica, define por vez primera en el ordenamiento jurídico español una institución fundamental en el ejercicio de la acción investigadora en el campo de la biomedicina, los biobancos. En muchas ocasiones los sustratos de la investigación en salud son las muestras biológicas, es decir, cualquier material biológico de origen humano susceptible de ser conservado, que contiene la dotación genética característica de una persona, ya sea de pacientes o de sujetos sanos. Por otro lado, tan necesaria como la pieza anatómica o la sustancia en cuestión, es la información clínica relativa al estado de salud del individuo fuente de dichas muestras, que resulta, cuando no imprescindible, de enorme interés.

El artículo 64.2 de la Ley de Investigación Biomédica dispone que para la creación de Biobancos distintos de los nacionales será necesaria la autorización administrativa otorgada por la autoridad competente de la Comunidad Autónoma. Por otra parte, corresponde a las Comunidades Autónomas determinar qué autoridad es la competente, y autorizar la constitución y funcionamiento de los Biobancos en sus ámbitos competenciales, sin perjuicio de las facultades atribuidas al Ministerio nacional competente, que en materia de investigación biomédica está recogido en el artículo 4 del Real Decreto 1716/2011, de 18 de noviembre. En este RD se establecen los requisitos básicos de autorización y funcionamiento de los Biobancos con fines de investigación biomédica y del tratamiento de las muestras biológicas de origen humano, y se regula el funcionamiento y organización del Registro Nacional de Biobancos para la investigación biomédica.

La Ley 14/2007, de 3 de julio, establece, en el capítulo IV del título V, el estatuto básico de los biobancos de muestras biológicas, regulando sus características fundamentales y sus notas diferenciales de otras colecciones de muestras biológicas, estableciendo tanto su organización como su funcionamiento con respeto de los derechos y libertades fundamentales del ciudadano en su condición de sujeto fuente de las muestras albergadas en ellos.

En este contexto, el Decreto 1/2013 circunscribe su ámbito de aplicación a los biobancos, definidos como colecciones de muestras biológicas humanas concebidas con fines de investigación o diagnósticos y vocación de durabilidad y ordenadas como unidades técnicas con criterios de calidad, orden y destino.

Constituye el objeto del Decreto 1/2013:

a) Determinar el procedimiento para conceder la autorización de la constitución y funcionamiento de biobancos con fines de investigación biomédica en la comunidad Autónoma de Andalucía, de acuerdo con lo establecido en el artículo 4 del real Decreto 1716/2011, de 18 de noviembre, por el que se establecen los requisitos básicos de autorización y funcionamiento de los biobancos con fines de investigación biomédica y del tratamiento de las muestras biológicas de origen humano, y se regula el funcionamiento y organización del registro Nacional de biobancos para la investigación biomédica.
b) La creación del registro Andaluz de biobancos con fines de investigación biomédica.
c) La creación del biobanco del Sistema Sanitario Público de Andalucía.

1.2. Ámbito de aplicación

De conformidad con lo dispuesto en el artículo 3.1 del Real Decreto 1716/2011, de 18 de noviembre, el Decreto 1/2013 será de aplicación:

a) A los biobancos con fines de investigación biomédica ubicados en la comunidad Autónoma de Andalucía, colecciones de muestras biológicas de origen humano con fines de investigación biomédica y muestras biológicas de origen humano utilizadas en proyectos de investigación, incluidas las que se utilicen en el marco de un ensayo clínico.
b) A los biobancos, colecciones de muestras biológicas de origen humano y muestras biológicas de origen humano obtenidas con fines asistenciales o diagnósticos, en tanto todas o algunas de las muestras se vayan a utilizar también con fines de investigación biomédica.

1.3. Principios generales

A los efectos de lo establecido en Decreto 1/2013 serán aplicables, además de los principios establecidos en la normativa estatal sobre investigación biomédica y normas comunitarias dictadas en la materia, lo dispuesto en los tratados internacionales ratificados por España sobre aplicaciones de la biología, la medicina y la bioética.

1.4. Autorización para la constitución y funcionamiento de biobancos con fines de investigación biomédica

De conformidad con el artículo 4 del real Decreto 1716/2011, de 18 de noviembre, para la constitución de un biobanco en Andalucía se requerirá la autorización previa del órgano competente en materia de autorización, acreditación y registro de centros, servicios y establecimientos sanitarios de la consejería competente en materia de salud.

Según establece el artículo 5 del real Decreto 1716/2011, de 18 de noviembre, para la concesión de la autorización para la constitución y funcionamiento de biobancos se deberá contar con los siguientes requisitos:

a) Que la organización, objetivos y medios disponibles del biobanco justifiquen su interés biomédico.
b) Que se haya designado a la persona titular de la dirección científica del biobanco y a la persona responsable del fichero.
c) Que el biobanco esté adscrito a dos comités externos, uno científico y otro de ética.
d) Que la actividad del biobanco no implique ánimo de lucro. No obstante, el biobanco podrá repercutir con la cesión de cada muestra los costes de obtención, cesión, mantenimiento, manipulación, procesamiento, envío y otros gastos de similar naturaleza relacionados con las muestras, de acuerdo con lo establecido en el artículo 69.3 de la Ley 14/2007, de 3 de julio, de Investigación Biomédica.
e) Que se haya inscrito el fichero de datos en el registro General de Protección de Datos de la Agencia Española de Protección de Datos o, en su caso, en el registro de la agencia autonómica de protección de datos que resulte competente.
f) Que cuente con las instalaciones y medios indispensables para garantizar la conservación de las muestras en condiciones de calidad adecuada, incluyendo las medidas necesarias para preservar su integridad ante posibles fallos técnicos.
g) Que se cumplan los requisitos del real Decreto 1716/2011, de 18 de noviembre.

1.5. Solicitud

La persona titular del biobanco deberá solicitar autorización para su constitución y funcionamiento al órgano competente en materia de autorización, acreditación y registro de centros, servicios y establecimientos sanitarios de la consejería competente en materia de salud.

La solicitud se cumplimentará según modelo que figura como Anexo al Decreto 1/2013 e irá acompañada de la documentación relacionada en el mismo.

1.6. Instrucción y resolución del procedimiento

Una vez recepcionada la solicitud de autorización y, en su caso, subsanados los defectos y completada la documentación, se solicitarán los informes técnicos necesarios para la evaluación de las condiciones exigidas en la normativa vigente.

Instruido el procedimiento, e inmediatamente antes de la propuesta de resolución, se dará inicio al trámite de audiencia dentro de diez días, si procediese, a tenor de lo previsto en el artículo 84 de la Ley 30/1992, de 26 de noviembre, de régimen Jurídico de las Administraciones Públicas y del Procedimiento Administrativo común.

El órgano competente en materia de autorización, acreditación y registro de centros, servicios y establecimientos sanitarios de la consejería competente en materia de salud dictará y notificará la resolución expresa en el plazo de tres meses, contados desde la fecha en que la solicitud haya tenido entrada en el registro del órgano competente para su tramitación. Transcurrido el citado plazo sin que se hubiera dictado y notificado resolución expresa, podrá entenderse desestimada la solicitud por silencio administrativo.

Sin perjuicio de lo establecido para la revocación de la autorización, cierre del biobanco o modificación sustancial de las condiciones y conforme a lo establecido en el artículo 7 del Real Decreto 1716/2011, de 18 de noviembre, la autorización se concederá por un período indefinido.

1.7. Revocación de la autorización de constitución y funcionamiento del biobanco

Conforme a lo establecido en el artículo 10 del Real Decreto 1716/2011, de 18 de noviembre, la autoridad competente podrá revocar la autorización de constitución y funcionamiento en los siguientes casos:

a) Cuando faltara alguno de los requisitos para obtener la autorización en el momento de su solicitud, o alguno de los documentos aportados para solicitarla hubiera sido declarado falso por sentencia judicial firme.

b) Cuando el biobanco deje de cumplir, con posterioridad al otorgamiento de la autorización de constitución y funcionamiento, los requisitos establecidos para ser autorizado.

En la resolución de revocación figurará expresamente el destino de las muestras almacenadas en el biobanco, que podrá consistir en:

a) La destrucción de las muestras.

b) La cesión de las muestras a otro biobanco.

c) La conservación de las muestras para su utilización en proyectos de investigación concretos o integradas en una colección.

Los procedimientos de revocación de la autorización para la constitución y funcionamiento de Biobancos deberán ajustarse a lo dispuesto por la Ley 30/1992, de 26 de noviembre, de Régimen Jurídico de las Administraciones Públicas y del Procedimiento Administrativo Común. El plazo máximo en el que debe notificarse la resolución expresa será de tres meses contados a partir de la fecha del acuerdo de iniciación.

1.8. Cierre del biobanco a solicitud de la persona titular

Según lo establecido en el artículo 11 del Real Decreto 1716/2011, de 18 de noviembre, el titular del biobanco podrá solicitar el cierre del mismo al órgano competente para autorizar la constitución y funcionamiento de los biobancos en Andalucía.

La resolución que acuerde el cierre del biobanco dispondrá expresamente el destino de las muestras biológicas almacenadas en él, oída la persona titular del mismo. Dicho destino podrá consistir en alguno de los indicados anteriormente para el caso de revocación de la autorización.

El cambio de destino de las muestras determinado por la autoridad competente por causa de clausura o cierre de un biobanco o la revocación de su autorización no requerirá el consentimiento del sujeto fuente si las mismas hubieran sido previamente anonimizadas, si la obtención de dicho consentimiento representara un esfuerzo no razonable en el sentido del artículo 3.i) la Ley 14/2007, de 3 de julio, o si no fuera posible por haber fallecido el sujeto fuente o este fuera ilocalizable.

En cualquier caso será exigible el dictamen favorable del comité de Ética de la investigación al que el biobanco estuviera adscrito, que deberá tomar en consideración como mínimo el cumplimiento de los requisitos previstos en el artículo 24 del Real Decreto 1716/2011.

1.9. Modificaciones sustanciales

A tenor con lo indicado en el artículo 8 del Real Decreto 1716/2011, de 18 de noviembre, las modificaciones sustanciales en las condiciones y requisitos que motivaron la concesión de la autorización deberán autorizarse por el mismo órgano competente y en las mismas condiciones, plazos y procedimiento establecidos anteriormente.

Se consideran modificaciones sustanciales las relativas a:

a) Los objetivos del biobanco.

b) El esquema organizativo y de medios materiales y personales.

c) La titularidad del biobanco.

d) El reglamento interno de funcionamiento del biobanco y de los comités externos.

e) La composición de los comités externos.

f) Las características de las colecciones, los criterios de inclusión y los propósitos para los cuales se constituyen.

g) La información que puede asociarse a las muestras.
h) El modelo de repercusión de los costes a terceros.

1.10. Registro Andaluz de Biobancos con fines de investigación biomédica

1.10.1. Creación del registro Andaluz de Biobancos con fines de investigación biomédica

Al amparo del artículo 64,2 de la Ley de Investigación Biomédica (Ley 14/2007 de 3 de julio) y del artículo 1.b y artículo 10 del Decreto 1/2013 de 8 de enero, se regula la creación del Registro Andaluz de Biobancos con fines de investigación biomédica, dependiente del órgano competente en materia de autorización, acreditación y Registro de centros, servicios y establecimientos sanitarios de la consejería competente en materia de salud.

El registro Andaluz de Biobancos es de carácter público e informativo. La información contenida en el mismo podrá recabarse por quien acredite interés legítimo en ella, mediante las certificaciones de la persona encargada del mismo, previa solicitud, sin perjuicio de las limitaciones establecidas en la normativa aplicable.

Los datos de carácter personal que pudieran contenerse en dicho registro, quedarán sometidos a lo previsto por la Ley orgánica 15/1999, de 13 de diciembre, de Protección de Datos de carácter Personal, su normativa de desarrollo, o a aquella que pudiera sustituirla.

1.10.2. Objeto y contenido del registro Andaluz de Biobancos

Serán objeto de inscripción en el registro Andaluz de Biobancos con fines de investigación biomédica:

a) Los datos relativos a las autorizaciones de constitución y funcionamiento de los biobancos y colecciones ordenadas de muestras para investigación, así como a sus modificaciones y a las resoluciones de revocación de la autorización para la constitución y funcionamiento o de cierre de biobancos.
b) Los datos relativos a los biobancos, a su actividad y a las redes de las que forman parte, en su caso.
c) Los datos relativos a las colecciones ordenadas de muestras biológicas que, sin tener como fin principal la investigación biomédica, pretendan ser utilizadas con fines de investigación biomédica. En estos casos, los establecimientos en los que se contengan se regirán por la normativa vigente aplicable, siendo de aplicación lo dispuesto en el Decreto 1/2013 únicamente para las muestras que pretendan utilizarse para investigación biomédica.

Todas las inscripciones en el registro Andaluz de Biobancos con fines de investigación biomédica contendrán, como mínimo, los datos expresados en el Anexo del real Decreto 1716/2011, de 18 de noviembre, así como los extremos recogidos en la solicitud de autorización.

1.10.3. Inscripciones

La inscripción en el registro Andaluz de Biobancos se realizará de oficio con carácter previo a la aplicación de lo establecido en el artículo 37.3 del real Decreto 1716/2011, de 18 de noviembre, y contemplará los siguientes datos:

a) Los relativos a las autorizaciones de constitución y funcionamiento de los biobancos, así como a sus modificaciones y a las resoluciones de revocación de la autorización para la constitución y funcionamiento o de cierre de biobancos.
b) Los informativos relativos a los biobancos y su actividad y a las redes de las que forman parte, en su caso.
c) La información relativa a colecciones de muestras biológicas de origen humano con fines de investigación biomédica conservadas fuera del ámbito organizativo de un biobanco, procedentes de personas identificadas o identificables.

Los datos deben ser comunicados por las personas o establecimientos públicos o privados que tengan una o más colecciones para fines de investigación biomédica conservadas fuera del ámbito organizativo de un biobanco en el plazo de dos meses tras la constitución de la colección o desde que se haya producido la modificación de la misma.

Una vez inscrita la autorización de constitución y funcionamiento del biobanco, el órgano competente en materia de autorización, acreditación y registro de centros, servicios y establecimientos sanitarios procederá a comunicar todos los datos al registro Nacional de Biobancos para Investigación Biomédica, en el plazo de dos meses tras la notificación de la resolución a la persona interesada o tras la recepción de las comunicaciones de modificaciones no sustanciales, al objeto de que se lleve a cabo la oportuna inscripción.

Asimismo, serán comunicadas al citado registro Nacional las revocaciones de autorizaciones de constitución y funcionamiento y de cierre que, en su caso, pudieran producirse.

1.11. Biobanco del Sistema Sanitario Público de Andalucía

1.11.1. Creación y organización del biobanco en red del Sistema Sanitario Público de Andalucía

De conformidad con lo dispuesto en el artículo 17.1 del Real Decreto 1716/2011, de 18 de noviembre, se crea el biobanco del Sistema Sanitario Público de Andalucía dependiente de la consejería competente en materia de salud, como un biobanco en red, donde se integran aquellas estructuras y unidades de los centros sanitarios públicos, bancos de líneas celulares y otros centros públicos que puedan obtener, procesar y conservar células, tejidos, substancias y muestras biológicas para uso clínico o de investigación, constituidos como nodos del biobanco. Cada nodo del biobanco contará con una persona que ejercerá la dirección del mismo.

De acuerdo con lo dispuesto en el artículo 66 de la Ley 14/2007, de 3 de julio, el biobanco del Sistema Sanitario Público de Andalucía estará adscrito a un comité científico externo y a un comité ético externo que, en este último caso, será el comité coordinador de Ética de la Investigación de Andalucía.

La dirección científica del biobanco del Sistema Sanitario Público de Andalucía, con el contenido establecido en el artículo 13 del Real Decreto 1716/2011, de 18 de noviembre, será ejercida por una persona perteneciente al Sistema Sanitario Público de Andalucía, con reconocido prestigio profesional y científico relacionada con la investigación biomédica, las ciencias de la salud y la bioética. Esta persona será nombrada por la persona titular de la consejería con competencias en materia de salud.

El biobanco del Sistema Sanitario Público de Andalucía estará sujeto a lo dispuesto en los artículos 12 a 17 del Real Decreto 1716/2011, de 18 de noviembre, así como al Decreto 1/2013.

1.11.2. Consejo rector del biobanco del Sistema Sanitario Público de Andalucía

Se crea el consejo rector del biobanco del Sistema Sanitario Público de Andalucía como órgano de gobierno colegiado del biobanco al que le corresponden las funciones de dirección, control y supervisión general del mismo.

El consejo rector del biobanco del Sistema Sanitario Público de Andalucía será presidido por la persona titular de la consejería competente en materia de salud, o persona en quién ésta delegue. Formarán parte de dicho consejo las personas titulares de los órganos competentes en materia de calidad, investigación, desarrollo e innovación y de asistencia sanitaria, y un máximo de cinco vocales nombrados por la persona titular de la citada consejería, que serán designados entre las personas con responsabilidad institucional vinculadas al funcionamiento del biobanco en red.

Las funciones del consejo rector serán las siguientes:

a) Proponer el nombramiento de la persona que ejerza la dirección científica del biobanco, que asistirá a las reuniones del consejo.
b) Elaborar y aprobar la memoria anual de actividades.
c) Definir las políticas y líneas estratégicas de investigación del biobanco.
d) Designar el comité científico externo.
e) Aprobar el Programa científico.
f) Establecer el procedimiento y las condiciones para la inclusión de un nodo en la estructura del biobanco en red, así como la designación del nodo coordinador.
g) Aprobar el reglamento de funcionamiento interno del biobanco y sus nodos.
h) Aprobar el reglamento interno del comité científico

En la composición del consejo rector se garantizará la representación equilibrada de hombres y mujeres, de acuerdo con lo previsto en la Ley 9/2007, de 22 de octubre, de la Administración de la Junta de Andalucía.

La organización y funcionamiento del consejo rector será la establecida para los órganos colegiados en la Sección 1.ª del capítulo II del título IV de la Ley 9/2007, de 22 de octubre y en la Ley 30/1992, de 26 de noviembre.

1.11.3. Comité científico externo del biobanco del Sistema Sanitario Público de Andalucía

El comité científico del biobanco del Sistema Sanitario Público de Andalucía es el órgano de asesoramiento y evaluación científica de la cesión de muestras y datos asociados a las mismas.

El comité científico será nombrado por el consejo rector del biobanco, a propuesta de la persona que ejerza la dirección científica, entre aquellas personas con conocimientos suficientes para las funciones que tienen asignadas. Contará con una presidencia y al menos diez vocalías pertenecientes a las principales disciplinas biomédicas.

El reglamento del comité científico será aprobado por el consejo rector del biobanco del Sistema Sanitario Público de Andalucía.

El comité científico tendrá, en cualquier caso, las funciones establecidas en el artículo 15, apartado 2, del Real Decreto 1716/2011, de 18 de noviembre.

2. ORDENACIÓN ADMINISTRATIVA Y FUNCIONAL DE LOS SERVICIOS DE SALUD MENTAL

2.1. Decreto 77/2008, de 4 de marzo, de ordenación administrativa y funcional de los servicios de salud mental en el ámbito del Servicio Andaluz de Salud

El artículo 43 de la Constitución Española reconoce el derecho a la protección de la salud y establece que los poderes públicos organizarán y tutelarán la salud pública a través de medidas preventivas y de las prestaciones y servicios necesarios. Por su parte, en el artículo 49 del texto constitucional, se establece que los poderes públicos realizarán una política de previsión, tratamiento, rehabilitación e integración de los disminuidos físicos, sensoriales y psíquicos, a los que prestarán la atención especializada que requieran y los ampararán para el disfrute de los derechos que el Título I otorga a todos los ciudadanos.

El artículo 149.1.16.ª de la Constitución Española atribuye al Estado la competencia exclusiva en materia de bases y coordinación general de la sanidad y el artículo 55.1 del Estatuto de Autonomía para Andalucía, dispone que corresponde a la Comunidad Autónoma la competencia exclusiva sobre organización, funcionamiento interno, evaluación, inspección y control de centros, servicios y establecimientos sanitarios. Asimismo, el artículo 55.2 del citado Estatuto, establece que corresponde a la Comunidad Autónoma de Andalucía la competencia compartida en materia de sanidad interior y, en particular y sin perjuicio de la competencia exclusiva que le atribuye el artículo 61, la ordenación, planificación, determinación, regulación y ejecución de los servicios y prestaciones sanitarias, socio sanitarias y de salud mental de carácter publico en todos los niveles y para toda la población, así como la ordenación y la ejecución de las medidas destinadas a preservar, proteger y promover la salud pública en todos los ámbitos.

Asimismo, en el artículo 22.3 del Estatuto de Autonomía para Andalucía se dispone que las personas con enfermedad mental tendrán derecho a actuaciones y programas sanitarios especiales y preferentes. Por su parte, el artículo 18 de la Ley 2/1998, de 15 de junio, de Salud de Andalucía, de conformidad con las previsiones del artículo 20 de la Ley 14/1986, de 25 de abril, General de Sanidad, al contemplar las actuaciones relacionadas con la asistencia sanitaria que la Administración Sanitaria de la Comunidad Autónoma llevará a cabo, se refiere expresamente a la atención a los problemas de salud mental, preferentemente en el ámbito de la comunidad, potenciando los recursos asistenciales a nivel ambulatorio, los sistemas de hospitalización parcial y la atención domiciliaria; realizándose las hospitalizaciones de pacientes, cuando se requieran, en unidades hospitalarias de salud mental.

El Decreto 338/1988, de 20 de diciembre, de ordenación de los servicios de atención a la salud mental, definió la regulación, composición y funciones de los dispositivos de atención a la salud mental, así como los mecanismos de coordinación entre ellos. La experiencia acumulada en los años transcurridos desde la aprobación del citado Decreto 338/1988, de 20 de diciembre, permite disponer de datos epidemiológicos y clínicos de los trastornos mentales en nuestra Comunidad Autónoma y apreciar la complejidad de algunos de los trastornos mentales atendidos por el Sistema Sanitario Público de Andalucía. Esta experiencia pone de manifiesto la necesidad de que las intervenciones se efectúen con un enfoque comunitario y sociosanitario, así como que la asistencia a las personas con trastornos mentales se lleve a cabo, tanto desde los dispositivos especializados creados a tal fin, como mediante programas de actuación horizontales y diferenciados, en los que participen diversos dispositivos y distintos profesionales del conjunto de la red sanitaria pública, que permitan profundizar en la atención comunitaria a la salud mental y garantizar la continuidad de la atención sanitaria, evitando la fragmentación de la atención.

Por tanto, deben desarrollarse estrategias y actividades regladas de colaboración entre atención primaria y atención especializada. Teniendo en cuenta que el primer contacto de los usuarios con el Sistema Sanitario Público de Andalucía se establece, con carácter general, en el ámbito de la atención primaria, los distritos de atención primaria continuarán desarrollando programas que integren actividades de promoción de la salud mental, tanto de carácter preventivo como asistencial y seguirán realizando con carácter intersectorial actividades coordinadas con otras instituciones de carácter social.

Por otro lado, de acuerdo con lo establecido en la Ley 44/2003, de 21 de noviembre, de Ordenación de las Profesiones Sanitarias, y con el objeto de mejorar la eficacia, la efectividad y la eficiencia de los servicios, se están aplicando, en el ámbito del Servicio Andaluz de Salud, fórmulas innovadoras bajo el marco de la gestión clínica, de modo que se abordan de forma integrada actuaciones de prevención, promoción, asistencia, cuidados y rehabilitación.

En este contexto, es necesario un nuevo marco reglamentario que contemple la orientación comunitaria que el Sistema Sanitario Público de Andalucía debe tener en la atención a la salud mental conforme a lo previsto en el artículo 18.2 de la Ley 2/1998, de 15 de junio, impulsando, por un lado, la agrupación de profesionales para favorecer la atención integrada y la continuidad asistencial y, por otro, reordenando las estructuras directivas y de apoyo a la gestión, para favorecer la capacidad de decisión de los profesionales y facilitar el desarrollo de la actividad con los criterios que configuran la gestión clínica.

Por tanto, el Decreto 77/2008 regula la ordenación de la atención a la salud mental y contempla la creación de unidades de gestión clínica de salud mental en todas las áreas hospitalarias o áreas de gestión sanitaria del Servicio Andaluz de Salud.

2.1.1. Objeto

Constituye el objeto del Decreto 77/2008 la ordenación de la atención a la salud mental en el ámbito del Servicio Andaluz de Salud, que se organiza funcionalmente en los niveles de atención primaria y atención especializada.

2.1.2. Objetivos generales

Son objetivos generales de la atención a la salud mental en el ámbito del Servicio Andaluz de Salud los siguientes:

a) Promocionar la salud mental, la prevención de la enfermedad, la asistencia, los cuidados y la rehabilitación de las personas con problemas de salud mental, aplicando el modelo comunitario de atención a la salud mental conforme a lo previsto en el artículo 18.2 de la Ley 2/1998, de 15 de junio, y de acuerdo con los principios generales de equidad, eficiencia y calidad.

b) Desarrollar en todos los dispositivos asistenciales de atención a la salud mental programas y actividades de rehabilitación.

c) Garantizar la continuidad de la atención sanitaria, de cuidados y el apoyo a la integración social, mediante programas transversales de coordinación de los dispositivos de atención a la salud mental con otras instituciones y dispositivos no sanitarios implicados en la atención comunitaria a la salud mental.

2.2. Atención a la salud mental en los centros de atención primaria

En los centros de atención primaria, la atención a la salud mental se desarrollará por los profesionales adscritos a los mismos.

Las funciones de los centros de atención primaria, en relación con las personas con problemas de salud mental, son las siguientes:

a) Establecer el primer contacto con las citadas personas.

b) Realizar la valoración y definición de las estrategias de intervención, teniendo en cuenta el enfoque de género.

c) Prestar atención sanitaria en los casos que no requieran atención especializada.

d) Realizar la derivación de las citadas personas al nivel especializado de atención a la salud mental, en los casos que sea necesario.

e) Identificar la necesidad de apoyo social, facilitando el acceso a los servicios comunitarios.

f) Colaborar con los dispositivos de atención especializada a la salud mental en el seguimiento de personas con trastorno mental grave.

2.3. Atención especializada: dispositivos asistenciales

2.3.1. Estructura de la atención especializada a la salud mental

La atención especializada a las personas con problemas de salud mental se organiza, en el Servicio Andaluz de Salud, a través de los siguientes dispositivos asistenciales:

a) Unidad de salud mental comunitaria.

b) Unidad de hospitalización de salud mental.

c) Unidad de salud mental infanto-juvenil.

d) Unidad de rehabilitación de salud mental.

e) Hospital de día de salud mental.

f) Comunidad terapéutica de salud mental.

Los dispositivos asistenciales relacionados en el apartado anterior estarán integrados en las áreas hospitalarias o áreas de gestión sanitaria correspondientes.

2.3.2. Unidad de salud mental comunitaria

La unidad de salud mental comunitaria se establece como el dispositivo básico de atención especializada a la salud mental, constituyendo su primer nivel de atención especializada. Su ámbito poblacional estará determinado por la población que tenga asignada en el área hospitalaria o área de gestión sanitaria correspondiente en la que esté adscrita. Dicha unidad constituye el dispositivo con el que se coordinarán el resto de los dispositivos asistenciales de atención a la salud mental.

Las funciones de la unidad de salud mental comunitaria, en relación con las personas con problemas de salud mental, son las siguientes:

a) Prestar atención integral a pacientes de su ámbito poblacional en régimen ambulatorio o domiciliario.

b) Desarrollar programas de atención comunitaria que integren actividades de carácter preventivo y de promoción de la salud, asistenciales, de cuidados y de rehabilitación y de apoyo a la integración social, en coordinación con aquellos recursos que contribuyan a la mejor atención de estos pacientes.

c) Garantizar la continuidad asistencial y de cuidados con otros dispositivos asistenciales.

d) Apoyar y asesorar a los centros de atención primaria en la atención a los problemas de salud mental de la población asignada, mediante la realización de actividades de formación, interconsultas u otras.
e) Coordinar la derivación de pacientes al resto de dispositivos de salud mental, cuando las necesidades de los mismos así lo requieran.
f) Proponer la derivación de pacientes a otro centro o servicio vinculado con el Servicio Andaluz de Salud mediante convenio o concierto.

2.3.3. Unidad de hospitalización de salud mental

La unidad de hospitalización de salud mental es un dispositivo asistencial de salud mental destinado a atender las necesidades de hospitalización en salud mental de la población correspondiente a su área hospitalaria de referencia o área de gestión sanitaria.

Las funciones de la unidad de hospitalización de salud mental, en relación con las personas con problemas de salud mental, son las siguientes:

a) Prestar la atención especializada y el apoyo asistencial necesario, en régimen de hospitalización completa y de corta estancia.
b) Dar el alta al paciente en la unidad de hospitalización e informar de la misma a la correspondiente unidad de salud mental comunitaria, al objeto de garantizar la continuidad asistencial y de los cuidados de enfermería. Si se considera conveniente la derivación a otros dispositivos asistenciales de salud mental, se realizará en coordinación con la unidad de salud mental comunitaria.
c) Atender a pacientes ingresados en otros servicios del hospital que lo precisen.
d) Participar en el desarrollo de programas de atención a pacientes con alto riesgo de hospitalización, coordinándose con las unidades de salud mental comunitaria y otros dispositivos asistenciales de salud mental de su ámbito de influencia.

2.3.4. Unidad de salud mental infanto-juvenil

La unidad de salud mental infanto-juvenil es un dispositivo asistencial de salud mental destinado a desarrollar programas especializados para la atención a la salud mental de la población infantil y adolescente menor de edad del área hospitalaria de referencia o área de gestión sanitaria correspondiente.

Las funciones de la unidad de salud mental infanto-juvenil, en relación con las personas menores de edad con problemas de salud mental, son las siguientes:

a) Prestar la atención especializada a la salud mental, en régimen ambulatorio y de hospitalización completa o parcial, a la población infantil y adolescente menor de edad con trastorno mental, derivada desde las unidades de salud mental comunitaria de su ámbito de influencia.
b) Prestar apoyo asistencial a requerimiento de otros dispositivos asistenciales de salud mental.

c) Desarrollar programas asistenciales específicos para la atención a las necesidades planteadas por las unidades de salud mental comunitaria, o la generada por las instituciones públicas competentes en materia de atención y protección de menores.

d) Asegurar la continuidad asistencial y de cuidados, tanto en el ámbito hospitalario como en el comunitario, con independencia de que el ingreso de la persona menor de edad se produzca en la propia unidad, o en otros servicios de hospitalización del área hospitalaria o del área de gestión sanitaria correspondiente.

e) Apoyar y asesorar al resto de los dispositivos asistenciales de salud mental en su ámbito de influencia, en el desarrollo de programas de atención a la salud mental de la población infantil y adolescente.

2.3.5. Unidad de rehabilitación de salud mental

La unidad de rehabilitación de salud mental es el dispositivo asistencial de salud mental que tiene por objeto la recuperación de habilidades sociales y la reinserción social y laboral, en régimen ambulatorio, de pacientes con trastorno mental grave del área hospitalaria de referencia o del área de gestión sanitaria correspondiente.

Las funciones de la unidad de rehabilitación de salud mental son las siguientes:

a) Prestar atención especializada, mediante el desarrollo de programas específicos de rehabilitación, a pacientes derivados de las unidades de salud mental comunitaria de su ámbito de influencia.

b) Dar el alta al paciente de la unidad de rehabilitación de salud mental e informar de la misma a la unidad de salud mental comunitaria de referencia, al objeto de garantizar la continuidad asistencial y de cuidados.

c) Apoyar y asesorar al resto de los dispositivos asistenciales de salud mental en su ámbito de influencia, en el desarrollo de programas de rehabilitación para personas con trastornos mentales.

d) Colaborar, mediante una actuación coordinada, con los organismos e instituciones públicas con competencia en materia de servicios sociales, para la reinserción social de enfermos mentales.

2.3.6. Hospital de día de salud mental

El Hospital de día de salud mental es un dispositivo asistencial de salud mental, de hospitalización parcial y se configura como recurso intermedio entre la unidad de salud mental comunitaria y la unidad de hospitalización de salud mental.

Las funciones del hospital de día de salud mental, en relación con las personas con problemas de salud mental, son las siguientes:

a) Prestar atención especializada, en régimen de hospitalización diurna, a pacientes derivados desde las unidades de salud mental comunitaria de su ámbito de influencia, mediante el desarrollo de programas individualizados de atención.

b) Dar el alta al paciente del hospital de día de salud mental e informar de la misma a la unidad de salud mental comunitaria de referencia, al objeto de garantizar la continuidad asistencial y de cuidados. Si se considera conveniente la derivación a otros dispositivos asistenciales de salud mental, se realizará en coordinación con la unidad de salud mental comunitaria.

c) Realizar las correspondientes interconsultas cuando el hospital de día de salud mental se encuentre ubicado en un centro hospitalario que carezca de unidad de hospitalización de salud mental.

d) Participar en el desarrollo de programas comunitarios de atención a pacientes de alto riesgo o con trastorno mental grave, que se desarrollen por las unidades de salud mental comunitaria u otros dispositivos asistenciales de salud mental encargados de desarrollar los programas mencionados.

2.3.7. Comunidad terapéutica de salud mental

La comunidad terapéutica es un dispositivo asistencial de salud mental dirigido al tratamiento intensivo de pacientes que requieren una atención sanitaria especializada de salud mental, de forma permanente, completa y prolongada.

Las funciones de la comunidad terapéutica de salud mental, en relación con las personas con problemas de salud mental, son las siguientes:

a) Prestar atención especializada a pacientes con trastorno mental grave derivados desde las unidades de salud mental comunitaria.

b) Dar el alta al paciente de la comunidad terapéutica e informar de la misma a la unidad de salud mental comunitaria de referencia, al objeto de garantizar la continuidad asistencial y de cuidados. Si se considera conveniente la derivación a otro dispositivo específico de salud mental, se realizará en coordinación con la unidad de salud mental comunitaria.

c) Participar en el desarrollo de programas comunitarios de atención a pacientes de alto riesgo o pacientes afectados por trastornos mentales graves, que se desarrollen por las unidades de salud mental comunitaria u otros dispositivos asistenciales de salud mental encargados de desarrollar los programas mencionados.

d) Desarrollar programas de atención parcial en aquellos casos que sean precisos.

2.3.8. Profesionales que integran los dispositivos asistenciales de atención a la salud mental

Los dispositivos asistenciales de atención especializada a la salud mental tienen carácter multidisciplinar y podrán estar integrados por personas que desarrollen las siguientes profesiones:

a) Psiquiatría.

b) Psicología Clínica

c) Enfermería.

d) Terapia Ocupacional.

e) Auxiliar de Enfermería.
f) Trabajo Social.
g) Monitor Ocupacional.
h) Otro personal estatutario de gestión y servicios.

2.3.9. Unidad de gestión clínica de salud mental

2.3.9.1. Concepto y objetivos de la unidad de gestión clínica

La unidad de gestión clínica de salud mental es la estructura organizativa responsable de la atención especializada a la salud mental de la población e incorpora los dispositivos asistenciales de salud mental del área hospitalaria o área de gestión sanitaria correspondiente.

Los objetivos de la unidad de gestión clínica de salud mental son el desarrollo de la actividad asistencial, la promoción de la salud, la prevención de la enfermedad, los cuidados de enfermería, la rehabilitación y el apoyo a la integración social de las personas con problemas de salud mental, actuando con criterios de autonomía organizativa, de corresponsabilidad en la gestión de los recursos, de buena práctica clínica y de cooperación intersectorial.

2.3.9.2. Características y composición

La unidad de gestión clínica de salud mental desarrolla sus actividades de acuerdo con un modelo de práctica clínica integrado, orientado a la obtención de resultados para la mejora de la eficacia, la efectividad y la eficiencia de la atención a la salud mental, articulando la participación de los profesionales, a través de una mayor autonomía y responsabilidad en la gestión.

Asimismo, desarrolla sus actuaciones con criterios de gestión clínica, incorporando en la toma de decisiones clínicas el mejor conocimiento disponible, así como los criterios definidos en las guías de procesos asistenciales y guías de práctica clínica de demostrada calidad científica y los criterios de máxima eficiencia en la utilización de los recursos diagnósticos y terapéuticos.

La unidad de gestión clínica de salud mental estará integrada por profesionales de diversas categorías y áreas de conocimiento que trabajarán conjuntamente, con arreglo a los principios de autonomía, responsabilidad y participación en la toma de decisiones.

2.3.9.3. Funciones

Las funciones de la unidad de gestión clínica de salud mental son las siguientes:

a) Prestar asistencia sanitaria individual y colectiva, en régimen ambulatorio, domiciliario, de urgencias y de hospitalización parcial o completa, a la población del área hospitalaria o área de gestión sanitaria a la que se encuentre adscrita la unidad de gestión clínica de salud mental, a través de la coordinación entre los dispositivos asistenciales de salud mental que la integran, con capacidad de organizarse de forma autónoma, descentralizada y expresamente recogida en el acuerdo de gestión clínica.

b) Desarrollar la atención especializada a la salud mental en su ámbito territorial, llevando a cabo la implantación de procesos asistenciales y programas de salud, y el desarrollo del plan integral de salud mental, en función de la planificación establecida por la Dirección Gerencia del hospital o Gerencia del área de gestión sanitaria a la que se encuentre adscrita la unidad de gestión clínica de salud mental.

c) Establecer los mecanismos de coordinación con los demás centros y unidades del Sistema Sanitario Público de Andalucía con los que esté relacionada, a fin de lograr una atención sanitaria integrada, con criterios de continuidad en la asistencia y cohesión de las diferentes actividades.

d) Desarrollar actuaciones de promoción de la salud, la educación para la salud, la prevención de la enfermedad, los cuidados y la participación en las tareas de rehabilitación y apoyo a la integración social y comunitaria de las personas con problemas de salud mental que reciben atención en alguno de los dispositivos asistenciales de la unidad.

e) Desarrollar las actividades de coordinación con los servicios sociales comunitarios que sean necesarias para mejorar la atención a las personas con trastorno mental y favorecer su inserción social.

f) Realizar las actividades necesarias para el desarrollo de planes y programas de promoción del uso racional del medicamento y gestión eficaz y eficiente de la prestación farmacéutica, en el ámbito de la atención a la salud mental.

g) Evaluar las actuaciones realizadas y los resultados obtenidos, así como la participación en programas generales de evaluación y acreditación establecidos por la Dirección Gerencia del Servicio Andaluz de Salud, con criterios de orientación hacia los resultados en salud, la mejora continua y la gestión eficiente de los recursos.

h) Realizar las actividades de formación continuada necesarias para adecuar los conocimientos, habilidades y actitudes del personal de la unidad a los mapas de competencias establecidos para cada categoría profesional, así como participar en aquellas otras actividades formativas adecuadas a los objetivos de la unidad de gestión clínica.

i) Realizar las actividades de formación pregraduada y postgraduada correspondientes a las diferentes categorías profesionales y áreas de conocimiento, de acuerdo con los convenios vigentes en cada momento en estas materias.

j) Participar en el desarrollo de proyectos de investigación y otros estudios científicos y académicos relacionados con los fines de la unidad, de acuerdo con los criterios generales y prioridades establecidas por la Dirección Gerencia del hospital o Gerencia del área de gestión sanitaria.

k) Aquellas otras que estén fijadas en los acuerdos de gestión clínica u otras de análoga naturaleza que le puedan ser atribuidas por la Dirección Gerencia del hospital o Gerencia del área de gestión sanitaria.

2.3.9.4. Personal integrante

Integrarán la unidad de gestión clínica de salud mental todos los profesionales que presten sus servicios en los dispositivos asistenciales de salud mental del área hospitalaria o del área de gestión sanitaria correspondiente.

Dichos profesionales dependerán jerárquica y funcionalmente de la dirección de la unidad de gestión clínica de salud mental.

Los citados profesionales participarán en el desarrollo de los objetivos de la unidad de gestión clínica de salud mental, según su ámbito de responsabilidad y competencia.

2.3.9.5. Dirección de la unidad, funciones y dependencia

En cada unidad de gestión clínica de salud mental existirá el puesto de dirección de la unidad, cuyo titular estará en posesión de una titulación universitaria sanitaria, con rango de cargo intermedio y con dependencia jerárquica y funcional de la Dirección Gerencia del hospital o Gerencia del área de gestión sanitaria.

Además de las funciones asistenciales propias de su categoría profesional, la persona titular de la dirección de la unidad de gestión clínica de salud mental tendrá las siguientes funciones:

a) Dirigir, gestionar y organizar las actividades, los recursos materiales y económicos asignados a la unidad, en el marco establecido en el acuerdo de gestión clínica, garantizando la adecuada atención sanitaria a la salud mental de la población del área hospitalaria o área de gestión sanitaria a la que se encuentre adscrita la unidad y la eficiente gestión de las prestaciones sanitarias.
b) Participar en la toma de decisiones organizativas y de gestión del área hospitalaria o área de gestión sanitaria, a través de los mecanismos que se establezcan por la Dirección Gerencia del hospital o Gerencia del área de gestión sanitaria respectiva.
c) Proponer y planificar la consecución de los objetivos asistenciales, docentes y de investigación contenidos en el acuerdo de gestión clínica, así como efectuar la evaluación de las actividades realizadas por todos los profesionales adscritos a la unidad, en aras a lograr los resultados anuales fijados en dicho acuerdo.
d) Dirigir a los profesionales adscritos total o parcialmente a la unidad de gestión clínica, mediante la dirección participativa y por objetivos, atendiendo al desarrollo profesional y a la evaluación del desempeño. En este sentido compete a la dirección:
    1. Establecer, de acuerdo con la Dirección Gerencia del hospital o Gerencia del área de gestión sanitaria, la organización funcional de la unidad de gestión clínica de salud mental, la organización y distribución de la jornada ordinaria y complementaria de los profesionales, para el cumplimiento de los objetivos previstos en el correspondiente acuerdo de gestión clínica, de acuerdo con la normativa vigente.
    2. Proponer a la Dirección Gerencia del hospital o Gerencia del área de gestión sanitaria, en el marco de la normativa vigente y dentro de la asignación

presupuestaria de la unidad de gestión clínica, el número y la duración de los nombramientos por sustituciones, ausencias, licencias y permisos reglamentarios, incluido el plan de vacaciones anuales.

3. Establecer un plan de formación personalizado que contemple las demandas y necesidades de los profesionales que integren la unidad, reforzando aquellas competencias que sean necesarias para el desarrollo de los procesos asistenciales de la unidad de gestión clínica de salud mental.

e) Proponer a la Dirección Gerencia del hospital o Gerencia del área de gestión sanitaria la contratación de bienes y servicios para el ejercicio de las funciones de la unidad de gestión clínica, de acuerdo con la normativa de aplicación y con la disponibilidad presupuestaria, así como participar en la elaboración de los informes técnicos correspondientes.

f) Gestionar los recursos económicos asignados a la unidad en el marco presupuestario establecido en el acuerdo de gestión clínica, con criterios de gestión eficiente de los recursos públicos.

g) Evaluar la contribución de cada profesional que integre la unidad al desarrollo de los objetivos de la unidad de gestión clínica y decidir el reparto de los incentivos, de acuerdo con los criterios establecidos por los órganos de dirección del Servicio Andaluz de Salud.

h) Suscribir, de acuerdo con la Dirección Gerencia del hospital o Gerencia del área de gestión sanitaria, acuerdos de colaboración con otros servicios o entidades que presten asistencia sanitaria, tanto de atención primaria como especializada, a las personas con enfermedad mental en el ámbito del Sistema Sanitario Público de Andalucía.

i) Formalizar, de acuerdo con la Dirección Gerencia del hospital o Gerencia del área de gestión sanitaria, acuerdos de cooperación con los servicios sociales que contemplen la adecuada coordinación asistencial con la provisión de recursos residenciales y ocupacionales.

j) Dirigir y gestionar el conjunto de procesos asistenciales de la unidad de gestión clínica de salud mental.

k) Impulsar y coordinar las actuaciones que, en el ámbito de la investigación y la docencia, desarrolle la unidad de gestión clínica de salud mental.

l) Ostentar la representación de la unidad de gestión clínica.

m) Garantizar la efectividad de la participación ciudadana en el ámbito de la unidad de gestión clínica de salud mental, a través de los mecanismos establecidos por la Consejería competente en materia de salud.

n) Atender las reclamaciones que realice la ciudadanía con relación a los dispositivos asistenciales adscritos a la unidad de gestión clínica de salud mental.

ñ) Proponer a la Dirección Gerencia del hospital o Gerencia del área de gestión sanitaria cuantas medidas pudieran contribuir al mejor funcionamiento de la unidad de gestión clínica de salud mental.

o) Cualquier otra que le sea atribuida por la Dirección Gerencia del hospital o Gerencia del área de gestión sanitaria correspondiente.

2.3.9.6. Coordinación de los dispositivos asistenciales que integran la unidad de gestión clínica de salud mental

En cada dispositivo asistencial de salud mental que forme parte de la unidad de gestión clínica existirá el puesto de coordinación del dispositivo asistencial de salud mental con rango de cargo intermedio, que dependerá jerárquica y funcionalmente de la dirección de la unidad de gestión clínica de salud mental.

Además de las funciones asistenciales propias de su categoría profesional, las personas responsables de la coordinación de los dispositivos asistenciales de salud mental, tendrán las siguientes funciones:

a) Coordinar al conjunto de profesionales que integran el correspondiente dispositivo asistencial de salud mental, al objeto de llevar a cabo el cumplimiento de los objetivos y el desarrollo de los programas establecidos en la unidad de gestión clínica de salud mental.
b) Proponer a la dirección de la unidad de gestión clínica de salud mental, la distribución de actividades y horarios del correspondiente dispositivo asistencial de salud mental, así como responsabilizarse de su cumplimiento.
c) Todas aquellas que le sean delegadas por la dirección de la unidad de gestión clínica de salud mental.

2.3.9.7. Coordinación de cuidados de enfermería

En cada unidad de gestión clínica de salud mental existirá el puesto de coordinación de cuidados de enfermería que tendrá rango de cargo intermedio.

Además de las funciones asistenciales propias de su categoría profesional, la persona titular de la coordinación de cuidados de enfermería tendrá las siguientes funciones:

a) Impulsar la gestión de los cuidados de enfermería, especialmente de los domiciliarios, favoreciendo la personalización de la atención sanitaria en todos los procesos asistenciales, incorporando las actividades de promoción de la salud, de educación para la salud y de prevención de la enfermedad.
b) Desarrollar y coordinar la atención a los pacientes en situación de especial vulnerabilidad, con problemas de accesibilidad, que deban ser atendidos en el domicilio o en los dispositivos asistenciales de salud mental de la correspondiente unidad.
c) Promover y establecer mecanismos para la atención de cuidados a la persona con problemas de salud mental mediante la coordinación entre el personal de enfermería de atención primaria y el personal de enfermería de atención especializada, así como con otro personal de enfermería que realice atención en cuidados enfermeros, de acuerdo con los criterios establecidos por la Dirección Gerencia del hospital o Gerencia del área de gestión sanitaria y la dirección de la unidad de gestión clínica, en el marco de las estrategias del Servicio Andaluz de Salud, para conseguir una continuidad de cuidados eficaz en todos los procesos asistenciales.

d) Evaluar la efectividad, la calidad y la eficiencia de los cuidados de enfermería que se prestan en los distintos dispositivos asistenciales de salud mental adscritos a la unidad de gestión clínica de salud mental.
e) Colaborar en las actuaciones que en materia de docencia e investigación desarrolle la unidad de gestión clínica de salud mental, con especial énfasis en la valoración de necesidades de cuidados de enfermería y efectividad de la práctica cuidadora.
f) Gestionar, de forma eficaz y eficiente, el material clínico de la unidad de gestión clínica y su mantenimiento, así como los productos sanitarios necesarios para la provisión de los cuidados mas adecuados a la población.
g) Proponer a la dirección de la unidad de gestión clínica de salud mental cuantas medidas, iniciativas e innovaciones pudieran contribuir al mejor funcionamiento en el desarrollo de los cuidados de enfermería.
h) Otras funciones que en materia de cuidados de enfermería le sean atribuidas por la dirección de la unidad de gestión clínica de salud mental.

2.3.9.8. Acuerdo de gestión clínica

El acuerdo de gestión clínica es el documento en el que se fija el marco de gestión de la unidad de gestión clínica, así como los métodos y recursos para conseguir los objetivos definidos en el mismo.

Este documento será autorizado por la Dirección General competente en materia de asistencia sanitaria del Servicio Andaluz de Salud.

La Dirección Gerencia del hospital o Gerencia del área de gestión sanitaria suscribirá acuerdos de gestión clínica con cada una de las direcciones de las unidades de gestión clínica de salud mental del área correspondiente.

El acuerdo de gestión clínica estará orientado a asegurar a la población del área hospitalaria o área de gestión sanitaria a la que se encuentre adscrita la unidad de gestión clínica de salud mental, una atención en materia de salud mental, eficaz, efectiva, orientada a atender las necesidades específicas de la población, asegurando la adecuada accesibilidad a los servicios que presta la unidad en un marco de gestión eficiente de los recursos públicos.

El acuerdo de gestión clínica recogerá los objetivos asistenciales, docentes e investigadores de la unidad, así como los correspondientes en materia de promoción de salud, prevención de la enfermedad, protección y educación para la salud. Igualmente, establecerá los recursos humanos, materiales, tecnológicos y económicos, asignados para el periodo de vigencia del mismo.

En el acuerdo de gestión clínica se especificará la metodología de asignación de los incentivos de la unidad de gestión clínica y de los profesionales a ella adscritos, en función del grado de cumplimiento de los objetivos.

El acuerdo de gestión clínica tendrá un período de vigencia de cuatro años, si bien podrá ser renovado sucesivamente por iguales períodos.

El acuerdo de gestión clínica será objeto de seguimiento anual por la Dirección General competente en materia de asistencia sanitaria del Servicio Andaluz de Salud, para evaluar su evolución y corregir, en su caso, los elementos necesarios para garantizar su cumplimiento.

2.4. Régimen de personal

2.4.1. Personal de los dispositivos asistenciales de salud mental

Los dispositivos asistenciales de salud mental regulados en el Decreto 77/2008, estarán integrados por personal sanitario y de gestión y servicios, adscritos al área hospitalaria o área de gestión sanitaria correspondiente, en los términos contemplados en la normativa vigente.

El personal de los diferentes dispositivos asistenciales de salud mental, se encuentra sujeto a movilidad dentro de los dispositivos asistenciales de salud mental pertenecientes al ámbito del área hospitalaria o área de gestión sanitaria correspondiente, si las necesidades de organización así lo requieren y de acuerdo con la normativa vigente.

Todos los facultativos especialistas en psiquiatría que presten servicios en los diferentes dispositivos asistenciales de salud mental, participarán en la realización de jornada complementaria para la asistencia urgente en los dispositivos asistenciales de salud mental de referencia, de acuerdo con la normativa vigente.

2.4.2. Provisión de cargos intermedios

La provisión de los cargos intermedios, previstos en el Decreto 77/2008, se ajustará a lo establecido en el Decreto 75/2007, de 13 de marzo, por el que se regula el sistema de provisión de puestos directivos y cargos intermedios de los centros sanitarios del Servicio Andaluz de Salud y demás normativa vigente en la materia.

2.4.3. Selección de personal y provisión de plazas básicas

Los dispositivos asistenciales de salud mental estarán dotados con las plazas básicas de personal sanitario y de gestión y servicios que se les asignen.

La selección de personal y provisión de plazas básicas se efectuará de acuerdo con lo establecido en el Decreto 136/2001, de 12 de junio, por el que se regulan los sistemas de selección del personal estatutario y de provisión de plazas básicas en los centros sanitarios del Servicio Andaluz de Salud y demás normativa vigente en la materia.

2.4.4. Participación profesional

Los profesionales que desarrollen su actividad en un dispositivo asistencial de salud mental en la estructura organizativa de la unidad de gestión clínica de salud mental, participarán en su organización y funcionamiento, en los términos que se establezcan por la Consejería competente en materia de salud.

La Dirección Gerencia del hospital o Gerencia del área de gestión sanitaria establecerá los mecanismos más adecuados para garantizar la participación de las personas que desempeñen las direcciones de las unidades de gestión clínica y sus correspondientes coordinaciones de cuidados de enfermería en la organización de la actividad asistencial, formación continuada, investigación y gestión de recursos; asegurando la participación de los profesionales en el seno de la unidad de gestión clínica, especialmente en la elaboración de la propuesta de objetivos anuales y consecución de los mismos, además de la transparencia en la evaluación de los resultados.

3. PLAN ANDALUZ DE EMERGENCIAS SANITARIAS

El Plan Andaluz de Urgencias y Emergencias es el instrumento organizativo del Sistema Sanitario Público de Andalucía responsable de orientar y marcar las pautas a seguir en la atención a las urgencias y emergencias de los centros sanitarios públicos andaluces.

La atención sanitaria urgente ocupa un lugar destacado en el Sistema Sanitario Público de Andalucía, tanto por el volumen de la demanda, como por la trascendencia social de esta actividad. Debido a dicha importancia social y sanitaria, la Comunidad Autónoma de Andalucía ha desarrollado y puesto en marcha importantes estrategias e iniciativas relacionadas con las urgencias y emergencias, con el objetivo de responder a las necesidades y expectativas ciudadanas, así como de los profesionales del sistema.

En la actualidad, el Sistema Sanitario Público de Andalucía (SSPA) cuenta con una importante red de recursos destinados a la atención sanitaria urgente y emergente.

La actividad del sistema de urgencias y emergencias es anualmente de más de casi seis millones de demandas de atención urgente a nivel de atención primaria y cerca de 4 millones a nivel de urgencias hospitalarias; mientras que los equipos móviles de emergencias se activan en más de 70.000 ocasiones.

3.1. Líneas estratégicas del Plan Andaluz de Urgencias y Emergencias

Las líneas estratégicas sobre las que se asientan todas las medidas y acciones que se han y se están impulsando en el terreno de la atención de urgencias y emergencias son:

- **El ciudadano protagonista del sistema de urgencias y emergencias**
  - Garantizar la accesibilidad mediante la optimización de los recursos operativos disponibles.
  - Garantizar los derechos ciudadanos: La seguridad, la confidencialidad, la satisfacción, la participación y los derechos en general de los ciudadanos.

  - ▹ Potenciar el papel ciudadano como agente activo en la cadena de supervivencia de la parada cardiorrespiratoria: Una faceta de especial interés para la Consejería de Salud radica en la formación en emergencias sanitarias destinada a la ciudadanía, principalmente en la cadena de supervivencia de la parada cardiorrespiratoria.
- **Reordenación del marco organizativo y funcional del sistema de urgencias y emergencias**
  - ▹ Optimizar la coordinación de los recursos de atención urgente-emergente, impulsando ámbitos cooperativos de discusión y colaboración.
  - ▹ El Plan Operativo de Dispositivos de Urgencias y Emergencias (PODUE) es el soporte de referencia de los "Planes Operativos de los Distritos" en los que se establece la definición y el orden de movilización de los recursos de urgencias en función de la prioridad, hora y el lugar de la demanda. Así, los Centros Coordinadores de Urgencias y Emergencias disponen de los planes operativos de atención urgente de los distritos y áreas que les permiten asignar el recurso adecuado a la demanda de atención urgente de cualquier núcleo urbano de su provincia.
  - ▹ Adaptación a los cambios de la demanda de atención urgente: El Plan de Alta Frecuentación es el documento estratégico que contempla actuaciones en los dispositivos de Urgencias extrahospitalarios y hospitalarios, así como en el conjunto de los recursos del SSPA, para dar respuesta a las situaciones de incremento de demanda de atención urgente. Cada hospital y distrito tienen adaptado el Plan de Alta Frecuentación a su entorno y es activado de forma periódica en el invierno y en el verano.
- **Los profesionales el principal activo del sistema de urgencias y emergencias**
  - ▹ Impulso a los nuevos roles profesionales en atención urgente y emergente: El desarrollo de la Enfermería de Práctica Avanzada (EPA), en el contexto de las Urgencias y las Emergencias del SSPA se está realizando en tres modalidades diferentes:
    - ° Clasificación avanzada en Puntos fijos de Urgencias de Atención Hospitalaria y Atención Primaria.
    - ° Equipos móviles de Cuidados Avanzados.
    - ° Clasificación avanzada y seguimiento de pacientes vulnerables en los Centros de Coordinación de Urgencias y Emergencias.
  - ▹ Transporte Secundario en Unidades de Soporte Vital Avanzado por Enfermería. Este tipo de transporte se caracteriza por ser un traslado secundario de pacientes con procesos de riesgo moderado o bajo que precisan una continuidad de cuidados similares a los pautados en el Centro de origen. El traslado es realizado por Unidades de Enfermería de la Red Sanitaria de Transporte de Críticos.
- **Fortalecimiento de los sistemas de información de urgencias y emergencias**
  - ▹ Consolidación de la Historia Digital de Salud: La universalización de Diraya-Urgencias en toda la red asistencial de urgencias del Servicio Andaluz de Salud (SAS), tanto en hospitales como en Atención Primaria, marca un

hito en lo referente a documentación clínica, registros e información de la Historia Clínica Digital en la atención urgente.

- ▹ Los sistemas de información de urgencias como herramientas para la evaluación y toma de decisiones: La elaboración del Conjunto Mínimo Básico de Datos (CMBD) de urgencias aportará el análisis de la actividad de nuestro sistema de urgencias hospitalarias desde la perspectiva clínica.

- Configuración del sistema de urgencias y emergencias como ámbito de desarrollo e innovación tecnológica y de gestión del conocimiento
  - ▹ Aplicación de las nuevas tecnologías de la información y la comunicación: El proyecto de Historia Clínica Digital de Movilidad es un ejemplo de la innovación tecnológica aplicada a la práctica asistencial.
  - ▹ Gestión del conocimiento: Programa de formación en cuidados críticos y urgencias.

3.2. Recursos

3.2.1. Recursos y planes operativos (a 1 de enero de 2012)

Unidades de cuidados críticos y urgencias en atención primaria	**366**
Unidades móviles de cuidados críticos y urgencias en atención primaria	**133**
Servicios de cuidados críticos y urgencias de hospitales	**30**
Unidades de transporte sanitario urgente (SAS)	**479**
Equipos terrestres de emergencias (EPES/061)	**30**
Equipos terrestres de coordinación avanzada (EPES/061)	**5**
Equipos aéreos de emergencias (EPES/061)	**5**
Unidades de traslado secundario para pacientes críticos (SAS)	**14**
Unidades de traslado secundario para pacientes críticos (EPES)	**14**

3.2.2. Documentos técnicos del Plan Andaluz de Urgencias y Emergencias

Plan Andaluz de Ataque Cerebral Agudo: PLACA

El Plan Andaluz de Urgencias y Emergencias, en conjunción con diferentes Sociedades Científicas, ha desarrollado durante los últimos años un plan de actuación para prevenir y tratar en el menor tiempo posible el ataque cerebral agudo, o ictus, en nuestra Comunidad. Este plan se denomina PLACA (Plan Andaluz del Ataque Cerebral Agudo). Su objetivo principal, por tanto, es mejorar la atención a la patología vascular cerebral y paliar en la medida de lo posible las graves consecuencias que padecen los pacientes que sufren un Ataque Cerebral Agudo.

Documento marco sobre estándares de calidad de la atención urgente a los ciudadanos y a las ciudadanas en el Sistema Sanitario Público de Andalucía

Este documento marco sobre estándares de la atención urgente ha sido elaborado por el Plan Andaluz de Urgencias y Emergencias con el visto bueno de profesionales, y las asociaciones y sociedades científicas involucradas. Está destinado tanto a los y las profesionales del ámbito de las urgencias y de las emergencias, como a la ciudadanía y tiene como objetivo preservar e incrementar la calidad de la prestación sanitaria en situaciones de urgencia. Para lograrlo establece, y se compromete con los destinatarios, los indicadores de calidad que definen esa asistencia, agrupándolos en estándares que son los que determinan las condiciones deseables que deben cumplir los servicios para que éstos sean aceptados "como la línea de base de la buena práctica".

Manual de protocolos asistenciales. Plan Andaluz de Urgencias y Emergencias

El manual de los Protocolos Asistenciales de Urgencias y Emergencias es la puesta al día del primer manual editado a través del Plan Andaluz de Urgencias y Emergencias. En la actualización han participado diferentes profesionales del ámbito autonómico, tratando de dar ayuda protocolizada en la atención a pacientes que precisan una atención urgente, tanto en el primer contacto en atención primaria como a nivel hospitalario o de urgencias en general. Los temas escogidos representan la patología mas frecuente de estos pacientes graves que son tratados en la práctica diaria, y su contenido actualizado trata de dar respuesta lo mas operativa posible de la actitud terapéutica y de los criterios para su coordinación o traslado. Tiene como novedad también, respecto al manual anterior, incluir varios apartados muy importantes de atención urgente al paciente pediátrico.

Plan Funcional de Dispositivos de Cuidados Críticos y Urgencias

La mejora de la atención a las Urgencias y Emergencias en el ámbito de la Atención Primaria es uno de los objetivos del Plan Andaluz de Urgencias y Emergencias. Conscientes del gran volumen de actos médicos y de enfermería que se desarrollan en este nivel, se requiere una actuación personalizada y coordinada de todos los intervinientes en el proceso urgente en aras a lograr las expectativas y satisfacción del ciudadano.

Para este fin se realizó un diseño funcional de las actividades de los Dispositivos de Cuidados Críticos y Urgencias de Atención Primaria (DCCU), para que sus actuaciones sean siempre uniformes allá donde se encuentre el Dispositivo y que éstas se puedan medir, evaluar y, por consiguiente, mejorar.

Plan Funcional de la Sección de Urgencias del Servicio de Cuidados Críticos y Urgencias

El Plan Funcional de la Sección de Urgencias de los Servicios de Cuidados Críticos y Urgencias orienta a organizar la actividad, con el objetivo de garantizar una asistencia integral y de calidad al ciudadano que demanda atención urgente y modular la asistencia de los procesos no urgentes, en un marco de continuidad asistencial, promoviendo una interrelación activa con los distintos niveles de atención.

Plan hospitalario de Reanimación Cardiopulmonar y Soporte Vital

La parada cardiorrespiratoria (PCR) de un paciente ingresado es una de las situaciones más críticas que se pueden vivir en el hospital.

Cada minuto cuenta. Existe la evidencia de que puede reducirse la mortalidad y las secuelas que causan los PCR en el hospital, si se mejora la respuesta asistencial. Para ello se propugna una estrategia basada en la implantación y mejora de la «cadena de supervivencia». Con esta intención, la Sociedad Española de Medicina Intensiva, Crítica y Unidades Coronarias (SEMICYUC) y la Sociedad Española de Enfermería Intensiva y Unidades Coronarias (SEEIUC), elaboraron unas recomendaciones sobre Reanimación Cardiopulmonar (RCP) hospitalaria con el fin de contribuir a disminuir la mortalidad, las consecuencias y los costes que originan las PCR en estas instituciones. Sobre estas directrices se construyó el actual Plan de Reanimación Cardiopulmonar y Soporte Vital. En él se recogen las principales medidas para prevenir y manejar correctamente la PCR en un hospital.

Protocolos de Urgencias y Emergencias más Frecuentes en el Adulto

Según el Manual de Protocolos Asistenciales de Urgencias y Emergencias Sanitarias, de la Consejería de Salud y Bienestar Social (actualmente, Igualdad, Salud y Políticas sociales), los más frecuentes en adultos y niños son:

- Agudización de asma en adulto.
- Agudización de asma en niños.
- Bronquiolitis aguda viral.
- Disnea aguda.
- Reagudización EPOC
- Niños con dificultad respiratoria en vías altas. Epiglotitis y Cruz.
- Alteración nivel conciencia en adultos.
- Alteración del nivel de conciencia en niños.
- Cefalea.
- Paciente con ACVA.
- Convulsiones en el adulto.
- Crisis convulsivas en niño.
- TCE.
- Arritmias.
- Crisis hipertensiva.
- Dolor torácico.
- Edema agudo de pulmón.
- Síndrome coronario agudo.
- Fiebre en el adulto.
- Fiebre en el niño.
- Sepsis grave en Pediatría.
- Atención al politraumatizado.

- Atención inicial al trauma pediátrico.
- Atención al paciente quemado.
- Shock.
- Complicaciones de la diabetes.
- Urgencias metabólicas en Pediatría.
- Gastroenteritis aguda en Pediatría.
- Fluidoterapia en Pediatría. Rehidratación intravenosa.
- Intoxicaciones agudas.
- Dolor abdominal.
- Dolor abdominal en el niño.
- Hemorragia digestiva alta.
- Urgencias en el primer mes de vida.
- Sedación y analgesia en niños.
- Paciente agitado.

Traslado de enfermos críticos. Protocolos de transporte secundario y primario

Este protocolo ofrece indicaciones de traslado de pacientes críticos entre los hospitales y entre los centros de Atención Primaria y los hospitales.

Traslado interhospitalario de pacientes críticos pediátricos y neonatales

El desarrollo de las Unidades de Cuidados Intensivos (UCIs) pediátricas y neonatales que se ha producido en las últimas décadas ha contribuido a una disminución de la morbimortalidad de los niños y neonatos críticos. Dadas estas características especiales, de la edad pediátrica, la Consejería de Salud de la Junta de Andalucía, a través del Plan Andaluz de Urgencias y Emergencias, ha promovido la constitución de un Grupo de Trabajo de Traslado Pediátrico, con el fin de revisar y actualizar el sistema de traslado de pacientes críticos pediátricos y neonatales de la Comunidad Autónoma Andaluza. Este documento es el resultado de su trabajo.

4. AGENCIAS PÚBLICAS EMPRESARIALES ADSCRITAS A LA CONSEJERÍA COMPETENTE EN MATERIA DE SALUD

El desarrollo del Sistema Sanitario Público de Andalucía (SSPA) ha permitido alcanzar importantes niveles de calidad de la atención sanitaria, incorporando de forma continuada diferentes mejoras organizativas y funcionales en sus centros. Las Agencias Sanitarias, como forma jurídica que garantiza el carácter público de la prestación en sus ámbitos geográfico y poblacional, ha permitido avances en la organización de la actividad y en la gestión de los recursos.

En el ámbito sanitario las Agencias Sanitarias son entidades adscritas y controladas por la Consejería competente en materia de salud y que en su calidad de proveedores públicos de servicios sanitarios tienen por objeto la realización de actividades cuyas características de eficacia, eficiencia, equidad y calidad de las prestaciones sanitarias justifican su organización y desarrollo en régimen de autonomía de gestión y de mayor proximidad a la ciudadanía.

Como organizaciones sanitarias que forman parte del SSPA, tienen como objetivo principal garantizar una asistencia sanitaria continuada, integral, personalizada y de calidad a las personas que residen en su área de influencia.

Son cinco las Empresas Públicas creadas por Ley entre los años 1993 y 2006: la primera de ellas, la Empresa Pública de Emergencias Sanitarias (EPES) fue creada para prestar asistencia a las emergencias sanitarias en toda la Comunidad Autónoma; las cuatro restantes, en la actualidad, asumen la gestión de 17 hospitales públicos y prestan servicios de atención especializada a una población de 1.287.938 habitantes. Son hospitales de especialidades (1), comarcales (3) y de alta resolución (13), respondiendo éstos últimos al objetivo de la Junta de Andalucía de acercar los servicios sanitarios especializados de mayor frecuentación a la población, de forma que ningún andaluz se encuentre a más de 30 minutos de un centro hospitalario.

Con la publicación de la Ley 9/2007, de 22 de octubre, de la Administración de la Junta de Andalucía, y su normativa derivada, las Empresas Públicas hospitalarias han pasado a tener la consideración de entidades instrumentales de la Administración de la Junta de Andalucía del tipo Agencia Pública Empresarial Sanitaria (Agencia Sanitaria).

4.1. Características de las Agencias Públicas Empresariales Sanitarias

Participación única y directa de la Junta de Andalucía en su capital o fondo social, estando sometidas en su actividad externa al ordenamiento jurídico privado, sin perjuicio del preceptivo control público.

El Derecho atribuye a las Agencias Sanitarias, capacidad para actuar como sujetos de derecho, esto es, capacidad para adquirir y poseer bienes de todas clases, para contraer obligaciones y ejercitar acciones judiciales. Ejercen únicamente las potestades administrativas que expresamente se les atribuyan y solo pueden ser ejercidas por aquellos órganos a los que en los estatutos se les asigna expresamente esta facultad.

Tienen personalidad jurídica diferenciada, patrimonio y tesorería propia, así como autonomía de gestión en los términos establecidos por su Ley de creación y han de ajustarse al principio de instrumentalidad, por el que los fines y objetivos que se les asignan específicamente son propios de la Administración Sanitaria de la que dependen. Así la administración sanitaria andaluza, competente en el aseguramiento público, separa claramente las funciones derivadas de esta responsabilidad y asume la financiación de las Agencias Sanitarias a las que encarga la función de proveedores públicos de servicios sanitarios, señalando en el Contrato Programa anual qué servicios han de prestar, a quién, cuando y en qué condiciones, realizando estas actividades en régimen de descentralización funcional.

En cuanto al régimen jurídico, se rigen por el Derecho Privado, excepto en las cuestiones relacionadas con la formación de la voluntad de sus órganos y con el ejercicio de las potestades administrativas que tengan atribuidas y en los aspectos específicamente regulados en esta Ley, en sus estatutos, en la Ley General de la Hacienda Pública de la Comunidad Autónoma de Andalucía (LGHP) y demás disposiciones de general aplicación.

En cuanto a su organización, todos los centros integrados en cada Agencia Sanitaria comparten los puestos de Dirección Gerencia y las Unidades directivas con competencia en las áreas de Recursos Humanos, Económico Financiera, Sistemas de Información e Informática/ Tecnologías de la Información, y Asesoría Jurídica, con ubicación física en el hospital considerado como sede corporativa. Los puestos directivos exclusivos de cada centro son la Dirección Asistencial o Dirección de Procesos Asistenciales y la Dirección de Cuidados de Enfermería.

La organización en áreas asistenciales integradas para la gestión clínica o el desarrollo de la consulta especializada de alta resolución son aportaciones impulsadas en el seno de las Agencias Sanitarias de la Junta de Andalucía, que han tenido su posterior extensión al resto de centros del Sistema Sanitario Público.

4.2. Organización

Tienen un modelo de organización flexible , no la estructura clásica de Servicios.

Innovación en el diseño organizativo: Unidades multifuncionales de cuidados especiales, estrategia de Alta resolución en Consultas Externas incorporando la "Consulta de acto único" e Innovación Tecnológica (Historia Digital de Salud, Radiología digital).

Con el objetivo de profundizar en la transparencia de las administraciones públicas, incrementar el rigor y la objetividad en el análisis y reforzar la cultura de responsabilidad colectiva, junto a los objetivos relativos a las políticas y estrategias de la organización y a los objetivos de procesos para que las estrategias den los resultados esperados, se han establecido un conjunto de indicadores a monitorizar en el conjunto del SSPA.

En los hospitales de las Agencias Sanitarias tanto los datos, como los indicadores de demanda asistencial y de actividad se recogen sistemáticamente y de forma preferente utilizando los sistemas de información corporativos. Asimismo sus usuarios participan en las encuestas de satisfacción que realiza el Instituto de Estudios Sociales de Andalucía (IESA).

El régimen presupuestario, económico financiero, de contabilidad, intervención y de control financiero de la Agencia es el establecido en la LGHP (Ley General de la Hacienda Pública). Los presupuestos de explotación y de capital son propuestos por el Consejo de Gobierno al Parlamento de Andalucía y una vez aprobados, quedan recogidos en la Ley de Presupuestos de la Comunidad Autónoma de Andalucía.

Las cuentas anuales se presentan cumpliendo lo establecido en el Real Decreto 1514/2007, de 16 de noviembre, por el que se aprueba el Plan General de Contabilidad aplicable a las Agencias de la Junta de Andalucía.

El régimen de contratación se ajusta a las previsiones de la legislación de contratos de las Administraciones Públicas.

El personal se rige por el Derecho Laboral y es seleccionado mediante convocatoria pública, basada en los principios de igualdad, mérito y capacidad.

Tiene la consideración de personal directivo el que ocupa puestos de trabajo determinados como tales en los estatutos, en atención a la especial responsabilidad, competencia técnica y relevancia de las tareas asignadas. Su régimen jurídico es el previsto en el artículo 13 de la Ley 7/2007, de 12 de abril, del Estatuto Básico del Empleado Público, y en la normativa de desarrollo dictada por la Comunidad Autónoma de Andalucía.

La determinación y modificación de las condiciones retributivas, tanto del personal directivo como del resto del personal requiere informe previo y favorable de las Consejerías competentes en materia de Administración Pública y de Hacienda, que efectúan controles específicos sobre la evolución de los gastos de personal y de la gestión de los recursos humanos, conforme a los criterios que previamente han establecido.

Las retribuciones del personal de los hospitales de las Agencias Sanitarias se encuentran ligadas, en porcentajes establecidos según categorías y responsabilidades, a la consecución de los objetivos marcados en el contrato programa.

4.3. Cronología Histórica

La creación de las empresas públicas obedeció al hecho de que entre las distintas figuras jurídicas posibles, la que mejor se adecuaba a la gestión de los servicios hospitalarios garantizando el carácter público de la prestación de la asistencia sanitaria en su ámbito geográfico y poblacional, por variadas razones de naturaleza, organización, régimen de actividad, funciones y objetivos a cumplir, era la de la Empresa Pública prevista en la Ley General de la Hacienda Pública.

Cada una de las Agencias Sanitarias se ha creado mediante Ley específica, como Empresas Públicas, teniendo por objeto la gestión de un hospital concreto. La adscripción posterior de la gestión de otros centros precisa la correspondiente Orden de la Consejería de Salud:

- **Año de Creación de cada una de las Empresas Públicas**:

  EPHCS: Empresa Pública Hospital de la Costa del Sol. 1993 .

  EPES: Empresa Pública de Emergencias Sanitarias. 1994.

  EPHP: Empresa Pública Hospital de Poniente de Almería. 1997.

  EPHAG: Empresa Pública Hospital Alto Guadalquivir. 2000.

  EPSBG: Empresa Pública Sanitaria Bajo Guadalquivir. 2006.

La Agencia Sanitaria Costa del Sol se planteó, al inicio, como proyecto piloto de la Consejería de Salud para introducir formas diferentes de gestión pública hospitalaria en la Comunidad Autónoma. El proyecto se basaba en la aplicación de herramientas de gestión empresarial al sector hospitalario público, para mejorar la eficiencia y la calidad de sus servicios y modernizar su estructura organizativa.

Fue creada por la Ley 4/1992, de 30 de diciembre, del Presupuesto de la Comunidad Autónoma de Andalucía para 1993 (Disposición adicional Decimoctava). En el Decreto 104/1993, de 3 de agosto, se constituye la Empresa Pública y se aprueban sus estatutos, parcialmente modificados por Decreto 190/2006, de 31 de octubre.

Desde su apertura en diciembre de 1993, es responsable de la gestión del Hospital Costa del Sol de Marbella que nace como hospital comarcal tipo 3. La ampliación sucesiva de su cartera de servicios ha determinado que en el año 2008, pasara a considerarse como hospital tipo 2 de Especialidades.

Por Orden de 2 de enero de 2008, se establece el Hospital de Alta Resolución (HAR) de Benalmádena y se adscribe su gestión a la EPHCS, que asimismo asumirá el resto de HAR que se construyan en la provincia de Málaga.

La sede corporativa se encuentra en el Hospital Costa del Sol de Marbella.

La Empresa Pública de Emergencias Sanitarias fue creada en 1994 por la Consejería de Salud de la Junta de Andalucía mediante la Ley 2/1994, de 24 de marzo, de creación de la empresa.

Mediante el Decreto 88/1994, de 19 de abril, se aprueban sus Estatutos de Funcionamiento, con el objeto de prestar asistencia a las emergencias sanitarias en toda la Comunidad Autónoma Andaluza.

Estos Estatutos, de la Empresa Pública de Emergencias Sanitarias, se modificaron el 31 de julio de 2013, por el Decreto 92/2013, para adaptarse a la nueva condición de Agencia Pública Empresarial.

La Agencia Sanitaria Hospital de Poniente, se crea como responsable de la gestión y prestación de la atención especializada en el ámbito territorial de la zona de Poniente en Almería, por la Disposición adicional Segunda de la Ley 9/1996 de 26 de diciembre, por la que se aprueban Medidas Fiscales en materia de Hacienda Pública, Contratación Administrativa, Patrimonio, Función Pública y Asistencia Jurídica a Entidades de Derecho Pública. En el Decreto 131/1997, de 13 de mayo, se constituye la Agencia pública y se aprueban sus estatutos, parcialmente modificados por Decreto 190/2006, de 31 de octubre.

En la Orden de 11 de Junio de 1997 se determina el inicio de la prestación efectiva de los servicios sanitarios encomendados a la Agencia Pública Hospital de Poniente, gestionar el Hospital de Poniente en la localidad almeriense de El Ejido. Nace como hospital comarcal tipo 4, siendo considerado desde el año 2008, hospital comarcal de tipo 3 por el volumen y cualidad de la asistencia prestada.

A partir del año 2005, su oferta asistencial y su población de referencia crecen con la apertura del HAR El Toyo, en la zona Levante de Almería capital. A esta adscripción se ha sumado en 2006, la gestión del HAR de Guadix en la provincia de Granada y en Marzo de 2011 la gestión del HAR de Loja.

La sede corporativa se encuentra en el Hospital de Poniente El Ejido.

La Agencia Sanitaria Hospital Alto Guadalquivir fue creada por la Ley 11/1999, de 30 de noviembre, con la finalidad de prestar asistencia en el Hospital Alto Guadalquivir ubicado en Andujar. En el Decreto 48/2000, de 7 de febrero, se constituye la Agencia pública y se aprueban sus estatutos, parcialmente modificados por Decreto 190/2006, de 31 de octubre.

El Hospital de Montilla nace como Centro Periférico de la EPHAG, en funcionamiento desde 2004, a través de la Orden de 13 de noviembre de 2003. Al igual que el Hospital Alto Guadalquivir, es un hospital comarcal tipo 4.

Posteriormente ha asumido la gestión del HAR de Sierra de Segura (2005), el HAR de Puente Genil, el HAR de Alcaudete (2006), el HAR de Valle del Guadiato (enero 2009) y el HAR de Alcalá la Real (9 Febrero 2011)

La sede corporativa se encuentra en el Hospital Alto Guadalquivir de Andujar.

La Agencia Sanitaria Bajo Guadalquivir ha sido creada por la Ley 3/2006, de 19 de junio. En el Decreto 190/2006, de 31 de octubre, se constituye la Agencia pública y se aprueban sus estatutos.

Esta Agencia tiene como objeto llevar a cabo la gestión de los Hospitales de Alta Resolución que se establezcan en las provincias de Cádiz, Huelva y Sevilla.

Actualmente gestiona los HAR de Utrera (inaugurado en 2006), de Écija (antiguo hospital municipal, integrado en el SSPA el 31 de diciembre de 2006), de Morón (antiguo hospital municipal, integrado en el SSPA el 31 de diciembre de 2007) y Sierra Norte en Constantina (2008). Todos ellos en la provincia de Sevilla; los Hospitales de Alta Resolución de Écija y de Morón serán sustituidos por edificios de nueva construcción.

La sede corporativa (provisional) se encuentra en el HAR de Utrera.

Posteriormente la Junta de Andalucía, con la finalidad de acomodar el sector público andaluz a las nuevas circunstancias económicas y financieras, ha llevado a cabo una serie de medidas que tenían como objetivo básico mejorar la gestión, calidad en la prestación de los distintos servicios públicos y el desarrollo de las funciones que les son propias a las Consejerías, teniendo en consideración los medio personales y materiales disponibles y desarrollando el máximo posible de las potestades administrativas con sus propios recursos.

Por ello, el artículo 9 de la Ley 1/2011, de 17 de febrero, de reordenación del sector público de Andalucía, ha determinado que la Empresa Pública Hospital de la Costa del Sol adoptase la configuración de agencia pública empresarial de las previstas en el artículo 68.1.b) de la Ley 9/2007, de 22 de octubre, de la Administración de la Junta de Andalucía, alterando tanto su denominación pasando a denominarse Agencia Pública Empresarial Sanitaria Costa del Sol, así como su objeto, que lo constituye ahora la coordinación de la gestión de los servicios sanitarios de las agencias públicas empresariales que se le adscriban, as como la gestión del Hospital Costa del Sol de Marbella (Málaga) y la de los Centros Hospitalarios de Alta Resolución que se establezcan en la provincia de Málaga.

Asimismo, el artículo 10 de la mencionada Ley 1/2011 de 17 de febrero, establece que se adscriben a la Agencia Pública Empresarial Sanitaria Costa del Sol la Empresa Pública Hospital de Poniente de Almería, la Empresa Pública Hospital Alto Guadalquivir y la Empresa Pública Sanitaria Bajo Guadalquivir. Dichas entidades adoptarán la configuración de agencia pública empresarial de las previstas en el artículo 68.1.b) de a Ley 9/2007, de 22 de octubre, conforme a la disposición transitoria única de la misma.

Posteriormente mediante el Decreto 98/2011, de 19 de abril, se aprueban los Estatutos de la Agencia Pública Empresarial Sanitaria Costa del Sol, y se modifican los de las otras Agencias Públicas Empresariales Sanitarias.

La, hasta ahora, última reforma normativa operada por el Decreto 140/2013, de 1 de octubre, en su artículo 2.3.a)., adscribe funcionalmente al Servicio Andaluz de Salud, la Empresa Pública de Emergencias Sanitarias y la Agencia Pública Empresarial Sanitaria Costa del Sol, a la que están adscritas la Agencia Pública Empresarial Sanitaria Hospital de Poniente de Almería, la Agencia Pública Empresarial Sanitaria Hospital Alto Guadalquivir y la Agencia Pública Empresarial Sanitaria Bajo Guadalquivir, sin perjuicio de su dependencia orgánica de la Consejería de Igualdad, Salud y Políticas Sociales.

Los hospitales de las Agencias Sanitarias tienen por misión la atención a la población asignada, en el ámbito de la asistencia especializada y urgente establecidas en su cartera de servicios, con criterios de máxima agilidad en la respuesta asistencial, calidad en la prestación, eficacia y efectividad, en un marco de máxima eficiencia en la gestión de los recursos públicos, impulsando la máxima cooperación con los hospitales de referencia y con los distritos de atención primaria de su ámbito de influencia, de forma que se garantice el mayor nivel de continuidad en la atención sanitaria y la mayor capacidad de resolución en los centros de salud.

Las Agencias Sanitarias son las encargadas de desarrollar el proyecto de los HAR en las diferentes provincias andaluzas. Para simplificar el procedimiento de adscripción, la Ley 3/2006, de 19 de junio, de creación de la Agencia Pública Sanitaria Bajo Guadalquivir, modifica el objeto señalado en las leyes de creación de las otras Agencias Sanitarias y así ha establecido la adscripción (mediante Orden) de la gestión de los futuros Hospitales de Alta Resolución (HAR) a una de ellas en función de la provincia en que se ubique:

- Agencia Sanitaria Hospital Costa del Sol: la gestión de los Centros Hospitalarios de Alta Resolución que se establezcan en la provincia de Málaga.
- Agencia Sanitaria Hospital de Poniente: la gestión de los Centros Hospitalarios de Alta Resolución que se establezcan en las provincias de Almería y Granada.
- Agencia Sanitaria Alto Guadalquivir: la gestión de los Centros Hospitalarios de Alta Resolución que se establezcan en las provincias de Córdoba y Jaén.
- Agencia Sanitaria Bajo Guadalquivir: la gestión de los Centros Hospitalarios de Alta Resolución que se establezcan en las provincias de Cádiz, Huelva y Sevilla.

4.4. Los Hospitales de Alta Resolución

El SSPA tiene como uno de sus objetivos prioritarios utilizar todos aquellos instrumentos a su alcance para mejorar la calidad de los servicios, conseguir un acceso equitativo a los recursos e incorporar aquellos aspectos que más demandan los usuarios y generan mayor satisfacción. Forma parte de este objetivo acercar a la población la asistencia sanitaria especializada, planteándose como parte de la consecución de este objetivo el modelo de Hospitales de Alta Resolución.

Estos centros sanitarios se configuran como hospitales de proximidad, ubicados en zonas geográficas alejadas de grandes núcleos urbanos, o bien en áreas con gran crecimiento poblacional, Con la finalidad antes mencionada, incorporan estrategias de gestión de alta resolución, potenciando la cirugía sin ingreso, la hospitalización de corta duración, la atención urgente y las consultas de acto único, y fomentan la continuidad asistencial y la oferta de capacidad diagnóstica a los centros de atención primaria.

Los Hospitales de Alta Resolución se configuran como una nueva estructura de atención sanitaria que persigue mejorar la accesibilidad a los dispositivos sanitarios de asistencia especializada, tanto diagnósticos como terapéuticos (un centro sanitario a menos de 30 minutos).

Una vez que la red de hospitales de alta resolución esté completa, el 99% de los andaluces contarán con un hospital de referencia a menos de 30 minutos de su lugar de residencia.

El objetivo de ofrecer una asistencia sanitaria cercana, innovadora, eficiente y sobre todo de calidad se ve reflejado en las encuestas de satisfacción que se realizan a los usuarios de las áreas de cobertura de dichos Centros, los cuales otorgan altos índices de satisfacción sobre la atención recibida y un muy alto nivel de satisfacción sobre los profesionales.

Características:

- El ciudadano es realmente el centro del sistema: orientados al cliente y a la resolución de sus problemas de salud con la mayor brevedad posible.
- Unidades de hospitalización polivalente como alternativas a la hospitalización tradicional, que incluye la actividad de hospital de día para procesos quirúrgicos y de carácter médico.
- Disminución de los tiempos de Demora a las demandas de los ciudadanos.
- Consulta en Acto Único, acto asistencial que requiere tanto las decisiones de los clínicos, como la adecuación de los recursos y de la organización.
- La dotación de la tecnología que favorece la implantación de forma significativa en estos hospitales de la Cirugía Mayor Ambulatoria.
- La Continuidad Asistencial, planteada más allá de la simple coordinación entre niveles, pasa a ser un criterio clave y determinante que ha de inspirar la organización, funcionalidad y formas de trabajo de toda la organización.
- Las comunicaciones y en concreto la telemedicina, son herramientas fundamentales en los nuevos centros, para evitar desplazamientos innecesarios a los ciudadanos y garantizar la continuidad de la asistencia.

4.5. Cartera de Servicios

Los servicios sanitarios se prestan en las consultas y sus áreas de exploraciones especiales; en régimen de hospital de día médico y quirúrgico; en hospitalización de corta estancia y en el área de urgencias.

En el área de Consultas se promueve la consulta en acto único y la continuidad del proceso asistencial, por lo que comprende una zona de exploraciones funcionales.

En el área de Hospitalización Polivalente se atiende a los pacientes que procediendo de urgencias precisan observación, pacientes de cirugía que no requieren ingreso, pacientes de consultas o del área de exploraciones especiales que precisan especial atención. Además, los ingresos de pacientes médicos y quirúrgicos, que requieren cuidados mínimos de procesos de mediana complejidad y con carácter general sean de corta estancia (48-72 horas), siendo derivados al hospital de referencia los pacientes que requieran hospitalización convencional.

En el área de Urgencias se atienden en primera instancia todas las urgencias especializadas, las urgencias generales así como las quirúrgicas de mediana complejidad, 24 horas hasta su estabilización; el resto de urgencias médicas y quirúrgicas que requieran hospitalización no están incluidas en su cartera de servicios y se envían al hospital de referencia.

Están incluidos los procesos diagnósticos y terapéuticos inherentes al área de conocimientos de las especialidades siguientes: Anestesiología y Reanimación, Aparato Digestivo, Cardiología, Cirugía General y Aparato Digestivo, Dermatología, Medicina Interna, Neumología, Obstetricia y Ginecología, Oftalmología, Otorrinolaringología, Radiodiagnóstico, Rehabilitación, Traumatología y Cirugía Ortopédica, Urología, Unidad de Cuidados Críticos y Urgencias.

También incluye las siguientes especialidades, facilitados desde el hospital en el que se ubica la sede corporativa de la Agencia Pública: Análisis Clínicos, Anatomía Patológica, Farmacia Hospitalaria, Hematología y Hemoterapia y Medicina Preventiva,

Respecto a la atención obstétrica, realiza el seguimiento del embarazo conjuntamente con Atención Primaria, quedando excluida la atención de partos.

Son procesos no incluidos en la Cartera de Servicios:

a) Todos aquellos procesos diagnósticos y terapéuticos complejos correspondientes a especialidades no disponibles en el HAR y que por tanto quedan incluidos en la cartera de servicios del hospital de referencia.
b) Con respecto a las áreas de conocimiento de las especialidades incluidas en el centro, los procesos que requieran medios diagnósticos o terapéuticos no existentes en el mismo.

5. CONSORCIOS Y CONCIERTOS

La figura de la gestión sanitaria a través de consorcios está recogida en la Ley de Salud de Andalucía como fórmula de colaboración entre la Administración Sanitaria y entidades de naturaleza pública o privada sin ánimo de lucro

En su artículo 38.2.c faculta a los municipios que dispongan de centros, servicios y establecimientos sanitarios de titularidad municipal, a establecer con la Administración Sanitaria de la Junta de Andalucía, cuando así se acuerde por ambas partes, convenios específicos o **consorcios** para la gestión de los mismos.

El artículo 61.10 autoriza a la Consejería de Salud a la formación de **consorcios**, de naturaleza pública, u otras fórmulas de gestión, integradas o compartidas con entidades públicas o privadas sin ánimo de lucro, con intereses comunes o concurrentes.

El artículo 63.3 establece que la Consejería de Salud podrá constituir **consorcios** de naturaleza pública u otras fórmulas de gestión integrada o compartida con entidades de naturaleza o titularidad pública o privada sin ánimo de lucro, con intereses comunes o concurrentes, que podrán dotarse de organismos instrumentales.

Según el artículo 66, el Servicio Andaluz de Salud, previo informe y deliberación del Consejo de Administración, podrá elevar a la Consejería de Salud, para su aprobación por los órganos competentes, propuestas para la constitución de **consorcios** de naturaleza pública u otras fórmulas de gestión integrada o compartida con entidades de naturaleza o titularidad pública o privada sin ánimo de lucro, con intereses comunes o concurrentes, que podrán dotarse de organismos instrumentales, así como la propuesta de creación o participación en cualesquiera otras entidades de naturaleza o titularidad pública admitidas en derecho, cuando así convenga a la gestión y ejecución de los centros y servicios adscritos al mismo.

5.1. Centros y servicios sanitarios concertados en Andalucía

El sistema sanitario público tiene capacidad para realizar cerca del 100% de la actividad sanitaria de Andalucía, si bien hay una minoritaria actividad complementaria que se desarrolla mediante la figura de los conciertos. La actividad concertada del Sistema Sanitario Público de Andalucía constituye sólo el 3.7% del presupuesto total de la Consejería de Igualdad, Salud y Políticas Sociales. Se trata únicamente del concierto de algunas camas, cierta actividad quirúrgica y pruebas complementarias para complementar la labor que realizan los centros sanitarios del SSPA.

Esta función complementaria se desarrolla a través de la concertación de actividades con entidades que están homologadas por la Consejería de Salud, de conformidad con lo establecido en el Decreto 165/1995, de 4 de julio, por el que se regulan los procedimientos de homologación de Centros Hospitalarios y de suscripción de convenios y conciertos entre la Consejería de Igualdad, Salud y Políticas Sociales y entidades, tanto públicas como privadas, para la prestación de asistencia sanitaria. El flujo de pacientes a estos centros concertados está determinado, controlado y planificado por los hospitales públicos a través de Unidades Provinciales de Gestión (creadas por Orden de 4 de junio de 1998 y Resolución de 18 de Marzo de 1999) de cada Delegación de Igualdad, Salud y Políticas Sociales, según los criterios de los Pliegos de Prescripciones Técnicas y administrativas que vinculan los centros concertados con la Consejería de Igualdad, Salud y Políticas Sociales.

En Andalucía la Consejería de Igualdad, Salud y Políticas Sociales tiene concertada alguna actividad con entidades como la Cruz Roja, Orden Hospitalaria de San Juan de Dios, la Empresa "José Manuel Pascual Pascual, S.A. y otras situados en las provincias de Almería, Cádiz, Córdoba, Huelva, Granada, Málaga y Sevilla.

Desde el año 1984, en que la Junta de Andalucía asume las competencias, anteriormente gestionadas por el Instituto Nacional de la Salud, en materia de conciertos sanitarios, se han producido modificaciones significativas, en la gestión de dicha materia.

Su regulación normativa está recogida de forma específica, entre otras, mediante el Decreto 165/95 de 4 de julio y la Orden de la Consejería de Salud de 23 de octubre de 1998, por lo que se ha conseguido una homogeneidad en la concertación del sector hospitalario.

Dentro de la Cartera de Servicios, según el tipo de hospital y de forma agrupada, las prestaciones más frecuentes son: Ingresos Médicos, Ingresos Quirúrgicos, Cirugía Mayor Ambulatoria (CMA), Cirugía Menor Ambulatoria (cma), Consultas Externas, Urgencias, Sesiones de Rehabilitación y Pruebas Diagnósticas.

Cabe destacar que en el presupuesto del año 2013 para la Consejería de Igualdad, Salud y Políticas Sociales, sólo el 3,7% del montante se destina a esta partida, un porcentaje que ha bajado desde el 4,5% del año anterior. Esta actividad concertada supone el 3,6% de las consultas de especialista y menos del 8% de los ingresos hospitalarios que se producen en el Sistema Sanitario Público de Andalucía, una actividad que en ambos casos ha bajado en los últimos años un 20%.

6. ACTUACIONES EN MATERIA DE SALUD PÚBLICA: SU REGULACIÓN EN LA LEY 16/2011, DE 23 DE DICIEMBRE, DE SALUD PÚBLICA DE ANDALUCÍA

La Ley 16/2011 tiene por objeto:

a) Establecer los derechos, obligaciones y responsabilidades de la población en Andalucía respecto a la salud pública, las garantías para su cumplimiento y los fines y principios que deben regir la nueva organización de la salud pública.

b) Establecer las funciones y competencias en materia de salud pública, sus prestaciones y servicios y las líneas para organizar su gobernanza, asegurando el carácter transversal, participativo e intersectorial de las actuaciones de la Administración pública y la organización de sus recursos multidisciplinares para obtener eficacia.

c) Situar a todas las personas en Andalucía y a los andaluces en el mundo como eje central de las actuaciones de salud pública, así como articular los objetivos, garantías y procedimientos para alcanzar la equidad en salud de todas las personas y poblaciones de Andalucía.

La Ley 16/2011 será de aplicación a toda la población en Andalucía y asimismo, con el alcance establecido en la Ley 8/2006, de 24 de octubre, del Estatuto de los Andaluces en el Mundo, será de aplicación a los andaluces en el exterior.

6.1. Definiciones

A los efectos de la Ley 16/2011, se entiende por:

1. Acción intersectorial para la salud: Relación reconocida que se establece entre distintos sectores de la sociedad para emprender acciones en un tema con el fin de lograr resultados de salud, o resultados intermedios de salud, de manera más eficaz, eficiente o sostenible que la que el sector sanitario pueda lograr actuando en solitario.
2. Alerta sanitaria: Todo fenómeno de potencial riesgo para la salud de la población y/o de trascendencia social frente al que sea necesario desarrollar actuaciones de salud pública urgentes y eficaces.
3. Atención integral: Aquella que incorpora en la respuesta a un problema de salud el nivel asistencial, la prevención de la enfermedad, la promoción de la salud y la rehabilitación integral, referida a la recuperación del proyecto vital.
4. Ayuda mutua: Comprende todas aquellas medidas llevadas a cabo de forma natural u organizada por las personas que comparten una misma situación o problema de salud con el fin de mejorar la calidad de la respuesta al problema desde sus iguales.
5. Cartera de servicios: Conjunto de técnicas, tecnologías o procedimientos, entendiendo por tales cada uno de los métodos, actividades y recursos basados en el conocimiento y experimentación científica, mediante los que se hacen efectivas las prestaciones sanitarias, según se recoge en el artículo 20.1 de la Ley 16/2003, de 28 de mayo, de cohesión y calidad del Sistema Nacional de Salud.
6. Condiciones de vida: Entorno cotidiano de las personas, donde estas viven, actúan y trabajan. Estas condiciones de vida son producto de las circunstancias sociales y económicas y del entorno físico, todo lo cual puede ejercer impacto en la salud, estando en gran medida fuera del control inmediato del individuo.
7. Desigualdades en salud: Aquellas diferencias que perjudican, de manera sistemática e injusta, a una persona o grupo en términos de oportunidades y que originan una merma en su situación de salud.
8. Determinantes de la salud: Conjunto de factores personales, sociales, económicos y ambientales que determinan el estado de salud individual y colectiva.
9. Educación para la salud: Comprende las actuaciones encaminadas al conocimiento, aprendizaje y desarrollo de habilidades personales que conduzcan a la salud individual y de la comunidad.
10. Empoderamiento para la salud: Proceso mediante el cual las personas y los grupos sociales adquieren un mayor control sobre las decisiones y acciones que afectan a su salud.

11. Epidemiología: Estudio de la distribución y de los determinantes de los estados o acontecimientos relacionados con la salud de determinadas poblaciones y la aplicación de este estudio al control de los problemas de salud.
12. Evaluación del impacto en la salud: Combinación de métodos, procedimientos y herramientas con los que puede ser evaluada una política, un programa, proyecto o actividad, en relación a sus potenciales efectos en la salud de la población y acerca de la distribución de esos efectos dentro de la población. La evaluación de impacto en salud integra la valoración y el informe de evaluación de impacto en la salud.
13. Factor de riesgo: Condición, situación, conducta o elemento que aumenta la probabilidad de aparición de una enfermedad o lesión, o que se relaciona con una salud deficiente.
14. Gobernanza: Manera de gobernar, bajo los principios de transparencia y participación, que se propone como objetivo el logro de un desarrollo económico, social e institucional duradero que genere salud.
15. Informe de evaluación de impacto en la salud: Informe emitido por la Consejería competente en materia de salud, sobre la valoración del impacto en la salud realizada a un plan, programa, instrumento de planeamiento urbanístico, obra o actividad.
16. Política en salud: Declaración o directriz oficial, dentro de las instituciones públicas, que define las prioridades y los parámetros de actuación como respuesta a las necesidades de salud, a los recursos disponibles y a otras presiones políticas.
17. Prevención de la enfermedad: Abarca las medidas destinadas no solamente a prevenir la aparición de la enfermedad, tales como la reducción de los factores de riesgo, sino también, una vez establecida, a detener su avance y atenuar sus consecuencias.
18. Promoción de la salud: Proceso que permite a las personas incrementar el control sobre su salud para mejorarla.
19. Protección de la salud: Componente de la política de salud en el que se encuadran las actividades orientadas al análisis de riesgos asociados a los alimentos y de riesgos ambientales, a la preservación del entorno saludable que afecte a los espacios públicos donde se desenvuelve la vida humana, a los medios de transporte y a la habitabilidad de las viviendas, así como a la protección frente a aquellos otros riesgos y fuentes de peligro para la salud física y mental que surjan en el contexto social.
20. Responsabilidad social para la salud: Se refleja en las acciones de los responsables de la toma de decisiones, tanto del sector público como privado, para establecer políticas y prácticas que promuevan y protejan la salud.
21. Redes ciudadanas de salud: Organizaciones sociales y ciudadanas, grupos de ayuda mutua, movimientos asociativos en salud o comunidades virtuales, que trabajan sobre temas de salud de la población y de calidad de vida y del entorno o de ayuda a grupos en desventaja personal o social y que tratan de influir en sus determinantes, dando a conocer situaciones problemáticas, solicitando apoyo

para su solución, pidiendo a las autoridades sanitarias la rendición de cuentas de los logros y avances conseguidos y/o fomentando la cooperación y la participación activa de la ciudadanía en aspectos de la salud y sus determinantes.

22. Salud ambiental: Aquellos aspectos de la salud y la enfermedad humanas que son determinados por factores medioambientales. Este término también hace referencia a la teoría y práctica relativas a los factores de evaluación y control del medio ambiente que pueden afectar potencialmente a la salud. Incluye tanto los efectos patológicos directos de los agentes químicos y biológicos y de la radiación como los efectos indirectos sobre la salud y el bienestar del entorno físico, social y estético considerado en su sentido más amplio.
23. Salud pública: El esfuerzo organizado por la sociedad para proteger y promover la salud de las personas y para prevenir la enfermedad mediante acciones colectivas.
24. Seguridad alimentaria: Conjunto de actuaciones basadas en el análisis de riesgos y encaminadas a asegurar que las etapas de la producción, transformación y distribución de alimentos se desarrollen utilizando procedimientos que garanticen, a la luz de los conocimientos científicos disponibles, un nivel elevado de protección de la salud de la población consumidora.
25. Sistema de análisis de peligros y puntos de control crítico: Sistema que, en las empresas, industrias, instalaciones y servicios, permite identificar, evaluar y controlar peligros significativos en el ámbito de la protección de la salud.
26. Valoración del impacto en la salud: Documento que debe presentar el órgano que formula un plan, programa o instrumento de planeamiento urbanístico, o el titular o promotor de una obra o actividad, sometidos a evaluación del impacto en la salud. En él deberán identificarse, describirse y valorarse los efectos previsibles, positivos y negativos, que el plan, programa, instrumento de planeamiento urbanístico, obra o actividad pueda producir sobre la salud de las personas.
27. Vigilancia en salud: Compilación, comparación y análisis de datos de forma sistemática y continua para fines relacionados con la salud pública, y la difusión oportuna para su evaluación y para dar la respuesta de salud pública que sea procedente.
28. Zona de seguridad para la protección de la salud: Espacio definido por la distancia a ciertas actividades en el que, en base a los riesgos previstos en la evaluación de impacto en la salud, se establezca la necesidad de una limitación del uso residencial o de otros usos que específicamente se determinen.

Son fines esenciales de la Ley 16/2011 los siguientes:

a) Promover la salud y el bienestar personal de la población para contribuir al pleno ejercicio de sus capacidades.
b) Fomentar entornos y modos de vida saludables para prolongar y mejorar la calidad de la vida humana.
c) Promover la sensibilización y educación de la ciudadanía en la protección de la salud, así como en la preservación y mejora de la calidad de vida.

d) Reducir las desigualdades en salud y procurar que las personas compartan con equidad los progresos en salud y el bienestar personal y social.

e) Establecer y desarrollar actuaciones para mejorar la salud colectiva, garantizando el acceso de la ciudadanía a la información y a la participación en la toma de decisiones que afecten a la salud pública.

f) Alcanzar un elevado nivel de protección de la salud mediante la utilización de los instrumentos necesarios de vigilancia y control de las enfermedades y de los factores ambientales y alimentarios que inciden negativamente en la salud, así como proteger a la ciudadanía contra las amenazas y los riesgos emergentes para la salud.

g) Prevenir las enfermedades, accidentes y lesiones.

h) La extensión de actitudes solidarias, participativas y responsables de la población en la preservación, conservación, mejora y restauración de la salud, y el fomento del principio de corresponsabilidad ciudadana en salud.

i) Aproximar los objetivos de salud al entorno más cercano de la ciudadanía.

j) Promover una convivencia ciudadana sana y saludable y la cohesión social.

k) Aplicar la gobernanza y potenciar el protagonismo de la sociedad en la definición y desarrollo de las políticas de salud pública.

l) Articular una respuesta integral a los problemas de salud desde una perspectiva individual y poblacional, incorporando los aspectos de prevención, promoción de la salud, rehabilitación y recuperación de la trayectoria vital.

m) Promover la calidad integral en la prestación de los servicios de salud pública.

Los fines descritos anteriormente van dirigidos a promover un desarrollo equilibrado de la salud colectiva y a generar en Andalucía las condiciones sociales que aseguren una salud óptima en términos de equidad para toda la población.

6.2. Principios rectores y marco de la actuación de la salud pública

Las Administraciones públicas de Andalucía, en el establecimiento de las políticas y el desarrollo de las actuaciones para mejorar la salud de la ciudadanía, y en los términos previstos en la ley, se regirán por los siguientes principios:

a) **La protección de la salud de la ciudadanía**. Las Administraciones públicas de Andalucía garantizarán la protección de la salud de la población y promoverán su mejora mediante el ejercicio efectivo de la rectoría y el liderazgo institucional, con enfoque de promoción en la salud y participación social, bajo los principios de transparencia, equidad, solidaridad y universalidad.

b) **Principio de solidaridad**. Se reconoce el principio de solidaridad en salud pública en Andalucía, según el cual los poderes públicos asumen la responsabilidad de dirigir sus políticas a la reducción de las desigualdades en salud de la ciudadanía, removiendo los obstáculos educativos, culturales, geográficos y económicos que puedan impedir la libre promoción de la salud y el bienestar personal de la ciudadanía y el ejercicio pleno de sus capacidades.

c) **Principios de coordinación y cooperación**. Las actuaciones, las prestaciones y los servicios en materia de salud pública son un derecho individual y social que los poderes públicos han de garantizar y mantener, de acuerdo con la coordinación y cooperación interdepartamental con las Administraciones públicas competentes, y de acuerdo con la cooperación y la coordinación intersectorial, como elemento de cohesión de las políticas de todos los sectores con responsabilidad en la salud pública, con la finalidad de conseguir resultados de salud más eficaces, eficientes o sostenibles.

d) **El valor público de la salud en Andalucía**. El desarrollo de la salud pública y del bienestar en su ámbito territorial persigue promover una Andalucía saludable en la que la ciudadanía pueda vivir una vida autónoma desarrollando su personalidad y sus plenas capacidades. A tal efecto:

   1.º Las Administraciones públicas de Andalucía promoverán que la salud de la ciudadanía sea un valor de referencia en todas sus actuaciones.

   2.º La Administración de la Junta de Andalucía incentivará el reconocimiento de Andalucía como territorio saludable, promoviendo programas y acciones dirigidos a dar a conocer las ventajas socioeconómicas, de infraestructuras, ocio y cultura, posición geoestratégica, innovación y alta calidad de vida que ofrece la Comunidad Autónoma, con el fin de posicionar a Andalucía como un entorno saludable excelente para la convivencia humana.

e) **Principio de salud en todas las políticas**. Las actuaciones en salud pública se regirán por el principio de salud en todas las políticas, como estrategia de cooperación horizontal cuya finalidad es contribuir a la mejora de la salud de la población mediante la actuación en los determinantes de la salud a través de las políticas y acciones de todos los sectores de gobierno, con especial atención a los sectores distintos del de salud con capacidad de afectar a las condiciones sociales y económicas que se encuentran en la base del estado de salud de la población.

f) **Principio de transparencia**. La acción en salud, en el marco del Sistema Sanitario Público de Andalucía, se ejercerá guiada por un principio de transparencia, de tal modo que promueva y permita el conocimiento de los procedimientos, actuaciones y decisiones, con criterios de objetividad, veracidad, claridad y accesibilidad. Las personas responsables, así como todos los profesionales de salud pública, están comprometidos a cumplir el principio de transparencia en el desempeño de las funciones que desarrollan.

g) **Principio de equidad**. Las Administraciones públicas de Andalucía ejercerán la tutela de la salud pública y su uso efectivo en condiciones de equidad y justicia redistributiva. Se reconoce el principio de equidad generacional, por el cual la presente generación deberá asegurar que la salud colectiva y el entorno que la posibilita se mantengan y mejoren en beneficio de las futuras generaciones.

h) **Principio de participación**. Las Administraciones públicas de Andalucía actuarán siempre bajo el principio de la efectiva participación de la ciudadanía en la toma de decisiones y en el desarrollo de las políticas relacionadas con la salud pública, con especial atención a la población menor de edad y a las personas que por cuestiones sociales o de otro tipo tengan especiales dificultades para hacer valer su acción u opinión.

i) **Principio de pertinencia**. Las actuaciones de salud pública atenderán a la magnitud de los problemas de salud que pretenden corregir, justificando su necesidad de acuerdo con los criterios de proporcionalidad, eficacia y sostenibilidad.

j) **Principio de integralidad**. Las actuaciones de salud pública deberán organizarse y desarrollarse dentro de la concepción integral de la salud y sus determinantes.

6.3. La ciudadanía y la salud pública

6.3.1. Equidad y salud pública

El Consejo de Gobierno de la Junta de Andalucía, siguiendo los principios de solidaridad y de equidad en salud pública, posibilitará la aplicación de políticas públicas redistributivas dirigidas a superar las diferencias de carácter social, y actuará como elemento compensador de las desigualdades en salud.

La Administración sanitaria de Andalucía desarrollará las políticas de solidaridad y equidad en salud garantizando la aplicación de acciones que permitan:

a) Desarrollar la red de recursos y servicios de la salud pública, que tendrá en cuenta la necesidad de compensar los desequilibrios territoriales, garantizando su acceso a la totalidad de la población.

b) Establecer los procedimientos para identificar precozmente las necesidades de salud de la ciudadanía que requieran una atención de salud extraordinaria. La atención integral a la población con necesidad específica de apoyo de salud pública se regirá por los principios de normalización e inclusión.

c) Asegurar la redistribución de los recursos disponibles, en función de las necesidades de la población, en los territorios que requieran una atención de salud diferente de la ordinaria por presentar necesidades personales o sociales especiales, para que puedan alcanzar el máximo desarrollo posible de sus capacidades personales y, en todo caso, los objetivos en salud establecidos con carácter general para toda la población.

d) Adecuar las políticas, estrategias y acciones con el objetivo de alcanzar la equidad e igualdad en las condiciones de calidad de vida y salud de todos los hombres y mujeres de Andalucía. A tal efecto, empleará las perspectivas de género y edad en todas sus actuaciones.

e) Elaborar estudios periódicos de desigualdades en salud en Andalucía que proporcionen información sobre la situación de la distribución del valor salud en el territorio, en las personas y en los diferentes contextos sociales y sobre las acciones que sería necesario incluir en las políticas sanitarias.

f) Desarrollar planes específicos de actuación para las personas que viven en zonas con necesidades de transformación social, para la población inmigrante con necesidades especiales, para las personas que realizan prácticas de riesgo y para todas aquellas personas en situación o riesgo de exclusión social o especial vulnerabilidad.

g) Aplicar el enfoque de los derechos de la infancia y de las personas con discapacidad.

h) Hacer efectivos los derechos de las personas o colectivos más desfavorecidos, a efectos de perseguir la igualdad de todas las personas en sus condiciones de vida y en la calidad de su salud.

6.3.2. El fomento del interés por la salud

6.3.2.1. El interés y la educación por la salud desde la infancia

Las Administraciones públicas de Andalucía promoverán el interés por la salud desde la infancia, incidiendo en el medio educativo con la sensibilización de las personas menores de edad sobre la relevancia de la salud y fomentando una cultura de la salud pública como fuente de desarrollo personal y autocuidados.

Las Administraciones públicas de Andalucía promoverán acciones divulgativas sobre la salud adaptadas a las necesidades y al desarrollo madurativo de las personas menores. Asimismo, establecerán redes y espacios de salud para las personas menores de edad que permitan concienciarles sobre la importancia de la salud y de los estilos de vida saludables.

6.3.2.2. El fomento del interés por la salud en los mayores

Las Administraciones públicas de Andalucía fomentarán el interés por la salud entre nuestros mayores, incidiendo especialmente en el fomento de acciones de concienciación, divulgación e información en torno a aquellas patologías o situaciones de riesgo que por su edad tengan relevancia entre el colectivo.

Las Administraciones públicas de Andalucía promoverán el interés por la salud de los mayores a través de políticas de envejecimiento activo, así como por medio de acciones que incidan en las patologías prevalentes crónicas y degenerativas entre este colectivo, como las demencias tipo alzhéimer o párkinson.

Las Administraciones públicas de Andalucía establecerán redes y espacios de salud, para las personas mayores y sus familiares y/o cuidadores, que permitan concienciarles sobre la importancia de la salud y de los estilos de vida saludables.

6.3.2.3. La sensibilización y divulgación del valor salud entre la ciudadanía

Las Administraciones públicas de Andalucía promoverán acciones de sensibilización, comunicación y divulgación a la ciudadanía en torno a la salud colectiva e individual y difundirán pautas de responsabilidad para la preservación, mejora y restauración de la salud individual y colectiva.

La Administración de la Junta de Andalucía fomentará la divulgación de las pautas de salud más relevantes y fiables y establecerá canales de información sobre el conocimiento científico en salud, adecuando estos a los colectivos que soporten mayores riesgos de discriminación.

Los medios públicos de comunicación social de Andalucía prestarán especial relevancia a los asuntos científicos sobre salud y promoverán espacios específicos sobre la salud en Andalucía.

Se fomentará la creación de redes del conocimiento, entre agentes, organizaciones e instituciones científicas, educativas, culturales y sociales, que impulsen el debate público sobre la salud y promuevan la difusión de experiencias científicas positivas.

6.4. Derechos y obligaciones en relación con la salud pública

6.4.1. Derechos

6.4.1.1. Derecho a la información

Los ciudadanos, directamente o a través de las organizaciones en que se agrupen o que los representen, tienen derecho a ser informados, con las garantías y, en su caso, con las limitaciones previstas en la normativa vigente, en materia de salud pública por las Administraciones públicas de Andalucía. Este derecho comprende, en todo caso, los siguientes:

a) A recibir información sobre los derechos que les otorga esta ley, así como sobre las vías para ejercitar tales derechos.

b) A recibir información sobre las actuaciones y prestaciones de salud pública, su contenido y la forma de acceder a las mismas.

c) A recibir información sobre los condicionantes de salud como factores que influyen en el nivel de salud de la población y, en particular, sobre los riesgos biológicos, químicos, físicos, medioambientales, climáticos, o de otro carácter, relevantes para la salud de la población, y sobre su impacto. Si el riesgo es inmediato, la información se proporcionará con carácter urgente.

d) A recibir información sobre programas y calendario vacunal.

e) A recibir información fluida y sistemática en los supuestos de epidemias y pandemias.

6.4.1.2. El derecho a disfrutar de un adecuado nivel de salud pública

La población en Andalucía tiene derecho a que las Administraciones públicas de Andalucía desarrollen políticas con objeto de conseguir un adecuado nivel de salud pública, de forma que se incluyan la promoción de estilos de vida saludables, la prevención de las enfermedades, la actuación sobre los principales factores determinantes de la salud, el acceso a un entorno saludable y a condiciones sanitarias y de vida adecuadas, así como el acceso a la educación e información sobre cuestiones relacionadas con la salud, incluida la salud sexual y reproductiva.

6.4.1.3. El derecho a conocer en relación con la salud pública

En los términos que reglamentariamente se determinen, la población en Andalucía tiene derecho:

a) A un conocimiento adecuado sobre el estado epidemiológico de su entorno. Esta información, basada en la evidencia científica, ha de ser suficiente, comprensible, adecuada y tiene que comprender los factores, las situaciones y causas de riesgo para la salud individual y colectiva.

b) A un conocimiento adecuado sobre la salud ambiental, con el alcance y contenido que reglamentariamente se establezcan.

c) A un conocimiento adecuado sobre las características y condicionantes relevantes para la salud pública de los productos alimentarios, así como la naturaleza y los riesgos asociados a los mismos, salvo en aquellas cuestiones que estén sometidas a protección legal.

6.4.1.4. El derecho a la promoción de la salud

En el ámbito de la promoción de la salud, se reconocen a la población en Andalucía los siguientes derechos:

a) A conocer los riesgos, enfermedades y secuelas asociados a las diferentes etapas de la vida de las personas.

b) A que las Administraciones públicas competentes desarrollen estrategias educativas sobre la alimentación, la nutrición y hábitos saludables, en particular para los niños y niñas.

c) A que la publicidad de los alimentos en los aspectos relativos a la salud sea veraz.

d) A que la oferta alimentaria de los centros escolares, sanitarios y asistenciales sea equilibrada nutricionalmente, atendiendo a la demanda de dietas específicas adecuadamente indicadas por motivos de salud. Asimismo, las Administraciones públicas de Andalucía promoverán la existencia de menús saludables en los establecimientos privados que sirvan comidas.

e) A la información sobre salud, orientación sexual y reproductiva e identidad de género, y al acceso a los medios disponibles para garantizarla.

f) A la información adecuada sobre los factores determinantes de la salud mental y sobre cómo pueden afrontarse.

g) A la información clara, adecuada y precisa de todos aquellos aspectos relativos a la salud, dirigida a la población con discapacidad intelectual y a sus familias, incidiendo sobre las discapacidades y factores de riesgo.

h) A que las Administraciones públicas desarrollen estrategias que promocionen estilos de vida sanos que coadyuven a la reducción del riesgo de drogadicción y de los daños asociados al uso de las drogas, y a que presten apoyo sanitario para abandonar estas dependencias.

i) A la información adecuada sobre la importancia de la actividad física y cómo llevarla a cabo sin riesgos y con el mejor aprovechamiento, y a disponer de planes de promoción de actividades físicas saludables.

j) A la promoción, por las Administraciones públicas competentes, de espacios públicos que permitan realizar actividades físicas, deportivas o lúdicas, en condiciones de seguridad y accesibilidad en las ciudades y pueblos de Andalucía.

k) A la promoción de un entorno saludable en el marco de actuación de la presente ley, con especial atención a la existencia, en los lugares de convivencia de las personas, de zonas verdes que faciliten esta de manera saludable.

l) A que las Administraciones públicas de Andalucía establezcan estrategias de movilidad sostenible que aborden preferentemente el transporte público, el control de las emisiones contaminantes, la disponibilidad de espacios y la educación ciudadana que favorezca la salud.

m) A la promoción de la salud en el lugar de trabajo.

n) A la información veraz, objetiva, completa y suficiente sobre la incidencia de los hábitos de consumo en la salud y sobre el uso de bienes de consumo, que permita al consumidor adoptar pautas más saludables en relación con los mismos.

6.4.1.5. El derecho a las acciones preventivas de salud pública

En el ámbito de las acciones preventivas de salud pública, se reconocen los siguientes derechos a la población en Andalucía:

a) A la prevención y atención de problemas de salud pública, comprendiendo las enfermedades epidémicas, endémicas, profesionales y de otra índole, y la lucha contra ellas.

b) A conocer los planes, las acciones y las prestaciones en materia de prevención, promoción y protección de la salud, así como aquellos instrumentos para hacerlos efectivos.

c) A ser inmunizadas contra las enfermedades infecto-contagiosas de acuerdo con los criterios establecidos por la autoridad sanitaria competente.

d) A recibir las prestaciones preventivas, no incluidas en los párrafos a), b) y c), dentro de la cartera de servicios del Sistema Sanitario Público de Andalucía.

e) A rechazar las acciones preventivas que se propongan, siempre que no comporten riesgos a terceros, sin perjuicio de lo que establezca la normativa de intervención pública en materia de salud colectiva.

6.4.1.6. Derecho de las personas en situación de especial vulnerabilidad en Andalucía

Las personas menores, las mayores, las que se encuentren en situación de dependencia, las personas con discapacidad física, intelectual o sensorial, las que soporten situación o riesgo de exclusión social, las que sufran enfermedad mental, las que estén en situación terminal, las que padezcan enfermedades crónicas y discapacitantes, las diagnosticadas de enfermedades raras o de baja incidencia en la población, las personas con prácticas de riesgo, las mujeres y menores víctimas de violencia tendrán derecho a programas de salud pública específicos o adaptados a sus necesidades especiales.

6.4.1.7. Derecho a la participación en asuntos de la salud pública

La población en Andalucía tendrá derecho a la participación efectiva en la formulación, desarrollo, gestión y evaluación de las políticas en materia de salud pública de manera individual o colectiva.

Las Administraciones públicas de Andalucía dispondrán de los cauces apropiados para facilitar la participación de las personas con dificultad de expresión, especialmente menores, mayores, personas con discapacidad y personas en riesgo de exclusión.

Por orden de la persona titular de la Consejería competente en materia de salud, se establecerán los mecanismos concretos que permitan hacer efectivo el ejercicio de este derecho.

6.4.1.8. Derechos en relación con las actuaciones sanitarias

En el contexto del Sistema Sanitario Público de Andalucía, se reconocen los siguientes derechos de la población en Andalucía frente a la actuación de las Administraciones públicas:

a) Derecho a conocer y tener acceso a los informes, estudios oficiales y resultados de investigación, llevados a cabo por la autoridad sanitaria en materia de salud pública, en aquellos asuntos sobre los que se justifique un interés legítimo.

b) Derecho a conocer la cartera de servicios en salud pública como marco de compromiso entre la Administración sanitaria pública de Andalucía y la ciudadanía.

c) Derecho a que las prestaciones que se incorporen en la cartera de servicios de salud pública sean aquellas que hayan demostrado sus beneficios, sean fiables, seguras y hayan sido constatadas.

d) Derecho a no sufrir discriminación en el reconocimiento y en el acceso a los servicios de salud pública.

e) Derecho a la utilización de las tecnologías de la información y la comunicación para potenciar la interacción electrónica en los asuntos de salud pública.

f) Derecho a conocer y tener acceso a los informes y estudios oficiales sobre desigualdades en salud y su repercusión social y territorial.

g) Derecho a que las Administraciones competentes desarrollen una adecuada evaluación y, en su caso, auditoría de las actuaciones en salud pública.

h) Derecho a ser informados de las medidas preventivas que deben realizarse a fin de evitar riesgos para terceras personas.

Reglamentariamente se desarrollarán los contenidos y procedimientos para hacer efectivo el ejercicio de los derechos enumerados anteriormente.

6.4.1.9. Derecho a la intimidad, confidencialidad y respeto a la dignidad

La población en Andalucía tendrá derecho al respeto de su dignidad e intimidad personal y familiar en relación con su participación en actuaciones de salud pública.

6.4.2. Obligaciones

6.4.2.1. Obligaciones de la ciudadanía en materia de salud pública

La población en Andalucía, en materia de salud pública, deberá:

a) Utilizar adecuadamente la información recibida de las autoridades competentes relativa a la salud pública, respondiendo, en su caso, por los daños y perjuicios que se ocasionen por su indebida utilización.
b) Respetar y cumplir las medidas establecidas por la autoridad sanitaria para la prevención de riesgos, la protección de la salud o la lucha contra las amenazas a la salud pública.
c) No causar, voluntariamente o por negligencia grave, un peligro para la salud de otras personas.
d) Hacer un uso responsable de las prestaciones y servicios públicos.
e) Poner en conocimiento de las autoridades sanitarias cualquier evento o situación que pueda constituir una emergencia de salud pública.
f) Cooperar con las autoridades sanitarias en la protección de la salud, la prevención de las enfermedades y las estrategias de promoción de la salud y la calidad de vida.

6.5. Garantías respecto a la salud pública

6.5.1. Centralidad de la ciudadanía

Se reconoce a la ciudadanía como la razón de ser de la actuación de las Administraciones públicas de Andalucía en materia de salud pública. El enfoque centrado en la ciudadanía deberá regir la programación y la actuación de las mismas, y se traducirá en la garantía del acceso de los ciudadanos a las prestaciones de salud pública y en la efectividad de los derechos reconocidos.

Las Administraciones públicas de Andalucía realizarán estudios periódicos a fin de identificar las percepciones, necesidades y expectativas de la ciudadanía en salud pública y obtener la información necesaria para responder a las mismas, teniendo en cuenta, entre otras, las perspectivas de edad, género y desigualdad social en salud.

6.5.2. El acceso a la información

Sin perjuicio de las disposiciones vigentes sobre el acceso a los documentos oficiales, las Administraciones públicas de Andalucía promoverán una información de salud pública de calidad, fiable y accesible a la población mediante las siguientes actuaciones:

a) Facilitando el acceso a la información sobre la salud pública.

b) Poniendo a disposición de las personas la información sobre salud pública que soliciten, en los términos establecidos en la legislación vigente, de acuerdo con los principios de agilidad en la tramitación y resolución de las solicitudes.

c) Garantizando el acceso de la población a los servicios electrónicos de salud por medio de un sistema multicanal y estableciendo una interoperatividad de los mecanismos de comunicación entre las Administraciones públicas de Andalucía que permita compartir e intercambiar información, de manera que ofrezca una visión unificada.

d) Facilitando la adecuación de la información y sus soportes a los diferentes niveles educativos, a las diferentes edades y a las discapacidades, de manera que se asegure su comprensión.

e) Colaborando con los agentes sociales para contribuir a la difusión de la información de salud pública.

Mediante orden de la persona titular de la Consejería competente en materia de salud, se establecerán las medidas necesarias para facilitar y hacer efectivo el ejercicio del derecho de accesibilidad a la información sobre salud pública, determinando los responsables de la información los lugares en donde se encuentra, la forma de acceder y la metodología para la creación y mantenimiento de medios de consulta de la información que se solicite.

Las decisiones, acciones y omisiones que impidan o limiten la accesibilidad a la información de salud pública se podrán impugnar en los términos que reglamentariamente se determinen.

6.5.3. Participación

La garantía del derecho a la participación de la ciudadanía en salud pública se realizará a través de las siguientes medidas:

a) Fomentar la cultura de participación en salud por parte de la población, desde la primera infancia, estimulando las alianzas con las asociaciones, en complemento y continuidad de la acción de los servicios.

b) Promover una participación real y efectiva de la ciudadanía en la elaboración, modificación y revisión de las acciones en salud pública, creando instrumentos de participación flexibles y adaptados a la misma.

c) Informar a la ciudadanía, a través de los medios apropiados, sobre cualquier iniciativa de elaboración de propuestas de planes y programas de salud.

d) Establecer que la población pueda formular observaciones y alegaciones antes de que se adopte la decisión sobre planes o programas de trascendencia para la salud.
e) Articular una política transversal de participación que afecte a todos los centros e instituciones de carácter público o privado relacionados con la salud.
f) Establecer mecanismos de información, publicidad y divulgación continuados, con la finalidad de informar a la ciudadanía de las cuestiones más relevantes en materia de salud pública. A estos efectos, se adoptarán canales de comunicación permanentes y, de manera especial, se considerará para ello a las asociaciones de consumidores y usuarios.
g) Establecer mecanismos de participación efectiva de las personas menores de edad, en los términos reglamentariamente establecidos, en la formulación, desarrollo, gestión y evaluación de las políticas en materia de salud pública.

Las medidas previstas anteriormente serán evaluadas bienalmente por la Consejería competente en materia de salud. Para ello elaborará un informe de situación, de carácter público, que recoja los avances y las dificultades en el proceso de asegurar el derecho de participación de la ciudadanía, de modo que se mida el impacto de los mecanismos adoptados.

Las decisiones, acciones y omisiones que impidan o limiten la participación en los procedimientos de toma de decisiones de salud pública se podrán impugnar en los términos que reglamentariamente se determinen.

6.5.4. Transparencia

Cuando haya motivos razonables para apreciar que existe un riesgo para la salud de las personas, las autoridades sanitarias deben adoptar las medidas adecuadas para informar a la ciudadanía sobre el mismo de manera adecuada según su naturaleza, gravedad y magnitud, así como sobre las intervenciones que se adopten para prevenir, reducir o eliminar este riesgo.

6.5.5. Análisis de riesgo

Las actuaciones de salud pública deberán basarse en el siguiente proceso de análisis del riesgo:

a) La evaluación del riesgo debe basarse en las pruebas científicas disponibles y debe hacerse de forma independiente, objetiva y transparente, en coordinación con la Administración del Estado y las autoridades de la Unión Europea competentes en materia de salud pública y con las recomendaciones de la Organización Mundial de la Salud.
b) La gestión del riesgo debe tener en cuenta los resultados de la evaluación del mismo y, en particular, las resoluciones técnicas y dictámenes de las autoridades competentes de la Comunidad Autónoma de Andalucía, las autoridades sanitarias de la Administración del Estado y de la Unión Européa y las recomendaciones de la Organización Mundial de la Salud.

c) El proceso de comunicación del riesgo se establece entre las personas responsables de la evaluación y de la gestión del riesgo, los consumidores, las empresas, la comunidad académica y científica y demás partes interesadas. Este intercambio incluye la explicación de los resultados de la evaluación del riesgo y se basa en la transparencia.

El análisis y la gestión del riesgo serán realizados por la Consejería competente en materia de salud en colaboración con las Consejerías competentes en las materias correspondientes, así como con las entidades y organismos cuya intervención se considere pertinente.

6.5.6. Precaución interventora

Cuando, previa evaluación de la información disponible, se prevea la posibilidad de que se produzcan efectos nocivos para la salud derivados de un proceso o de un producto que no permita determinar el riesgo con suficiente certeza, se podrán adoptar medidas provisionales de gestión del riesgo para asegurar la protección de la salud. En cualquier caso, se estará a la espera de información científica adicional que permita una evaluación del riesgo más exhaustiva.

Las medidas adoptadas de acuerdo con el principio de precaución deben tomarse de forma transparente, serán proporcionadas y se revisarán en un plazo razonable en función de la naturaleza del riesgo observado y del tipo de información científica que sea necesaria.

Reglamentariamente se establecerán las medidas cautelares de gestión del riesgo que pueden adoptarse, el procedimiento para adoptarlas y los plazos de vigencia respectivos.

6.5.7. Minimización de la intervención

Ninguna persona podrá ser obligada a someterse a medidas preventivas, diagnósticas o terapéuticas si no es estrictamente necesario para preservar la salud colectiva.

Las actuaciones de salud pública se aplicarán haciendo uso de las alternativas menos restrictivas en el ejercicio de la autoridad, especialmente respecto a los poderes coactivos. Las funciones y servicios esenciales de la salud pública se llevarán a cabo, en la medida de lo posible, con los procedimientos y prácticas menos invasivos para los derechos e intereses de las personas físicas y jurídicas.

Mediante orden de la persona titular de la Consejería competente en materia de salud se establecerá el supuesto o los supuestos concretos en los que, para preservar la salud colectiva, una persona o grupo de personas podrán ser obligadas a someterse a determinadas medidas preventivas, diagnósticas o terapéuticas.

6.5.8. Proporcionalidad de las actuaciones

Las actuaciones y medidas que adopten las Administraciones públicas de Andalucía para la protección de la salud pública en el ámbito de la Ley 16/2011 serán proporcionales al resultado que se pretenda obtener, previa evaluación del riesgo sanitario, de acuerdo con los conocimientos técnicos y científicos en cada momento, y tendrán en cuenta el objetivo de reducir al mínimo, en lo posible, los efectos negativos que puedan producir sobre la libertad y la seguridad de las personas y empresas.

6.6. Responsabilidad y capacitación respecto a la salud pública

6.6.1. El aprendizaje y la capacitación en salud

Se reconoce el derecho y la responsabilidad de la ciudadanía de dotarse de habilidades y competencias para preservar, mejorar y restaurar la salud individual y colectiva y para proveerse de capacidades para adoptar un comportamiento adaptativo y positivo que permita a las personas abordar con eficacia las exigencias y desafíos de la vida cotidiana en relación con su salud y con el desarrollo de su propio proceso vital humano.

Las Administraciones públicas de Andalucía serán responsables de promover la educación en salud, que comprenderá las habilidades cognitivas y sociales que determinan la motivación y la capacidad de la ciudadanía para acceder a la información, comprenderla y utilizarla para promover y mantener una buena salud. La educación en salud de la ciudadanía integrará un conjunto de programas dirigidos a formar a la ciudadanía en conocimientos, habilidades, destrezas, actitudes, aptitudes y valores relativos a la salud colectiva y a modos de vida saludables.

En el ámbito de la educación en salud explicitado anteriormente, la Administración de la Junta de Andalucía prestará especial atención a la educación en salud que corresponda en las diferentes etapas educativas, de manera que las Administraciones sanitaria y educativa de Andalucía colaborarán para ello.

Las actuaciones formativas y de capacitación irán dirigidas a todos los sectores de la población, pero preferentemente a aquellos que soporten especiales situaciones de vulnerabilidad. La formación y el aprendizaje de la ciudadanía incorporarán la perspectiva de género y de los derechos de las personas mayores y menores de edad.

6.6.2. El empoderamiento de la ciudadanía en salud

Las Administraciones públicas de Andalucía incentivarán y promoverán el empoderamiento para la salud de la ciudadanía y la sociedad, generando un proceso de mejora continua mediante el cual las personas disfruten de libertad de elección y adquieran un mayor control sobre las decisiones y acciones que afectan a su salud. A estos efectos:

a) Facilitarán el desarrollo de procesos de participación de la ciudadanía en las decisiones de salud pública.

b) Fomentarán el uso de las tecnologías de la información y la comunicación, y las innovaciones orientadas hacia el empoderamiento de la ciudadanía a través de la información y la transparencia.

c) Establecerán mecanismos sociales de control en la definición de políticas, su regulación y evaluación, para velar por la eficacia y la eficiencia en salud pública.

6.6.3. Responsabilidades de la ciudadanía con la salud pública

En el ámbito del Sistema Sanitario Público de Andalucía, las personas tienen las siguientes responsabilidades:

a) Cuidar de su salud y comprometerse con ella de una forma activa. Esta responsabilidad será exigible en los casos en que puedan derivarse riesgos o perjuicios para la salud de terceras personas.
b) Consultar las fuentes de información de los organismos oficiales sobre salud pública, especialmente en aquellas situaciones en las que puedan existir riesgos para terceras personas. Dicha información debe ser accesible y comprensible a toda la ciudadanía.

6.7. La colaboración social en torno a la salud pública

6.7.1. Las redes ciudadanas de salud pública y alianzas sociales

Se reconoce el valor social de las redes ciudadanas de salud pública para facilitar la formación y el acceso de la ciudadanía al conocimiento sobre la salud. La Administración de la Junta de Andalucía propiciará la configuración de redes ciudadanas de salud como medida de fomento del apoyo social, en la que están implicadas las personas cuidadoras, las personas voluntarias, las organizaciones ciudadanas, las asociaciones de ayuda mutua y otras asociaciones de la sociedad civil.

La ciudadanía y la sociedad civil podrán cooperar con las autoridades de salud pública fomentando la participación activa y la integración en redes y alianzas sociales que aporten el control por la sociedad sobre las actuaciones de salud colectiva y exijan la rendición de cuentas con la finalidad de movilizar personas, familias y comunidades para mejorar la salud y sus determinantes.

Las distintas Administraciones públicas de Andalucía tendrán especial atención y sensibilidad para detectar y actuar ante mensajes negativos para la salud emitidos por las redes sociales.

6.7.2. El voluntariado en salud

De conformidad con lo dispuesto en la Ley 7/2001, de 12 de julio, del Voluntariado, en el ámbito de salud pública podrá reconocerse la colaboración desinteresada, individual o colectiva, entendida como la expresión de un compromiso libre y altruista con la sociedad, que se desarrolla individualmente o dentro del marco de aquellas organizaciones sociales, cuyo objetivo sea la mejora de la salud y bienestar humano, que no tengan afán de lucro y que estén integradas principalmente por personas voluntarias.

6.7.3. La ayuda mutua

Las Administraciones públicas de Andalucía apoyarán y fomentarán a las entidades de la iniciativa social sin ánimo de lucro en el ejercicio de sus acciones de ayuda mutua en relación a los campos de actuación prioritarios en materia de salud.

Igualmente se promoverá la puesta en común de las experiencias y conocimientos, el trabajo grupal y cooperativo, las actividades de formación cruzada y la colaboración entre asociaciones, grupos, profesionales e investigadores.

Se fomentará el trabajo colaborativo conjunto entre las Administraciones públicas y las entidades de ayuda mutua en aquellos aspectos que mejoren la salud o la calidad de vida de los ciudadanos.

6.7.4. La responsabilidad social por la salud

Las Administraciones públicas de Andalucía promoverán la responsabilidad social por la salud en el seno de las empresas, comprendiendo la responsabilidad de velar por la salud y la seguridad en el lugar de trabajo, en el marco de lo establecido en la legislación vigente en materia de prevención de riesgos laborales, así como de promocionar la salud y el bienestar de sus empleados y empleadas.

La responsabilidad social por la salud comprenderá la asunción de buenas prácticas de gestión integrada en la empresa, en particular:

a) La integración de la prevención de riesgos laborales en el proyecto de gestión de la empresa mediante el análisis de riesgos, la evaluación de riesgos laborales y la planificación y gestión de los mismos, todo ello sin perder de vista la perspectiva de género y analizando los riesgos conforme a ella.
b) La realización de auditorías preventivas, independientemente de las que vengan obligadas por ley, que posibiliten un mejor conocimiento de la seguridad laboral y la salud en el trabajo, con objeto de reducir de manera efectiva la siniestralidad laboral.
c) El desarrollo de la promoción de la salud en el lugar de trabajo a través de la promoción de hábitos de vida y entornos favorables a la salud en relación con el área de trabajo de la empresa.
d) La reducción de desigualdades en salud en el seno de la empresa.

6.7.5. Los acuerdos voluntarios para la mejora de la salud pública

La Consejería competente en materia de salud promoverá la celebración de acuerdos voluntarios que tengan por objeto la mejora de las condiciones legalmente establecidas en materia de salud pública.

Los acuerdos voluntarios podrán ser:

a) Acuerdos celebrados entre los agentes económicos y/o sociales y la Consejería competente en materia de salud u otros órganos de la Administración de la Junta de Andalucía.

b) Acuerdos que tengan como objeto la protección de la salud pública, celebrados entre personas físicas o jurídicas y la Consejería competente en materia de salud u otros órganos de la Administración de la Junta de Andalucía.

En el supuesto de celebración de acuerdos voluntarios por empresas, estas informarán a la representación legal de los trabajadores sobre el objeto y contenido de los acuerdos voluntarios con carácter previo a la celebración de los mismos.

Reglamentariamente se creará un registro público de acuerdos voluntarios donde cualquier persona interesada pueda conocer el contenido de los suscritos.

6.8. La gobernanza en salud pública

6.8.1. Salud pública en una sociedad global

6.8.1.1. Colaboración en la salud global

En el marco de la política de cooperación general del Estado español, se reconoce en Andalucía el principio de colaboración para la salud global y la participación en la acción colectiva internacional, que comprenderá el esfuerzo sistemático para la salud de la comunidad global y la organización de respuestas entre los miembros de esta comunidad para afrontar dichas necesidades, incluyendo la formulación de políticas, la movilización de recursos y la implantación de estrategias.

6.8.1.2. El entorno internacional de salud pública

La Administración de la Junta de Andalucía, a través de la Consejería competente en materia de coordinación de la cooperación internacional para el desarrollo, llevará a cabo actividades de cooperación con otros países e instituciones sanitarias internacionales con el objetivo de mejorar la salud de la población, sin perjuicio de lo dispuesto en el artículo 38.1 de la Ley 14/1986, de 25 de abril, General de Sanidad.

La Administración de la Junta de Andalucía podrá formalizar acuerdos de colaboración con autoridades sanitarias de otros países a los efectos de garantizar la adecuada prestación de salud pública a las comunidades y ciudadanía andaluzas asentadas en el exterior, conforme a lo establecido en el artículo 241 del Estatuto de Autonomía para Andalucía.

La Administración de la Junta de Andalucía, en el marco del Sistema Sanitario Público de Andalucía, promoverá programas y proyectos en países en vías de desarrollo dirigidos a mejorar la salud pública de su población, de conformidad con lo establecido en la Ley 14/2003, de 22 de diciembre, de Cooperación Internacional para el Desarrollo, así como en el Plan Andaluz de Cooperación para el Desarrollo, en los planes anuales y en los programas operativos por países.

La Administración de la Junta de Andalucía elaborará un catálogo de recursos en materia de salud pública a disposición de programas de cooperación internacional.

6.8.1.3. Andalucía en el contexto de la Unión Europea en materia de salud pública

En materia de salud pública, corresponde a la Administración de la Junta de Andalucía la transposición, desarrollo y ejecución de la normativa comunitaria en aquellos ámbitos que sean propios de su competencia, al amparo de lo previsto en el artículo 235 del Estatuto de Autonomía para Andalucía.

La Administración de la Junta de Andalucía promoverá la convergencia con las estrategias de la Unión Europea y los programas de acción comunitarios en el ámbito de la salud pública, en los términos del Estatuto de Autonomía para Andalucía y de la legislación vigente en la materia.

La Administración de la Junta de Andalucía participará de modo efectivo en el proceso de formación de la voluntad del Estado en lo referente a la adopción de decisiones y la emisión de actos normativos, por los órganos de la Unión Europea, que afecten a materia de salud pública, en los términos previstos en las leyes.

6.8.1.4. Las relaciones de cooperación con la Administración del Estado

La programación de las actividades de salud pública que se lleven a cabo por la Junta de Andalucía se armonizará en el contexto de los planes y programas nacionales de salud pública, en el marco de la función de coordinación general de la sanidad que el artículo 149.1.16.ª de la Constitución atribuye al Estado y, en especial, con el Plan de Cooperación y Armonización de Actuaciones en el Ámbito de la Salud Pública, previsto en el artículo 66 de la Ley 16/2003, de 28 de mayo, de cohesión y calidad del Sistema Nacional de Salud.

La Administración de la Junta de Andalucía participará activamente en la planificación estatal sobre salud pública. Esta participación irá dirigida a la consecución de una coordinación, integración y aprovechamiento de las actividades y actuaciones que se desarrollen a fin de mejorar la salud de toda la población.

La Administración de la Junta de Andalucía promoverá la celebración de convenios con la Administración del Estado, así como la adopción de cuantas medidas sean precisas para hacer efectiva la cooperación mutua en salud pública.

La Administración de la Junta de Andalucía podrá acordar la realización de planes y programas conjuntos de actuación con la Administración del Estado para el logro de objetivos comunes en las materias objeto de la Ley 16/2011.

6.8.1.5. Las relaciones con otras Comunidades Autónomas y con las Ciudades Autónomas de Ceuta y Melilla en salud pública

La Administración de la Junta de Andalucía podrá establecer relaciones de cooperación con otras Comunidades Autónomas para la consecución de objetivos comunes en materia de salud pública mediante la celebración de convenios de colaboración y acuerdos de cooperación, de conformidad con lo establecido en el artículo 226 del Estatuto de Autonomía para Andalucía.

Asimismo, la Administración de la Junta de Andalucía podrá formalizar convenios de colaboración con las Ciudades Autónomas de Ceuta y Melilla, de acuerdo con lo establecido en el artículo 228 del Estatuto de Autonomía para Andalucía.

6.8.2. La salud pública en el ámbito local

6.8.2.1. La autonomía local en salud pública

Corresponde a los municipios de la Comunidad Autónoma de Andalucía, sin perjuicio de las competencias de las demás Administraciones públicas, el ejercicio de las competencias propias establecidas en la legislación básica en materia de entidades locales, en la Ley 5/2010, de 11 de junio, de Autonomía Local de Andalucía, y en el artículo 38 de la Ley 2/1998, de 15 de junio, de Salud de Andalucía.

Sin perjuicio de las competencias autonómicas, corresponderá a los municipios andaluces velar en sus respectivos territorios por la protección y la promoción de la salud de la población en las competencias que puedan asumir, conforme a lo dispuesto en la correspondiente legislación reguladora en esta materia.

Los municipios asumen la coordinación de las intervenciones contempladas en el Plan Local de Salud en materia de promoción de salud comunitaria en su territorio, incorporando y articulando la acción y participación de la población y de los diferentes sectores públicos y privados implicados.

6.8.2.2. El Plan Local de Salud

El Plan Local de Salud es el instrumento básico que recoge la planificación, ordenación y coordinación de las actuaciones que se realicen en materia de salud pública en el ámbito de un municipio o de una mancomunidad de municipios. La elaboración, aprobación, implementación y ejecución de este plan corresponden a los municipios, de conformidad con lo dispuesto en el artículo 9.13 de la Ley 5/2010, de 11 de junio, de Autonomía Local de Andalucía.

El Plan Local de Salud abordará los siguientes contenidos mínimos:

a) El hogar y la familia como centro de la intervención.

b) Seguridad y gestión del riesgo: vial, laboral, alimentaria, medioambiental y ciudadana.

c) Reducción de las desigualdades en salud: socioeconómica, cultural, de género, que afecten a grupos específicos o a personas en situación o en riesgo de exclusión.

d) Estilos de vida saludable: actividad física, alimentación equilibrada y lucha contra el tabaquismo.

e) Entornos saludables y estrategias sostenibles: escuelas, lugares de encuentro, ocio y paseo.
f) Elementos de protección en relación con las garantías en salud alimentaria y salud medioambiental.

6.8.2.3. La cooperación para el desarrollo de la salud pública en el territorio

En el marco del Plan Andaluz de Salud, la Administración sanitaria de la Junta de Andalucía establecerá un programa de cooperación y armonización en materia de salud pública con los municipios andaluces, así como iniciativas dinámicas, con el fin de lograr un desarrollo equilibrado, social y territorial.

Reglamentariamente, se creará la Comisión Andaluza de Cooperación en Salud Pública como órgano de colaboración, coordinación y cooperación entre la Administración de la Junta de Andalucía y las corporaciones locales en las materias reguladas en esta ley.

6.8.3. La organización de la salud pública en la Junta de Andalucía

6.8.3.1. Principios de la organización básica de salud pública

La organización y la prestación de los servicios de la salud pública se basarán en los siguientes principios:

a) El reconocimiento de los derechos y las garantías de la ciudadanía.
b) La defensa de la salud colectiva.
c) La participación activa de la ciudadanía.
d) La gobernanza en salud pública.
e) Las alianzas intersectoriales en salud.
f) La integración y transversalidad de la salud pública.
g) La transparencia e independencia en sus actuaciones.
h) La modernización y actualización de los servicios y estructuras de la salud pública.
i) La investigación e innovaciones aplicadas en salud pública.
j) El fortalecimiento del desarrollo profesional de las personas que prestan servicios en salud pública y la creación de nuevos perfiles profesionales en salud pública.
k) La evaluación de las actividades y la calidad, entendida como excelencia, pertinencia y orientación a la obtención de resultados.
l) Reforzamiento progresivo del sector público en el sistema de salud.

6.8.3.2. La Consejería competente en materia de salud

Sin perjuicio de las atribuciones del Consejo de Gobierno y de lo dispuesto en el artículo 62 de la Ley 2/1998, de 15 de junio, de Salud de Andalucía, la Consejería competente en materia de salud en el ámbito de sus competencias asume la superior dirección y coordinación de las políticas de salud pública y, en concreto, le corresponden las siguientes competencias:

a) El establecimiento de las bases y estructuras fundamentales de salud pública en el contexto del Sistema Sanitario Público de Andalucía.
b) La planificación y coordinación del marco de políticas y líneas estratégicas de salud pública de la Administración de la Junta de Andalucía.
c) La cooperación intersectorial y multidisciplinaria en el ámbito de la Administración de la Junta de Andalucía y la cooperación con las otras Administraciones públicas en el ámbito de la salud pública.
d) La coordinación con las políticas estatales y europeas en materia de salud pública.
e) El fomento de la participación ciudadana en salud pública.
f) La fijación de objetivos de mejora de la salud y de garantía de derechos de salud pública bajo el principio de sostenibilidad financiera del sistema.
g) Proponer, cuando proceda, la ampliación del catálogo de prestaciones básicas sobre salud pública ofrecidas por el Sistema Nacional de Salud.
h) La evaluación del impacto en salud.

El Consejo de Gobierno establecerá, en el seno de la Consejería competente en materia de salud, un servicio administrativo con gestión diferenciada, de los previstos en el artículo 15 de la Ley 9/2007, de 22 de octubre, de la Administración de la Junta de Andalucía, que aglutinará aquellos órganos o unidades responsables de la gestión y provisión de servicios de salud pública, en aras de ofrecer una respuesta coordinada y eficaz a las necesidades de la población en dicho ámbito.

6.8.3.3. El Servicio Andaluz de Salud y demás entidades públicas que prestan servicios de salud pública

Los centros, servicios y establecimientos sanitarios públicos integrados en el Servicio Andaluz de Salud y demás entidades públicas adscritas a la Administración sanitaria de la Junta de Andalucía que presten actividades de salud pública coordinarán y armonizarán sus acciones con la Consejería con competencias en materia de salud.

Bajo la superior dirección de la Consejería con competencias en materia de salud, el Servicio Andaluz de Salud y las demás entidades públicas de la Administración sanitaria de la Junta de Andalucía regularán los vínculos y obligaciones a través de un acuerdo de colaboración sobre salud pública en el marco competencial de la Ley 16/2011 y de la Ley 2/1998, de 15 de junio, de Salud de Andalucía.

6.8.3.4. El Centro de Investigación de Salud Pública de Andalucía

Se crea, en el ámbito del Sistema Sanitario Público de Andalucía y en el marco de lo dispuesto en el artículo 33 de la Ley 16/2007, de 3 de diciembre, Andaluza de la Ciencia y el Conocimiento, el Centro de Investigación de Salud Pública de Andalucía, como organización donde se integran personas al servicio de la investigación y grupos de investigación, y que tiene como objeto primordial la investigación, el desarrollo y la innovación en materia de salud pública, bajo el principio del fomento de la calidad y la excelencia científica de los proyectos y actuaciones.

El Centro de Investigación de Salud Pública de Andalucía desarrollará las actividades que son propias de este tipo de organizaciones, teniendo en cuenta las prioridades definidas en el Plan Andaluz de Salud y en el marco que ofrece la planificación de la I+D+i en Andalucía y en los ámbitos nacional y europeo.

Reglamentariamente se establecerán sus estatutos donde se especificarán sus objetivos, funciones, recursos, régimen, organización y funcionamiento.

6.8.3.5. La Escuela Andaluza de Salud Pública

La Escuela Andaluza de Salud Pública, ente instrumental de la Administración sanitaria de la Junta de Andalucía para la generación y gestión del conocimiento en los campos de la salud pública y la gestión de servicios sanitarios y sociales, contribuirá a los fines de la Ley 16/2011, de acuerdo con los principios establecidos en la misma, mediante el desempeño de actividades de formación, consultoría, investigación y cooperación internacional en estas materias.

La Escuela Andaluza de Salud Pública desarrollará los proyectos y actividades de asesoramiento científico, asistencia técnica, evaluación, análisis y prospectiva, planificación, coordinación, difusión u otros que le sean encomendados a tal fin, coordinando sus actuaciones con el conjunto de centros y unidades del Sistema Sanitario Público de Andalucía e impulsando la colaboración con otras instituciones académicas, científicas o de otra naturaleza, en el ámbito autonómico, nacional, internacional y multilateral.

6.8.3.6. El Observatorio de Salud Pública de Andalucía

En el seno de la Escuela de Salud Pública, se constituirá el Observatorio de Salud Pública de Andalucía, como unidad de carácter técnico y científico para el asesoramiento a la Consejería competente en materia de salud.

El Observatorio de Salud Pública de Andalucía promoverá el análisis de la situación de salud y sus factores determinantes en Andalucía, con especial atención a los que provocan situaciones de desigualdad en salud, y será el encargado de analizar las tendencias a largo plazo sobre las materias que se le confíen, en especial, respecto al impacto en la salud pública de los desarrollos tecnológicos y el análisis del efecto de las investigaciones en salud en el futuro y para las nuevas generaciones.

El Observatorio de Salud Pública de Andalucía contará con un foro de participación social y un foro de carácter científico. Por orden de la persona titular de la Consejería de Salud se desarrollarán sus funciones, composición, organización y funcionamiento.

El Observatorio de Salud Pública de Andalucía integrará al actual Observatorio de Salud Medioambiental de Andalucía existente en la Escuela Andaluza de Salud Pública.

6.8.4. Salud en todas las políticas

6.8.4.1. Principio orientador de la Administración sanitaria pública de Andalucía

La Administración sanitaria pública de Andalucía orientará su actuación a la satisfacción de las necesidades en salud de la ciudadanía, ejerciendo una buena administración, con la participación de la ciudadanía, y que se articula en forma de red desplegada para la eficaz y eficiente provisión de los servicios públicos de salud pública.

6.8.4.2. La transversalidad de la salud

Se reconoce el carácter transversal de la salud pública, que comprende la integración de la perspectiva de la salud pública en el ejercicio de las competencias de las distintas políticas y acciones públicas, desde la consideración sistemática de los determinantes de salud, la igualdad de oportunidades y la equidad en salud.

Los poderes públicos potenciarán que la perspectiva de la salud pública esté presente en la elaboración, ejecución y seguimiento de las disposiciones normativas y de las políticas en todos los ámbitos de actuación, considerando sistemáticamente las prioridades y necesidades propias de la salud colectiva, teniendo en cuenta su incidencia en la situación específica de las personas y grupos de población, al objeto de adaptarlas para mitigar los efectos discriminatorios y fomentar la equidad en salud.

La transversalidad se ejercitará a través de la coordinación y cooperación intersectorial y multidisciplinaria, como elemento de cohesión de las políticas públicas de las entidades e instituciones con responsabilidades sobre la salud pública.

Se dará prioridad a la intersectorialidad en las áreas de educación, bienestar social, políticas de igualdad, medio ambiente, agricultura, consumo, empleo y vivienda.

6.8.4.3. La cooperación entre los profesionales de la salud pública

En el marco de la Administración sanitaria pública de Andalucía se potenciará el sistema de trabajo cooperativo centrado en las formas de colaboración más convenientes entre personas o grupos de personas que deben realizar una tarea común en el seno de la organización administrativa.

La Administración sanitaria de la Junta de Andalucía fomentará el uso de las tecnologías adecuadas para la cooperación que permitan potenciar la comunicación, la colaboración y la coordinación de actividades y tareas entre las unidades administrativas que actúen en el ámbito de la salud pública.

La Administración de la salud pública fomentará el uso de plataformas electrónicas con capacidad para articular la efectiva participación de los profesionales de salud pública que las utilicen y donde se puedan compartir recursos y elaborar procedimientos comunes de trabajo.

6.8.4.4. La cooperación interadministrativa

Las Administraciones públicas de Andalucía competentes en materia de salud pública ajustarán su actuación a los principios de colaboración, coordinación y cooperación que rigen las relaciones interadministrativas, haciendo posible una utilización eficaz y eficiente de los recursos humanos y materiales de que dispongan y con el objetivo de alcanzar un elevado nivel de protección de la salud pública.

Con la finalidad de fomentar la necesaria cooperación interadministrativa, la Administración de la Junta de Andalucía establecerá fórmulas de cooperación con las Administraciones locales para el desarrollo de las competencias de salud pública y de los respectivos planes de salud.

6.8.4.5. Las alianzas y la cooperación

Se fomentarán las alianzas estratégicas con otras Administraciones públicas, universidades, centros de investigación y otras entidades autonómicas, nacionales e internacionales que aporten elementos de interés para la salud pública en Andalucía.

6.8.4.6. La planificación en salud pública

La planificación de la salud pública en Andalucía se concretará en el desarrollo de las políticas de salud en el marco del Plan Andaluz de Salud, de conformidad con lo establecido en los artículos 30 a 33 de la Ley 2/1998, de 15 de junio, de Salud de Andalucía.

En el marco del Plan Andaluz de Salud vigente, por la Consejería competente en materia de salud, se fomentará el desarrollo de planes provinciales.

Sin perjuicio de lo establecido en la Ley 2/1998, de 15 de junio, de Salud de Andalucía, la Consejería competente en materia de salud velará por el desarrollo de los planes locales de acción en salud.

6.8.5. La evaluación del impacto en la salud

Las presentes normas sobre la evaluación del impacto en la salud entrarán en vigor cuando se produzca el desarrollo reglamentario del procedimiento de evaluación de impacto en salud.

6.8.5.1. Objeto

La evaluación del impacto en la salud tiene por objeto valorar los posibles efectos directos o indirectos sobre la salud de la población de los planes, programas, obras o actividades y señalar las medidas necesarias para eliminar o reducir hasta límites razonables los efectos negativos y reforzar los efectos positivos.

6.8.5.2. Ámbito de aplicación

Se someterán a informe de evaluación del impacto en la salud:

a) Los planes y programas que se elaboren o aprueben por la Administración de la Junta de Andalucía con clara incidencia en la salud, siempre que su elaboración y aprobación vengan exigidas por una disposición legal o reglamentaria, o por Acuerdo del Consejo de Gobierno, y así se determine en el acuerdo de formulación del referido plan o programa.

b) Los instrumentos de planeamiento urbanístico siguientes:

   1.º Instrumentos de planeamiento general así como sus innovaciones.

   2.º Aquellos instrumentos de planeamiento de desarrollo que afecten a áreas urbanas socialmente desfavorecidas o que tengan especial incidencia en la salud humana. Los criterios para su identificación serán establecidos reglamentariamente.

c) Las actividades y obras, públicas y privadas, y sus proyectos, que deban someterse a los instrumentos de prevención y control ambiental establecidos en los párrafos a), b) y d) del artículo 16.1 de la Ley 7/2007, de 9 de julio , de Gestión Integrada de la Calidad Ambiental, que reglamentariamente se determinen. En este supuesto, la resolución de evaluación del impacto en la salud estará incluida en el informe de impacto ambiental correspondiente.

d) Aquellas otras actividades y obras, no contempladas en el párrafo anterior, que se determinen mediante decreto, sobre la base de la evidencia de su previsible impacto en la salud de las personas.

En el informe de impacto en la salud de las actividades y obras a que se refieren los párrafos c) y d) anteriores, se podrá establecer la necesidad de delimitar una zona de seguridad para la protección de la salud con limitaciones de uso para las actividades humanas que específicamente se determinen.

No se someterán a evaluación del impacto en la salud los planes y programas que se elaboren o aprueben por las Administraciones públicas y que tengan como único objeto la defensa nacional o la protección civil en casos de emergencia, así como aquellos de carácter estrictamente financiero o presupuestario.

6.8.5.3. Metodología para la evaluación del impacto en salud

Reglamentariamente se establecerán los contenidos y la metodología para la evaluación del impacto en salud en cada uno de los supuestos contemplados en el artículo anterior, que en cualquier caso contemplarán:

a) Una valoración del impacto en salud anterior al inicio de la actividad, que será formulada por la institución, organismo o persona pública o privada que sea la promotora de la misma.

b) Un informe de evaluación del impacto en salud, que será emitido por la Consejería competente en materia de salud pública, sobre la valoración del impacto en la salud realizada, en los plazos y con el alcance que la ley establece.

6.8.5.4. *Informe de evaluación del impacto en salud*

En los procedimientos de aprobación de los planes y programas será preceptivo el informe de evaluación de impacto en salud, que deberá emitirse en el plazo máximo de un mes. Excepcionalmente, mediante resolución motivada, dicho plazo podrá ser ampliado hasta un máximo de tres meses. De no emitirse en el plazo señalado, este informe se entenderá favorable y se proseguirán las actuaciones.

En los procedimientos de aprobación de instrumentos de planeamiento, será preceptivo y vinculante el informe de evaluación de impacto en salud, que deberá emitirse en el plazo máximo de tres meses. Si transcurrido dicho plazo no se hubiera evacuado el informe citado, se entenderá su conformidad al plan propuesto.

En los procedimientos de autorización de actividades y obras, y sus proyectos, será preceptivo y vinculante el informe de evaluación de impacto en salud, que deberá emitirse en el plazo máximo de un mes. Excepcionalmente, mediante resolución motivada, dicho plazo podrá ser ampliado hasta un máximo de tres meses. De no emitirse el informe a que se refiere el párrafo anterior en el plazo señalado, se estará a lo dispuesto en el artículo 83 de la Ley 30/1992, de 26 de noviembre, del Régimen Jurídico de las Administraciones Públicas y del Procedimiento Administrativo Común.

6.9. Las acciones en salud pública

6.9.1. Las prestaciones de salud pública

La prestación de salud pública, de conformidad con lo establecido en el artículo 11.1 de la Ley 16/2003, de 28 de mayo, de cohesión y calidad del Sistema Nacional de Salud, es el conjunto de iniciativas organizadas por las Administraciones públicas andaluzas para preservar, proteger y promover la salud de la población. Es una combinación de ciencias, habilidades y actitudes dirigidas al mantenimiento y mejora de la salud de todas las personas a través de acciones colectivas o sociales.

Las prestaciones en este ámbito comprenderán, además de las contenidas en el artículo 11.2 de la Ley 16/2003, de 28 de mayo, de cohesión y calidad del Sistema Nacional de Salud, las siguientes:

a) La vigilancia de las desigualdades en salud y en el acceso a los servicios de salud que puedan tener su origen en diferencias socioeconómicas, de género, lugar de residencia, cultura o discapacidad.

b) La evaluación del impacto de las intervenciones para mejorar la salud de la ciudadanía.

c) La promoción y protección de la calidad acústica del entorno.

d) La promoción, la protección de la salud y la prevención de los factores de riesgo para la salud en los establecimientos públicos, lugares y sitios de convivencia humana.

e) La promoción, la protección de la salud y la prevención de los factores de riesgo para la salud derivados del ejercicio de prácticas y actividades realizadas sobre el cuerpo humano en establecimientos de atención personal de carácter no terapéutico que puedan tener consecuencias negativas para la salud.

f) La promoción, la protección de la salud y la prevención de los factores de riesgo para la salud en relación con el ejercicio de terapias naturales realizadas sobre el cuerpo humano en centros y establecimientos no sanitarios, incluidas las acciones de intervención administrativa y control sanitario.

g) La farmacovigilancia y el control sanitario de otros productos de utilización diagnóstica, terapéutica o auxiliar que puedan suponer un riesgo para la salud de las personas.

h) La prevención y protección de la salud ante cualquier otro factor de riesgo, en especial la prevención de las discapacidades y dependencias.

i) La prestación de los servicios de análisis de laboratorio en materia de salud pública en el marco de actuación de la Consejería competente en materia de salud.

j) La policía sanitaria mortuoria.

k) La vigilancia e intervención frente a la zoonosis.

l) El control sanitario de la publicidad en el marco de la normativa vigente.

m) La promoción y la protección de la salud en la ordenación del territorio y el urbanismo.

n) La prevención y protección de la salud en las viviendas y en los entornos residenciales.

o) La promoción y protección de la salud asociadas a los medios de transporte.

p) La prevención, detección precoz y protección de la salud en casos de maltrato y abuso sexual infantil y en aquellas situaciones de riesgo que perjudiquen la salud de las personas menores.

q) La atención temprana dirigida a la población infantil de 0 a 6 años afectada por trastornos en el desarrollo o con riesgo de padecerlos.

El Consejo de Gobierno de la Junta de Andalucía actualizará las prestaciones de salud pública, incorporando aquellas que generen los progresos científicos en salud pública que sean fiables, seguras y fundamentadas en la evidencia científica disponible, siempre que sean esenciales para alcanzar el más alto grado de salud.

Las actuaciones de salud pública de las Administraciones públicas de Andalucía deberán dirigirse prioritariamente a las personas más vulnerables y a procurar la equidad social, étnica, cultural, económica, territorial y de género. También se desarrollarán actuaciones específicamente dirigidas a las personas con discapacidad o dependencia y a quienes las cuidan.

6.9.2. La cartera de servicios de salud pública

En el marco de lo dispuesto en el artículo 20.2 de la Ley 16/2003, de 28 de mayo, de cohesión y calidad del Sistema Nacional de Salud, la cartera de servicios del Sistema Sanitario Público de Andalucía será aprobada por el Consejo de Gobierno de la Junta de Andalucía a propuesta de la Consejería competente en materia de salud, tras el estudio de las necesidades de salud de la población y los criterios científicos relevantes de aplicación.

La cartera de servicios de salud pública de Andalucía definirá de forma detallada las prestaciones e indicará las estructuras administrativas encargadas de llevarlas a cabo, así como los sistemas de acreditación, información y registro normalizados que permitan la evaluación continua y descentralizada.

La cartera de servicios de salud pública comprenderá el conjunto de técnicas, tecnologías o procedimientos que permitan hacer efectivas todas las prestaciones de salud pública e integrará también las actuaciones de salud pública incluidas en otras carteras de servicios del Sistema Nacional de Salud, especialmente la cartera de servicios de atención primaria, y será actualizada periódicamente para atender los nuevos problemas y necesidades de salud.

6.9.3. El Sistema de Vigilancia e Información

6.9.3.1. La vigilancia continuada del estado de salud de la población

La Consejería competente en materia de salud dispondrá de un Sistema de Vigilancia en Salud basado en la detección y seguimiento de los problemas y determinantes relevantes de la salud de la población, mediante la recogida sistemática de datos, la integración y análisis de los mismos, y la utilización y difusión oportuna de esta información, para desarrollar actuaciones orientadas a proteger o mejorar la salud colectiva.

La vigilancia de la salud deberá realizarse de forma que se pueda:

a) Conocer la epidemiología de los principales problemas de salud y sus determinantes, a partir de las características de las personas afectadas, su distribución etaria, geográfica y la tendencia temporal.

b) Identificar desigualdades en salud de origen geográfico, de género, por la accesibilidad o utilización de servicios de salud, derivadas del hecho migratorio o por exposición a riesgos para la salud.

c) Analizar los efectos de los riesgos ambientales sobre la salud de la población.

d) Detectar precozmente situaciones epidémicas o de riesgo para la salud colectiva.

e) Contribuir a la planificación de los servicios de salud.

f) Facilitar la evaluación de la efectividad de las intervenciones en salud pública.

La Consejería competente en materia de salud elaborará programas de vigilancia en el ámbito de las enfermedades transmisibles a personas y de las no transmisibles. En su elaboración deben priorizarse problemas de especial relevancia para la salud pública que causen brotes epidémicos o que sean prevenibles, y aquellos que se aborden en los planes de la Consejería. También se tendrá en cuenta la diversidad de lenguas extranjeras existentes en Andalucía por el fenómeno migratorio.

Se realizarán estudios epidemiológicos puntuales y específicos orientados a conocer los riesgos y el estado de salud de la población y la evaluación del impacto de las intervenciones en salud pública.

Las Administraciones públicas de Andalucía desarrollarán y reforzarán la capacidad necesaria para responder con prontitud y eficacia, en la investigación y control de los riesgos, a las emergencias en salud pública.

6.9.3.2. Sistema de Información de Vigilancia en Salud

El Sistema de Vigilancia dispondrá de un Sistema de Información de Vigilancia en Salud, entendido como sistema organizado de información de utilidad para la vigilancia y acción en salud pública.

El Sistema de Información de Vigilancia en Salud recogerá las variables que permitan analizar la equidad en salud, incorporando datos desagregados que permitan identificar los problemas para la adopción de medidas oportunas, asegurar la calidad de la información y realizar un análisis epidemiológico según el nivel socioeconómico y educativo, la situación laboral, el género, la edad, la condición de discapacidad, el ámbito geográfico y la tendencia en el tiempo.

6.9.3.3. Obligaciones

Los centros, servicios y establecimientos sanitarios tanto del sector público como privado, así como los profesionales sanitarios en ejercicio, están obligados a facilitar la información solicitada por el Sistema de Vigilancia en Salud.

Las Administraciones públicas de Andalucía y las personas físicas y jurídicas están obligadas a participar, en el ámbito de sus competencias, en el Sistema de Información para la Vigilancia en Salud. Los datos de carácter personal, recogidos o elaborados por las Administraciones públicas para el desempeño de sus atribuciones, que versen sobre materias relacionadas con la salud pública serán comunicados a este Sistema de Información de Vigilancia en Salud con objeto de su tratamiento posterior para garantizar la protección de la salud de los habitantes de la Comunidad Autónoma de Andalucía, así como con fines históricos, estadísticos o científicos en el ámbito de la salud pública. La cesión de datos de carácter personal estará sujeta a la legislación en materia de protección de datos de carácter personal.

6.9.3.3. Seguridad de la información

En todos los niveles del Sistema de Información de Vigilancia en Salud se adoptarán las medidas necesarias para garantizar la seguridad de los datos, quedando obligados al secreto profesional todos aquellos que, en virtud de sus competencias, tengan acceso a los mismos.

Los titulares de datos personales tratados en virtud de esta ley ejercerán sus derechos de acuerdo con lo dispuesto en la Ley Orgánica 15/1999, de 13 de diciembre, de Protección de Datos de Carácter Personal.

6.9.3.4. Sistema de Alertas y Crisis en Salud Pública

Se establece en la Consejería con competencias en materia de salud el Sistema de Alertas y Crisis en Salud Pública como red operativa interna de coordinación de las intervenciones en los supuestos de alertas y emergencias sanitarias que impliquen una amenaza real o potencial para la salud de la población, siempre que puedan tener repercusión regional, así como en los casos de alarma social provocada por la difusión de noticias relacionadas con la salud pública o con la prestación de servicios sanitarios.

El Sistema de Alertas y Crisis de Salud Pública desarrollará los siguientes objetivos:

a) Proporcionar el apoyo logístico y coordinar los medios operativos en las situaciones de alerta y emergencia que puedan afectar a la salud de la población.

b) Integrar en una única red departamental la detección de riesgos, la planificación y preparación de respuestas y el desarrollo de las intervenciones regionales.

c) Coordinar las informaciones y las comunicaciones en relación con las alertas, emergencias y situaciones de crisis.

d) Servir de apoyo al plan de respuesta de salud pública para alertas por riesgos extraordinarios biológicos, químicos, alimentarios, radiológicos y nucleares del Sistema Público de Salud de Andalucía.

El Sistema de Alertas y Crisis en Salud Pública actuará coordinadamente con otros sistemas de alertas y crisis existentes en la Administración pública.

El Sistema de Alertas y Crisis en Salud Pública establecerá los mecanismos para informar y comunicar el riesgo a la ciudadanía, con especial atención a los consumidores y usuarios, a las empresas implicadas, a la comunidad científica y académica y demás partes interesadas.

6.9.3.5. La salud laboral

La Administración sanitaria pública de Andalucía, en el ámbito de la salud laboral, además de las previstas en el artículo 17 de la Ley 2/1998, de 15 de junio, de Salud de Andalucía, desarrollará las siguientes actuaciones en colaboración con la Consejería competente en materia de prevención de riesgos laborales:

a) La vigilancia y estudio de los problemas de salud laboral, en base a los datos de lesiones por accidentes de trabajo, enfermedades profesionales, enfermedades relacionadas con el trabajo, incapacidad temporal y permanente y mortalidad por patologías profesionales y otra información que sea de interés.

b) El establecimiento y revisión de los protocolos para la vigilancia de la salud individual de las personas trabajadoras expuestas a riesgos laborales, con especial atención al ámbito de la actividad laboral temporera.

c) El desarrollo de los programas de vigilancia de la salud posocupacional, de acuerdo con la legislación específica de prevención de riesgos laborales, especialmente con las personas trabajadoras expuestas al amianto y otros agentes cancerígenos.

d) La promoción de la realización de actividades de promoción de la salud en el lugar de trabajo.
e) La identificación y prevención de patologías que, con carácter general, puedan verse producidas o agravadas por las condiciones de trabajo.
f) La promoción de la formación de los profesionales de la medicina y enfermería del trabajo.
g) La elaboración de un mapa de riesgos laborales para la salud de las personas trabajadoras en colaboración con la autoridad laboral competente.
h) El establecimiento de un sistema de información sanitaria que posibilite el control epidemiológico laboral y de las patologías profesionales.
i) Cualesquiera otras que promuevan la mejora en la vigilancia, promoción y protección de la salud de las personas trabajadoras.

6.9.4. La promoción de la salud

Las Administraciones públicas de Andalucía prestarán especial atención a la promoción de la salud de todas las personas en Andalucía, promoviendo las acciones destinadas a fomentar el desarrollo físico, mental y social de las personas y a crear las condiciones que faciliten a estas y a la sociedad las opciones más saludables. También propiciarán en las personas las actitudes, los valores y las conductas necesarios para motivar su participación en beneficio de la salud individual y colectiva. Con este propósito se crearán, en coordinación con las instituciones competentes, mecanismos que permitan el desarrollo de programas locales y regionales de salud que tengan como base la relación intersectorial y la participación ciudadana en la formulación y ejecución de políticas públicas saludables.

Las actuaciones de promoción de salud se dirigirán a todas las etapas de la vida de las personas –infancia, adolescencia, juventud, edad adulta y vejez– e irán destinadas a promover la salud física y mental, mejorando la competencia de las personas y acondicionando sus entornos, de forma que:

a) El embarazo, el parto y el nacimiento puedan ser saludables y gratificantes, respetando las preferencias de la madre cuando el nivel de riesgo lo permita.
b) El desarrollo infantil pueda ser seguro, saludable y con especial atención al desarrollo de las competencias personales en las primeras etapas de la vida.
c) La alimentación pueda ser equilibrada y se fomente la lactancia materna.
d) La actividad física pueda ser saludable, factible y atractiva.
e) La sexualidad de las personas, de cualquier orientación, pueda ser una vivencia saludable, respetuosa y satisfactoria.
f) El cuidado y la higiene personal, incluida la bucodental, puedan ser hábitos adquiridos desde la infancia y mantenidos a lo largo de la vida.
g) El consumo de tabaco y otras sustancias adictivas se evite, se retrase o se abandone.
h) El consumo de alcohol, así como otras conductas con riesgo de crear adicción, se haga de forma que se minimice dicho riesgo y se promueva la reducción de daños.

i) Las relaciones personales, parentales y de convivencia se basen en valores democráticos, igualitarios, solidarios y de respeto a las diferencias.
j) Los lugares de trabajo y los espacios de ocio y convivencia puedan ser saludables.
k) El envejecimiento sea activo y se fomente la autonomía de las personas.
l) Los estilos de vida de las personas con enfermedad crónica contribuyan a prolongar la duración de una vida libre de discapacidad y de dependencia.
m) Ni los roles de género ni las diferencias de nivel cultural, de capacidad funcional, de etnia o de situación socioeconómica constituyan una fuente de desventaja o discriminación para poder elegir los estilos de vida más saludables. Se fomente la recuperación de la trayectoria vital de las personas, de la propia estima y del valor social de la persona, en relación con las personas que vean truncado su proyecto de vida por sufrir un problema de salud mental o física.

Las acciones de promoción de salud tendrán como escenario los diferentes ámbitos en los que se desenvuelve la vida en las diferentes edades: la familia, el ámbito educativo, el lugar de trabajo, los espacios de ocio, el sistema sanitario y la sociedad en su conjunto.

La Administración sanitaria pública de Andalucía, en el ámbito de la promoción de la salud, desarrollará las siguientes acciones:

a) Informativas, dirigidas a la población general o a grupos específicos de personas, sobre los estilos de vida y los entornos más saludables.
b) De sensibilización y motivación individual y colectiva, orientadas a favorecer actitudes saludables y solidarias, así como a difundir el valor de la salud como un activo individual y social.
c) Educativas, para personas de distintos tipos y edades, y con diversas estrategias pedagógicas, con el fin de mejorar las competencias de las personas en la toma de decisiones respecto de los aspectos de su vida relacionados con la salud y el desarrollo personal.
d) Formativas, destinadas a mejorar las competencias de quienes participen en actividades de promoción de la salud.
e) Normativas, destinadas a propiciar entornos en los que se facilite la elección de conductas saludables.
f) De control del cumplimiento de las normas vigentes, encaminadas a proteger el derecho a elegir las conductas más saludables y a vivir en entornos saludables y seguros.
g) Investigadoras, con el fin de mejorar los conocimientos científicos sobre los estilos de vida de la población andaluza y los efectos de estos y de los diferentes entornos sobre la salud.
h) De influencias, destinadas a conseguir compromisos políticos y sociales contra la estigmatización, la imagen social negativa o la discriminación que puedan sufrir las personas por determinadas circunstancias o problemas de salud.
i) Cualquier otra destinada a fomentar la posibilidad de las personas de elegir las opciones más saludables.

La Consejería con competencias en materia de salud, con la colaboración institucional pública y privada, potenciará la identificación y el aprovechamiento de los recursos o activos con los que cuentan las personas y los colectivos como factores protectores para mejorar su nivel de salud y bienestar, con especial atención a la promoción del deporte, el baile, el estímulo de los estilos de convivencia y comunicación propios de Andalucía, la dieta mediterránea, el intercambio generacional y otros activos de los que se tenga constancia de su carácter saludable.

La Consejería con competencias en materia de salud elaborará y desarrollará, directamente o con las corporaciones locales, y en colaboración con las sociedades científicas, agentes sociales y organizaciones no gubernamentales, las acciones y programas de promoción de la salud, procurando optimizar los recursos y alcanzar una cobertura total de la población.

6.9.5. La prevención de las enfermedades y problemas de salud

6.9.5.1. La prevención de las enfermedades epidémicas

La prevención y el control de las enfermedades epidémicas que representen una amenaza para la salud pública constituyen una responsabilidad conjunta de todas las personas en Andalucía y de las autoridades sanitarias, debiendo realizarse las intervenciones necesarias sujetas al cumplimiento de los principios y normas previstos en la Ley 16/2011.

La Consejería competente en materia de salud coordinará el desarrollo de las acciones y programas para el control de los problemas y riesgos que constituyan una amenaza para la salud de la población y adoptará los programas de erradicación de enfermedades que establezcan los organismos internacionales competentes.

La Consejería con competencias en materia de salud adaptará la lista de enfermedades de declaración obligatoria, previstas en la Red Nacional de Vigilancia Epidemiológica y en la Red de Vigilancia Epidemiológica de ámbito europeo, a las necesidades de la situación epidemiológica y a las prioridades de Andalucía.

Las medidas que se requieran para la prevención y control de las enfermedades que amenacen la salud pública deberán ser atendidas por la ciudadanía y la sociedad en su conjunto, conforme a los principios y normas establecidos en la Ley 16/2011.

6.9.5.2. La prevención de los problemas de salud

Las Administraciones públicas de Andalucía tendrán la responsabilidad de diseñar y desarrollar las actuaciones de prevención de los problemas de salud.

Las actuaciones de prevención de problemas de salud se dirigirán a todas las etapas de la vida de las personas –infancia, adolescencia, juventud, edad adulta y vejez– y a prevenir la aparición de problemas de salud física y mental mediante:

a) El fomento entre las mujeres en Andalucía de una planificación de su anticoncepción, facilitándoles los servicios para ello, así como la garantía de acceso a la anticoncepción de urgencia.

b) La identificación y control preconcepcional del riesgo de enfermedades congénitas.
c) El seguimiento del embarazo para el diagnóstico precoz del riesgo obstétrico, la vacunación de las mujeres embarazadas y el control de diversos factores de riesgo para el desarrollo fetal.
d) El diagnóstico precoz de enfermedades congénitas y de problemas del desarrollo infantil, así como la atención temprana de esos problemas.
e) La prevención de los problemas de salud bucodental en personas especialmente vulnerables, como niños, mujeres embarazadas, personas con trastorno mental grave, personas con gran discapacidad u otras que se determine.
f) La vacunación sistemática en las cohortes que se establezcan, así como la que se determine para personas en situaciones de especial riesgo.
g) El control de factores de riesgo y el diagnóstico precoz de enfermedades de alta incidencia o prevalencia como la hipertensión arterial, la diabetes, los trastornos mentales crónicos, las demencias más prevalentes, los cánceres más prevalentes, o cualquier otra enfermedad que suponga un problema de salud pública en la que los factores de riesgo sean conocidos y controlables y el diagnóstico precoz, posible.
h) La facilitación del acceso a medidas preventivas, al diagnóstico precoz y al seguimiento del contagio de enfermedades transmisibles.
i) La información, sensibilización y motivación de las personas mayores y de quienes conviven con ellas sobre el riesgo de accidentes domésticos y viales y sobre el control de los factores de riesgo de caídas.
j) El diagnóstico precoz y la intervención intersectorial en casos de violencia de género, a personas mayores o con discapacidad, o maltrato infantil.
k) La prevención de riesgos laborales.
l) Las acciones informativas, educativas, sensibilizadoras y normativas para la prevención de los accidentes viales.
m) La prevención de la obesidad infantil y otros trastornos de la conducta alimentaria.
n) La identificación precoz de las circunstancias o problemas de salud que hagan evolucionar la enfermedad a discapacidad o esta a dependencia.
o) La identificación, el control de los factores de riesgo y el diagnóstico precoz de cualquier problema de salud para el que sea posible una estrategia preventiva.
p) Cualquier otra que sirva para prevenir eficientemente problemas de salud.

Las actuaciones preventivas se llevarán a cabo en los diferentes ámbitos en los que se desenvuelve la vida a las diferentes edades: la familia, el ámbito educativo, el lugar de trabajo, los espacios de ocio, el sistema sanitario y la comunidad.

Las actuaciones preventivas deberán basarse en el conocimiento científico existente y nunca podrán tener un carácter coercitivo, salvo aquellas que tengan como finalidad la prevención o el control de un problema que pueda suponer razonablemente la existencia de un riesgo inminente y extraordinario para la salud.

6.9.6. La protección de la salud

6.9.6.1. Las actuaciones en materia de protección de la salud

La protección de la salud se desarrollará a través de un conjunto de acciones dirigidas a proteger la salud ambiental, la seguridad alimentaria y la preservación de un entorno de vida saludable que afecte a los espacios públicos donde se desenvuelve la vida humana, comprendiendo la ordenación del territorio y del urbanismo, los medios de transporte y la habitabilidad de las viviendas, así como la protección frente a otros riesgos y fuentes de peligro para la salud física y mental que de forma evolutiva surjan en el contexto social.

La Administración de la Junta de Andalucía promoverá un alto nivel de protección de la salud de la población y, con esta finalidad, desarrollará las siguientes actuaciones:

a) Evaluará, gestionará y comunicará los riesgos de salud asociados a los ámbitos descritos en el apartado anterior mediante la identificación y caracterización de los posibles peligros.

b) Instará a implantar, en las empresas e industrias, instalaciones y servicios, sistemas de autocontrol basados en el método de análisis de peligros y puntos de control crítico, y llevará a cabo su supervisión mediante auditorías. Asimismo, se fomentará la implantación de sistemas de autocontrol en el sector primario.

c) Establecerá las medidas cautelares necesarias cuando se observen incumplimientos de la legislación sanitaria vigente o la detección de cualquier riesgo para la salud colectiva.

d) Velará por que los controles oficiales se realicen con eficacia, incluyendo los planes de emergencia, y por que el personal encargado de tales controles cuente con la cualificación y experiencia necesaria, para lo cual recibirá la formación adecuada.

e) Impulsará la participación interinstitucional para el abordaje de la seguridad sanitaria, propiciando la colaboración y coordinación de las Administraciones públicas competentes.

f) Evaluará los riesgos para la salud previstos en los instrumentos de prevención y control ambiental.

g) Velará por la inocuidad en todos los eslabones de la cadena alimentaria, con especial incidencia de aquellos alimentos de origen vegetal o animal que hayan sufrido modificación genética.

h) Planificará actuaciones periódicas de control e inspección para comprobar la adecuación de empresas, instalaciones y servicios a las condiciones y requisitos sanitarios establecidos por sus correspondientes normas de aplicación. A tal efecto, por la Consejería competente en materia de salud, se elaborará anualmente un Plan de Inspección de Salud Pública.

i) Planificará, coordinará y desarrollará estrategias y actuaciones que fomenten la información, la educación y la promoción de la seguridad sanitaria.

Con el objeto de promover un alto nivel de seguridad alimentaria de la población andaluza, además de las actuaciones señaladas anteriormente, se desarrollarán las siguientes actuaciones:

a) La promoción de la inocuidad para las personas de los alimentos en relación con los riesgos físicos, químicos o biológicos que pudieran contener, contemplando los riesgos asociados a los materiales en contacto con los alimentos y los riesgos nutricionales.
b) El establecimiento de los dispositivos de control necesarios, de forma habitual, periódica y programada, en todos los eslabones de la cadena alimentaria.
c) La evaluación, la gestión y la comunicación de los riesgos para la salud de la población asociados a:
    1. Contaminación química y/o biológica de alimentos y bebidas.
    2. Presencia de residuos en alimentos procedentes de tratamientos preventivos o curativos en animales y plantas.
    3. Antibiorresistencias.
    4. Presencia de alérgenos en alimentos.
    5. Comercialización y uso de aditivos y/o coadyuvantes tecnológicos.
    6. Zoonosis de origen alimentario.
    7. Brotes de enfermedades de origen alimentario.
    8. Pérdida de las condiciones sanitarias de empresas y operadores alimentarios.
    9. Sustancias que provocan intolerancias alimentarias.
    10. Comercialización y uso de suplementos alimenticios.
    11. Alimentos con modificaciones genéticas en su origen.

En relación con la protección de la salud de la población ante los riesgos ambientales, el Sistema Sanitario Público de Andalucía desarrollará las siguientes actuaciones en materia de salud ambiental:

a) La vigilancia de los factores ambientales de carácter físico, químico o biológico y de las situaciones ambientales que afecten o puedan afectar a la salud.
b) La evaluación, la gestión y la comunicación de los riesgos para la salud de la población asociados a:
    1. La contaminación de las aguas de consumo humano y la gestión de los sistemas de abastecimiento.
    2. La contaminación de las aguas de baño marítimas y continentales.
    3. La reutilización de las aguas residuales.
    4. La contaminación del aire ambiente, incluyendo el ruido.
    5. La contaminación del aire interior de los edificios.
    6. Las condiciones higiénico-sanitarias de los locales, instalaciones y lugares públicos de uso colectivo.
    7. Las instalaciones de riesgo en la transmisión de la legionelosis.
    8. La comercialización y uso de los productos químicos.

9. Los campos electromagnéticos.
10. Las zoonosis de los animales domésticos, peridomésticos, periurbanos y las plagas urbanas.
11. Las actividades de empresas, instalaciones y servicios biocidas.

Las Administraciones públicas de Andalucía velarán para que las personas físicas o jurídicas promotoras de viviendas, edificios e instalaciones de uso humano no utilicen en su construcción materiales que supongan un riesgo para la salud a la luz de los conocimientos científicos disponibles en cada momento.

6.9.6.2. Ejecución de las actuaciones

La Consejería con competencias en materia de salud se encargará de la implantación, el seguimiento, la evaluación y, en su caso, la ejecución de las actuaciones y programas de salud relacionados con la protección de la salud en los ámbitos que puedan poner en riesgo a la población. Además, recogerá sistemáticamente la información necesaria para fundamentar las políticas de salud en los diversos campos.

6.10. Las intervenciones en materia de salud pública que garantizan los derechos de la ciudadanía

6.10.1. Ejes básicos de actuación

6.10.1.1. La responsabilidad y el autocontrol

Las personas físicas o jurídicas, titulares de instalaciones, establecimientos, servicios e industrias en que se lleven a cabo actividades que inciden o pueden incidir en la salud de las personas, son responsables de la higiene y la seguridad sanitaria de los locales, las instalaciones y sus anexos, de los procesos y de los productos que se derivan, asimismo tienen que establecer sistemas y procedimientos de autocontrol eficaces para garantizar la seguridad sanitaria.

Las Administraciones públicas de Andalucía competentes en cada caso velarán por el cumplimiento de las obligaciones establecidas en este artículo mediante el establecimiento de sistemas de vigilancia y de supervisión adecuados.

Las personas físicas y jurídicas son responsables de sus actos y de las conductas que tienen influencia sobre la salud de los otros.

6.10.1.2. La autorregulación

Las personas obligadas en el párrafo anterior podrán desarrollar procesos voluntarios de autorregulación, respetando la legislación vigente en la materia y comprometiéndose a superar o cumplir mayores niveles, metas o beneficios en materia de protección y seguridad sanitarias.

Al respecto, la Consejería con competencias en materia de salud fomentará:

a) El desarrollo de procesos productivos y la generación de servicios adecuados y compatibles con la salud pública, así como sistemas de protección y seguridad sanitaria.
b) El cumplimiento de normas voluntarias o especificaciones técnicas en materia de salud pública que sean más estrictas que las reglamentaciones técnicas sanitarias o que se refieran a aspectos no previstos por estas, las cuales serán establecidas de común acuerdo con particulares o con asociaciones u organizaciones que los representen.
c) El establecimiento de sistemas de certificación de procesos, productos y servicios para inducir a patrones de consumo que sean compatibles o que protejan y aseguren la salud pública.
d) Las demás acciones que induzcan a las empresas a alcanzar objetivos de la salud colectiva superiores a los previstos en las reglamentaciones técnicas sanitarias.

6.10.1.3. La calidad y excelencia

Las empresas, además de garantizar el cumplimiento de la normativa vigente, podrán, de manera voluntaria, a través de una auditoría de salud pública, realizar el examen metodológico de sus operaciones, respecto de la protección y seguridad de la salud pública y el riesgo que generan, así como el grado de cumplimiento de la normativa sanitaria y de los parámetros nacionales, internacionales y de buenas prácticas de operación aplicables, con el objeto de definir las medidas preventivas y correctivas necesarias para proteger la salud pública.

La Consejería con competencias en materia de salud desarrollará un programa dirigido a fomentar la realización de auditorías de salud pública y podrá supervisar su ejecución. A tal efecto, se facilitará el apoyo a la mediana y pequeña empresa con el fin de realizar auditorías de salud pública. Para la asesoría y seguimiento de estos programas se creará un comité que estará constituido al menos por representantes de instituciones de investigación, colegios y asociaciones profesionales, organizaciones del sector industrial y representantes de los consumidores y usuarios.

Los incentivos vinculados a los sistemas de ayuda económica o financiera que se establezcan valorarán positivamente aquellas empresas que se acojan a este sistema de auditorías y mejora de la calidad y de la seguridad.

6.10.1.4. Principios informadores de la intervención administrativa

Todas las medidas a las que hace referencia este título estarán sujetas a los principios siguientes:

a) Preferencia de la colaboración voluntaria con las autoridades sanitarias.
b) Minimización de la incidencia sobre la libre circulación de personas y bienes, la libertad de empresa y cualquier otro derecho de las personas.

c) Proporcionalidad de la medida con las finalidades perseguidas y con la situación que la motiva.

Siempre que sea posible, la autoridad sanitaria llevará a cabo el ejercicio de la autoridad o sus facultades a través de procedimientos, prácticas o programas basados en principios y evidencias científicas sólidas.

6.10.2. De las intervenciones públicas

6.10.2.1. Autoridad sanitaria

En el marco de lo dispuesto en el artículo 22 de la Ley 2/1998, de 15 de junio, de Salud de Andalucía, en el ejercicio de sus respectivas competencias, tienen la condición de autoridad sanitaria en materia de salud pública el Consejo de Gobierno de la Junta de Andalucía, la persona titular de la Consejería competente en materia de salud, las personas titulares de los órganos y las responsables de las unidades que reglamentariamente se determinen, así como los alcaldes y alcaldesas de los municipios de la Comunidad Autónoma de Andalucía.

Corresponderá a los titulares de los órganos citados establecer las intervenciones públicas necesarias para garantizar los derechos y deberes sanitarios de la ciudadanía.

6.10.2.2. Intervención administrativa en protección de la salud pública

Sin perjuicio de lo dispuesto en los artículos 19, 28 y 29 de la Ley 2/1998, de 15 de junio, de Salud de Andalucía, las Administraciones públicas de Andalucía, en el marco de sus respectivas competencias y con la finalidad de proteger la salud de la población y prevenir la enfermedad, podrán:

a) Controlar la publicidad y la propaganda de productos y actividades que puedan tener incidencia sobre la salud, con la finalidad de ajustarlas a criterios de veracidad y evitar todo aquello que pueda suponer un perjuicio para la salud. La Consejería con competencias en materia de salud llevará a cabo las acciones necesarias para que la publicidad y la propaganda comerciales se ajusten a criterios de veracidad en lo que atañe a la salud y para limitar todo aquello que pueda constituir un perjuicio para la misma, con especial énfasis en la publicidad y comercialización de productos por vía telemática.

b) Adoptar las medidas de reconocimiento médico, diagnóstico, tratamiento, cuidados, hospitalización o control cuando se aprecien indicios racionales que permitan suponer la existencia de peligro para la salud de las personas a causa de una circunstancia concreta de una persona o grupo de personas o por las condiciones en que se desarrolle una actividad. También se podrán adoptar medidas para el control de las personas que estén o hayan estado en contacto con los enfermos. Estas medidas se adoptarán en el marco de la Ley Orgánica 3/1986, de 14 de abril, de Medidas Especiales en Materia de Salud Pública y demás normas concordantes, si bien la Consejería con competencias en materia de salud podrá establecer pautas a seguir para el inicio y seguimiento de una hospitalización terapéutica obligatoria ante situaciones de personas diagnosticadas de una enfermedad transmisible que objetivamente suponga la existencia de un peligro para la salud de la población y en las que se hayan descartado o hayan fracasado otras alternativas terapéuticas o preventivas que evitarían el contagio de otros individuos.

c) Realizar cualquier otra intervención conducente a establecer normativamente los requisitos y condiciones que, desde el punto de vista sanitario, han de reunir todos los centros, actividades y bienes que puedan suponer un riesgo para la salud, así como vigilar, controlar e inspeccionar, de la forma establecida en las correspondientes normas, su cumplimiento.

Todas estas medidas se adoptarán respetando los derechos que los ciudadanos tienen reconocidos en la Constitución, de acuerdo con el desarrollo reglamentario que proceda.

6.10.2.3. Obligación de colaboración con la Administración sanitaria

Las Administraciones públicas, en el marco de sus competencias respectivas, como también las instituciones y entidades privadas y los particulares, tienen el deber de colaborar con las autoridades sanitarias y sus agentes cuando sea necesario para la efectividad de las medidas adoptadas.

Sin perjuicio de lo dispuesto en el artículo 35 de la Ley 30/1992, de 26 de noviembre, de Régimen Jurídico de las Administraciones Públicas y del Procedimiento Administrativo Común, será obligatoria la comparecencia de las personas en las dependencias públicas cuando ello sea necesario para la protección de la salud pública. El requerimiento de comparecencia tiene que ser debidamente motivado.

6.10.2.4. Información a la autoridad sanitaria

En el caso de que los titulares de las instalaciones, establecimientos, servicios e industrias detecten la existencia de riesgos significativos para la salud derivados de la actividad o de los productos respectivos, tienen la obligación de informar inmediatamente a la autoridad sanitaria correspondiente y proceder a retirar, si procede, el producto del mercado o cesar la actividad de la manera que se determine por reglamento.

La Consejería con competencias en materia de salud establecerá los protocolos que regulen los procedimientos para informar a las autoridades competentes en la materia, el contenido de la comunicación correspondiente y los criterios para la determinación de las medidas preventivas adecuadas.

6.10.2.5. Inspección de salud pública

El personal funcionario o estatutario al servicio de la Administración sanitaria que actúe en el ejercicio de las funciones de inspección gozará de la consideración de agente de la autoridad a todos los efectos y con sometimiento a las leyes, y, acreditando su identidad, estará autorizado para el ejercicio de las actuaciones previstas en el artículo 23 de la Ley 2/1998, de 15 de junio, de Salud de Andalucía.

En el ejercicio de sus funciones respectivas, la autoridad sanitaria y sus agentes pueden solicitar el apoyo, el auxilio y la colaboración de otros funcionarios públicos o inspectores sanitarios y, si fuere necesario, de los Cuerpos y Fuerzas de Seguridad y de otros agentes de la autoridad que tengan encomendadas funciones de seguridad.

6.10.2.6. Autorizaciones y registros sanitarios

Las instalaciones, establecimientos, servicios y las industrias en que se lleven a término actividades que puedan incidir en la salud de las personas están sujetas a autorización sanitaria previa de funcionamiento, de acuerdo con la normativa sectorial aplicable. Se establecerá de forma reglamentaria, en los casos en que proceda, el contenido de la autorización sanitaria correspondiente y los criterios y los requisitos para otorgarla.

La autorización sanitaria a que hace referencia el apartado anterior tendrá que ser otorgada por las Administraciones sanitarias a las que corresponda el control, de acuerdo con las competencias que tengan atribuidas legalmente.

Las Administraciones sanitarias deberán constituir los registros necesarios para facilitar las tareas de control sanitario de las instalaciones, los establecimientos, los servicios y las industrias, las actividades y los productos.

6.10.2.7. Medidas cautelares

En el marco de lo dispuesto en el artículo 21 de la Ley 2/1998, de 2 de junio, de Salud de Andalucía, las autoridades sanitarias competentes podrán adoptar, mediante resolución motivada, las medidas cautelares siguientes:

a) La inmovilización y, si procede, el decomiso de productos y sustancias.
b) El cierre preventivo de las instalaciones, establecimientos, servicios e industrias.
c) La suspensión del ejercicio de actividades.
d) La intervención de medios materiales o personales.
e) La determinación de condiciones previas en cualquier fase de la fabricación o la comercialización de productos y sustancias, y también del funcionamiento de instalaciones, establecimientos, servicios e industrias a que hace referencia esta ley, con la finalidad de corregir las deficiencias detectadas.
f) Cualquier otra medida ajustada a la legalidad vigente si existen indicios racionales de riesgo para la salud.

Las medidas comprendidas en el presente apartado se podrán adoptar en aplicación del principio de precaución, previa audiencia a las partes interesadas, salvo en caso de riesgo inminente y extraordinario para la salud de la población. Las medidas adoptadas se comunicarán a las Consejerías que sean competentes por razón de la materia.

Los gastos derivados de la adopción de medidas cautelares a que se refiere el apartado anterior serán a cargo de la persona o empresa responsable.

Cuando se produzca un riesgo para la salud pública derivado de la situación sanitaria de una persona o grupo de personas, las autoridades sanitarias competentes para garantizar la salud pública adoptarán las medidas necesarias para limitar esos riesgos, de las previstas en la legislación, de acuerdo con lo dispuesto en la Ley Orgánica 3/1986, de 14 de abril, de Medidas Especiales en Materia de Salud Pública.

Estas medidas no tienen carácter de sanción y se mantendrán el plazo que exija la situación de riesgo que las justifique.

6.10.2.8. Entidades colaboradoras de la Administración

Sin perjuicio de la ejecución de las tareas que representan ejercicio de la autoridad por los inspectores sanitarios o, en general, por los funcionarios de las Administraciones sanitarias competentes en materia de salud pública, las actividades de control analítico, verificación, certificación de calidad y procedimientos, evaluación y calibración en las materias objeto de esta ley pueden ser ejecutadas por entidades colaboradoras de la Administración debidamente acreditadas, de conformidad con lo establecido en la legislación reguladora del sistema de acreditación de este tipo de entidades y la normativa sectorial correspondiente.

La Administración sanitaria competente en materia de salud pública podrá establecer mecanismos de coordinación y colaboración con los profesionales sanitarios y los centros o establecimientos donde los mismos desarrollan su actividad con el fin de facilitar el logro de las prestaciones a que se alude en la presente ley.

6.11. Los recursos para la salud pública

6.11.1. Los recursos materiales

6.11.1.1. Las infraestructuras en salud pública

La Administración sanitaria de Andalucía favorecerá la existencia de infraestructuras adecuadas para las actividades de salud pública, que comprenden los laboratorios y demás instalaciones y recursos físicos y virtuales de los servicios de salud pública.

La Administración sanitaria pública de Andalucía fomentará modelos de gestión de uso compartido de las infraestructuras y el acceso a tareas compartidas de ámbito regional y suprarregional.

Se facilitará la introducción de herramientas tecnológicas accesibles que promuevan la mejora de la calidad en la gestión de las infraestructuras de salud pública.

En el ámbito de la Comunidad Autónoma de Andalucía se dispondrá de una red de laboratorios de salud pública, adscritos a la Consejería con competencias en materia de salud, que cubra las necesidades específicas en materia de salud pública velando por la calidad de los servicios.

6.11.1.2. Los incentivos en salud pública

La Administración sanitaria pública de Andalucía desarrollará reglamentariamente el régimen específico de incentivos en el ámbito de la salud pública que fomente la capacitación y cooperación de las personas físicas y jurídicas en la materia, basado en los principios de publicidad, eficacia, transparencia y control, de acuerdo con los objetivos de la Ley 16/2011 y con lo regulado al respecto en el Decreto Legislativo 1/2010, de 2 de marzo, por el que se aprueba el Texto Refundido de la Ley General de Hacienda Pública de la Junta de Andalucía, y en las demás normas generales que resulten de aplicación a esta materia.

6.11.2. Profesionales de la salud pública

6.11.2.1. Profesionales y salud pública

A los efectos de la Ley 16/2011, se consideran profesionales de la salud pública aquellos profesionales que tienen como dedicación principal desarrollar actividades relacionadas con las funciones de salud descritas en la presente ley.

Las Administraciones públicas de Andalucía velarán para que sus profesionales y equipos técnicos desarrollen las acciones de salud pública conforme a las siguientes pautas de comportamiento:

a) Desarrollar un rol educativo, en relación con la población, que facilite el empoderamiento de las personas en relación con su salud.
b) Comprender las necesidades y las intervenciones en salud desde una perspectiva biosicosocial y de salud positiva.
c) Trabajar en equipo para desarrollar un abordaje interdisciplinar, compartir lenguajes, espacios, organizaciones y puntos de vista distintos y complementarios.
d) Desarrollar capacidades para generar alianzas y buscar la implicación y participación de las personas, sectores y agentes implicados.
e) Desarrollar programas de intervención sostenibles y realistas, adaptados al contexto social e institucional donde se desarrollan.
f) Desarrollar capacidades para poner en valor los activos de salud presentes en Andalucía.
g) Desarrollar capacidades para llevar a cabo un abordaje intercultural.
h) Participar en proyectos de investigación en salud pública, aprovechando las oportunidades de generar conocimiento útil en el contexto del trabajo cotidiano.

Los profesionales proporcionarán las prestaciones de salud pública establecidas en la cartera de servicios junto con toda la información necesaria para su uso y aplicación.

6.11.2.2. Profesionales del Sistema Sanitario Público de Andalucía y la salud pública

Los profesionales del Sistema Sanitario Público de Andalucía, en su desempeño profesional, desarrollarán las actuaciones de salud pública contempladas en la Ley 16/2011 que sean propias de su ámbito competencial.

6.11.2.3. El desarrollo profesional

La Consejería competente en materia de salud promoverá un plan de desarrollo profesional continuado, para los profesionales de salud pública del Sistema Sanitario Público de Andalucía, integrado en el modelo de gestión por competencias del que se ha dotado.

En el marco de este plan de desarrollo profesional continuado se definirán los mapas de competencias de los diferentes perfiles profesionales de salud pública, contemplando todas las titulaciones profesionales relacionadas, las estrategias de promoción y desarrollo de las competencias definidas y la integración de los programas de calidad del Sistema Sanitario Público de Andalucía.

Todos los planes y programas de salud que se elaboren deberán incluir la definición de competencias y el plan de desarrollo profesional necesario para abordar la adecuación a las necesidades de salud de la población y a los progresos científicos más relevantes en la materia.

Sin perjuicio de lo dispuesto en los apartados anteriores, los profesionales sanitarios de salud pública que tengan la condición de funcionarios, en cuanto a su desarrollo profesional, estarán a lo dispuesto en el Capítulo II del Título III de la Ley 7/2007, de 12 de abril, del Estatuto Básico del Empleado Público y su normativa de desarrollo. Asimismo se atenderá a los principios generales establecidos en los artículos 37 y 38 de la Ley 44/2003, de 21 de noviembre, de Ordenación de las Profesiones Sanitarias, en lo que les sea de aplicación.

6.11.2.4. La cooperación y las alianzas para el desarrollo profesional continuado

La Administración sanitaria pública de Andalucía fomentará:

a) La cooperación entre todas las instituciones académicas en la formación continua de los profesionales que desarrollan su tarea en el ámbito de la salud pública.
b) La formación en salud pública en el pregrado y posgrado de todas las titulaciones profesionales que puedan estar relacionadas con la salud pública, promoviendo una amplia oferta de másteres y doctorados en las universidades andaluzas en el marco del Espacio Europeo de Educación Superior.
c) Las estrategias oportunas para promover el prestigio del sector académico andaluz en salud pública.

d) La colaboración necesaria con las Consejerías competentes en materia de educación, empleo, innovación, igualdad y otras que se consideren de interés para la formación continuada en competencias de salud pública de los profesionales que desarrollen su actividad en el ámbito de la salud pública, así como para la ampliación de perfiles profesionales necesarios para el cumplimiento de los objetivos de la presente ley.

e) La utilización e implantación de las enseñanzas virtuales en el proceso de formación a lo largo de la vida de los profesionales que utilicen las nuevas tecnologías para promover un aprendizaje relevante y útil para el desarrollo personal y profesional.

6.11.2.5. La participación

La Consejería competente en materia de salud impulsará los instrumentos de la efectiva participación de los profesionales en la mejora y desarrollo de las funciones de salud pública.

Se fomentarán y reconocerán las iniciativas profesionales dirigidas a la mejora del servicio de salud pública, así como la implicación de los profesionales en la formulación de las propuestas de carácter general dirigidas a promover los objetivos de la Ley 16/2011.

Igualmente se impulsará el uso de plataformas o redes de cooperación y comunicación entre los profesionales de la salud pública y otros profesionales públicos y privados implicados en el desarrollo de la salud pública.

6.11.2.6. Las responsabilidades

Se establecen las siguientes responsabilidades de los profesionales de la salud pública:

a) Velar por que la sociedad conozca los principios y funciones de la salud pública para que puedan ser comprendidos por la ciudadanía.

b) Procurar la mejora continua mediante las actualizaciones y ampliación regulares de sus cualificaciones y competencias.

c) Observar las prácticas éticas reconocidas y los principios éticos recogidos en los códigos deontológicos.

d) Conocer los objetivos estratégicos de la salud pública y contribuir a la realización de sus logros.

e) Observar en su actuación principios de gestión que coadyuven a la sostenibilidad del sistema de salud.

f) Verificar prácticas de trabajo seguras y transparentes, incluida la adopción de las precauciones necesarias en materia de salud y seguridad.

g) Conocer las exigencias legales en materia de protección de datos y de confidencialidad, y adoptar las medidas para cumplirlas en su actuación profesional.

h) Colaborar en la evaluación y valoración de su rendimiento profesional de forma regular y transparente.
i) Promover la cooperación profesional y el intercambio de información general y experiencia.
j) Colaborar con los sistemas de información existentes respetando los procedimientos establecidos para su correcto funcionamiento.

6.11.2.7. El código ético

La Consejería competente en materia de salud pondrá en marcha una Comisión para la elaboración, aprobación y seguimiento de un código ético, con criterios de participación social y profesional, de la que formarán parte colectivos, asociaciones y colegios profesionales implicados en el desarrollo de la Ley 16/2011.

6.12. Calidad, tecnologías e I+D+i en salud pública

6.12.1. Investigación, desarrollo tecnológico y la innovación en salud pública

6.12.1.1. La investigación en salud pública

La Administración sanitaria pública de Andalucía promoverá la investigación científica en materia de salud pública como instrumento para la mejora y protección de la salud de la población, conforme a las prioridades marcadas por el Plan Andaluz de Salud y teniendo en cuenta las recomendaciones de los diversos planes y políticas relacionados con la investigación en Andalucía, en los ámbitos nacional y europeo.

La Administración sanitaria pública de Andalucía articulará y armonizará las actividades de investigación, desarrollo e innovación en materia de salud pública con el Plan Nacional de Investigación Científica, Desarrollo e Innovación Tecnológica y con el Espacio Europeo de Investigación.

Se promoverá la creación de redes e infraestructuras de colaboración científica accesibles al personal investigador andaluz bajo una administración y gestión común.

La Administración de la Junta de Andalucía promoverá una cultura participativa en las redes de investigación que permita fomentar la cooperación común, identificar materias de investigación transversales y crear redes de conocimiento innovadoras en materia de salud pública.

La Consejería competente en materia de salud establecerá estrategias que permitan impulsar la I+D+i en salud pública en el marco de la política de investigación de la Junta de Andalucía y en particular desarrollará las siguientes actividades:

a) La coordinación, la participación y la cooperación en todas aquellas actividades relacionadas con la I+D+i en salud pública.

b) El fomento de medidas para que la investigación científica y la innovación contribuyan a mejorar, de manera significativa y sostenible, la protección a la salud de la población.
c) La identificación de lagunas existentes en las actividades de I+D+i, por lo que respecta a los problemas de salud pública prevalentes en Andalucía.

6.12.1.2. Comités científicos consultivos

La Administración sanitaria pública de Andalucía podrá crear comités científicos consultivos, que emitirán dictámenes técnicos sobre los asuntos que se les sometan, y, especialmente, sobre riesgos reales o potenciales para la seguridad de los consumidores, la salud pública o el medio ambiente.

Reglamentariamente se determinará la creación, la organización y el funcionamiento de los comités científicos consultivos.

6.12.1.3. Fomento de la innovación en salud pública

Con el objetivo de fomentar la innovación en salud pública en el Sistema Sanitario Público de Andalucía, la Administración de la Junta de Andalucía favorecerá las actividades de innovación e impulsará la cultura innovadora en el conjunto de los recursos y estructuras de salud pública.

Las Administraciones públicas de Andalucía elaborarán y desarrollarán políticas públicas eficaces para promover el fortalecimiento de la capacidad de innovación en salud pública y la mejora de la misma.

La Administración sanitaria pública de Andalucía fomentará el desarrollo de actitudes innovadoras en el marco de los agentes del sector salud y, con esta finalidad, promoverá el compromiso con las innovaciones, la vigilancia constante del entorno, el estímulo de la creatividad y el impulso de las colaboraciones y alianzas.

6.12.1.4. Las tecnologías de la información y comunicación y la salud pública

La Administración sanitaria pública de Andalucía fortalecerá la inclusión de las tecnologías de la información y la comunicación en la estrategia global de salud pública como factor para la mejora de los sistemas de información y comunicación con la ciudadanía. Igualmente se promoverá un uso adecuado de las nuevas tecnologías como instrumento de educación para la salud.

La información sanitaria perseguirá el objetivo de interoperabilidad tomando en consideración los códigos de buenas prácticas y la normalización de los ámbitos estatales y de la Unión Europea.

La Administración sanitaria pública de Andalucía establecerá criterios de calidad aplicados a las webs dedicadas a la salud. Los criterios de calidad deberán resultar formativos para la ciudadanía y constituir una fuente fiable de información acerca de los cuidados de salud. Los criterios de calidad deberán establecerse según los principios de transparencia, honradez, autoridad, intimidad y protección de datos, actualización de la información, rendición de cuentas y accesibilidad universal.

6.12.1.5. La gestión del conocimiento en salud pública

La Administración sanitaria pública de Andalucía desarrollará, en su organización, la gestión del conocimiento como instrumento básico para la prestación del servicio público de salud pública.

La Consejería con competencias en materia de salud implantará el sistema de gestión del conocimiento a través de las herramientas que mejor se adecuen a sus necesidades.

6.12.1.6. Redes del conocimiento en salud pública

La Administración sanitaria pública de Andalucía dispondrá de redes que generen y transmitan conocimiento científico y favorezcan la participación ciudadana en materia de salud pública. Estas redes se constituyen para servir como plataforma de difusión de la información, intercambio de experiencias y como apoyo a la toma de decisiones a todos los niveles del Sistema Sanitario Público de Andalucía.

6.12.1.7. La innovación social en la salud pública

Las Administraciones públicas de Andalucía apoyarán las innovaciones sociales aplicadas sobre la salud pública, entendidas como nuevas ideas o nuevas relaciones sociales de cooperación para la salud que incrementen la capacidad de la ciudadanía para actuar colectivamente.

Las Administraciones públicas de Andalucía promoverán acciones positivas para el desarrollo de la innovación social en el área de salud a través de las siguientes medidas:

a) Promocionando el talento y el capital social de las personas y grupos innovadores sociales más relevantes.
b) Promoviendo una cultura colaborativa proclive a la generación de valores compartidos en el área de salud.
c) Facilitando las iniciativas de investigación y desarrollo sobre las innovaciones sociales en salud.

6.12.2. La calidad en las actuaciones de salud pública

6.12.2.1. La calidad y excelencia de las actividades de salud pública

El Sistema Sanitario Público de Andalucía perseguirá la calidad y la excelencia de sus actividades. Con ese objeto, determinará parámetros de comparación con las actividades realizadas en el ámbito nacional e internacional, impulsará las actividades que generan la seguridad sanitaria y la equidad en salud y establecerá los procesos de mejora continua.

El Sistema Sanitario Público de Andalucía incorporará el principio de excelencia en sus actividades a través de las siguientes medidas:

a) Fortaleciendo la calidad de las actividades de salud pública.

b) Asegurando la pertinencia de las actividades de salud pública a través de la consulta regular a los órganos que estructuran la gobernanza del sistema.

c) Promoviendo la rendición de cuentas sobre las actividades de salud pública.

d) Impulsando la mejora continua en busca de la excelencia.

e) Atendiendo a las expectativas y necesidades de la ciudadanía y dando cumplimiento a las normas éticas sobre salud pública.

El Plan de Calidad de la Consejería con competencias en materia de salud concretará la definición de las normas de calidad y excelencia.

6.12.2.2. La evaluación de las actividades de salud pública

Las actividades de salud pública se regirán por el principio de evaluación continuada. A tal efecto, se evaluarán los procesos y los resultados en cuanto a seguridad sanitaria; promoción de la salud, incluida la reducción de las desigualdades; prevención de las enfermedades, y protección de la salud. La función evaluadora de la salud pública tendrá por finalidad determinar, de forma sistemática y objetiva, la relevancia, eficiencia, eficacia, pertinencia, progresos, efectos e impactos de las actividades de salud pública, en función de los objetivos que se pretenden alcanzar, y se realizará con la participación de la ciudadanía y los profesionales.

6.13. Régimen Sancionador

6.13.1. De las Infracciones

6.13.1.1. Las infracciones

Sin perjuicio de lo dispuesto en la Ley 14/1986, de 25 de abril, General de Sanidad, la Ley 29/2006, de 26 de julio, de garantías y uso racional de los medicamentos y productos sanitarios, y la Ley 2/1998, de 15 de junio, de Salud de Andalucía, las infracciones contempladas en la presente ley y en las especificaciones que la desarrollen en el ejercicio de la potestad reglamentaria serán objeto de sanción administrativa, previa instrucción del oportuno expediente, sin perjuicio de las responsabilidades civiles, penales o de otro orden que puedan concurrir.

De conformidad con lo previsto en el artículo 133 de la Ley 30/1992, de 26 de noviembre, de Régimen Jurídico de las Administraciones Públicas y del Procedimiento Administrativo Común, no podrán sancionarse los hechos que hayan sido sancionados, penal o administrativamente, en los casos en que se aprecie identidad de sujetos, hecho y fundamento.

Son sujetos responsables de las infracciones en materia de salud pública las personas físicas o jurídicas que, por acción u omisión, hubiesen participado en aquellas mediando dolo, culpa o negligencia.

6.13.1.2. Infracciones leves

Se tipifican como infracciones leves las siguientes:

a) La mera irregularidad en la aportación a la Administración sanitaria de la información que, de acuerdo con la normativa vigente, sea obligatorio facilitar.
b) El incumplimiento por parte de las personas jurídicas de los requisitos, obligaciones o prohibiciones establecidos en la normativa sanitaria, así como cualquier otro comportamiento, a título de imprudencia o inobservancia, siempre que se produzca alteración o riesgo sanitario y este sea de escasa repercusión.
c) El incumplimiento por parte de las personas físicas de los requisitos, obligaciones o prohibiciones establecidos en la normativa sanitaria, así como cualquier otro comportamiento, a título de imprudencia o inobservancia, siempre que se produzca alteración o riesgo sanitario y este sea de escasa repercusión, en alguna de las siguientes categorías:
   1. Difusión de información no veraz con impacto en la salud pública.
   2. Inobservancia por parte de los profesionales, en su actividad laboral, de las medidas preventivas y de promoción de la salud establecidas por la autoridad sanitaria, cuando pueda generar algún riesgo para la salud de un tercero.
   3. Intervenciones que modifiquen el entorno con repercusión en la salud pública.
   4. Actuaciones sistemáticas que provoquen estigmatización de terceras personas.
   5. Inobservancia del tratamiento en enfermedades transmisibles graves con tratamiento curativo efectivo perjudicando a un tercero.

6.13.1.3. Infracciones graves

Se tipifican como infracciones graves las siguientes:

a) El ejercicio o desarrollo de cualquiera de las actividades previstas en esta ley sujetas a autorización sanitaria previa o registro sanitario sin contar con dicha autorización o registro cuando sean preceptivos, así como la modificación no autorizada por la autoridad competente de las condiciones técnicas o estructurales expresas sobre las cuales se otorgó la correspondiente autorización.
b) La puesta en funcionamiento de aparatos o instalaciones o el desarrollo de cualquier actividad, cuyo precintado, clausura, suspensión, cierre o limitación de tiempo hubiera sido establecido por la autoridad competente, siempre que se produzca por primera vez y no concurra daño grave para la salud de las personas.
c) El no corregir las deficiencias observadas y que hayan dado lugar a sanción previa de las consideradas leves.

d) El dificultar o impedir el disfrute de los derechos reconocidos en la presente ley a la ciudadanía.

e) Las que se produzcan de forma negligente, por la falta de controles y precauciones exigibles en la actividad, servicio o instalación de que se trate y den lugar a riesgo o alteración sanitaria grave.

f) La promoción o venta para uso alimentario o la utilización o tenencia de aditivos o sustancias extrañas cuyo uso no esté autorizado por la normativa vigente en la elaboración del producto alimenticio o alimentario de que se trate, cuando no produzcan riesgos graves y directos para la salud de los consumidores.

g) La elaboración, distribución, suministro o venta de productos alimenticios cuando en su presentación se induzca a confundir al consumidor sobre sus verdaderas características nutricionales, sin trascendencia directa para la salud.

h) El incumplimiento del deber de colaboración, información o declaración hacia las autoridades sanitarias para la elaboración de los registros y documentos de información sanitaria que establezca la normativa aplicable, así como no seguir, las entidades o personas responsables, los procedimientos establecidos para el suministro de datos y documentos, o hacerlo de forma notoriamente defectuosa.

i) La resistencia a suministrar datos, a facilitar información o a prestar la colaboración a las autoridades sanitarias o a los funcionarios de salud pública en el ejercicio de sus funciones y, en general, cualquier acción u omisión que perturbe, retrase o impida la labor de los funcionarios de salud pública.

j) El incumplimiento de los requerimientos específicos y de las medidas cautelares o definitivas que formulen las autoridades sanitarias, siempre que se produzcan por primera vez y no concurra daño grave para la salud de las personas.

Las infracciones tipificadas como leves podrán calificarse de graves en función de la aplicación de los siguientes criterios:

a) Nivel de riesgo para la salud pública.

b) Cuantía del eventual beneficio obtenido.

c) Grado de intencionalidad.

d) Gravedad de la alteración sanitaria y social producida y de la afectación de los derechos de la ciudadanía.

e) Generalización de la infracción y reincidencia.

6.13.1.4. Infracciones muy graves

Se tipifican como infracciones muy graves las siguientes:

a) La puesta en funcionamiento de aparatos o instalaciones o el desarrollo de cualquier actividad cuyo precintado, clausura, suspensión, cierre o limitación de tiempo hubiera sido establecido por la autoridad competente, cuando se produzca de modo reiterado aun cuando no concurra daño grave para la salud de las personas.

b) El incumplimiento consciente y deliberado de los requisitos, obligaciones o prohibiciones establecidos en la normativa sanitaria o cualquier otro comportamiento doloso aunque no dé lugar a riesgo o alteración de la salud pública grave.

c) La preparación, distribución, suministro o venta de alimentos o bebidas que contengan gérmenes, sustancias químicas o radioactivas, toxinas o parásitos capaces de producir o transmitir enfermedades al hombre, o que superen las limitaciones o tolerancia reglamentariamente establecidas en la materia, con riesgo grave para la salud.

d) La promoción o venta para uso alimentario o la utilización o tenencia de aditivos o sustancias extrañas cuyo uso no esté autorizado por la normativa vigente en la elaboración del producto alimenticio o alimentario de que se trate, y produzcan riesgos graves y directos para la salud de los consumidores.

e) El desvío para el consumo humano de productos no aptos para ello o destinados específicamente a otros usos.

f) La negativa absoluta a facilitar información, a suministrar datos o a prestar colaboración a las autoridades sanitarias o a los funcionarios de salud pública en el ejercicio de sus funciones.

g) La resistencia, coacción, amenaza, represalia, desacato o cualquier otra forma de presión ejercida sobre las autoridades sanitarias o funcionarios sanitarios de salud pública en el ejercicio de sus funciones.

h) El incumplimiento reiterado de los requerimientos específicos que formulen las autoridades sanitarias, así como el incumplimiento de las medidas cautelares o definitivas adoptadas, cuando se produzcan de modo reiterado o cuando concurra daño grave para la salud de las personas.

i) La elaboración, distribución, suministro o venta de productos alimenticios y alimentarios cuando en su presentación se induzca a confundir al consumidor sobre sus verdaderas características nutricionales, con trascendencia directa para la salud.

Las infracciones tipificadas como graves podrán calificarse como muy graves cuando concurra alguna de las circunstancias previstas para poder calificar las faltas leves como graves, salvo que esta concurrencia haya determinado su tipificación como grave.

6.13.2. De las sanciones

6.13.2.1. Graduación de las sanciones

Las infracciones señaladas en esta ley serán objeto de las siguientes sanciones:

a) Infracciones leves: hasta 3.000 euros.

b) Infracciones graves: desde 3.001 hasta 15.000 euros.

c) Infracciones muy graves: desde 15.001 hasta 600.000 euros, pudiendo rebasar esta cantidad hasta alcanzar el quíntuplo del valor de los productos o servicios objeto de infracción.

Las cuantías señaladas en el apartado anterior serán actualizadas periódicamente mediante Decreto del Consejo de Gobierno teniendo en cuenta el índice de precios al consumo.

Sin perjuicio de la sanción económica que pudiera corresponder, en los supuestos de infracciones muy graves se podrá acordar por el Consejo de Gobierno el cierre temporal de los establecimientos o servicios por un plazo máximo de cinco años, de conformidad con lo previsto en el artículo 36.2 de la Ley 14/1986, de 25 de abril, General de Sanidad.

6.13.2.2. Medidas provisionales

Iniciado el procedimiento sancionador, el órgano competente para resolver podrá adoptar, mediante acuerdo motivado, como medidas provisionales para asegurar el cumplimiento de la resolución que pudiera recaer y, en todo caso, para asegurar el cumplimiento de la legalidad y salvaguardia de la salud pública, entre otras, las siguientes:

a) La suspensión total o parcial de la actividad.

b) La clausura de centros, servicios, establecimientos o instalaciones.

c) La exigencia de fianza.

Cuando concurran razones de urgencia inaplazable, las medidas provisionales podrán ser adoptadas por el órgano competente para iniciar el procedimiento o por el órgano instructor, de conformidad con lo establecido en el artículo 15 del Real Decreto 1398/1993, de 4 de agosto, por el que se aprueba el Reglamento del Procedimiento para el Ejercicio de la Potestad Sancionadora.

6.13.2.3. Competencia

La potestad sancionadora para la imposición de sanciones por infracciones en materia de salud pública corresponde a la Administración de la Junta de Andalucía y a los municipios en el ámbito de sus competencias.

Los órganos municipales competentes para iniciar, instruir o resolver los procedimientos sancionadores se determinarán conforme a la legislación de régimen local y a sus propias normas de organización.

Cuando los servicios municipales tengan conocimiento de infracciones en esta materia no localizadas exclusivamente en su término municipal, lo pondrán inmediatamente en conocimiento de la Administración autonómica, remitiendo todo lo actuado y cuantos antecedentes obren en su poder.

El ejercicio de la potestad sancionadora, respecto de las infracciones previstas en la presente ley, corresponderá a los órganos de la Consejería competente en materia de salud en los términos que se determinen reglamentariamente, sin perjuicio de la competencia atribuida al Consejo de Gobierno en el artículo 107.3.

La Administración de la Junta de Andalucía no iniciará procedimiento contra el mismo sujeto a quien se estuviese tramitando un procedimiento sancionador por la Administración municipal si concurren los mismos hechos y fundamento jurídico.

6.13.2.4. Procedimiento

Solamente podrán imponerse sanciones previa tramitación del correspondiente procedimiento.

El procedimiento sancionador en materia de salud pública se ajustará a las disposiciones legales sobre el procedimiento administrativo y a las normas sobre el ejercicio de la potestad sancionadora.

En los procedimientos tramitados por la comisión de infracciones leves, el plazo para dictar y notificar resolución expresa será de seis meses. En los procedimientos tramitados por la comisión de infracciones graves o muy graves, el plazo para dictar y notificar resolución expresa será de nueve meses.

6.13.2.5. Prescripción y caducidad

Las infracciones calificadas como leves por la presente ley prescribirán al año, las calificadas como graves a los dos años y las calificadas como muy graves a los cinco años. El plazo de prescripción se computará desde el día en que se hubiera cometido la infracción y se interrumpirá desde la adopción y notificación del acuerdo de inicio del procedimiento sancionador a la persona interesada.

La acción para perseguir las infracciones caducará cuando, conocida por la Administración la existencia de una infracción y finalizadas, en su caso, las diligencias dirigidas al esclarecimiento de los hechos, hubiera transcurrido un año sin que la autoridad competente hubiera ordenado incoar el oportuno procedimiento.

Asimismo, las sanciones impuestas por faltas leves prescribirán al año, las impuestas por faltas graves a los dos años, y las impuestas por faltas muy graves a los cinco años. El plazo de prescripción de las sanciones comenzará a contar desde el día siguiente a aquel en que adquiera firmeza la resolución por la que se impone la sanción.

Tema 11

Calidad en el sistema sanitario: métodos de evaluación. Plan de Calidad del Sistema Sanitario Público de Andalucía. Seguridad del paciente. Guías diagnósticas y terapéuticas

Juan Manuel Manzano
Enfermero

Rodio ediciones

Índice esquemático

1. PLAN DE CALIDAD DEL SISTEMA SANITARIO PÚBLICO DE ANDALUCÍA

La Consejería de Salud de la Junta de Andalucía puso en marcha en el año 2000 su I Plan de Calidad concebido como un modelo estratégico en torno a la mejora continua y como apuesta irrenunciable y firme para garantizar la calidad de los servicios sanitarios públicos a los andaluces y andaluzas, desde la visión de situar al ciudadano en el centro del sistema.

El I Plan de Calidad establecía transformaciones basadas en el reanálisis continuo de los procesos y sistemas, con el objetivo de añadir valor a los resultados finales que reciben los pacientes, las estructuras organizativas, las personas, las tecnologías y las infraestructuras. Un modelo estratégico de calidad claramente orientado a la ciudadanía de la Comunidad Autónoma para buscar un Sistema Sanitario Público eficaz y eficiente, sostenible en el tiempo, moderno y con capacidad y flexibilidad suficiente para adaptarse a las cambios de su entorno. El I Plan de Calidad supuso un impulso definitivo a la incorporación de las políticas de calidad en la visión estratégica de la sanidad publica dentro del marco del proceso de la Segunda Modernización de Andalucía.

En 2005 se presentó el II Plan de Calidad, con una clara vocación de continuidad y consolidación de las políticas de calidad y de las actuaciones desarrolladas con anterioridad, pero al mismo tiempo perfilando un nuevo espacio al incorporar un conjunto de iniciativas de perfil muy innovador para la búsqueda de la excelencia en la prestación de servicios. Todo ello con el objetivo de seguir ofreciendo respuestas adecuadas a las necesidades y expectativas de ciudadanos y profesionales, consolidando el camino ya iniciado en lo referente a la optimización de los procesos que facilitan la generación, captación, gestión e intercambio de conocimiento, y universalizando el desarrollo de herramientas de carácter estratégico y de apoyo a la gestión de los servicios como la Gestión Clínica, la Gestión por Procesos, la Gestión por Competencias y el Modelo de Acreditación basado en la autoevaluación y la mejora continua.

El I y II Plan de Calidad, como referencias estratégicas de primer nivel de la Consejería de Salud, orientaron sus acciones teniendo en cuenta al ciudadano como elemento nuclear del sistema. Esta manera de entender la asistencia alrededor de la persona ha impregnado el Modelo de Calidad de Andalucía y ha ido creciendo, involucrando cada vez más al profesional en sus estrategias, promoviendo su desarrollo individual y colectivo para alcanzar un nivel de excelencia en los servicios acorde con el compromiso social adquirido con la ciudadanía. Este camino hacia la excelencia ha hecho que avancemos a través de un proceso complejo de profunda trasformación. Ha cambiado el papel de los ciudadanos y la consolidación de la idea del sistema sanitario público como garante de sus derechos, de la misma forma que hay ahora una nueva perspectiva de la participación de los profesionales y su desarrollo, en la búsqueda de equipos profesionales más cohesionados, responsables y comprometidos. Estos han sido elementos centrales del desarrollo de las estrategias de calidad en los últimos diez años.

La actualidad requiere de un nuevo modelo que favorezca la máxima descentralización de los servicios y la autonomía efectiva de los profesionales en el seno de una organización más horizontal, donde los pacientes toman un papel más activo interviniendo con su voz y con sus acciones en los cuidados de su salud y sintiéndose corresponsables en la sostenibilidad del sistema y en la excelencia de la atención.

La complejidad del sistema sanitario y la amplitud de la oferta de servicios que se requiere para dar respuesta a las necesidades de los pacientes y su entorno, hacen que el valor de la continuidad asistencial, y de la visión integrada de la atención, tengan un papel cada vez más relevante a la hora de definir o medir la calidad de los servicios que prestamos.

El Plan de Calidad como instrumento estratégico crece en extensión, fortaleza y profundidad a medida que se implanta y mejora, es un plan que avanza buscando de forma permanente la excelencia sobre la base de nuestra propia capacidad de innovación.

En 2008 cerca de la finalización de la vigencia propuesta en el II Plan de Calidad, se promovió desde la Consejería de Salud la realización de una evaluación externa para conocer el nivel de logro y desarrollo que ha tenido el Plan. Esta iniciativa, pionera en los sistemas de salud de nuestro entorno, no sólo ha contribuido a conocer el grado de desarrollo de los diferentes objetivos de calidad del citado Plan, sino que ha incorporado propuestas de futuro para avanzar en la mejora continua del Sistema Sanitario Público de Andalucía. Esta evaluación externa se ha realizado desde la visión de los profesionales y de la ciudadanía, coordinado por la Sociedad Andaluza de Calidad Asistencial, utilizando metodología cualitativa, y con la participación de más de un centenar de profesionales y foros ciudadanos que analizaron pormenorizadamente los desarrollos alcanzados con el II Plan. Los resultados de la evaluación nos han permitido disponer de información relevante sobre la percepción de los profesionales y la ciudadanía, en relación a los retos planteados y también nos sitúan ante una nueva mirada con la que acercarnos metodológicamente a un nuevo diseño de las estrategias de calidad con las que vamos a afrontar los próximos años, a través de la utilización de metodologías participativas que recojan las aportaciones de profesionales y ciudadanía sobre los retos futuros, que se pueden enriquecer con los resultados de la evaluación previa del segundo plan.

La experiencia acumulada permite desarrollar este proceso identificando los elementos nucleares a través de los cuales, se van a diseñar las líneas de acción que darán contenido al conjunto del nuevo plan. El primero de estos escenarios se construye en torno a la CIUDADANÍA. Sus líneas de acción profundizan en la posición que los ciudadanos y ciudadanas deben ocupar en un sistema sanitario que considera la participación, la autonomía en la toma de decisiones, la diversidad y la corresponsabilidad como valores que deben formar parte esencial de nuestra organización y de nuestra sociedad en su conjunto. El segundo escenario se establece alrededor de los PROFESIONALES como elementos esenciales de las actuaciones en salud favoreciendo en el conjunto del sistema sanitario la generación de conocimiento, su transmisión, diseminación y aplicación, posibilitando un sistema de salud excelente que contribuya de forma aún más notable al desarrollo social y al crecimiento económico de Andalucía.

El tercer y último escenario lo denominamos ESPACIO COMPARTIDO. Un espacio donde se produce el encuentro entre pacientes y profesionales sanitarios, donde se originan las actuaciones clínicas a partir de la relación entre la persona con un problema de salud o una necesidad de atención y el equipo profesional. Un espacio cuya configuración debe reforzar la capacidad de decisión de la ciudadanía, su protagonismo en su problema de salud y su implicación con el con el sistema sanitario, a la vez que favorecer la autonomía de los profesionales fortaleciendo su compromiso con la excelencia, la innovación y el servicio público.

La Gestión Clínica es el ámbito natural, en el Sistema Sanitario Público de Andalucía, para multiplicar las competencias profesionales y potenciar el trabajo en equipo multidisciplinar y multiprofesional.

El Plan de Calidad 2010-2014, quiere impulsar una visión que identifica al sistema sanitario como un sistema inteligente, constituido por organizaciones generadoras de conocimiento y pretende establecer a través de múltiples acciones enmarcadas en estos tres escenarios una la hoja de ruta por la que van a transitar las estrategias de las políticas de calidad diseñadas por la Consejería de Salud de la Junta de Andalucía.

2. CALIDAD EN EL SISTEMA SANITARIO: MÉTODOS DE EVALUACIÓN

La calidad de la atención sanitaria es un concepto multidimensional, para el que no existen definición ni marco únicos y universales para su valoración. Existe, sin embargo, un creciente consenso sobre las dimensiones clave de la calidad en la asistencia sanitaria y las medidas e indicadores pertinentes para monitorizarlas (IoM, 2001; OCDE, 2002; AHRQ, 2007), empleándose no obstante diversas aproximaciones conceptuales en las que se incorporan matices sobre los que se focaliza la evaluación en cada caso.

La calidad puede ser definida como el grado en que los servicios de salud aumentan la probabilidad de resultados de salud deseados tanto a nivel individual como poblacional, y son consistentes con el conocimiento profesional actual.

Siendo la salud el objetivo clave de la atención sanitaria, la provisión de servicios de calidad debe cubrir las necesidades sanitarias de la población, teniendo en cuenta sus expectativas y preferencias. No obstante, existen otros factores no controlables por las organizaciones sanitarias que también influyen en el resultado final en salud. En esta línea conceptual, el SSPA tiene definida una estrategia activa de calidad cuya puesta en marcha se inició en el año 2000. En la actualidad, el modelo de calidad de nuestro sistema sanitario se articula a través del Plan de Calidad, cuya tercera edición publicada en 2011 establece las estrategias y líneas de acción en este ámbito.

El marco conceptual empleado para evaluar el desempeño y la calidad de la atención sanitaria del SSPA se ha diseñado sobre la base de la experiencia desarrollada previamente en la monitorización de la calidad para distintos agentes, teniendo en cuenta las características y peculiaridades de nuestros servicios sanitarios y reflejando las prioridades de nuestra organización.

La Gestión por Procesos Asistenciales en el Sistema Sanitario Público de Andalucía se conforma como una herramienta encaminada a conseguir los objetivos de Calidad Total, procurando asegurar de forma rápida, ágil y sencilla el abordaje de los problemas de salud desde una visión centrada en el paciente, en las personas que prestan los servicios, y en el proceso asistencial en sí mismo. Se centra, por tanto, en cuatro elementos fundamentales: el enfoque centrado en el usuario; la implicación de los profesionales; el sustento en la mejor práctica clínica; y el desarrollo de un sistema de información integrado.

Este modelo de gestión total de la Calidad define la calidad en función de la satisfacción de los clientes.

La gestión por procesos que se plantea desde Andalucía incluye además un elemento de sustancial importancia, la continuidad de la atención, dirigida a procurar una entrega de servicios única y coordinada. Así, la gestión integral de procesos se basa en la visión del proceso como el devenir del paciente a través del sistema sanitario y en su deseo de conseguir una atención y respuesta única a sus necesidades y problemas de salud. Trata de ofrecer respuestas adecuadas a las expectativas de los destinatarios de los mismos, es decir, de los ciudadanos y ciudadanas, potenciando un papel más activo en su proceso de atención y recuperación, favoreciendo su papel de cuidador y articulando, más aún si cabe, espacios para el diálogo con las asociaciones de pacientes.

En particular, el modelo de atención sanitaria basada en la gestión por procesos se sustenta en los siguientes principios básicos: la potenciación y desarrollo de la Gestión Clínica; la orientación de las acciones para garantizar el acceso a los recursos sanitarios en igualdad de oportunidades; la consideración de la persona como sujeto activo de su proceso de atención y recuperación; la personalización de la asistencia; el enfoque de recuperación del proyecto vital de la persona y su incorporación social; la continuidad asistencial; la gestión por competencias como elemento integrador de las estrategias de gestión de profesionales; la evaluación y la mejora continua; el desarrollo de las Tecnologías de la Información y Comunicación (TIC) actuales y futuras para facilitar la interacción de la ciudadanía con el Sistema Sanitario Público de Andalucía; y la modernización e innovación de los procesos asistenciales definidos.

Una de las líneas esenciales de mejora continua del desempeño profesional y su efectividad, está centrada en el desarrollo del modelo de Carrera Profesional del Sistema Sanitario Público de Andalucía, basada en un proceso con carácter abierto y permanente torno a la acreditación de competencias profesionales.

Este sistema está implantado en un 100% para los profesionales licenciados y diplomados sanitarios que voluntariamente lo soliciten, y siempre que cumplan los requisitos exigidos para el nivel solicitado.

El programa de acreditación de competencias profesionales y la carrera profesional contribuyen a la consecución de los objetivos generales, ya que solo pueden conseguirse si se cumplen determinados criterios objetivables de calidad, actividad y rendimiento. Las políticas de recursos humanos ligando objetivos de calidad a los incentivos profesionales, tienen notable impacto tanto sobre la calidad de la atención sanitaria que recibe el paciente, como en la motivación profesional, como en la eficiencia de la atención sanitaria agregada global. Las políticas de calidad en Andalucía han estandarizado y protocolizado las normas de calidad y actuaciones sobre la mayoría de los procesos asistenciales, disminuyendo la variabilidad de la atención.

Este programa está recogido normativamente en el Decreto 18/2007, de 23 de enero, por el que se regula el sistema de acreditación del nivel de la competencia profesional de los profesionales sanitarios del Sistema Sanitario Público de Andalucía, que ha permitido a los diferentes colectivos avanzar en su desarrollo competencial y carrera profesional.

3. SEGURIDAD DEL PACIENTE

3.1. Consideraciones generales

En el año 2002, la Asamblea de la Organización Mundial de la Salud reconoció la necesidad de promover la seguridad del paciente como principio fundamental de todos los sistemas sanitarios. Así, la seguridad de los pacientes constituye una de las doce estrategias definidas por el Ministerio de Sanidad y Consumo de España, dentro del marco del Plan Calidad del Sistema Nacional de Salud.

En el ámbito de nuestro Sistema Sanitario Público, la Consejería de Salud ha definido estrategias específicas para la seguridad del paciente, con el objetivo de "crear una cultura de seguridad nueva alrededor de la seguridad clínica, en el Marco de la Alianza por la Seguridad del Paciente propugnada por la Organización Mundial de la Salud y siguiendo las directrices del II Plan de Calidad de la Consejería de Salud".

Además, como resultado de estas estrategias, se ha creado el Observatorio para la Seguridad del Paciente, cuyos objetivos fundamentales son prevenir el daño, aprender de la práctica y aprovechar el conocimiento disponible para minimizar los riesgos derivados de la asistencia.

En esta misma línea, la Agencia de Calidad Sanitaria de Andalucía, dentro del Programa de Acreditación de la Competencia Profesional, ha incorporado en sus Manuales de Competencias un total de 72 elementos que contemplan la realización de buenas prácticas, dirigidas a promover tanto la seguridad de los pacientes como la seguridad de los profesionales en su desempeño diario.

Este importante volumen de elementos de seguridad, que pueden ser puestos de manifiesto por los profesionales durante los Procesos de Acreditación de sus Competencias, promueven el desarrollo de estrategias de calidad encaminadas a aspectos tan importantes de la mejora de la práctica asistencial como son la valoración de riesgos, las recomendaciones preventivas y su seguimiento, las intervenciones educativas, o el análisis de incidentes surgidos en el desarrollo de la práctica profesional.

Actualmente, se encuentran inmersos en los Procesos de Acreditación más de 16.000 profesionales, de los cuales más de 3.700 han alcanzado la Acreditación de sus Competencias.

El análisis de la Evaluación de las pruebas aportadas por estos profesionales que han finalizado su proceso de acreditación, con respecto a aquellas Buenas Prácticas y Evidencias relacionadas con la seguridad del paciente, ponen de manifiesto que casi el 100% de éstos tienen un importante nivel de competencia profesional en relación con el "registro de la existencia o ausencia de alergias a medicamentos, sustancias o materiales empleados en la atención sanitaria, en los pacientes atendidos" (puesta de manifiesto por el 99,87% de los profesionales acreditados), la "valoración de la presencia de hábitos tóxicos adictivos (tabaco, alcohol, drogas…) en la población atendida o en su entorno familiar"

(96,66% de los profesionales acreditados), el "seguimiento sobre las recomendaciones sobre la higiene de manos" (94,40%) y el "análisis de un incidente surgido en el desarrollo de su actividad" (puesta de manifiesto por el 90,90% de los profesionales acreditados).

Por el contrario, se identifica un importante margen de desarrollo competencial en algunas Buenas Prácticas y Evidencias que podrían mejorar la seguridad de los pacientes a través de la normalización de la práctica o la introducción de innovaciones que mejoren la atención sanitaria: la Evidencia "participa con profesionales de otros equipos asistenciales en la elaboración y/o actualización de protocolos consensuados o Guías de Práctica Clínica para dar respuesta a problemas clínicos en su mismo nivel o en distintos niveles asistenciales", sólo ha sido aportada por el 15,62% de los profesionales acreditados; o la Evidencia "puesta en marcha de algún proyecto de mejora de la atención sanitaria, en los últimos 5 años", aportada tan sólo por el 20,81%.

Tras estos datos, derivados de los resultados de los Procesos de Certificación de la Competencia Profesional, la Agencia de Calidad Sanitaria de Andalucía recomienda a los profesionales del SSPA y a las instituciones en las que trabajan:

1. Llevar a cabo intervenciones dirigidas a evitar situaciones indeseables o posibles acontecimientos adversos en los pacientes. En este sentido, se recomienda conocer en profundidad las Estrategias de Seguridad desplegadas por la Consejería de Salud a través de su Observatorio para la Seguridad del Paciente.
2. Promover el registro de las actuaciones que realizan los profesionales, dirigidas a mejorar y potenciar la seguridad en la práctica clínica, de modo que permitan la continuidad en la asistencia, la correcta comunicación entre los miembros del equipo asistencial, la transferencia de conocimiento y la utilización de la información contenida en la Historia de Salud, como elementos fundamentales para la promoción de la seguridad de los pacientes.
3. Cumplir y hacer cumplir las recomendaciones que se recogen, de forma sistemática, en el Observatorio para la Seguridad de la Agencia de Calidad, en relación con:
    - Prevención de la infección asociada a la atención sanitaria.
    - Prácticas seguras en cirugía y anestesia.
    - Prácticas seguras en el uso de medicamentos.
    - Prácticas seguras relacionadas con los cuidados de enfermería.
    - Prácticas seguras relacionadas con mejoras en la comunicación.
4. Desarrollar estrategias educativas que orienten y faciliten a los ciudadanos el conocimiento necesario para aprender a vivir con mayor calidad de vida y menor riesgo para su salud.

La seguridad mínima habitualmente exigida a cualquier trabajo científico es del 95 %.

3.2. Indicadores de seguridad

Estos indicadores propuestos por la AHRQ son un conjunto de medidas que pueden obtenerse del Conjunto Mínimo Básico de Datos (CMBD) y que se pueden utilizar para evaluar y priorizar las iniciativas regionales o nacionales en la mejora de la seguridad de los pacientes. El análisis de estas fuentes administrativas y de otras similares, baratas y fácilmente disponibles, permiten investigar los potenciales errores médicos y monitorizar las tendencias a lo largo del tiempo. Se miden en dos niveles: el hospital y el área.

- Los ***indicadores de nivel hospitalario*** proporcionan una medida de las complicaciones potencialmente evitables surgidas durante un episodio de hospitalización. Incluyen los casos donde un diagnóstico secundario identifica una complicación potencialmente evitable. Indicadores hospitalarios:
  1. Complicaciones de la anestesia.
  2. Mortalidad en GDRs de baja mortalidad.
  3. Ulcera de decúbito.
  4. Fracaso en el rescate.
  5. Cuerpo extraño olvidado durante un procedimiento.
  6. Neumotórax iatrogénico.
  7. Determinadas infecciones causadas por la asistencia sanitaria.
  8. Hematoma o hemorragia postoperatoria.
  9. Fractura de cadera postoperatoria.
  10. Desorden fisiológico y metabólico postoperatorio.
  11. Embolismo pulmonar o trombosis venosa profunda postoperatorios.
  12. Fallo respiratorio postoperatorio.
  13. Sepsis postoperatoria.
  14. Dehiscencia de herida postoperatoria.
  15. Punción/laceración accidental.
  16. Reacción transfusional.
  17. Traumatismo en el nacimiento - lesiones en el neonato.
  18. Trauma obstétrico en cesárea.
  19. Trauma obstétrico en parto vaginal instrumentado.
  20. Trauma obstétrico en parto vaginal no instrumentado.
- Los ***indicadores de área*** identifican todos los casos de complicaciones potencialmente evitables que ocurren en determinada área, tanto los que se producen durante la hospitalización como los que generan una hospitalización posterior. Están diseñados para incluir el diagnóstico principal y los secundarios como complicaciones de la asistencia. Este diseño añade los casos en los que el riesgo de complicación se generó durante otro episodio de hospitalización. Indicadores de área:
  1. Cuerpo extraño olvidado durante un procedimiento.
  2. Neumotórax iatrogénico.
  3. Determinadas infecciones causadas por la asistencia sanitaria.
  4. Dehiscencia de herida postoperatoria.
  5. Punción/laceración accidental.
  6. Reacción transfusional.

4. PROCESOS ASISTENCIALES: GUÍAS DIAGNÓSTICAS Y TERAPÉUTICAS

Los Procesos Asistenciales Integrados (PAI) nacieron con un objetivo clave: que la asistencia sanitaria incorporara la visión del paciente en el conjunto del equipo asistencial para la mejora de la continuidad asistencial. Asimismo, perseguían que la práctica clínica se desarrollara en base a la mejor evidencia científica disponible, y que los profesionales tuvieran una guía que les permitiera disminuir la variabilidad en la práctica clínica cada vez más compleja y especializada.

Con estos fines ha estado trabajando la Consejería de Salud durante estos años, pero ha llegado el momento de avanzar hacia una mayor implicación de los profesionales para mejorar la atención a la ciudadanía. Se trata también de superar el binomio individual que se produce en la relación asistencial, para aprovechar lo mejor de esa relación: la confianza, la capacidad de administrar el conocimiento, la capacidad de decidir conjuntamente, y llevarlo al marco organizativo desde la perspectiva de la Gestión Clínica.

En efecto, la descentralización política y administrativa, como clave del gobierno andaluz, se traduce al ámbito sanitario en las Unidades Clínicas como modelo organizativo donde de manera descentralizada, y en el seno de un equipo multidisciplinar pero cohesionado, los profesionales asumen nuevas competencias de organización y gestión de sus servicios, favoreciendo un desarrollo profesional dinámico, emprendedor, participativo y con autonomía para la creación de un nuevo sistema sanitario en red.

La apuesta de nuestro Sistema por crecer en este modelo se ve beneficiada por la adaptación de los Procesos Asistenciales Integrados para constituirse en piedra angular del entorno de la Gestión Clínica. Así hablamos de Cuidados de Enfermería como elemento nuclear en la personalización de la atención. Hablamos de eficiencia en la utilización de recursos y concretamente del uso racional del medicamento como base a la prescripción y utilización de fármacos en cada uno de los Procesos. Un elemento igualmente estratégico que introducen los procesos asistenciales es el relacionado con elementos prácticos de seguridad del paciente. Todo ello sin perder de vista que el fin último es ofrecer respuestas adecuadas a las expectativas de los destinatarios de los mismos, es decir, de los ciudadanos y ciudadanas, potenciando un papel más activo en su proceso de atención y recuperación, favoreciendo su papel de cuidador y articulando, más aún si cabe, espacios para el diálogo con las asociaciones de pacientes.

La implantación y desarrollo de la Gestión por Procesos Asistenciales Integrados (GPAI), pone de manifiesto que:

1. Es una muy buena herramienta para la mejora de la calidad asistencial y la reducción de la variabilidad en la práctica clínica.
2. Como herramienta de mejora organizativa ha servido para la ordenación de los flujos de trabajo y el acercamiento entre la Atención Hospitalizada (AH) y la Atención Primaria (AP), para el compromiso de la garantía de plazos y ampliación de la cartera de servicios.
3. La Gestión Clínica es el pilar de los PAI.

4. Hay que mejorar la implantación de los PAI en relación a los ritmos y sus diferencias en la implantación en AP y AH, hay que reforzar la cultura de la GPAI en los profesionales, acotar el nº de procesos a implantar, mejorar la coordinación en y entre AP y AH, evitar el riesgo de pérdida de la visión de atención integral al paciente, garantizar suficientemente la dotación de recursos, la formación y la información necesarias para la implementación de esta estrategia.
5. Hay que vincular la GPAI con los Contratos Programa y los Acuerdos de Gestión Clínica, con el modelo de Acreditación y Competencias, con la Seguridad Clínica, Planes de Cuidados, Uso Racional del Medicamento, con el desarrollo de los sistemas de información.

En relación al desarrollo de líneas de acción futuras proponen:

1. Potenciar los Acuerdos de Gestión compartidos entre profesionales de diferentes centros asistenciales como elemento de continuidad asistencial con objetivos comunes AP y AH.
2. Promover las UGC como pilar de la GPAI.
3. Fomentar la formación de los profesionales en PAI.
4. Promover la evaluación y retroalimentación a los profesionales de los resultados de los PAI.
5. Implicación más efectiva de los equipos directivos.
6. Priorizar los PAI a implantar según la morbilidad detectada.

Los PAI, considerarán y se incorporarán de forma integrada todos los elementos y dimensiones de la calidad, que se han ido desarrollando en la Organización Sanitaria, la seguridad del paciente, la información, los cuidados de enfermería, la efectividad clínica, las actividades no clínicas, la continuidad asistencial, etc.

En cada PAI, se describen todas las actividades concretas que deben realizarse, así como sus características de calidad. El procedimiento a seguir se realizará definiendo el QUIÉN-QUÉ-CUÁNDO-DÓNDE-CÓMO, describiendo de manera secuencial y temporal cada una de las acciones que realizan los profesionales que intervienen en el PAI.

Todas las actuaciones deben estar justificadas sobre la base de la evidencia científica disponible y en función de su efectividad y eficiencia demostradas. La descripción de actividades, dará respuesta a las necesidades detectadas e integrarán la perspectiva de género, deberán ir referenciadas a los distintos apartados de la representación gráfica del PAI, para así poder identificar fácilmente la actuación que debe desarrollar cada profesional en un momento concreto del desarrollo del PAI.

Actualmente la Consejería de Salud ha publicado 67 PAI, son los siguientes:

1. Amigdalectomía/Adenoidectomía.
2. Anemias.
3. Angina estable (dolor torácico).
4. Ansiedad, depresión, somatizaciones (2ª edición, 2011).
5. Arritmias.

6. Artroplastia de cadera.
7. Artrosis de rodilla y cadera.
8. Asma.
9. Ataque cerebrovascular.
10. Atención a la caries dental y a las inclusiones dentarias.
11. Atención a las personas fumadoras.
12. Atención a pacientes pluripatológicos.
13. Atención al paciente quirúrgico.
14. Atención al trauma grave.
15. Atención temprana. Seguimiento recién nacido de riesgo.
16. Atención temprana. Trastornos del desarrollo con discapacidad intelectual.
17. Atención temprana. Trastornos del desarrollo con discapacidad motora.
18. Atención temprana. Trastornos del espectro autista.
19. Atención temprana. Trastornos sensoriales.
20. Cáncer colorrectal (2ª edición, 2011).
21. Cáncer de cabeza y cuello.
22. Cáncer de cérvix.
23. Cáncer de mama (3ª edición, 2011).
24. Cáncer de piel.
25. Cáncer de pulmón.
26. Catarata.
27. Cefaleas.
28. Células y tejidos humanos.
29. Colelitiasis/Colecistitis.
30. Cuidados paliativos.
31. Demencia.
32. Diabetes mellitus (1ª edición, marzo 2011).
33. Disfonía.
34. Disfunción tiroidea.
35. Dispepsia.
36. Dolor abdominal.
37. Dolor crónico no oncológico.
38. Dolor torácico genérico (no filiado).
39. Embarazo, parto y puerperio.
40. Enfermedad pulmonar obstructiva crónica.
41. Fibromialgia.
42. Fiebre de duración intermedia.

43. Fiebre en la infancia.
44. Fractura de cadera.
45. Hemorragias uterinas anormales.
46. Hepatitis víricas.
47. Hernias de pared abdominal.
48. Hipertrofia benigna de próstata. Cáncer de próstata.
49. IAM con elevación del ST (dolor torácico).
50. Insuficiencia cardíaca.
51. Insuficiencia venosa crónica.
52. Otitis media.
53. Red de bancos de tumores de Andalucía.
54. Riesgo vascular (2ª edición, octubre 2010).
55. Sepsis grave.
56. Síndrome aórtico agudo (dolor torácico).
57. Síndrome coronario agudo sin elevación de ST (SCASEST): angina inestable e infarto sin elevación de ST (AI/IAMNST) (dolor torácico).
58. Trasplante cardíaco.
59. Trasplante de páncreas.
60. Trasplante hepático.
61. Trasplante pulmonar.
62. Trastorno mental grave.
63. Trastornos de la conducta alimentaria.
64. Tratamiento sustitutivo de la insuficiencia renal crónica: diálisis y trasplante renal.
65. Tromboembolismo pulmonar (dolor torácico).
66. Urolitiasis.
67. VIH/SIDA.

Nota: "La información suministrada ha sido contrastada en:

http://www.calidadsaludandalucia.es/es/marco_conceptual.html

http://www.juntadeandalucia.es/salud/export/sites/csalud/galerias/documentos/p_5_p_2_organizacion_de_la_investigacion/modelo_gestion/modelo_de_gestion.pdf

http: //www.calidadsaludandalucia.es/es/marco_conceptual.html

http://biblioteca2.ucab.edu.ve/anexos/biblioteca/marc/texto/AAR1755.pdf

http://www.who.int/patientsafety/implementation/icps/icps_full_report_es.pdf

http://www.scielo.br/scielo.php?pid=S0104-11692012000400021&script=sci_arttext&tlng=es"

Tema 12

Modelo de Desarrollo Profesional de Andalucía. Modelo de Acreditación de Competencias Profesionales. Modelo de acreditación de Centros y Servicios. El Contrato Programa y los Acuerdos de Gestión como instrumentos de planificación estratégica. Comisiones Clínicas y de Calidad. Unidades de Gestión Clínicas

Cristina Velasco Cuevas
Enfermera

María José Pino Perles
Enfermera

Rodio ediciones

Índice esquemático

1. MODELO DE DESARROLLO PROFESIONAL DE ANDALUCÍA

El modelo de desarrollo profesional de Andalucía se centra en la formación y perfeccionamiento como estrategia para la modernización, utilizando el modelo de gestión por competencias del plan de calidad del sistema sanitario publico andaluz (SSPA).

El marco del desarrollo profesional de Andalucía tiene su explicación en el plan de calidad del SSPA, donde se expone un modelo estratégico no acotado en el tiempo, con una organización más transversal y flexible, orientada hacia el ciudadano, buscando la continuidad asistencial y desarrollando la mejora organizativa de la atención sanitaria.

El nuevo modelo de desarrollo profesional engloba en su diseño la mejora en los procesos asistenciales, unidades de gestión clínica, gestión por competencias, gestión del conocimiento, acreditación de la calidad y estrategia digital.

El principal activo que tiene el SSPA es su capital humano. Por tanto es necesario buscar un espacio común entre los profesionales y la organización que favorezca la apuesta clara de los profesionales por la calidad y la búsqueda de la excelencia y que haga visible el compromiso efectivo de la organización para dar una respuesta adecuada a sus necesidades y expectativas.

Según Mena Vilches en su libro "El celador y la calidad en el medio sanitario": "Desde este escenario se pretende avanzar en el desarrollo de un nuevo modelo de relación del profesional con su organización, considerando a éste con necesidades, expectativas y responsabilidades, inmerso en una organización sanitaria pública compleja, sensible y preocupada por cada una de las personas que la conforman. Relación sustentada en el desarrollo profesional, la excelencia en la prestación de los servicios sanitarios y la gestión del conocimiento, pero también orientada hacia la sostenibilidad del sistema, en un clima de innovación permanente. Todo ello en el marco de desarrollo de un sistema de gestión efectivo, participativo, coordinado, flexible, adaptado a su entorno y que busca dar respuestas efectivas a las necesidades de la ciudadanía. Los profesionales en su entorno organizativo, asentado en el modelo de gestión clínica, se constituyen en el ejercicio de su roles profesionales, como agentes facilitadores de la persona en su proceso de atención. Deben conseguir transmitir información única, veraz y comprensible y hacer posible una atención sanitaria de calidad, garantizando el ejercicio de los derechos a la persona en el momento y en las circunstancias en que se produzca algún contacto con el sistema sanitario."

El desarrollo actual del nuevo modelo organizativo basado en la gestión clínica exige un rol profesional más autónomo y comprometido. Es el espacio de la gestión clínica el que posibilita en mayor medida el desarrollo profesional y permite evidenciar una mayor implicación de los profesionales con los objetivos de la organización y en el que cristalizan legítimas aspiraciones que determinan mejores respuestas en un entorno laboral estimulante, saludable, confortable y seguro.

Desarrollar la gestión clínica en la organización sanitaria pública andaluza significa de igual manera, potenciar un modelo basado en la mejor competencia de sus profesionales y en la búsqueda continua de la excelencia.

Para ello, debe ajustarse cada vez más y mejor a las expectativas de los profesionales contemplando el conjunto de competencias que hacen posible que el conocimiento se aplique de forma efectiva y eficiente a la práctica clínica. Un conocimiento que también se transmita a través de la docencia y se genere mediante el desarrollo de la investigación en todos los niveles del sistema. La consolidación progresiva del modelo de desarrollo profesional contribuye a afianzar un sistema sanitario excelente basado en la mejora continua de sus profesionales, mediante la gestión del conocimiento, la consolidación del modelo de acreditación profesional y el desarrollo de la carrera profesional, herramientas que van a aportar solidez al proceso y garantías a su desarrollo.

La gestión del conocimiento se convierte de esta manera, en un elemento integrador de estrategias abiertas a un modelo de sistema sanitario donde las alianzas y relaciones estables con otras organizaciones generadoras de conocimiento, pueden permitir que todo ese esfuerzo de creatividad, de innovación y de trabajo excelente que desarrollan los profesionales del sistema, se puedan transformar en progreso social y económico.

Son cinco los objetivos que se establecen dentro del modelo de desarrollo profesional:

1. Reforzar el compromiso, la autonomía y participación del profesional en su desarrollo competencial y la gestión de su conocimiento.
2. El profesional se constituye un agente facilitador del paciente en el recorrido por el sistema nacional de salud, en el desarrollo efectivo de los derechos y en la utilización de los servicios en el marco de la corresponsabilidad.
3. Desarrollar la estrategia en I+D+I ampliando su desarrollo a nuevas expectativas, como generadora de conocimiento y motor del desarrollo de Andalucía.
4. Desarrollar y consolidar instrumentos accesibles, personalizados y amigables de soporte a la gestión del conocimiento.
5. Redefinir las competencias profesionales para potenciar la complementariedad y flexibilidad de los diferentes roles profesionales.

A modo de conclusión podemos destacar que el modelo de desarrolla profesional de Andalucía se centra en un modelo *estratégico, no acotado temporalmente,* con estrategia de fondo y con una organización diferente a la enfocada hasta el momento mas horizontal y flexible orientada hacia el ciudadano, buscando la continuidad asistencial y desarrollando una mejora continua en la cultura de la organización.

2. MODELO DE ACREDITACIÓN DE COMPETENCIAS PROFESIONALES

El modelo de acreditación de competencias profesionales viene regulado por el decreto 18/2207 del 23 de enero , pretende favorecer la calidad asistencial garantizando, mediante el establecimiento de un sistema de acreditación, que los profesionales sanitarios cumplen los requisitos necesarios para prestar sus servicios en un puesto de trabajo con un determinado nivel de competencia, con independencia de la valoración del resultado de la acreditación de la competencia profesional que se realice en el sistema de reconocimiento de desarrollo profesional., y tiene como objetivo fundamental la mejora continua de la calidad del sistema sanitario en su conjunto, como principio que debe presidir las actuaciones sobre protección de la salud de la Administración sanitaria y que se recoge tanto en las leyes de ámbito estatal como autonómico, y exige la implantación de los instrumentos adecuados que permitan garantizar al ciudadano la calidad de la asistencia que recibe.

En este contexto se inscriben el I y II Plan de Calidad del Sistema Sanitario Público de Andalucía, elaborados por la Consejería de Salud y que pretenden consolidar la cultura de mejora continua en la asistencia sanitaria orientada a la satisfacción de las necesidades y expectativas del ciudadano, para lo que se requiere la incorporación de instrumentos de carácter estratégico, entre las que el modelo de gestión por competencias ocupa un papel esencial. El modelo de gestión por competencias es un modelo de desarrollo profesional que persigue el desarrollo de profesionales excelentes a través de los procesos fundamentales de formación, evaluación y reconocimiento. En este sentido, la acreditación de competencias profesionales se convierte en un elemento clave de las estrategias de evaluación de los profesionales del Sistema Sanitario Público de Andalucía.

Artículo 4 de la citada ley se exponen los Objetivos del sistema de acreditación:

a) Fomentar la buena práctica profesional con objeto de garantizar la calidad de los servicios sanitarios en beneficio de los ciudadanos.
b) Promover una actitud profesional de carácter individual dirigida a la mejora continua del nivel de la competencia profesional.
c) Generar un modelo coherente de desarrollo profesional asentado en la evaluación del nivel de la competencia.

Las normas para El acceso al sistema de acreditación se recogen en el artículo 5 y se componen por dos premisas, la primera que el acceso es de carácter voluntario y la segunda es que se debe estar en situación de activo para el puesto que se desarrollan las competencias que se pretenden acreditar. Los niveles de acreditación se recogen en el articulo 6 y se dividen desde el nivel básico de competencia que se otorga con la superación de las pruebas de selección o el cumplimiento de acceso al sistema sanitario publico de Andalucía, desde este nivel básico y tras unas pruebas de evaluación de competencias voluntarias se podrá acceder a los siguientes niveles: avanzado, experto o excelente.

El proceso de evaluación, según el articulo 8 del decreto de acreditación profesional, se compone por una fase de autoevaluación, consistente en la recopilación y aportación de pruebas procedentes de la actividad profesional, y por una fase de evaluación externa, en función de la competencia a evaluar y atendiendo a las metodologías más apropiadas, y se realizará teniendo en cuenta el correspondiente mapa de competencias y los estándares definidos por el órgano acreditador.

Se entiende por mapa de competencias el documento que recoge de forma agregada el conjunto de competencias profesionales correspondientes a la categoría, puesto o grupo profesional. Se entiende por estándares la ponderación de los criterios de desarrollo del mapa de competencias que quedará determinada reglamentariamente.

Las competencias profesionales se evalúan a través de las metodologías más adecuadas para cada una de ellas y de acuerdo con los instrumentos disponibles en cada caso. Básicamente, se realizan a través del análisis de las historias clínicas, de la aplicación de técnicas de simulación y del empleo de la metodología análisis de casos.

El órgano responsable de la acreditación establecerá la metodología y criterios de valoración para cada una de las competencias profesionales, asegurando la pertinencia y actualización continua de los criterios y estándares, de acuerdo con las evidencias de conocimiento científico-técnico disponibles. La evaluación del nivel de competencias será realizada por la entidad evaluadora designada por la Consejería competente en materia de Salud y deberá ser independiente. La vigencia de la acreditación comprende un periodo de cinco años, transcurridos estos se debe iniciar un periodo de reacreditación.

Como conclusión podemos destacar que el modelo de acreditación es un proceso mediante el cual se observa y reconoce en qué forma la asistencia sanitaria que prestan los profesionales responden al modelo de calidad del SSPA, en relación a criterios de orientación al ciudadano, promoción de la salud, atención al individuo y su familia gestión por procesos, trabajo en equipo, actitud de progreso y mejora continua, compromiso con la docencia y con la investigación, uso eficiente de los recurso y orientación a ciudadanos.

El Programa de Acreditación de Competencias Profesionales del Sistema Sanitario de Andalucía:

- Es coherente con los planes y herramientas de gestión para la mejora continua en el Sistema Sanitario Público Andaluz.
- Incluye buenas prácticas asociadas a cada competencia, evidencias y pruebas.
- Está estructurado en cinco dimensiones: el ciudadano, la atención integral, el profesional, la eficiencia y los resultados.

3. MODELO DE ACREDITACIÓN DE CENTROS Y SERVICIOS

Los Centros y establecimientos sanitarios, cualesquiera que sean su nivel, categoría o titular, precisarán autorización administrativa previa para su instalación y funcionamiento, así como para las modificaciones que, respecto a su estructura y régimen inicial, puedan establecerse, según establece el "artículo 29 de la Ley 14/1986 de 25 de Abril, General de Sanidad".

A su vez, el artículo 19.4 de la Ley de Salud de Andalucía asigna a su Administración Sanitaria la competencia para "establecer las normas y criterios por los que han de regirse los centros, servicios y establecimientos sanitarios de Andalucía, tanto públicos como privados, para la calificación, acreditación, homologación y registro de los mismos.

Actualmente esta materia está regulada en nuestra Comunidad Autónoma por el Decreto 69/2008, de 26 de febrero, por el que se establecen los procedimientos de las Autorizaciones Sanitarias y se crea el Registro Andaluz de Centros, Servicios y Establecimientos Sanitarios.

El Registro es el compendio de todos los centros sanitarios autorizados de Andalucía.

Su regulación actual está contenida en el capítulo III del mencionado Decreto 69/2008, que bajo el título "Registro Andaluz de Centros, Servicios y Establecimientos Sanitarios", establece:

Artículo 18. Creación y naturaleza

1. Se crea el Registro Andaluz de centros, servicios y establecimientos sanitarios, cuyo objeto es la inscripción de los centros, servicios y establecimientos sanitarios que hayan obtenido la autorización administrativa correspondiente, conforme a lo previsto en este Decreto o en la legislación aplicable en su caso. El citado Registro constará de dos secciones, una para los centros, servicios y establecimientos sanitarios de titularidad pública del Sistema Sanitario Público de Andalucía y otra para los demás centros, servicios y establecimientos sanitarios.

2. El Registro Andaluz de centros, servicios y establecimientos sanitarios es de carácter público. La información contenida de los asientos registrales podrá obtenerse por quien acredite interés legítimo en ella, mediante las certificaciones expedidas, previa solicitud, por el funcionario encargado del mismo, sin perjuicio de las limitaciones derivadas del artículo 37 de la Ley 30/1992, de 26 de noviembre. Los datos de carácter personal que pudieran contenerse en este Registro, quedarán sometidos a lo previsto por la Ley Orgánica 15/1999, de 13 de diciembre, de Protección de Datos de Carácter Personal.

Artículo 19. Adscripción y competencia

1. El Registro Andaluz de centros, servicios y establecimientos sanitarios está adscrito orgánicamente a la Dirección General competente en materia de centros, servicios y establecimientos sanitarios de la Consejería competente en materia de salud, sin perjuicio de su gestión desconcentrada por parte de las Delegaciones Provinciales de dicha Consejería.

2. Será competente para ordenar los asientos procedentes, el mismo órgano que dicte el acto administrativo objeto de la inscripción, de acuerdo con lo establecido en este Decreto.

3. De conformidad con lo establecido en el artículo 5.3 del Real Decreto 1277/2003, de 10 de octubre, la persona titular de la Dirección General competente en materia de centros, servicios y establecimientos sanitarios es la responsable de facilitar la información necesaria para mantener permanentemente actualizado el Registro general de centros, servicios y establecimientos sanitarios del Ministerio de Sanidad y Consumo.

Artículo 20. Inscripciones, anotaciones y cancelaciones

1. La inscripción de los centros, servicios y establecimientos sanitarios incluidos en el ámbito de aplicación de este Decreto se realizará de oficio una vez otorgada la autorización administrativa correspondiente. Se asignará un Número de Identificación de Centro Autorizado (NICA), que será único para cada centro y establecimiento sanitario, y figurará en el distintivo al que se refiere el artículo 5.

2. Las inscripciones registrales contendrán como mínimo los siguientes datos:

- Denominación y tipo de centro.
- Datos identificativos de la persona titular del centro.
- Unidades asistenciales.

3. Los cambios de denominación de los centros, establecimientos y servicios sanitarios previamente autorizados, deberán comunicarse al órgano que los autorizó en el plazo de diez días desde la realización de dichos cambios, junto con la documentación acreditativa de los mismos para su anotación en el Registro Andaluz de centros, servicios y establecimientos sanitarios.

4. Autorizado o comunicado el cierre o revocada la autorización de conformidad con lo dispuesto en el presente Decreto, se procederá de oficio a su cancelación registral.

En conclusión con la acreditación de centros, el SSPA pueda ejercer el control y coordinación sobre la amplia gama de establecimientos y centros sanitarios existentes fomentando la calidad de los centros de sanitarios para proteger la salud individual y colectiva de la población, teniendo en cuenta que la creación del decreto que regula la acreditación de los centros sanitarios andaluces persigue hacer de la población el centro de las actuaciones sanitarias y que los centros y establecimientos sanitarios le ofrezcan información sobre su gestión y resultados para contribuir a un mejor conocimiento de los usuarios.

4. EL CONTRATO PROGRAMA Y LOS ACUERDOS DE GESTIÓN COMO INSTRUMENTOS DE PLANIFICACIÓN ESTRATÉGICA

El Contrato Programa de la Consejería de salud con el servicio andaluz de salud y con las agencias publicas empresariales y entidades de derecho publicas adscritas, tiene como misión hacer efectivos los compromisos que, en materia de atención sanitaria, ha establecido el gobierno de la junta de Andalucía.

Su estructura y exposición reflejan los objetivos prioritarios identificados por la consejería de salud, los recursos disponibles, los plazos para alcanzar los objetivos y los indicadores que habrán de utilizarse para su evaluación.

En el caso del servicio andaluz de salud, la firma del contrato Programa representa no solo el compromiso del servicio andaluz de salud para alcanzar los objetivos fijados en los plazos establecidos, sino también el compromiso de la totalidad de sus profesionales con la ciudadanía andaluza, con su salud, su bienestar, y su desarrollo individual y colectivo.

El Contrato Programa es un instrumento que permite orientar a los proveedores sanitarios públicos sobre los criterios de actuación, basados en la demanda de servicios y en función de los objetivos de salud descritos en el Plan Andaluz de Salud y en los criterios del Plan de Calidad.

Así, el Contrato Programa de la Consejería de Salud con el Servicio Andaluz de Salud y con las agencias públicas empresariales y entidades de derecho público adscritas, tiene como misión hacer efectivos los compromisos que, en materia de atención sanitaria, establece el Gobierno de la Junta de Andalucía con la ciudadanía. Su estructura y composición reflejan los objetivos prioritarios, los recursos disponibles, los plazos para alcanzar los objetivos y los indicadores que habrán de utilizarse para su evaluación. La firma del Contrato Programa representa no solo el compromiso de las instituciones para alcanzar las metas fijadas en los tiempos establecidos, sino también la implicación de la totalidad de sus profesionales con la mejora de la salud, el bienestar y el desarrollo individual y colectivo de la ciudadanía andaluza.

El actual Contrato Programa 2010-2013 de la Consejería de Salud con el Servicio Andaluz de Salud establece, en un horizonte cuatrienal, cinco ejes globales de actuación: la construcción de un sistema de salud más cercano a las personas, con más servicios, derechos y prestaciones, más democrático y participativo; el impulso de la salud pública para mejorar la salud del conjunto de la ciudadanía; el establecimiento de una alianza con los profesionales del sistema sanitario para que sean protagonistas de los servicios de salud; la potenciación de la investigación biomédica; y el refuerzo de las infraestructuras y el equipamiento sanitario. En consonancia con las directrices establecidas en el Contrato Programa, el Servicio Andaluz de Salud desarrolla a su vez los Contratos Programa de sus centros sanitarios y los Acuerdos de Gestión de las Unidades de Gestión Clínica, trasladando a tales niveles de responsabilidad los contenidos del Contrato Programa firmado por el servicio regional de salud.

El Contrato Programa como herramienta estratégica de gestión donde se establecen las directrices del servicio andaluz de salud en cuanto a actuación, objetivos y recursos que se asignan. Una vez asignado el contrato programa con el servicio andaluz de salud, éste desarrolla en consonancia con sus centros y unidades con de gestión, de acuerdo con su organización respectiva, mediante los que se establecerán sus propios objetivos internos, así como la asignación de recursos. En dicho contrato programa se establecerán, a su vez, los indicadores necesarios que posibiliten el grado de cumplimiento de los objetivos definidos.

En conclusión , el Contrato Programa de la consejería de salud con el servicio Andaluz de salud es un instrumento estratégico de máximo nivel, cuya misión es hacer efectivos los compromisos que, en materia de atención sanitaria y en el ámbito de responsabilidad de este organismo, ha establecido el gobierno de la Junta de Andalucía con la ciudadanía.

Su estructura y **composición reflejarán los objetivos prioritarios**, plazos, indicadores de seguimiento y evaluación así como los recursos asignados para su cumplimiento. La firma del Contrato Programa representa, no sólo el compromiso del Servicio Andaluz de Salud para alcanzar los objetivos fijados en los tiempos establecidos sino también la implicación de la totalidad de sus profesionales con la mejora de la salud, el bienestar y el desarrollo individual y colectivo de los ciudadanos andaluces. Representa además una especial implicación con los valores de las personas, entre otros, los de universalidad, equidad, solidaridad y transparencia. Un instrumento para responder a las perspectivas de innovación, modernización y calidad, gestionando racionalmente los recursos disponibles mediante estrategias de sostenibilidad.

5. COMISIONES CLÍNICAS Y DE CALIDAD

Andalucía tiene una organización sanitaria, el Sistema Sanitario Público de Andalucía (SSPA), cuya producción en términos de servicios sanitarios y de impacto en la salud es de una considerable magnitud, tanto en términos de número de servicios ofrecidos, como en términos de diversidad. El SSPA adquiere en muchas facetas de su provisión un perfil de alta especialización y complejidad, lo que reviste a su actividad de una naturaleza singular, no solo por su impacto en términos de salud, sino por la gestión del mismo.

Esta iniciativa para evaluar el desempeño y la calidad de la atención sanitaria, como la puesta en práctica por otros países y sistemas sanitarios avanzados, evalúa la calidad de la atención sanitaria globalmente considerada y del sistema sanitario público andaluz, a través de las dimensiones clave de la misma. Las dimensiones de evaluación representan facetas diversas y relevantes del concepto de calidad sanitaria, que encuentran en sus respectivos indicadores y métricas el nivel de concreción y objetivación pertinentes.

Se trata con ello de monitorizar, evaluar la calidad y rendir cuentas de los datos y resultados del SSPA para conocer y entender mejor su funcionamiento, orientado a la mejora de sus resultados y la transparencia en la información y en la gobernanza de sus instituciones, tanto internamente en la relación con los profesionales y centros, como externamente en relación con el conjunto de la sociedad. En suma, con esta iniciativa se pretende incrementar el conocimiento por parte de la sociedad y del conjunto de la organización, de los niveles de calidad del sistema sanitario público andaluz, de la acción pública de nuestro sector sanitario y de su contribución a la mejora de la salud,

6. UNIDADES DE GESTIÓN CLÍNICAS

La Gestión Clínica en el Sistema Sanitario Público de Andalucía se configura como un modelo organizativo centrado en la persona, basada en una red distribuida de espacios organizativos de ámbito multiprofesional, que permite dotar a los profesionales de mayor autonomía organizativa y responsabilidad en la gestión de los recursos. El objetivo fundamental de la Gestión Clínica se centra en prestar una atención sanitaria integral y de alta calidad, en espacios compartidos que cuentan con la participación efectiva de los ciudadanos y en los que los profesionales sanitarios se integran en equipos multidisciplinares, en el seno de uno o varios centros asistenciales, enlazando las necesidades de salud de la ciudadanía y las expectativas legítimas de los profesionales.

La Unidad de Gestión Clínica (UGC), es la estructura organizativa en la que se materializa la Gestión Clínica en todos los centros sanitarios del Sistema Sanitario Público de Andalucía. Es el entorno donde el equipo multidisciplinar, aborda de manera integrada actuaciones de prevención, promoción, asistencia, cuidados y rehabilitación a la persona y familia, poniendo el énfasis en la efectividad de la práctica clínica, el fomento del liderazgo clínico, la incorporación de la opinión de la ciudadanía, la eficiencia en la utilización de recursos, la transparencia, el impulso de la investigación y el desarrollo de procesos asistenciales integrados.

En las Unidades de Gestión Clínica la actividad se desarrolla de acuerdo a diferentes objetivos, entre los que destacan: fomentar la implicación de los profesionales sanitarios en la gestión de los centros, reforzar la continuidad asistencial entre ambos niveles de atención, mejorar la organización del trabajo y elevar la satisfacción de los pacientes.

Tras una década de desarrollo e implantación de este modelo organizativo en el Sistema Sanitario Público de Andalucía, en la actualidad el 95% de los profesionales del sistema sanitario público de Andalucía trabaja ya bajo el modelo de Unidad de Gestión Clínica. Los datos de las Unidades de Gestión Clínica acreditadas por la Agencia de Calidad Sanitaria de Andalucía son notables pues el sistema cuenta ya con 273 UGC acreditadas, de las cuales 152 son de atención primaria y 121 de atención hospitalaria. El modelo de Gestión Clínica permite adaptar los centros sanitarios a los cambios que se vienen produciendo en los últimos años, entre los que se encuentran la ampliación de la cartera de servicios, la incorporación de nuevas categorías profesionales y la descentralización de medios diagnósticos y tecnológicos. Igualmente, establecen un plan de formación personalizado para los profesionales que trabajen en esa unidad y promueven la participación efectiva de los ciudadanos. El número total de unidades de gestión clínica asciende a 1.008.

ANEXO I
MODELO DE DESARROLLO PROFESIONAL DEL SISTEMA SANITARIO DE ANDALUCÍA

Introducción

Surge este concepto de **nuevo modelo de desarrollo profesional** de la necesidad de adaptarse a las circunstancias cambiantes de una sociedad evolutiva y de desarrollo para dar respuestas que aseguren la calidad de los Servicios Sanitarios desde el motor interno que los impulsa al cambio, **los profesionales de la salud**, para dirigirlos al eje central del mismo **los ciudadanos**.

POLÍTICAS DE SALUD

Dirigidas a garantizar los derechos de la ciudadanía

Basadas

- Evolución demográfica debida a la globalización.
- Envejecimiento poblacional.
- Dependencias.
- Variaciones y nuevas patologías.
- Grupos en riesgo de exclusión.

Todo ello para conseguir un **modelo profesional** que siente las bases de una nueva estrategia de gestión de profesionales.

Necesidades y expectativas de las personas

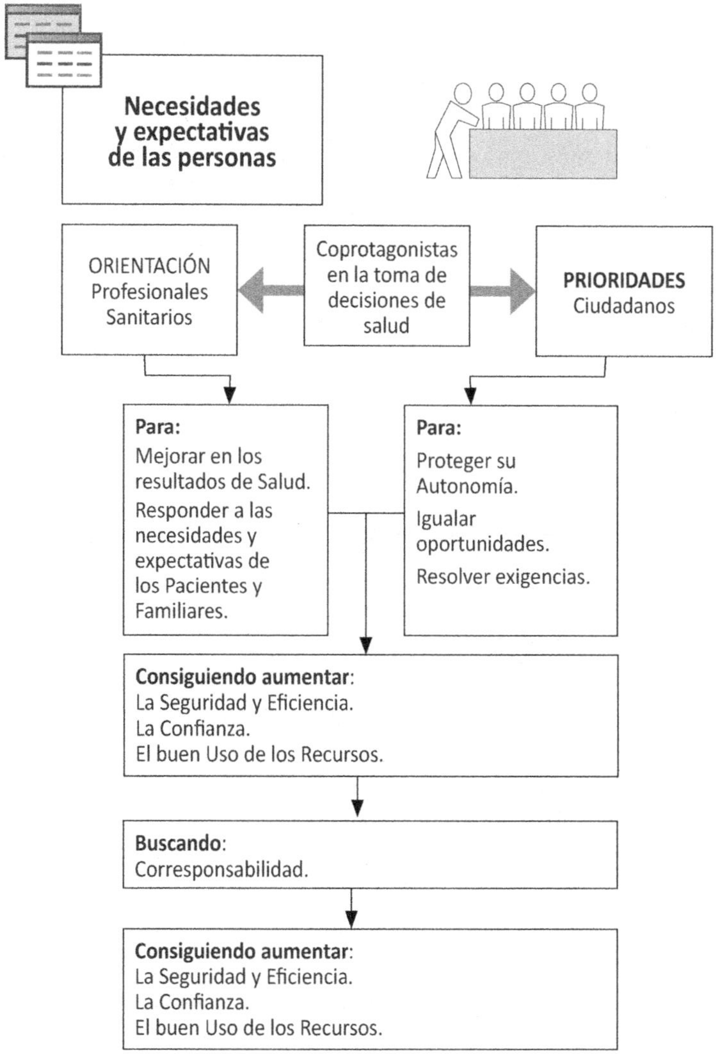

Conclusión

ANEXO II
MODELO DE ACREDITACIÓN POR COMPETENCIAS

Basado en la ***Gestión por Competencias***, es decir, en la *habilidad, destreza y capacidad* de los profesionales sanitarios para integrar y saber aplicar los conocimientos de su profesión resolviendo satisfactoriamente las situaciones que se les planteen.

Encaminado, además, para dar respuestas medibles que aseguren la *Calidad de los Servicios Sanitarios* en un marco en el que el Espacio Europeo de Educación Superior nos marca la necesidad de un mayor acercamiento y equidad entre *Docencia y Asistencia* conduciéndonos a la configuración práctica del concepto de Formación del Desarrollo Profesional

Centrado en constatar de forma cuantitativa lo que el profesional *HACE* apoyándose en:

- **El conocimiento** (Saber)
- **Habilidades** (Saber hacer)
- **Saber ser** (Actitudes)

La Gestión por Competencias se plantea en Andalucía como estrategia para la Gestión de Personas en el S.S.A.

El proceso de Certificación de Competencias se enmarca dentro del modelo de los profesionales sanitarios del S.S.P.A. regulado por el Decreto 18/2007, de 23 de Enero. Puesto en Marcha por la Agencia de Calidad de Andalucía en el Manual de Competencias explícito para cada ámbito de actuación profesional.

Es un proceso voluntario que permite al profesional revisar su práctica diaria de forma sistemática consiguiendo evolucionar en el desarrollo de sus competencias partiendo del nivel básico necesario para ellas.

Evidencias

Competencias que debe poseer un profesional clasificadas por niveles de complejidad identificadas en los siguientes grupos ascendentes.

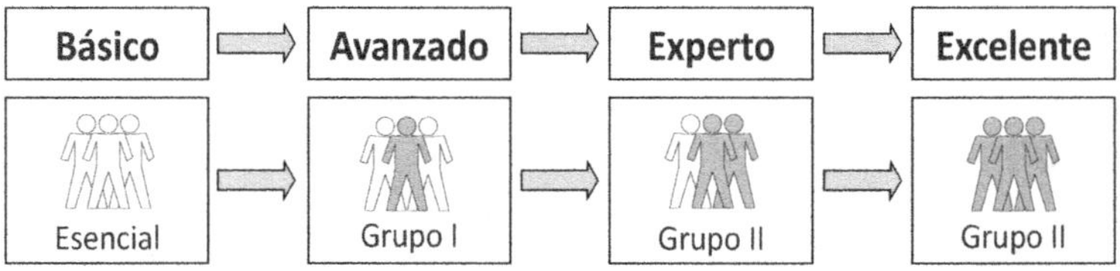

Correspondiéndose en función de los porcentajes de las evidencias cumplidas y consiguiéndose el nivel de acreditación correspondiente se certificarán los distintos niveles.

Competencias

Conjunto de comportamientos causalmente relacionados con el desempeño de la práctica en el desempeño del puesto de trabajo según los objetivos marcados en el mismo, para dar una respuesta eficiente.

Basadas en cinco bloques con diez criterios.

1. El Ciudadano	Orientación al ciudadano: - Satisfacción - Participación - Derechos
2. Atención Sanitaria Integral	- Promoción de la Salud Atención al ciudadano y la familia - Gestión por Procesos Asistenciales - Trabajo en Equipo y Relaciones Interprofesionales - Actitud de Progreso y Desarrollo Profesional
3. El Profesional	- Compromiso con la docencia - Compromiso con la investigación
4. La Eficiencia	- Uso Eficiente de los Recursos
5. Los Resultados	- Orientación de Resultados en el Desempeño Profesional

Autoevaluación

Consiste en la recopilación y aportación de pruebas procedentes de la labor real y diaria poniendo de manifiesto la buena práctica en el desempeño profesional permitiendo constatar el nivel de competencias previo y el conseguido durante el proceso de certificación.

Consta de:

- Pruebas No Presenciales: Autoauditorias, Informes, Certificados.
- Pruebas No Presenciales Sujetas a Convocatorias: Casos Contextualizados.

Es importante reseñar que el profesional es el Gestor de su propio Proceso de Acreditación y que será éste quién comience y finalice el proceso y decida que pruebas desea aportar siempre y cuando estén dentro de los plazos de la convocatoria.

Evaluación

Sera un gabinete de profesionales expertos de cada disciplina o especialidad de la Agencia de Calidad Sanitaria los que evalúen las pruebas aportadas emitiendo un informe de resultados con el Nivel de Desarrollo Competencial que el profesional haya alcanzado.

Certificación y acreditación

Proceso mediante el que se ***observa y reconoce***, de forma sistemática las competencias reales de los profesionales descritas en su correspondiente *Mapa de Competencias.*

El Certificado del Nivel de Desarrollo tiene una vigencia de cinco años.

La Agencia de Calidad Sanitaria de Andalucía ha desarrollado una aplicación informática a través de la que uds. puede realizar todo el proceso de Certificación de sus **competencias**.

Conclusiones

ANEXO III
CONTRATO PROGRAMA

Bases para la evolución

El nuevo **Contrato Programa** de la Junta de Andalucía mediante la Consejería de Salud tiene como base de la nueva Política de Salud la recogida en la cuarta edición del Plan Andaluz de Salud y las estrategias de calidad en la tercera edición del Plan de Calidad del Sistema Sanitario Público de Andalucía con el objetivo de profundizar en las líneas ya emprendidas y de abordar un profundo cambio estructural que conduzca a una organización de renovado perfil.

JUNTA DE ANDALUCIA

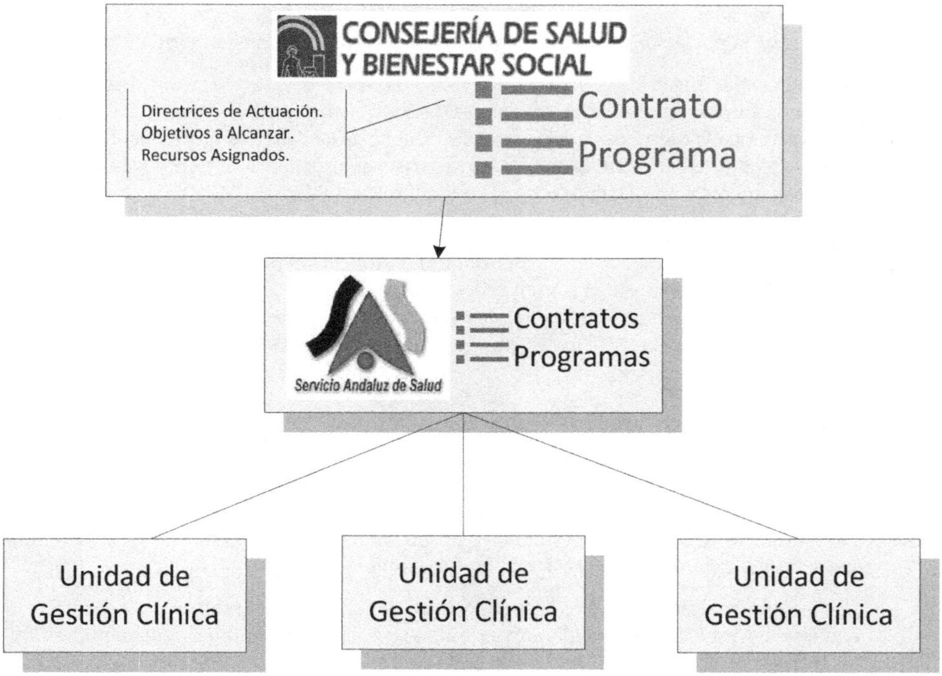

El Contrato Programa: ¿qué es, cúal es su importancia?

Nos ha parecido interesante comenzar este punto reflexionando sobre el siguiente artículo:

Carmen Martínez Aguayo y Santiago Martín Acera

Publicación Artículo: Dirección General del Instituto Nacional de la Salud. Ministerio de Sanidad y Consumo.

Introducción

El Sistema Sanitario español, tras haber alcanzado su plena consolidación, se ve inmerso, junto a la práctica totalidad de Sistemas de nuestro entorno, en un interesante debate sobre su futuro, dentro de los condicionantes derivados del marco general de interdependencia política creciente (derivada del proceso de construcción europea y plasmada en el Tratado de Maastricht), y de salida de una grave crisis económica, que tiene su más claro reflejo en los esfuerzos de todos los países por controlar el déficit público y el desempleo.

A lo anterior debemos añadir que en la ciudadanía se ha percibido en los últimos años (Encuesta Blendon, Barómetro Sanitario del NI." de Sanidad) una sensación generalizada de insatisfacción con las prestaciones que recibe de un Sistema (fundamentalmente en aspectos de relación y comunicación con los profesionales) al que, además, se acusa de ser menos eficiente de lo que podría.

Todo esto, se vivencia como una situación de auténtico agravio comparativo con el esfuerzo que se exige de la población y el que ésta percibe que realiza el sector sanitario público.

La consecuencia es una crisis de legitimidad social del sector al que se acusa de insolidario y rígido en la forma y el contenido de las prestaciones (inadaptación a las solicitudes de personalización de la oferta de servicios y a las exigencias de usuarios que se sienten, cada vez más, fianciadores de las mismas). Las características propias del entorno sanitario no actúan precisamente como facilitadores a la salida de esta crisis.

En medio de un incremento incesante de la demanda, de los costes (tecnología, nuevos fármacos etc.), del envejecimiento poblacional y de la modificación de los perfiles epidemiológicos hacia patrones propios de las sociedades desarrolladas; su comportamiento histórico es excesivamente burocrático, lento y perezoso para responder a las nuevas, y no siempre comprendidas, demandas que se le exigen.

Los nuevos "retos" del Sistema

A todos los Sistemas Sanitarios Públicos (Reino Unido, Suecia, Italia, Canadá, Nueva Zelanda, Alemania, Bélgica, etc.), se les ha lanzado una importante apuesta, desde el punto de vista del futuro del estado de bienestar, del que son característica diferenciadora. Este reto supone responder claramente a las siguientes preguntas:

- ¿Es posible mantener un sistema público que conciba la prestación de los servicios como un derecho de los ciudadanos y que actúe como redistribuidor de atención desde los menos a los más *necesitados ? (en atención a problemas de salud, se entiende).*
- ¿Pueden los mecanismos de gestión colaborar con la consecución *de esta finalidad?*

Algunos economistas de la salud (Costas Lombardía, Martín, Casasnovas, Cabases) y expertos en gestión sanitaria (Von Otter, Saltman, Enthoven) proponen diversas soluciones para responder a estas preguntas.

De forma resumida, estas soluciones deberían ser clasificadas en:

- Las que actúan a nivel de los usuarios del sistema (recorte de prestaciones, inclusión de precio en las prestaciones).
- Las que inciden en los profesionales prestadores, buscando incrementar suficiencia mediante la introducción de mecanismos de competencia (más o menos regulada, y entre profesionales del propio sistema público o entre éstos y los que trabajan en el sector privado)

Quienes tienen capacidad y poder de decisión en las macro-organizaciones gestoras optan, en función de las características de sus entornos específicos, por la implantación de actuaciones mixtas (sobre el usuario y sobre el proveedor}, con una intensidad que viene marcada, como es lógico, por el coste político de las mismas.

En síntesis, el Contrato Programa, es una herramienta con capacidad potencial para mejorar los resultados de gestión, con la participación activa de los profesionales, que con sus decisiones clínicas y organizativas cotidianas tienen capacidad de inducir empleando, para este fin, un proceso de pactos y negociaciones, a cuantos niveles de la organización desee cada responsable de su uso).

Sus resultados iniciales, durante el escaso tiempo que lleva implantado (desde mediados de 1993 hasta la actualidad), permiten extraer algunas conclusiones iniciales optimistas para las cuestiones planteadas inicialmente, además de detectar elementos negativos que deberán ser modificados como corresponde a toda orientación de mejora continua de las herramientas de gestión.

Destacamos por su relevancia para el contexto de esta editorial: la progresiva igualación del gasto capitativo entre las Comunidades Autónomas gestionadas por el Insalud, la contención de las tasas de crecimiento del gasto, el incremento de la actividad y producción hospitalaria, el incremento de la cobertura por equipos de atención primaria, la mejora de la gestión de la prestación farmacéutica (en cantidad y calidad de la prescripción), y, la mejora de los tiempos de dedicación al usuario en consulta.

Algunas reflexiones útiles para la gestión en momentos de crisis

Podemos compartir con alguno de los economistas mas críticos con las soluciones propuestas (COSTAS LOMBARDIA, El País, diciembre de 1994), que las medidas de gestión, por sí solas, no bastaran para dar solución a los problemas de nuestro Sistema Sanitario. A pesar de ello, también somos de la opinión que contribuirán de forma importante a ello, máxime cuando su capacidad potencial no ha sido aún suficientemente explorada.

En este sentido nos hacemos algunas reflexiones, que pueden servir para avanzar en la consecución de la respuesta afirmativa a la primera de las cuestiones planteadas:

1. El Contrato Programa debe venir acompañado, si se quiere alcanzar su máxima utilidad, de un cambio cultural en gestores y clínicos, que haga de la negociación y la corresponsabilidad una forma habitual de relación.

   En consecuencia, debe modificar profundamente el papel de ambos:

   - El del gestor porque le obliga a ponerse al servicio del clínico (función de apoyo que facilite toda la información que requiera éste para la mejora de la gestión que conllevan sus decisiones.

- El del clínico, porque ha de suponer una actitud abierta a compartir los riesgos del futuro de su centro sanitario como empresa de servicios (del Sistema Sanitario, en definitiva).

En síntesis, podría afirmarse que la organización debe ponerse al servicio efectivo de sus profesionales, reconociendo su papel de auténtica imagen de la empresa, a la vez que éstos reconocen que el futuro de la misma, y, por lo tanto, su futuro está en sus manos.

2. La consecuencia de la implantación del Contrato Programa deberá ser la modificación de un determinante interno básico en la organización: la devolución del poder de gestión a los profesionales.

   Esto supone desarrollar un proyecto serio de descentralización de la organización de la gestión que reconozca formas más funcionales e imaginativas, y, desde luego, mucho más adaptadas a la realidad social actual (unidades funcionales según líneas de producción por ejemplo)

3. Convendría aclarar la efectividad real de ciertos cambios que se exigen, desde algunos profesionales (de la gestión y la asistencia), como necesarios y cuasisuficientes para mejorar los resultados de la organización.

   Nos referimos, esencialmente, a las propuestas de modificación de las relaciones laborales (laboralización), o de la política de personal (incentivación, carrera profesional), por poner dos ejemplos significativos.

   Bajo nuestro punto de vista, es posible gestionar más y mejor en el entorno legislativo actual, y, sobre todo, consideramos poco factibles dichas propuestas (a pesar de utilizarse, en las tertulias habituales, como panacea).

   Las de laboralización, por el rechazo que genera, conllevando costes políticos difícilmente asumibles, lo que conduciría a desvirtuar la medida (aplicación "voluntaria", que produciría una sangría de recursos humanos del sistema público y unos costes adicionales de transacción, es decir, de evaluación y control, previsiblemente altos).

   Del resto de propuestas, aunque algunas puedan compartirse, sería conveniente recordar que son consecuencia de un proceso de descentralización, y por lo tanto requieren de este paso previo para su implantación con éxito, salvo que se pretenda burocratizar y anquilosar aún más la organización actual.

Conclusión

En el contexto de planificación política actual es necesario que la gestión, sin ser el único determinante, asuma sus responsabilidades en la consecución de mayores cotas de eficiencia, entendida como concepto social, mucho más amplio, que el meramente económico, es decir, como compromiso por obtener con los recursos que la sociedad asigna más de lo que ésta demanda y necesita.

En este sentido, los esfuerzos realizados y las herramientas que, como el Contrato Programa, se han introducido en los dos últimos años, aún ofreciendo perspectivas muy positivas de las que alegrarnos, requieren de una mejora del proceso de implantación y de sus resultados. Mejora que ha de hacerse, si quiere consolidar su credibilidad, en el menor tiempo posible.

Pero sobre todo requiere de una mayor confianza de los propios gestores en sus posibilidades. No sea que achaquemos la insuficiente consecución de los cambios propuestos a defectos de las herramientas, rehuyendo nuestra responsabilidad de aplicarlas correcta y completamente.

El propósito de nuestro Sistema de Salud

- Contribuir cualitativamente y cuantitativamente al Bienestar de los ciudadanos mejorando la Salud en todas sus facetas.

  La pérdida o recuperación de la SALUD constituyen uno de los marcadores más claros del nivel de bienestar social.
- Proporcionar la mejor atención sanitaria de calidad.

  Sustentada en la calidad **científico-técnica-humana** segura y efectiva prestada de la forma mas adecuada adaptándola a las necesidades de cada persona.
- Asegurar y proteger el Valor de los recursos

  Utilizar **todos los recursos** de la forma mas eficiente,equitativa y efectiva posibles para obtener el mayor beneficio de cada unidad de los mismos. La perspectiva esencial en este aspecto es la de mantener su sostenibilidad.
- Generar, gestionar y motivar el conocimiento.

  Sustentada en el **conocimiento científico** siguiendo criterios de rigor, veracidad, evidencia eficacia y aplicabilidad. Avanzaremos, por tanto, como profesionales evolucionando en el continuum de la formación y la investigación.

Prioridades. Ejes de actuación

- **Construir**. Un Sistema de Salud mas cercano a las personas, con mas y mejores servicios y prestaciones, respetando los derechos individuales y colectivos, mas democrático y participativo.
- **Impulsar**. La Salud Pública para mejorar la salud del conjunto de los ciudadanos.
- **Establecer**. Una alianza con los profesionales del Sistema Sanitario para que sean protagonistas de los servicios de Salud.
- **Potenciar**. La investigación Biomédica.
- **Reforzar**. Las infraestructuras y equipamiento sanitario.

Valores a compartir

- **Universalidad**. Para todos y cada uno de los ciudadanos, la protección de la salud como Derecho Constitucional Básico.
- **Equidad**. Prestaciones de forma igualitaria independientemente del lugar geográfico, edad, género o cualquier otra circunstancia.
- **Sostenibilidad**. Extendiéndose desde la Salud Publica y Comunitaria, Protección del Medio ambiente hasta la protección y el buen uso de cada recurso para un uso eficiente de calidad y el respeto por el relevo de quienes nos suceden.
- **Transparencia**. Proporcionando a todos y cada uno de los elementos del Sistema Sanitario la información para tomar decisiones responsables. Es decir claridad de calidad para conocer y decidir.
- **Innovación**. Basado en el presente y encaminados a mejorar el futuro para mejorar adaptándonos a las necesidades y expectativas cambiantes de una sociedad en continuo desarrollo.

Enfoque preventivo y de promoción

Anticipándonos a los posibles riesgos de salud promocionando seguridad en los alimentos, el medio ambiente, enfermedades infecto-contagiosas, planificación familiar y en general todos aquellos riesgos que pongan en cuestión el estado de Bienestar de los ciudadanos.

- **Compromiso de calidad:**

  Comprometidos con en servicio clínicamente efectivo con criterios de seguridad. Medible, estandarizado, reconocido e incentivado que camina hacia la excelencia.

- **Accesibilidad:**

  Con diferentes vías de acceso informáticas, telefónicas y presenciales eliminando las barreras tanto físicas como idiomáticas, culturales o cualesquiera otras que impidan al ciudadano acceder al Sistema de Salud.

- **Satisfacción:**

  Reconociendo la experiencia del ciudadano como componente central al que van encaminados los esfuerzos de salud, valorando su satisfacción, expectativas y corrigiendo errores para dar legitimidad a una sanidad fiable y de calidad.

- **Personalización:**

  Protegiendo la individualidad de cada persona en todos los aspectos que la definen con respeto, dignidad, humanidad y confidencialidad. Prestando cuidados integrales al ciudadano.

- **Participación:**

  Integrado en la Sociedad a la que pertenece como Sist. Abierto tanto para los profesionales como para los ciudadanos ambos con un papel colaborativo al servicio de los interesen generales de la sociedad que los define.

- **Trabajo en equipo:**

  Trabajo cooperativo de todos los profesionales integrantes e integradores del Sistema de Salud desde gestores, sanitarios, servicios. Trabajando en una misma directriz , con mayor autonomía, compartiendo información y responsabilidad, conocimientos y buen hacer, desde todos y cada uno de sus roles profesionales haciéndonos mas valorados y valorables, eficaces, autónomos y participativos, innovadores y accesibles convirtiéndonos en un Equipo Sólido, Innovador, Fiable y de Calidad,

- **Reconocimiento profesional:**

  Esforzándose en el valor de los méritos y en la incentivación del trabajo bien hecho en función de los resultados. Acreditando las buenas practicas como el continuo desarrollo profesional.

- **Motivación:**

  Enfatizando en las medidas de apoyo a los profesionales para la consecución de los objetivos de calidad marcados dándoles la autonomía de participación necesaria para ello, convencidos del protagonismo activo que representan.

Siendo éste, de la motivación de los profesionales, el principal motor de los programas de mejora de la calidad intrainstitucionales.

- **Corresponsabilidad:**

  Todos somos parte y partido del Sistema Sanitario al pertenecernos a todos. Ciudadanos y profesionales tenemos el deber de compartir responsabilidades en el uso y mantenimiento del mismo para mejorarlo y protegerlo ya que significa una de los pilares básicos del bienestar de una sociedad moderna y evolucionada.

- **Servicio Público:**

  Tomar conciencia del significado de Servicio Público comprometidos con el valor de lo edificado y sostenido con el esfuerzo económico de toda la sociedad andaluza. Servimos como profesionales a los intereses y necesidades de todos los ciudadanos y lo hacemos en colaboración. Ciudadanos y profesionales ciudadanos al servicio de un bien común.

Objetivos como organización

- La persona como centro neurálgico y a su experiencia como ciudadano y paciente.
  - ▹ Satisfacción.
  - ▹ Accesibilidad.
  - ▹ Enfoque comunitario.
    - ° Prevención.
    - ° Promoción.
    - ° Protección.
  - ▹ Resultados de mejora de servicios.
  - ▹ Seguridad del paciente.
  - ▹ Personalización.
  - ▹ Transparencia.
  - ▹ Participación.
  - ▹ Comunicación e imagen.
- Al profesional como protagonista en su práctica desde las evidencias y el conocimientos.
  - ▹ Participación profesional.
  - ▹ Reconocimiento y motivación.
  - ▹ Acreditación y desarrollo profesional.
  - ▹ Gestión por competencias.
  - ▹ Medicamentos y práctica profesional.
  - ▹ Tecnologías y práctica profesional.
  - ▹ Liderazgo.

- ▷ Formación.
- ▷ Investigación.

- Rediseñando la organización como entorno de innovación y valores compartidos.
  - ▷ Gestión clínica.
  - ▷ Redes clínicas, descentralización y áreas integradas de gestión sanitarias.
  - ▷ Sostenibilidad económico financiera.
  - ▷ Sostenibilidad ambiental.
  - ▷ Procesos asistenciales integrados y planes integrales.
  - ▷ Programas de especial seguimiento.
  - ▷ Acreditación de la calidad.
  - ▷ Evaluación.
  - ▷ Sistemas de tecnologías para la salud.
  - ▷ Conectividad.
  - ▷ Infraestructuras y equipamiento.
- Recursos disponibles.
  - ▷ Humanos.
  - ▷ Económicos y financieros.
  - ▷ Relacionados con la organización y gestión.
  - ▷ Relacionados con la infraestrutura y el equipamiento.
- Desarrollo indicadores, seguimiento y evaluación del contrato programa.
  - ▷ Desarrollo de los Contratos Programas suscritos con los distintos centros.
  - ▷ Indicadores.
  - ▷ Seguimiento y evaluación.
  - ▷ Memoria Anual.
  - ▷ Modificación o revisión del Contrato Programa.
  - ▷ Vigencia.

Conclusiones

El **Contrato Programa** es por tanto un instrumento estratégico de alto nivel cuya misión es hacer efectivos los compromisos que en materia de Salud ha establecido el Gobierno de la Junta de Andalucía con la ciudadanía.

Su estructura y composición reflejarán los objetivos prioritarios, plazos, indicadores de seguimiento y evaluación así como los recursos asignados para su cumplimiento.

La firma del **Contrato Programa** representa, no sólo el compromiso del Servicio Andaluz de Salud para alcanzar los objetivos fijados en los tiempos establecidos sino también la implicación de la totalidad de sus profesionales con la mejora de la salud, el bienestar y el desarrollo individual y colectivo de los ciudadanos andaluces.

Representa además una especial implicación con los **valores** de las personas, entre otros, los de universalidad, equidad, solidaridad y transparencia.

Un instrumento para responder a las perspectivas de innovación, modernización y calidad, gestionando racionalmente los recursos disponibles mediante estrategias de sostenibilidad.

Finalmente me gustaría reseñar que en los difíciles tiempos en los que nos movemos, donde la crisis por la que estamos pasando ha causado estragos en las poblaciones llevando a éstas a una desestabilización del estado de bienestar y aumentando entre otros los grupos en riesgo de exclusión, no debemos olvidar la capacidad de adaptación y renovación humanas. Recordemos:

"..Las dificultades preparan a las personas comunes para destinos extraordinarios."

C.S. LEWIS

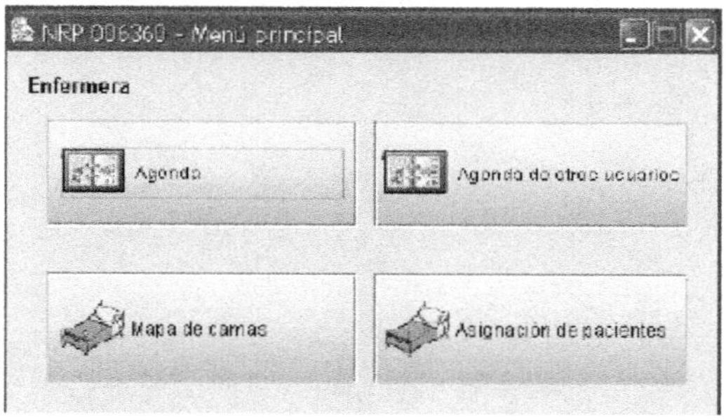

Fisioterapeutas Servicio Andaluz de Salud (SAS)

Temario específico Volumen 1

Tema 13

Ley 44/2003, de 21 de noviembre, de Ordenación de las Profesiones Sanitarias

Ramón Vidal Ramírez
Licenciado en Derecho

Rodio ediciones

Índice esquemático

1. NORMAS GENERALES

1.1. Objeto y ámbito de aplicación

La ley 44/2003 regula los aspectos básicos de las profesiones sanitarias tituladas en lo que se refiere a su ejercicio por cuenta propia o ajena, a la estructura general de la formación de los profesionales, al desarrollo profesional de éstos y a su participación en la planificación y ordenación de las profesiones sanitarias. Asimismo, establece los registros de profesionales que permitan hacer efectivo los derechos de los ciudadanos respecto a las prestaciones sanitarias y la adecuada planificación de los recursos humanos del sistema de salud.

Las disposiciones de la ley 44/2003 son aplicables tanto si la profesión se ejerce en los servicios sanitarios públicos como en el ámbito de la sanidad privada.

1.2. Profesiones sanitarias tituladas

De conformidad con el artículo 36 de la Constitución, y a los efectos de la ley 44/2003, son profesiones sanitarias, tituladas y reguladas, aquellas cuya formación pregraduada o especializada se dirige específica y fundamentalmente a dotar a los interesados de los conocimientos, habilidades y actitudes propias de la atención de salud, y que están organizadas en colegios profesionales oficialmente reconocidos por los poderes públicos, de acuerdo con lo previsto en la normativa específicamente aplicable.

Las profesiones sanitarias se estructuran en los siguientes grupos:

a) De nivel Licenciado: las profesiones para cuyo ejercicio habilitan los títulos de Licenciado en Medicina, en Farmacia, en Odontología y en Veterinaria y los títulos oficiales de especialista en Ciencias de la Salud para Licenciados.

b) De nivel Diplomado: las profesiones para cuyo ejercicio habilitan los títulos de Diplomado en Enfermería, en Fisioterapia, en Terapia Ocupacional, en Podología, en Óptica y Optometría, en Logopedia y en Nutrición Humana y Dietética y los títulos oficiales de especialista en Ciencias de la Salud para tales Diplomados.

Cuando así resulte necesario, por las características de la actividad, para mejorar la eficacia de los servicios sanitarios o para adecuar la estructura preventiva o asistencial al progreso científico y tecnológico, se podrá declarar formalmente el carácter de profesión sanitaria, titulada y regulada, de una determinada actividad no prevista en el párrafo anterior, mediante norma con rango de ley.

Conforme a lo establecido en la Ley 10/1986, de 17 de marzo, sobre odontólogos y otros profesionales relacionados con la salud dental, tienen carácter de profesión sanitaria la de protésico dental y la de higienista dental.

Se establecerán los procedimientos para que el Ministerio de Sanidad y Consumo (en adelante se entenderá Ministerio de Sanidad, Servicios Sociales e Igualdad) expida, cuando ello resulte necesario, una certificación acreditativa que habilite para el ejercicio profesional de los interesados.

1.3. Profesionales del área sanitaria de formación profesional

De conformidad con el artículo 35.1 de la Constitución, son profesionales del área sanitaria de formación profesional quienes ostentan los títulos de formación profesional de la familia profesional sanidad, o los títulos o certificados equivalentes a los mismos.

Los profesionales del área sanitaria de formación profesional se estructuran en los siguientes grupos:

a) **De grado superior**: quienes ostentan los títulos de Técnico Superior en Anatomía Patológica y Citología, en Dietética, en Documentación Sanitaria, en Higiene Bucodental, en Imagen para el Diagnóstico, en Laboratorio de Diagnóstico Clínico, en Ortoprotésica, en Prótesis Dentales, en Radioterapia, en Salud Ambiental y en Audioprótesis.

b) **De grado medio**: quienes ostentan los títulos de Técnico en Cuidados Auxiliares de Enfermería y en Farmacia.

Tendrán, asimismo, la consideración de profesionales del área sanitaria de formación profesional los que estén en posesión de los títulos de formación profesional que, en la familia profesional sanidad, establezca la Administración General del Estado conforme a lo previsto en el artículo 10.1 de la Ley Orgánica 5/2002, de 19 de junio, de las Cualificaciones y de la Formación Profesional.

Los técnicos superiores y técnicos a los que se refieren los párrafos anteriores ejercerán su actividad profesional sanitaria de acuerdo con las normas reguladoras de la formación profesional, de sus distintos niveles formativos y de su concreta titulación, en el marco del respeto a la competencia profesional, responsabilidad y autonomía propias de las profesiones sanitarias.

Las Administraciones sanitarias establecerán, en los casos en que resulte procedente, los modelos para la integración e incorporación de los técnicos superiores y técnicos referidos anteriormente y de sus actividades profesionales sanitarias a los centros y establecimientos dependientes o adscritos a tales Administraciones, y regularán los sistemas de formación continuada y de desarrollo de éstos.

2. DEL EJERCICIO DE LAS PROFESIONES SANITARIAS

2.1. Principios generales

De acuerdo con lo establecido en los artículos 35 y 36 de la Constitución, se reconoce el derecho al libre ejercicio de las profesiones sanitarias, con los requisitos previstos en la ley 44/2003 y en las demás normas legales que resulten aplicables.

El ejercicio de una profesión sanitaria, por cuenta propia o ajena, requerirá la posesión del correspondiente título oficial que habilite expresamente para ello o, en su caso, de la certificación que la sustituya, y se atendrá, en su caso, a lo previsto en la ley 44/2003, en las demás leyes aplicables y en las normas reguladoras de los colegios profesionales.

Los profesionales sanitarios desarrollan, entre otras, funciones en los ámbitos asistencial, investigador, docente, de gestión clínica, de prevención y de información y educación sanitarias.

Corresponde a todas las profesiones sanitarias participar activamente en proyectos que puedan beneficiar la salud y el bienestar de las personas en situaciones de salud y enfermedad, especialmente en el campo de la prevención de enfermedades, de la educación sanitaria, de la investigación y del intercambio de información con otros profesionales y con las autoridades sanitarias, para mejor garantía de dichas finalidades.

Los profesionales tendrán como guía de su actuación el servicio a la sociedad, el interés y salud del ciudadano a quien se le presta el servicio, el cumplimiento riguroso de las obligaciones deontológicas, determinadas por las propias profesiones conforme a la legislación vigente, y de los criterios de normo-praxis o, en su caso, los usos generales propios de su profesión.

Los profesionales sanitarios realizarán a lo largo de su vida profesional una formación continuada, y acreditarán regularmente su competencia profesional.

El ejercicio de las profesiones sanitarias se llevará a cabo con plena autonomía técnica y científica, sin más limitaciones que las establecidas en la ley 44/2003 y por los demás principios y valores contenidos en el ordenamiento jurídico y deontológico, y de acuerdo con los siguientes principios:

a) Existirá formalización escrita de su trabajo reflejada en una historia clínica que deberá ser común para cada centro y única para cada paciente atendido en él. La historia clínica tenderá a ser soportada en medios electrónicos y a ser compartida entre profesionales, centros y niveles asistenciales.
b) Se tenderá a la unificación de los criterios de actuación, que estarán basados en la evidencia científica y en los medios disponibles y soportados en guías y protocolos de práctica clínica y asistencial. Los protocolos deberán ser utilizados de forma orientativa, como guía de decisión para todos los profesionales de un equipo, y serán regularmente actualizados con la participación de aquellos que los deben aplicar.
c) La eficacia organizativa de los servicios, secciones y equipos, o unidades asistenciales equivalentes sea cual sea su denominación, requerirá la existencia escrita de normas de funcionamiento interno y la definición de objetivos y funciones tanto generales como específicas para cada miembro del mismo, así como la cumplimentación por parte de los profesionales de la documentación asistencial, informativa o estadística que determine el centro.
d) La continuidad asistencial de los pacientes, tanto la de aquellos que sean atendidos por distintos profesionales y especialistas dentro del mismo centro como la de quienes lo sean en diferentes niveles, requerirá en cada ámbito asistencial la existencia de procedimientos, protocolos de elaboración conjunta e indicadores para asegurar esta finalidad.

e) La progresiva consideración de la interdisciplinariedad y multidisciplinariedad de los equipos profesionales en la atención sanitaria.

Para el ejercicio de una profesión sanitaria será necesario cumplir las obligaciones y requisitos previstos en el ordenamiento jurídico vigente. En todo caso, para ejercer una profesión sanitaria, serán requisitos imprescindibles:

a) Estar colegiado, cuando una ley estatal establezca esta obligación para el ejercicio de una profesión titulada o algunas actividades propias de ésta.
b) No encontrarse inhabilitado o suspendido para el ejercicio profesional por sentencia judicial firme, durante el periodo de tiempo que fije ésta.
c) No encontrarse suspendido o inhabilitado para el ejercicio profesional por resolución sancionadora impuesta por un colegio profesional sanitario, cuando una ley estatal establezca para este ejercicio la obligación de estar colegiado, durante el periodo de tiempo que fije ésta.
d) No encontrarse suspendido o inhabilitado para el ejercicio profesional, o separado del servicio, por resolución administrativa sancionadora firme, durante el periodo de tiempo que fije ésta, cuando se ejerza la profesión en el ámbito de la asistencia sanitaria pública.
e) Tener suscrito y vigente un seguro de responsabilidad, un aval u otra garantía financiera, sean de protección personal o colectiva, que cubra las indemnizaciones que se puedan derivar de la responsabilidad profesional por un eventual daño a las personas causado con ocasión de la prestación de tal asistencia o servicios cuando se ejerza la profesión en el ámbito de la asistencia sanitaria privada.

Con la finalidad de facilitar la observancia de los requisitos previstos en el apartado anterior, se establecen las siguientes obligaciones de cesión de datos, para las que no será necesario el consentimiento del titular de los datos de carácter personal:

a) Los juzgados y tribunales deberán remitir aquellos datos necesarios referentes a las sentencias firmes de inhabilitación o suspensión para el ejercicio profesional al Ministerio de Sanidad, Servicios Sociales e Igualdad en la forma que reglamentariamente se establezca.
b) Las administraciones públicas con competencias sancionadoras sobre los profesionales sanitarios empleados por ellas deberán remitir las resoluciones sancionadoras que afecten a la situación de suspensión o habilitación de éstos.
c) Las corporaciones colegiales deberán remitir al Ministerio de Sanidad, Servicios Sociales e Igualdad copia de las resoluciones sancionadoras que suspendan o inhabiliten para el ejercicio profesional impuestas por ellos, cuando una ley estatal establezca para este ejercicio la obligación de estar colegiado.
d) El Ministerio de Sanidad, Servicios Sociales e Igualdad comunicará a las entidades mencionadas en los apartados b) y c) anteriores las resoluciones sancionadoras que reciba. Para ello, establecerá mecanismos de cooperación y sistemas de comunicación e intercambio de la información a través del Registro Estatal de Profesionales Sanitarios, creado por la disposición adicional décima de la Ley 16/2003, de 28 de mayo, de cohesión y calidad del Sistema Nacional de Salud.

El órgano encargado del Registro Estatal de Profesionales Sanitarios podrá consultar los datos de carácter personal de los profesionales sanitarios contenidos en los archivos y ficheros del Documento Nacional de Identidad (DNI) y del Número de Identidad del Extranjero (NIE) competencia del Ministerio del Interior, para contrastar la veracidad de la información que consta en el registro. Para esta consulta no será necesario el consentimiento del titular de los datos de carácter personal.

El órgano encargado de los registros integrados en el Sistema de Registros Administrativos de Apoyo a la Administración de Justicia, informará al órgano del Ministerio de Sanidad, Servicios Sociales e Igualdad encargado del Registro Estatal de Profesionales Sanitarios, a solicitud de éste, de los datos necesarios referentes a las sentencias de inhabilitación o suspensión para el ejercicio profesional contenidas en las inscripciones de estos registros integrados, siempre que no se trate de información reservada a Jueces y Tribunales, en la forma que reglamentariamente se establezca. Para la cesión de estos datos no será necesario el consentimiento del titular de los datos de carácter personal.

2.2. Principios generales de la relación entre los profesionales sanitarios y las personas atendidas por ellos

La relación entre los profesionales sanitarios y de las personas atendidas por ellos, se rige por los siguientes principios generales:

a) Los profesionales tienen el deber de prestar una atención sanitaria técnica y profesional adecuada a las necesidades de salud de las personas que atienden, de acuerdo con el estado de desarrollo de los conocimientos científicos de cada momento y con los niveles de calidad y seguridad que se establecen en esta ley y el resto de normas legales y deontológicas aplicables.

b) Los profesionales tienen el deber de hacer un uso racional de los recursos diagnósticos y terapéuticos a su cargo, tomando en consideración, entre otros, los costes de sus decisiones, y evitando la sobreutilización, la infrautilización y la inadecuada utilización de los mismos.

c) Los profesionales tienen el deber de respetar la personalidad, dignidad e intimidad de las personas a su cuidado y deben respetar la participación de los mismos en las tomas de decisiones que les afecten. En todo caso, deben ofrecer una información suficiente y adecuada para que aquéllos puedan ejercer su derecho al consentimiento sobre dichas decisiones.

d) Los pacientes tienen derecho a la libre elección del médico que debe atenderles. Tanto si el ejercicio profesional se desarrolla en el sistema público como en el ámbito privado por cuenta ajena, este derecho se ejercitará de acuerdo con una normativa explícita que debe ser públicamente conocida y accesible. En esta situación el profesional puede ejercer el derecho de renunciar a prestar atenciones sanitarias a dicha persona sólo si ello no conlleva desatención. En el ejercicio en el sistema público o privado, dicha renuncia se ejercerá de acuerdo con procedimientos regulares, establecidos y explícitos, y de ella deberá quedar constancia formal.

e) Los profesionales y los responsables de los centros sanitarios facilitarán a sus pacientes el ejercicio del derecho a conocer el nombre, la titulación y la especialidad de los profesionales sanitarios que les atienden, así como a conocer la categoría y función de éstos, si así estuvieran definidas en su centro o institución.

f) Los pacientes tienen derecho a recibir información de acuerdo con lo establecido en la Ley 41/2002, de 14 de noviembre, básica reguladora de la autonomía del paciente y de los derechos y obligaciones en materia de información y documentación clínica.

Para garantizar de forma efectiva y facilitar el ejercicio de los derechos a que se refiere el apartado anterior, los colegios profesionales, consejos autonómicos y consejos generales, en sus respectivos ámbitos territoriales, establecerán los registros públicos de profesionales que, de acuerdo con los requerimientos de esta ley, serán accesibles a la población y estarán a disposición de las Administraciones sanitarias. Los indicados registros, respetando los principios de confidencialidad de los datos personales contenidos en la normativa de aplicación, deberán permitir conocer el nombre, titulación, especialidad, lugar de ejercicio y los otros datos que en la ley 44/2003 se determinan como públicos.

Asimismo, podrán existir en los centros sanitarios y en las entidades de seguros que operan en el ramo de la enfermedad, otros registros de profesionales de carácter complementario a los anteriores, que sirvan a los fines indicados en el apartado anterior.

Los criterios generales y requisitos mínimos de estos registros serán establecidos por las Administraciones sanitarias dentro de los principios generales que determine el Consejo Interterritorial del Sistema Nacional de Salud, que podrá acordar la integración de los mismos al del Sistema de Información Sanitaria del Sistema Nacional de Salud.

2.3. Licenciados sanitarios

Corresponde, en general, a los Licenciados sanitarios, dentro del ámbito de actuación para el que les faculta su correspondiente título, la prestación personal directa que sea necesaria en las diferentes fases del proceso de atención integral de salud y, en su caso, la dirección y evaluación del desarrollo global de dicho proceso, sin menoscabo de la competencia, responsabilidad y autonomía propias de los distintos profesionales que intervienen en el mismo.

Sin perjuicio de las funciones que, de acuerdo con su titulación y competencia específica corresponda desarrollar a cada profesional sanitario ni de las que puedan desarrollar otros profesionales, son funciones de cada una de las profesiones sanitarias de nivel de Licenciados las siguientes:

a) **Médicos**: corresponde a los Licenciados en Medicina la indicación y realización de las actividades dirigidas a la promoción y mantenimiento de la salud, a la prevención de las enfermedades y al diagnóstico, tratamiento, terapéutica y rehabilitación de los pacientes, así como al enjuiciamiento y pronóstico de los procesos objeto de atención.

b) **Farmacéuticos**: corresponde a los Licenciados en Farmacia las actividades dirigidas a la producción, conservación y dispensación de los medicamentos, así como la colaboración en los procesos analíticos, farmacoterapéuticos y de vigilancia de la salud pública.

c) **Dentistas**: corresponde a los Licenciados en Odontología y a los Médicos Especialistas en Estomatología, sin perjuicio de las funciones de los Médicos Especialistas en Cirugía Oral y Maxilofacial, las funciones relativas a la promoción de la salud buco-dental y a la prevención, diagnóstico y tratamiento señalados en la Ley 10/1986, de 17 de marzo, sobre odontólogos y otros profesionales relacionados con la salud bucodental.

d) **Veterinarios**: corresponde a los Licenciados en Veterinaria el control de la higiene y de la tecnología en la producción y elaboración de alimentos de origen animal, así como la prevención y lucha contra las enfermedades animales, particularmente las zoonosis, y el desarrollo de las técnicas necesarias para evitar los riesgos que en el hombre pueden producir la vida animal y sus enfermedades.

Son, también, profesionales sanitarios de nivel Licenciado quienes se encuentren en posesión de un título oficial de especialista en Ciencias de la Salud establecido, para psicólogos, químicos, biólogos, bioquímicos u otros licenciados universitarios no incluidos en el párrafo anterior.

Estos profesionales desarrollarán las funciones que correspondan a su respectiva titulación.

Cuando una actividad profesional sea declarada formalmente como profesión sanitaria, titulada y regulada, con nivel de Licenciado, en la correspondiente norma se enunciarán las funciones que correspondan a la misma, dentro del marco general previsto en la ley 44/2003.

2.4. Diplomados sanitarios

Corresponde, en general, a los Diplomados sanitarios, dentro del ámbito de actuación para que les faculta su correspondiente título, la prestación personal de los cuidados o los servicios propios de su competencia profesional en las distintas fases del proceso de atención de salud, sin menoscabo de la competencia, responsabilidad y autonomía propias de los distintos profesionales que intervienen en tal proceso.

Sin perjuicio de las funciones que, de acuerdo con su titulación y competencia específica corresponda desarrollar a cada profesional sanitario, ni de las que puedan desarrollar otros profesionales, son funciones de cada una de las profesiones sanitarias de nivel Diplomado las siguientes:

a) **Enfermeros**: corresponde a los Diplomados universitarios en Enfermería la dirección, evaluación y prestación de los cuidados de Enfermería orientados a la promoción, mantenimiento y recuperación de la salud, así como a la prevención de enfermedades y discapacidades.

b) **Fisioterapeutas**: corresponde a los Diplomados universitarios en Fisioterapia la prestación de los cuidados propios de su disciplina, a través de tratamientos con medios y agentes físicos, dirigidos a la recuperación y rehabilitación de personas con disfunciones o discapacidades somáticas, así como a la prevención de las mismas.

c) **Terapeutas ocupacionales**: corresponde a los Diplomados universitarios en Terapia Ocupacional la aplicación de técnicas y la realización de actividades de carácter ocupacional que tiendan a potenciar o suplir funciones físicas o psíquicas disminuidas o perdidas, y a orientar y estimular el desarrollo de tales funciones.

d) **Podólogos**: los Diplomados universitarios en Podología realizan las actividades dirigidas al diagnóstico y tratamiento de las afecciones y deformidades de los pies, mediante las técnicas terapéuticas propias de su disciplina.

e) **Ópticos-optometristas**: los Diplomados universitarios en Óptica y Optometría desarrollan las actividades dirigidas a la detección de los defectos de la refracción ocular, a través de su medida instrumental, a la utilización de técnicas de reeducación, prevención e higiene visual, y a la adaptación, verificación y control de las ayudas ópticas.

f) **Logopedas**: los Diplomados universitarios en Logopedia desarrollan las actividades de prevención, evaluación y recuperación de los trastornos de la audición, la fonación y del lenguaje, mediante técnicas terapéuticas propias de su disciplina.

g) **Dietistas-nutricionistas**: los Diplomados universitarios en Nutrición Humana y Dietética desarrollan actividades orientadas a la alimentación de la persona o de grupos de personas, adecuadas a las necesidades fisiológicas y, en su caso, patológicas de las mismas, y de acuerdo con los principios de prevención y salud pública.

Cuando una actividad profesional sea declarada formalmente como profesión sanitaria, titulada y regulada, con nivel de Diplomado, en la correspondiente norma se enunciarán las funciones que correspondan a la misma.

2.5. Ejercicio profesional en las organizaciones sanitarias

El ejercicio profesional en las organizaciones sanitarias se regirá por las normas reguladoras del vínculo entre los profesionales y tales organizaciones, así como por los preceptos de ésta y de las demás normas legales que resulten de aplicación.

Los profesionales podrán prestar servicios conjuntos en dos o más centros, aun cuando mantengan su vinculación a uno solo de ellos, cuando se mantengan alianzas estratégicas o proyectos de gestión compartida entre distintos establecimientos sanitarios. En este supuesto, los nombramientos o contratos de nueva creación podrán vincularse al proyecto en su conjunto, sin perjuicio de lo que establezca, en su caso, la normativa sobre incompatibilidades.

Los centros sanitarios revisarán, cada tres años como mínimo, que los profesionales sanitarios de su plantilla cumplen los requisitos necesarios para ejercer la profesión conforme a lo previsto en esta ley y en las demás normas aplicables, entre ellos la titulación y demás diplomas, certificados o credenciales profesionales de los mismos, en orden a determinar la continuidad de la habilitación para seguir prestando servicios de atención al paciente. Los centros dispondrán de un expediente personal de cada profesional, en el que se conservará su documentación y al que el interesado tendrá derecho de acceso.

Para hacer posible la elección de médico que prevé el artículo 13 de la Ley 41/2002, de 14 de noviembre, básica reguladora de la autonomía del paciente y de derechos y obligaciones en materia de información y documentación clínica, los centros sanitarios dispondrán de un registro de su personal médico, del cual se pondrá en conocimiento de los usuarios el nombre, titulación, especialidad, categoría y función de los profesionales.

En el supuesto de que, como consecuencia de la naturaleza jurídica de la relación en virtud de la cual se ejerza una profesión, el profesional hubiere de actuar en un asunto, forzosamente, conforme a criterios profesionales diferentes de los suyos, podrá hacerlo constar así por escrito, con la salvaguarda en todo caso del secreto profesional y sin menoscabo de la eficacia de su actuación y de los principios contenidos en la ley 44/2003.

2.6. Relaciones interprofesionales y trabajo en equipo

La atención sanitaria integral supone la cooperación multidisciplinaria, la integración de los procesos y la continuidad asistencial, y evita el fraccionamiento y la simple superposición entre procesos asistenciales atendidos por distintos titulados o especialistas.

El equipo de profesionales es la unidad básica en la que se estructuran de forma uni o multiprofesional e interdisciplinar los profesionales y demás personal de las organizaciones asistenciales para realizar efectiva y eficientemente los servicios que les son requeridos.

Cuando una actuación sanitaria se realice por un equipo de profesionales, se articulará de forma jerarquizada o colegiada, en su caso, atendiendo a los criterios de conocimientos y competencia, y en su caso al de titulación, de los profesionales que integran el equipo, en función de la actividad concreta a desarrollar, de la confianza y conocimiento recíproco de las capacidades de sus miembros, y de los principios de accesibilidad y continuidad asistencial de las personas atendidas.

Dentro de un equipo de profesionales, será posible la delegación de actuaciones, siempre y cuando estén previamente establecidas dentro del equipo las condiciones conforme a las cuales dicha delegación o distribución de actuaciones pueda producirse. Condición necesaria para la delegación o distribución del trabajo es la capacidad para realizarlo por parte de quien recibe la delegación, capacidad que deberá ser objetivable, siempre que fuere posible, con la oportuna acreditación.

Los equipos de profesionales, una vez constituidos y aprobados en el seno de organizaciones o instituciones sanitarias serán reconocidos y apoyados y sus actuaciones facilitadas, por los órganos directivos y gestores de las mismas. Los centros e instituciones serán responsables de la capacidad de los profesionales para realizar una correcta actuación en las tareas y funciones que les sean encomendadas en el proceso de distribución del trabajo en equipo.

2.7. Gestión clínica en las organizaciones sanitarias

Las Administraciones sanitarias, los servicios de salud o los órganos de gobierno de los centros y establecimientos sanitarios, según corresponda, establecerán los medios y sistemas de acceso a las funciones de gestión clínica, a través de procedimientos en los que habrán de tener participación los propios profesionales.

Tales funciones podrán ser desempeñadas en función de criterios que acrediten los conocimientos necesarios y la adecuada capacitación.

A los efectos de la ley 44/2003 tienen la consideración de funciones de gestión clínica las relativas a la jefatura o coordinación de unidades y equipos sanitarios y asistenciales, las de tutorías y organización de formación especializada, continuada y de investigación y las de participación en comités internos o proyectos institucionales de los centros sanitarios dirigidos, entre otros, a asegurar la calidad, seguridad, eficacia, eficiencia y ética asistencial, la continuidad y coordinación entre niveles o el acogimiento, cuidados y bienestar de los pacientes.

El ejercicio de funciones de gestión clínica estará sometido a la evaluación del desempeño y de los resultados. Tal evaluación tendrá carácter periódico y podrá determinar, en su caso, la confirmación o remoción del interesado en dichas funciones, y tendrá efectos en la evaluación del desarrollo profesional alcanzado.

El desempeño de funciones de gestión clínica será objeto del oportuno reconocimiento por parte del centro, del servicio de salud y del conjunto del sistema sanitario, en la forma en que en cada comunidad autónoma se determine.

El Gobierno desarrollará reglamentariamente lo establecido en los apartados anteriores, estableciendo las características y los principios generales de la gestión clínica, y las garantías para los profesionales que opten por no acceder a estas funciones.

2.8. Investigación y docencia

Toda la estructura asistencial del sistema sanitario estará en disposición de ser utilizada para la investigación sanitaria y para la docencia de los profesionales.

Las Administraciones sanitarias, en coordinación con las Administraciones educativas, promoverán las actividades de investigación y docencia en todos los centros Sanitarios, como elemento esencial para el progreso del sistema sanitario y de sus profesionales.

Los titulares de los centros sanitarios y los servicios de salud podrán formalizar convenios y conciertos con el Instituto de Salud Carlos III, con otros centros de investigación, públicos o privados, y con otras instituciones que tengan interés en la investigación sanitaria, para el desarrollo de programas de investigación, para la dotación de plazas vinculadas, o específicas de investigador, en los establecimientos sanitarios, para la designación de tutores de la investigación y para el establecimiento de sistemas específicos de formación de investigadores durante el período inmediatamente posterior a la obtención del título de especialista.

Los servicios de salud, instituciones y centros sanitarios y las universidades podrán formalizar los conciertos previstos en la Ley Orgánica 6/2001, de 21 de diciembre, de Universidades, en la Ley 14/1986, de 25 de abril, General de Sanidad y en la ley 44/2003, para asegurar la docencia práctica de las enseñanzas sanitarias que así lo requieran, de acuerdo con las bases generales que establezca el Gobierno para dicho régimen de conciertos, al amparo de lo establecido en la disposición adicional séptima de dicha ley orgánica.

Los centros sanitarios acreditados para la formación especializada deberán contar con una comisión de docencia y los jefes de estudios, coordinadores docentes y tutores de la formación que resulten adecuados en función de su capacidad docente.

Los centros sanitarios acreditados para desarrollar programas de formación continuada deberán contar con los jefes de estudios, coordinadores docentes y tutores de la formación que resulten adecuados en función de las actividades a desarrollar.

3. DE LA FORMACIÓN DE LOS PROFESIONALES SANITARIOS

3.1. Normas generales

3.1.1. Principios rectores

Son principios rectores de la actuación formativa y docente en el ámbito de las profesiones sanitarias:

a) La colaboración permanente entre los organismos de las Administraciones públicas competentes en materia de educación y de sanidad.

b) La concertación de las universidades y de los centros docentes de formación profesional y las instituciones y centros sanitarios, a fin de garantizar la docencia práctica de las enseñanzas que así lo requieran.

c) La disposición de toda la estructura del sistema sanitario para ser utilizada en la docencia pregraduada, especializada y continuada de los profesionales.

d) La consideración de los centros y servicios sanitarios, también, como centros de investigación científica y de formación de los profesionales, en la medida que reúnan las condiciones adecuadas a tales fines.

e) La revisión permanente de las metodologías docentes y las enseñanzas en el campo sanitario para la mejor adecuación de los conocimientos profesionales a la evolución científica y técnica y a las necesidades sanitarias de la población.

f) La actualización permanente de conocimientos, mediante la formación continuada, de los profesionales sanitarios, como un derecho y un deber de éstos. Para ello, las instituciones y centros sanitarios facilitarán la realización de actividades de formación continuada.

g) El establecimiento, desarrollo y actualización de metodologías para la evaluación de los conocimientos adquiridos por los profesionales y del funcionamiento del propio sistema de formación.

3.2. Formación pregraduada

3.2.1. De la formación universitaria

La Comisión de Recursos Humanos del Sistema Nacional de Salud informará, con carácter preceptivo, los proyectos de reales decretos por los que, conforme a lo previsto en el artículo 34 de la Ley Orgánica 6/2001, de 21 de diciembre, de Universidades, se establezcan los títulos oficiales y las directrices generales de sus correspondientes planes de estudios, cuando tales títulos correspondan a profesiones sanitarias.

Cuando así se estime necesario, para conseguir una mayor adecuación de la formación de los profesionales a las necesidades del sistema sanitario, a los avances científicos y técnicos, o a las disposiciones de la Comunidad Europea, el Ministro de Sanidad y Consumo podrá, previo acuerdo de la Comisión de Recursos Humanos del Sistema Nacional de Salud, instar al Ministerio de Educación, Cultura y Deporte para que inicie el trámite de establecimiento de nuevos títulos o de revisión e incorporación de nuevas áreas de conocimiento en las directrices generales de los planes de estudio que correspondan.

De acuerdo con lo dispuesto en el artículo 44 de la Ley Orgánica de Universidades, la determinación del número de alumnos admitidos a la formación pregraduada, responderá a las necesidades de profesionales sanitarios y a la capacidad existente para su formación.

3.2.2. Conciertos entre las universidades y los servicios de salud, instituciones y centros sanitarios

Las universidades podrán concertar con los servicios de salud, instituciones y centros sanitarios que, en cada caso, resulten necesarios para garantizar la docencia práctica de las enseñanzas de carácter sanitario que así lo requieran. Las instituciones y centros sanitarios concertados podrán añadir a su denominación el adjetivo universitario.

Corresponde al Gobierno, a propuesta conjunta de los Ministerios de Educación, Cultura y Deporte y de Sanidad y Consumo, previo informe del Consejo de Coordinación Universitaria, el establecimiento de las bases generales a las que habrán de adaptarse los indicados conciertos, en las que se preverá la participación del órgano competente de las comunidades autónomas en los conciertos singulares que, conforme a aquéllas, se suscriban entre universidades e instituciones sanitarias.

3.3. Formación especializada en Ciencias de la Salud

3.3.1. Objeto y definiciones

3.3.1.1. Carácter y objeto de la formación especializada

La formación especializada en Ciencias de la Salud es una formación reglada y de carácter oficial.

La formación especializada en Ciencias de la Salud tiene como objeto dotar a los profesionales de los conocimientos, técnicas, habilidades y actitudes propios de la correspondiente especialidad, de forma simultánea a la progresiva asunción por el interesado de la responsabilidad inherente al ejercicio autónomo de la misma.

3.3.1.2. Títulos de Especialistas en Ciencias de la Salud

Corresponde al Gobierno, a propuesta de los Ministerios de Educación, Cultura y Deporte y de Sanidad y Consumo, previo informe de la Comisión de Recursos Humanos del Sistema Nacional de Salud, del Consejo Nacional de Especialidades en Ciencias de la Salud y de la organización u organizaciones colegiales que correspondan, el establecimiento de los títulos de Especialistas en Ciencias de la Salud, así como su supresión o cambio de denominación.

El título de especialista tiene carácter oficial y validez en todo el territorio del Estado.

Sin perjuicio de las facultades que asisten a los profesionales sanitarios, ni de los derechos reconocidos, por norma legal o reglamentaria, a quienes se encuentran habilitados para desempeñar plaza de especialista sin el correspondiente título, la posesión del título de especialista será necesaria para utilizar de modo expreso la denominación de especialista, para ejercer la profesión con tal carácter y para ocupar puestos de trabajo con tal denominación en centros y establecimientos públicos y privados.

3.3.1.3. Expedición del título de especialista

Los títulos de especialista en Ciencias de la Salud serán expedidos por el Ministerio de Educación, Cultura y Deporte.

La obtención del título de especialista requiere:

a) Estar en posesión del título de Licenciado o Diplomado Universitario que, en cada caso, se exija.

b) Acceder al sistema de formación que corresponda, así como completar éste en su integridad de acuerdo con los programas de formación que se establezcan, sin perjuicio de lo establecido en la ley 44/2003 para el supuesto de nueva especialización.
c) Superar las evaluaciones que se determinen y depositar los derechos de expedición del correspondiente título.

3.3.1.4. Reconocimiento profesional de títulos de especialista obtenidos en Estados extranjeros

El Gobierno, a propuesta del Ministerio de Sanidad y Consumo establecerá los supuestos y procedimientos para el reconocimiento en España de títulos de especialista obtenidos en Estados no miembros de la Unión Europea, conforme a lo que, en su caso, establezcan los tratados y convenios internacionales que resulten de aplicación.

El reconocimiento de títulos de especialista obtenidos en Estados miembros de la Unión Europea, o en Estados en los que resulte de aplicación la libre circulación de trabajadores y la libertad de establecimiento y libre prestación de servicios de los profesionales, se atendrá a lo que establezcan las normas comunitarias reguladoras de dicho reconocimiento.

3.3.2. De la estructura y la formación en las especialidades de ciencias de la Salud

3.3.2.1. Estructura general de las especialidades

Podrán establecerse especialidades en Ciencias de la Salud para los profesionales expresamente citados en la ley 44/2003.

También podrán establecerse especialidades en Ciencias de la Salud para otros titulados universitarios cuando su formación de pregrado se adecue al campo profesional de la correspondiente especialidad.

Las especialidades en Ciencias de la Salud se agruparán, cuando ello proceda, atendiendo a criterios de troncalidad. Las especialidades del mismo tronco tendrán un período de formación común de una duración de dos años.

No obstante, el Ministerio de Sanidad, Servicios Sociales e Igualdad, previo informe de las comisiones nacionales de las especialidades implicadas, del Consejo Nacional de Especialidades en Ciencias de la Salud, y de la Comisión de Recursos Humanos del Sistema Nacional de Salud, podrá disminuir o aumentar la duración del periodo troncal hasta un máximo de seis meses, según las competencias a adquirir en el periodo de formación troncal de que se trate. En estos supuestos, las evaluaciones se adecuarán, en los términos que se determine reglamentariamente, a la nueva duración de los periodos de formación troncal.

El Gobierno, al establecer los títulos de especialista en Ciencias de la Salud, determinará el título o títulos necesarios para acceder a cada una de las especialidades, así como el tronco en el que, en su caso, se integran.

3.3.2.2. Sistema de formación de especialistas

La formación de Especialistas en Ciencias de la Salud implicará tanto una formación teórica y práctica como una participación personal y progresiva del especialista en formación en la actividad y en las responsabilidades propias de la especialidad de que se trate.

La formación tendrá lugar por el sistema de residencia en centros acreditados.

En todo caso, los centros o unidades en los que se desarrolle la formación deberán estar acreditados

La formación mediante residencia se atendrá a los siguientes criterios:

a) Los residentes realizarán el programa formativo de la especialidad con dedicación a tiempo completo. La formación mediante residencia será incompatible con cualquier otra actividad profesional. También será incompatible con cualquier actividad formativa, siempre que ésta se desarrolle dentro de la jornada laboral de la relación laboral especial del residente.

b) La duración de la residencia será la fijada en el programa formativo de la especialidad y se señalará conforme a lo que dispongan, en su caso, las normas comunitarias.

c) La actividad profesional de los residentes será planificada por los órganos de dirección conjuntamente con las comisiones de docencia de los centros de forma tal que se incardine totalmente en el funcionamiento ordinario, continuado y de urgencias del centro sanitario.

d) Los residentes deberán desarrollar, de forma programada y tutelada, las actividades previstas en el programa, asumiendo de forma progresiva, según avancen en su formación, las actividades y responsabilidad propia del ejercicio autónomo de la especialidad. Las actividades de los residentes, que deberá figurar en el Libro de Residente, serán objeto de las evaluaciones que reglamentariamente se determinen. En todo caso existirán evaluaciones anuales y una evaluación final al término del período de formación.

e) Durante la residencia se establecerá una relación laboral especial entre el servicio de salud o el centro y el especialista en formación. El Gobierno, atendiendo a las características específicas de la actividad formativa y de la actividad asistencial que se desarrolla en los centros sanitarios y regulará la relación laboral especial de residencia.

Los principios establecidos anteriormente podrán ser adaptados por el Gobierno a las específicas características de la formación especializada en Ciencias de la Salud de las profesiones sanitarias.

3.3.2.3. Programas de formación

Los programas de formación de las especialidades en Ciencias de la Salud deberán especificar los objetivos cualitativos y cuantitativos y las competencias profesionales que ha de cumplir el aspirante al título a lo largo de cada uno de los cursos anuales en que se dividirá el programa formativo.

Los programas de formación serán elaborados por la Comisión Nacional de la Especialidad. Una vez ratificados por el Consejo Nacional de Especialidades en Ciencias de la Salud y previo informe de la Comisión de Recursos Humanos del Sistema Nacional de Salud y del Ministerio de Educación, Cultura y Deporte, serán aprobados por el Ministerio de Sanidad y Consumo.

Los programas de formación serán periódicamente revisados y actualizados por el procedimiento previsto en el párrafo anterior.

Una vez aprobados, los programas de formación se publicarán en el «Boletín Oficial del Estado» para general conocimiento.

Cuando se trate de especialidades de un mismo tronco, el programa del período de formación común se elaborará por una comisión específica compuesta por representantes de las Comisiones Nacionales de las especialidades correspondientes.

En el caso de especialidades pluridisciplinares, los programas de formación podrán prever trayectos de formación específica en función de las titulaciones de procedencia.

3.3.2.4. Acceso a la formación especializada

El acceso a la formación sanitaria especializada se efectuará a través de una convocatoria anual de carácter nacional.

El Ministerio de Sanidad, Política Social e Igualdad, previo informe del Ministerio de Educación y de la Comisión de Recursos Humanos del Sistema Nacional de Salud, establecerá las normas que regularán la convocatoria anual que consistirá en una prueba o conjunto de pruebas, que evaluará conocimientos teóricos, prácticos y, en su caso, habilidades clínicas, comunicativas y méritos académicos y profesionales de los aspirantes.

Las pruebas serán específicas para las distintas titulaciones o, en su caso, grupos de éstas, según los diversos graduados universitarios que pueden acceder a las plazas en formación de las especialidades en ciencias de la salud objeto de selección mediante dichas pruebas. Asimismo, podrán establecerse pruebas específicas por especialidades troncales.

El Gobierno, a propuesta del Ministerio de Sanidad, Política Social e Igualdad y previo informe de la Comisión de Recursos Humanos del Sistema Nacional de Salud, adoptará las medidas de acción positiva necesarias para que, en las convocatorias anuales de pruebas selectivas, para el acceso a las plazas de formación sanitaria especializada, al menos, un siete por ciento de la totalidad de las plazas ofertadas en cada una de ellas sean cubiertas entre personas con discapacidad, considerando como tales las definidas en el apartado 2 del artículo 1 de la Ley 51/2003, de 2 de diciembre, de igualdad de oportunidades, no discriminación y accesibilidad de las personas con discapacidad, siempre que superen el proceso selectivo, acrediten la discapacidad y la compatibilidad con el desempeño de las funciones correspondientes a la especialidad a la que se opta.

Las Administraciones públicas competentes adoptarán las medidas necesarias, para que, tanto en las pruebas de acceso como en los puestos en los que se formen los adjudicatarios de plaza en formación, se lleven a cabo las adaptaciones y ajustes razonables a las necesidades de las personas con discapacidad.

Reglamentariamente se determinará el sistema de adjudicación de todas las plazas ofertadas en la convocatoria anual, que se efectuará de acuerdo al orden decreciente de la puntuación obtenida por cada aspirante, con las peculiaridades que se establezcan respecto a las plazas de centros de titularidad privada.

La oferta de plazas de la convocatoria anual se fijará, previos informes del Consejo Nacional de Especialidades en Ciencias de la Salud y del Ministerio de Educación, Cultura y Deporte, por la Comisión de Recursos Humanos del Sistema Nacional de Salud, atendiendo a las propuestas realizadas por las comunidades autónomas, a las necesidades de especialistas del sistema sanitario y a las disponibilidades presupuestarias.

En el ejercicio de las competencias atribuidas al Estado en materia de coordinación general de la sanidad, el Ministerio de Sanidad, Servicios Sociales e Igualdad revisará la oferta anual pudiendo introducir, en su caso, medidas correctoras, con la finalidad de que se ajuste a las necesidades de especialistas del sistema sanitario. Las modificaciones que resulten se harán constar en un informe motivado, que se comunicará a la Comisión de Recursos Humanos del Sistema Nacional de Salud, con carácter previo a la aprobación definitiva de la oferta anual por la persona titular de dicho departamento, mediante la orden que apruebe la correspondiente convocatoria.

El Ministerio de Sanidad, Servicios Sociales e Igualdad, determinará las necesidades de especialistas del sistema sanitario en base a indicadores objetivos y criterios de planificación que garanticen la equidad y eficiencia del sistema de formación sanitaria especializada.

3.3.2.5. Formación para una nueva especialización

Los Especialistas en Ciencias de la Salud con, al menos, cinco años de ejercicio profesional como tales, podrán obtener un nuevo título de especialista, en especialidad del mismo tronco que la que posean, por el procedimiento que se determine reglamentariamente, que en todo caso contendrá una prueba para la evaluación de la competencia del aspirante en el campo de la nueva especialidad.

El período de formación en la nueva especialidad y el programa a desarrollar durante el mismo se definirá mediante la adaptación del programa formativo general al currículum formativo y profesional del interesado.

No se podrá acceder al tercer y sucesivos títulos de especialista por este procedimiento hasta transcurridos, al menos, ocho años desde la obtención del anterior.

3.3.2.6. Áreas de Capacitación Específica

El Gobierno, de acuerdo con el procedimiento señalado anteriormente, podrá establecer Áreas de Capacitación Específica dentro de una o varias Especialidades en Ciencias de la Salud.

El Diploma de Área de Capacitación Específica tiene carácter oficial y validez en todo el territorio del Estado. Se expedirá por el Ministerio de Sanidad y Consumo y su posesión será necesaria para utilizar de modo expreso la denominación de especialista con capacitación específica en el área. Podrá ser valorado como mérito para acceder a puestos de trabajo de alta especialización en centros o establecimientos públicos y privados.

3.3.2.7. Formación en Áreas de Capacitación Específica

La formación especializada en áreas de capacitación especifica tendrá, en todo caso, carácter programado y se llevará a cabo por el sistema de residencia con las especificidades y adaptaciones que reglamentariamente se determinen en el régimen jurídico que regula dicho sistema formativo.

Reglamentariamente se establecerán los supuestos y requisitos para que los Especialistas en Ciencias de la Salud puedan acceder, mediante convocatoria del Ministerio de Sanidad, Servicios Sociales e Igualdad, a los diplomas de Área de Capacitación Específica, siempre que dichas áreas se hubieran constituido en la especialidad correspondiente y se acrediten, al menos, dos años de ejercicio profesional en la especialidad.

El Ministerio de Sanidad, Servicios Sociales e Igualdad, previo informe del Consejo Nacional de Especialidades en Ciencias de la Salud y de la Comisión de Recursos Humanos del Sistema Nacional de Salud, podrá eliminar, disminuir o aumentar los años de ejercicio profesional a los que se refiere el párrafo anterior.

3.3.3. Estructura de apoyo a la formación

3.3.3.1. Acreditación de centros y unidades docentes

El Ministerio de Sanidad, Servicios Sociales e Igualdad y el Ministerio de Educación, Cultura y Deporte, a propuesta de la Comisión de Recursos Humanos del Sistema Nacional de Salud, mediante orden que se publicará en el "Boletín Oficial del Estado", establecerán los requisitos de acreditación que, con carácter general, deberán cumplir los centros o unidades para la formación de Especialistas en Ciencias de la Salud.

Corresponde al Ministerio de Sanidad, Servicios Sociales e Igualdad coordinar las auditorías de los centros y unidades acreditados para evaluar, en el marco del Plan de Calidad para el Sistema Nacional de Salud y del Plan Anual de Auditorías Docentes, el funcionamiento y la calidad del sistema de formación.

Corresponde al órgano directivo competente en materia de formación sanitaria especializada del Ministerio de Sanidad, Servicios Sociales e Igualdad, a instancia de la entidad titular del centro, previos informes de la comisión de docencia de éste y de la consejería competente en materia sanitaria de la comunidad autónoma, resolver las solicitudes de acreditación de centros y unidades docentes. La acreditación especificará, en todo caso, el número de plazas docentes acreditadas.

La revocación, total o parcial, de la acreditación concedida se realizará, en su caso, por el mismo procedimiento, oído el centro afectado y su comisión de docencia.

3.3.3.2. Comisiones de docencia

En cada centro sanitario o, en su caso, unidades docentes, acreditado para la formación de especialistas existirá una comisión de docencia cuya misión será la de organizar la formación, supervisar su aplicación práctica y controlar el cumplimiento de los objetivos que se especifican en los programas.

La comisión de docencia tendrá también las funciones de facilitar la integración de las actividades formativas y de los residentes con la actividad asistencial y ordinaria del centro, y la de planificar su actividad profesional en el centro conjuntamente con los órganos de dirección de éste.

Las comunidades autónomas, dentro de los criterios generales que fije la Comisión de Recursos Humanos del Sistema Nacional de Salud, determinarán la dependencia funcional, la composición y las funciones de las comisiones de docencia. En todo caso, en las comisiones de docencia existirá representación de los tutores de la formación y de los residentes.

3.3.3.3. Comisiones Nacionales de Especialidad

Por cada una de las Especialidades en Ciencias de la Salud, y como órgano asesor de los Ministerios de Educación, Cultura y Deporte y de Sanidad y Consumo en el campo de la correspondiente especialidad, se constituirá una Comisión Nacional designada por el Ministerio de Sanidad y Consumo con la siguiente composición:

a) Dos vocales propuestos por el Ministerio de Educación, Cultura y Deporte, uno, al menos, de los cuales deberá ostentar la condición de tutor de la formación en la correspondiente especialidad.
b) Cuatro vocales de entre los especialistas de reconocido prestigio que proponga la Comisión de Recursos Humanos del Sistema Nacional de Salud.
c) Dos vocales en representación de las entidades y sociedades científicas de ámbito estatal legalmente constituidas en el ámbito de la especialidad.

d) Dos vocales en representación de los especialistas en formación, elegidos por éstos en la forma que se determine reglamentariamente.

e) Un vocal en representación de la organización colegial correspondiente. Si la especialidad puede ser cursada por distintos titulados, la designación del representante se efectuará de común acuerdo por las corporaciones correspondientes.

En el caso de especialidades pluridisciplinares, el Gobierno podrá ampliar el número de los vocales previstos en el párrafo b) del apartado anterior, con el fin de asegurar la adecuada representación de los distintos titulados que tengan acceso a la correspondiente especialidad.

Todos los miembros de la comisión, salvo los previstos en el párrafo d), deberán encontrarse en posesión del correspondiente título de especialista.

Los miembros de la comisión previstos en los párrafos a), b), c) y e) del apartado anterior serán designados para un período de cuatro años, y sólo podrán ser designados nuevamente para otro período de igual duración.

No obstante, cesarán en sus funciones cuando así lo acuerde el departamento o comisión que los propuso o la sociedad o corporación a la que representan.

El mandato de los miembros de la comisión previstos en el párrafo d) será de dos años.

El Ministerio de Sanidad y Consumo, por resolución motivada y oída previamente la correspondiente comisión, podrá acordar el cese de todos los miembros de la misma o de parte de ellos, cuando la comisión no cumpla adecuadamente sus funciones.

Cada comisión elegirá, de entre sus miembros, al Presidente y al Vicepresidente.

Reglamentariamente se determinarán las funciones de las Comisiones Nacionales de Especialidad, que en todo caso desarrollarán, dentro de los criterios comunes que, en su caso, determine el Consejo Nacional de Especialidades en Ciencias de la Salud, las siguientes:

a) La elaboración del programa formativo de la especialidad.

b) El establecimiento de los criterios de evaluación de los especialistas en formación.

c) El establecimiento de los criterios para la evaluación en el supuesto de nueva especialización.

d) La propuesta de creación de áreas de capacitación específica.

e) El establecimiento de criterios para la evaluación de unidades docentes y formativas.

f) El informe sobre programas y criterios relativos a la formación continuada de los profesionales, especialmente los que se refieran a la acreditación y la acreditación avanzada de profesionales en áreas funcionales específicas dentro del campo de la especialidad.

g) La participación en el diseño de los planes integrales dentro del ámbito de la correspondiente especialidad.

h) Las que se señalan expresamente en la ley 44/2003 o se determinen en las disposiciones reglamentarias dictadas en su desarrollo.

3.3.3.4. Comités de Áreas de Capacitación Específica

Cuando exista un Área de Capacitación Específica se constituirá un Comité de Área como órgano asesor del Ministerio de Sanidad, Servicios Sociales e Igualdad, que estará integrado por seis profesionales con título de especialista con capacitación específica en el área de que se trate, propuestos por la Comisión o Comisiones Nacionales de la especialidad o especialidades implicadas, que previo informe de la Comisión de Recursos Humanos del Sistema Nacional de Salud serán nombrados por la persona titular del Ministerio antes citado.

El Comité de Área de Capacitación Específica desarrollará las funciones que reglamentariamente se determinen y, en todo caso, las de propuesta de los contenidos del programa de formación.

En todo caso, la creación y el funcionamiento del Comité de Área de Capacitación Específica será atendido con los medios personales, técnicos y presupuestarios asignados al órgano al que se encuentre adscrito.

3.3.3.5. Consejo Nacional de Especialidades en Ciencias de la Salud

El Consejo Nacional de Especialidades en Ciencias de la Salud tendrá la siguiente composición:

a) Los Presidentes de las Comisiones Nacionales de cada Especialidad en Ciencias de la Salud.
b) Dos especialistas por cada uno de los títulos universitarios que tengan acceso directo a alguna especialidad en Ciencias de la Salud, elegidos, para un período de dos años, uno por los miembros de las Comisiones Nacionales que ostenten el título de que se trate, y otro por la organización colegial de entre dichos miembros.
c) Dos representantes del Ministerio de Educación, Cultura y Deporte.
d) Dos representantes del Ministerio de Sanidad y Consumo.
e) Dos representantes de las comunidades autónomas designados por la Comisión de Recursos Humanos del Sistema Nacional de Salud.

El Consejo Nacional de Especialidades en Ciencias de la Salud elegirá, de entre sus miembros, al Presidente y al Vicepresidente.

El Consejo funcionará en Pleno o en las comisiones y grupos de trabajo que el propio Consejo decida constituir. En todo caso, se constituirán las siguientes:

a) La Comisión Permanente, que tendrá las funciones que el Pleno del Consejo le delegue.
b) Una Comisión Delegada del Consejo por cada una de las titulaciones o agrupaciones de especialidades que se determinen.

El Consejo aprobará su propio reglamento de régimen interior, que se adaptará a lo dispuesto respecto a los órganos colegiados en la Ley 30/1992, de Régimen Jurídico de las Administraciones Públicas y del Procedimiento Administrativo Común. No obstante, el voto de cada uno de los miembros del Consejo se ponderará en función de la composición concreta del mismo, atendiendo a criterios de proporcionalidad respecto al número de especialistas representados.

Corresponde al Consejo la coordinación de la actuación de las Comisiones Nacionales de Especialidades, la promoción de la investigación y de las innovaciones técnicas y metodológicas en la especialización sanitaria, y la superior asistencia y asesoramiento técnico y científico al Ministerio de Sanidad y Consumo en materia de formación sanitaria especializada.

El Consejo elegirá, de entre sus miembros, cuatro vocales de la Comisión Consultiva Profesional.

3.3.3.6. Apoyo técnico y secretaría de las comisiones

Corresponde a los centros sanitarios acreditados para la formación de especialistas, respecto de las comisiones de docencia constituidas en los mismos, y al Ministerio de Sanidad y Consumo, respecto de las Comisiones Nacionales y del Consejo Nacional de Especialidades en Ciencias de la Salud, facilitar el apoyo técnico y administrativo que resulte necesario para su funcionamiento.

Las funciones de secretario, con voz pero sin voto, de los órganos colegiados a que se refiere el apartado anterior y de las comisiones y grupos de trabajo que, en su caso, se constituyan, serán desempeñadas por quien designe la Dirección del centro o el Ministerio de Sanidad y Consumo, según corresponda.

3.3.3.7. Registros

En el Registro Nacional de Especialistas en Formación serán inscritos éstos cuando comiencen su formación especializada y en él se anotarán los resultados de sus evaluaciones anuales y final.

En el Registro Nacional de Especialistas en Ciencias de la Salud se inscribirán todos los profesionales que obtengan un título de especialista, así como a quienes vean homologado o reconocido un título obtenido en el extranjero.

En el Registro Nacional de Especialistas con Diploma de Capacitación Específica se inscribirán todos los especialistas que lo obtengan o que vean reconocido a los mismos efectos profesionales un título o diploma obtenido en el extranjero.

Los indicados registros tendrán carácter público en lo relativo a la identidad de los interesados, al título o diploma que ostentan y a las fechas de su obtención, reconocimiento u homologación.

En el registro de centros acreditados para la formación de especialistas serán inscritos todos los centros acreditados para impartir dicha formación. Este registro tendrá carácter público.

Los registros se gestionarán por el Ministerio de Sanidad y Consumo, salvo el Registro Nacional de Especialistas en Ciencias de la Salud, que se gestionará por el Ministerio de Educación, Cultura y Deporte, y se integrarán en el Sistema de Información Sanitaria del Sistema Nacional de Salud, que hará públicos los datos agregados e integrados de los mismos, así como los que resulten de su tratamiento estadístico, de acuerdo con los principios generales que se establezcan por el Consejo Interterritorial del Sistema Nacional de Salud.

3.4. Formación continuada

3.4.1. Principios generales

La formación continuada es el proceso de enseñanza y aprendizaje activo y permanente al que tienen derecho y obligación los profesionales sanitarios, que se inicia al finalizar los estudios de pregrado o de especialización y que está destinado a actualizar y mejorar los conocimientos, habilidades y actitudes de los profesionales sanitarios ante la evolución científica y tecnológica y las demandas y necesidades, tanto sociales como del propio sistema sanitario.

Son objetivos de la formación continuada:

a) Garantizar la actualización de los conocimientos de los profesionales y la permanente mejora de su cualificación, así como incentivarles en su trabajo diario e incrementar su motivación profesional.
b) Potenciar la capacidad de los profesionales para efectuar una valoración equilibrada del uso de los recursos sanitarios en relación con el beneficio individual, social y colectivo que de tal uso pueda derivarse.
c) Generalizar el conocimiento, por parte de los profesionales, de los aspectos científicos, técnicos, éticos, legales, sociales y económicos del sistema sanitario.
d) Mejorar en los propios profesionales la percepción de su papel social, como agentes individuales en un sistema general de atención de salud y de las exigencias éticas que ello comporta.
e) Posibilitar el establecimiento de instrumentos de comunicación entre los profesionales sanitarios.

3.4.2. Comisión de Formación Continuada

Con el fin de armonizar el ejercicio de las funciones que las Administraciones sanitarias públicas y demás instituciones y organismos ostentan en materia de formación continuada, así como de coordinar las actuaciones que se desarrollen en dicho campo, se constituye la Comisión de Formación Continuada de las Profesiones Sanitarias.

Formarán parte de la Comisión de Formación Continuada de las Profesiones Sanitarias las Administraciones públicas presentes en el Consejo Interterritorial del Sistema Nacional de Salud.

Sin perjuicio de lo establecido en el párrafo anterior, la Comisión incorporará también representación de los colegios profesionales, de las universidades, del Consejo Nacional de Especialidades en Ciencias de la Salud y de las sociedades científicas, en la forma en que reglamentariamente se determine.

La Comisión de Formación Continuada de las Profesiones Sanitarias elegirá a su Presidente y aprobará su reglamento de régimen interior. Su régimen de funcionamiento se adaptará a lo establecido para los órganos colegiados en el capítulo II del título II de la Ley 30/1992, de 26 de noviembre, de Régimen Jurídico de las Administraciones Públicas y del Procedimiento Administrativo Común, sin perjuicio de las competencias de las comunidades autónomas.

El Ministerio de Sanidad y Consumo prestará el apoyo técnico y administrativo necesario para el funcionamiento de la Comisión, y nombrará a su Secretario, que tendrá voz pero no voto en las reuniones de ésta.

La Comisión de Formación Continuada desarrollará las siguientes funciones:

a) Las de detección, análisis, estudio y valoración de las necesidades de los profesionales y del sistema sanitario en materia de formación continuada, de acuerdo con las propuestas de los órganos competentes de las comunidades autónomas, de las sociedades científicas y, en su caso, de las organizaciones profesionales representadas en la Comisión Consultiva Profesional.
b) Las de propuesta para la adopción de programas o para el desarrollo de actividades y actuaciones de formación continuada de carácter prioritario y común para el conjunto del sistema sanitario.
c) Las de propuesta de adopción de las medidas que se estimen precisas para planificar, armonizar y coordinar la actuación de los diversos agentes que actúan en el ámbito de la formación continuada de los profesionales sanitarios.
d) Las de estudio, informe y propuesta para el establecimiento de procedimientos, criterios y requisitos para la acreditación de centros y actividades de formación continuada.
e) Las de estudio, informe y propuesta para el establecimiento de procedimientos, criterios y requisitos para la acreditación y la acreditación avanzada de profesionales en un área funcional específica de una profesión o especialidad, como consecuencia del desarrollo de actividades de formación continuada acreditada.

3.4.3. Acreditación de centros, actividades y profesionales

El Ministerio de Sanidad y Consumo y los órganos competentes de las comunidades autónomas, en el ámbito de sus respectivas competencias, podrán acreditar actividades y programas de actuación en materia de formación continuada de los profesionales sanitarios, así como, con carácter global, centros en los que las mismas se impartan.

La acreditación, que deberá realizarse necesariamente de acuerdo con los requisitos, procedimiento y criterios establecidos, tendrá efectos en todo el territorio nacional, sea cual sea la Administración pública que expidió la acreditación.

En cualquier momento las Administraciones públicas podrán auditar y evaluar los centros y las actividades de formación continuada que hubieran acreditado.

Sólo podrán ser subvencionados con cargo a fondos públicos los centros y las actividades de formación continuada que estén acreditados.

A partir de la entrada en vigor de la Ley 44/2003 sólo podrán ser tomadas en consideración en la carrera de los profesionales sanitarios las actividades de formación continuada que hubieran sido acreditadas. Las actividades de formación continuada de los profesionales sanitarios previas a la entrada en vigor de la ley y que no hubieran sido acreditadas serán objeto de consideración por los comités encargados de valorar los méritos a dichos efectos.

El Ministerio de Sanidad y Consumo y los órganos competentes de las comunidades autónomas podrán delegar las funciones de gestión y acreditación de la formación continuada, incluyendo la expedición de certificaciones individuales, en otras corporaciones o instituciones de derecho público, de conformidad con lo que dispone la Ley 44/2003 y las normas en cada caso aplicables.

Los organismos de acreditación de la formación continuada habrán de ser, en todo caso, independientes de los organismos encargados de la provisión de las actividades de formación acreditadas por aquéllos.

Las credenciales de los profesionales y sus revisiones no sustituirán los procedimientos de formación, conocimientos y habilidades, que serán necesarios para determinar los mecanismos de promoción y contratación.

3.4.4. Diplomas de Acreditación y Diplomas de Acreditación Avanzada

Las Administraciones sanitarias públicas podrán expedir Diplomas de Acreditación y Diplomas de Acreditación Avanzada, para certificar el nivel de formación alcanzado por un profesional en un área funcional específica de una determinada profesión o especialidad, en función de las actividades de formación continuada acreditada desarrolladas por el interesado en el área funcional correspondiente.

Los Diplomas de Acreditación y los Diplomas de Acreditación Avanzada, que deberán expedirse necesariamente de acuerdo con los requisitos, procedimiento y criterios establecidos, tendrán efectos en todo el territorio nacional, sea cual sea la Administración pública que expidió el diploma.

Las Administraciones sanitarias públicas establecerán los registros necesarios para la inscripción de los Diplomas de Acreditación y de Acreditación Avanzada que expidan. Tales registros tendrán carácter público en lo relativo a la identidad del interesado, al diploma o diplomas que ostente y a la fecha de obtención de éstos.

Los Diplomas de Acreditación y los Diplomas de Acreditación Avanzada serán valorados como mérito en los sistemas de provisión de plazas cuando así se prevea en la normativa correspondiente.

4. DEL DESARROLLO PROFESIONAL Y SU RECONOCIMIENTO

4.1. Normas generales

Se constituye el sistema de reconocimiento del desarrollo profesional de los profesionales sanitarios consistente en el reconocimiento público, expreso y de forma individualizada, del desarrollo alcanzado por un profesional sanitario en cuanto a conocimientos, experiencia en las tareas asistenciales, docentes y de investigación, así como en cuanto al cumplimiento de los objetivos asistenciales e investigadores de la organización en la que prestan sus servicios.

Sin perjuicio de las facultades y funciones para las que habilite el correspondiente título oficial, el reconocimiento del desarrollo profesional será público y con atribución expresa del grado alcanzado por cada profesional en el ejercicio del conjunto de funciones que le son propias.

Podrán acceder voluntariamente al sistema de desarrollo profesional los profesionales que estén establecidos o presten sus servicios dentro del territorio del Estado.

4.2. Desarrollo profesional

Las Administraciones sanitarias regularán, para sus propios centros y establecimientos, el reconocimiento del desarrollo profesional, dentro de los siguientes principios generales:

a) El reconocimiento se articulará en cuatro grados. Las Administraciones sanitarias, no obstante, podrán establecer un grado inicial, previo a los anteriormente indicados. La creación de este grado inicial deberá comportar su homologación de acuerdo con lo previsto en la Ley 44/2003.

b) La obtención del primer grado, y el acceso a los superiores, requerirá la evaluación favorable de los méritos del interesado, en relación a sus conocimientos, competencias, formación continuada acreditada, actividad docente e investigación. La evaluación habrá de tener en cuenta también los resultados de la actividad asistencial del interesado, la calidad de la misma y el cumplimiento de los indicadores que para su valoración se hayan establecido, así como su implicación en la gestión clínica.

c) Para obtener el primer grado, será necesario acreditar cinco años de ejercicio profesional. La evaluación para acceder a los grados superiores podrá solicitarse transcurridos, como mínimo, cinco años desde la precedente evaluación positiva. En caso de evaluación negativa, el profesional podrá solicitar una nueva evaluación transcurridos dos años desde ésta.

d) La evaluación se llevará a cabo por un comité específico creado en cada centro o institución. El comité estará integrado, en su mayoría, por profesionales de la misma profesión sanitaria del evaluado, y habrá de garantizarse la participación en el mismo de representantes del servicio o unidad de pertenencia del profesional evaluado, así como de evaluadores externos designados por agencias de calidad o sociedades científicas de su ámbito de competencia.

e) Los profesionales tendrán derecho a hacer constar públicamente el grado de desarrollo profesional que tengan reconocido.
f) Dentro de cada servicio de salud, estos criterios generales del sistema de desarrollo profesional, y su repercusión en la carrera, se acomodarán y adaptarán a las condiciones y características organizativas, sanitarias y asistenciales del servicio de salud o de cada uno de sus centros, sin detrimento de los derechos ya establecidos.

Los centros sanitarios privados en los que existan profesionales sanitarios que presten servicios por cuenta ajena establecerán, en la medida en que lo permita la capacidad de cada centro, procedimientos para el reconocimiento del desarrollo profesional y la carrera de los mismos, que se adecuarán a los criterios fijados en la Ley 44/2003.

Los procedimientos a que se refiere el párrafo anterior serán supervisados, en su implantación y desarrollo, por la Administración sanitaria correspondiente.

En cada centro se deberá conservar la documentación de evaluación de los profesionales de cada servicio o unidad de éste.

Los profesionales sanitarios que desarrollen su actividad exclusivamente a través del ejercicio profesional por cuenta propia podrán acceder voluntariamente a los procedimientos de reconocimiento del desarrollo profesional, en la forma en que se determine por la correspondiente Administración sanitaria. En todo caso, dichos profesionales deberán superar las mismas evaluaciones que se establezcan para quienes presenten servicios por cuenta ajena en centros sanitarios.

4.3. Homologación del reconocimiento del desarrollo profesional

El Consejo Interterritorial del Sistema Nacional de Salud, a propuesta de la Comisión de Recursos Humanos y oída la Comisión Consultiva Profesional, establecerá los principios y criterios generales para la homologación del reconocimiento del desarrollo profesional en todo el Sistema Nacional de Salud, especialmente en lo relativo a las denominaciones de los distintos grados, a los sistemas de valoración de los méritos, a la composición de los comités de evaluación y al reconocimiento mutuo de los grados alcanzados por los profesionales de los distintos servicios de salud.

5. DEL EJERCICIO PRIVADO DE LAS PROFESIONES SANITARIAS

5.1. Modalidades y principios generales del ejercicio privado

En el ámbito de la sanidad privada, los profesionales sanitarios podrán ejercer su actividad por cuenta propia o ajena.

La prestación de servicios por cuenta propia o ajena podrá efectuarse mediante cualquiera de las formas contractuales previstas en el ordenamiento jurídico.

Los servicios sanitarios de titularidad privada estarán dotados de elementos de control que garanticen los niveles de calidad profesional y de evaluación establecidos en esta ley de acuerdo con los siguientes principios:

a) Derecho a ejercer la actividad profesional adecuada a la titulación y categoría de cada profesional.
b) Respeto a la autonomía técnica y científica de los profesionales sanitarios.
c) Marco de contratación estable, motivación para una mayor eficiencia y estímulos para el rendimiento profesional.
d) Participación en la gestión y organización del centro o unidad a la que pertenezca.
e) Derecho y deber de formación continuada.
f) Evaluación de la competencia profesional y de la calidad del servicio prestado.
g) Garantizar la responsabilidad civil profesional bien a través de entidad aseguradora, bien a través de otras entidades financieras autorizadas a conceder avales o garantías.
h) Libre competencia y transparencia del sistema de contratación.
i) Libertad de prescripción, atendiendo a las exigencias del conocimiento científico y a la observancia de la ley.

5.2. Prestación de servicios por cuenta ajena

Los profesionales sanitarios que presten su actividad en centros o servicios sanitarios privados por cuenta ajena tienen derecho a ser informados de sus funciones, tareas y cometidos, así como de los objetivos asignados a su unidad y centro sanitario y de los sistemas establecidos para la evaluación del cumplimiento de los mismos.

Dichos profesionales sanitarios se hallan obligados a ejercer la profesión, o desarrollar el conjunto de las funciones que tengan asignadas, con lealtad, eficacia y con observancia de los principios técnicos, científicos, profesionales, éticos y deontológicos que sean aplicables.

Asimismo se encuentran obligados a mantener debidamente actualizados los conocimientos y aptitudes necesarios para el correcto ejercicio de la profesión o para el desarrollo de las funciones que correspondan a su titulación.

La evaluación regular de competencias y los sistemas de control de calidad previstos en esta ley serán aplicados en los centros privados que empleen profesionales sanitarios mediante el régimen de prestación de servicios por cuenta ajena. El sistema de desarrollo profesional se articulará en estos centros conforme a lo establecido para los mismos en la Ley 44/2003.

5.3. Prestación de servicios por cuenta propia

Con el fin de garantizar la titulación oficial de profesionales y especialistas, la calidad y seguridad de los equipamientos e instalaciones, y la sujeción a la disciplina profesional y a los otros requisitos y garantías que se determinan en esta ley, todos los contratos de prestación de servicios sanitarios, así como sus modificaciones, que se celebren entre profesionales sanitarios, entre profesionales y centros sanitarios o entre profesionales y entidades de seguros que operen el ramo de enfermedad, se formalizarán por escrito.

Los profesionales sanitarios que ejerzan exclusivamente mediante la prestación de servicios por cuenta propia podrán acceder voluntariamente al sistema de desarrollo profesional en la forma prevista en la Ley 44/2003.

5.4. Registros de profesionales

Los centros sanitarios y las entidades de seguros que operen el ramo de enfermedad establecerán y mantendrán actualizado un registro de los profesionales sanitarios con los que mantengan contratos de prestación de servicios por cuenta propia o ajena.

Dicho registro será público en lo que se refiere al nombre, titulación, especialidad y, en su caso, categoría y función del profesional.

Los criterios generales y requisitos mínimos de dichos registros serán establecidos por las comunidades autónomas dentro de los principios que determine el Consejo Interterritorial del Sistema Nacional de Salud, que podrá acordar la integración de los mismos al Sistema de Información Sanitaria del Sistema Nacional de Salud.

5.5. Publicidad del ejercicio profesional privado

La publicidad de los servicios y prestaciones ofrecidos al público por los profesionales sanitarios deberá respetar rigurosamente la base científica de las actividades y prescripciones, y será objetiva, prudente y veraz, de modo que no levante falsas esperanzas o propague conceptos infundados.

Los profesionales sanitarios podrán facilitar a los medios de comunicación, o expresar directamente en ellos, informaciones sobre sus actividades profesionales, siempre que la información facilitada sea verídica, discreta, prudente y se manifieste de manera fácilmente comprensible para el colectivo social al que se dirige.

No podrán ser objeto de publicidad las actividades o productos sanitarios no autorizados, o sobre los que no exista evidencia de sus efectos beneficiosos para el ser humano, quedando prohibida la publicidad de productos y servicios de carácter creencial y de los productos-milagro.

El incumplimiento y, en su caso, la sanción que corresponda, de lo dispuesto en los apartados anteriores se exigirá de acuerdo con la Ley 14/1986, General de Sanidad, y, en lo que sean de aplicación, con las Leyes 26/1984, General para la Defensa de los Consumidores y Usuarios, y 34/1988, General de Publicidad.

5.6. Seguridad y calidad en el ejercicio profesional privado

Las consultas profesionales deberán cumplir los requisitos de autorización y acreditación que, atendiendo a las específicas características de las mismas, determinen los órganos competentes de las comunidades autónomas.

Las garantías de seguridad y calidad son aplicables a todas las actividades sanitarias privadas, con independencia de la financiación de las prestaciones que estén ofreciendo en cada momento.

Corresponde a las Administraciones sanitarias públicas, respecto de los profesionales y centros establecidos en su ámbito geográfico, velar por el cumplimiento de las garantías a que se refiere el párrafo anterior, para lo cual podrán recabar la colaboración de agencias de calidad u organismos equivalentes, o de los colegios profesionales en el caso de las consultas profesionales en los términos que reglamentariamente se determinen.

5.7. Cobertura de responsabilidad

Los profesionales sanitarios que ejerzan en el ámbito de la asistencia sanitaria privada, así como las personas jurídicas o entidades de titularidad privada que presten cualquier clase de servicios sanitarios, vienen obligados a suscribir el oportuno seguro de responsabilidad, un aval u otra garantía financiera que cubra las indemnizaciones que se puedan derivar de un eventual daño a las personas causado con ocasión de la prestación de tal asistencia o servicios.

Las comunidades autónomas, en el ámbito de sus respectivas competencias, determinarán las condiciones esenciales del aseguramiento, con la participación de los profesionales y del resto de los agentes del sector.

En el supuesto de profesiones colegiadas, los colegios profesionales podrán adoptar las medidas necesarias para facilitar a sus colegiados el cumplimiento de esta obligación.

6. DE LA PARTICIPACIÓN DE LOS PROFESIONALES

6.1. Foro Profesional

El Foro Profesional es un órgano colegiado de participación de las profesiones sanitarias tituladas, dependiente del Ministerio de Sanidad, Servicios Sociales e Igualdad, que tiene como objetivo contribuir a la mejora de la calidad asistencial y de las condiciones del ejercicio de estas profesiones.

Su composición, estructura y funcionamiento se determinarán reglamentariamente. Funcionará en pleno, y en grupos de trabajo, atendiendo a la diferente naturaleza de las profesiones que comprende. Contará, al menos, con un grupo médico y un grupo enfermero.

Su funcionamiento será atendido con los medios personales, técnicos y presupuestarios asignados a la Dirección General competente en materia de ordenación profesional.

7. RELACIÓN LABORAL ESPECIAL DE RESIDENCIA

La relación laboral especial de residencia es aplicable a quienes reciban formación dirigida a la obtención de un título de especialista en Ciencias de la Salud, siempre que tal formación se realice por el sistema de residencia, en centros, públicos o privados, acreditados para impartir dicha formación.

Los residentes tendrán la consideración de personal laboral temporal del servicio de salud o centro en que reciban la formación, y deberán desarrollar el ejercicio profesional y las actividades asistenciales y formativas que de los programas de formación se deriven.

El Gobierno regulará, mediante real decreto, la relación laboral especial de residencia, de acuerdo con las normas de la Comunidad Europea que resulten aplicables y estableciendo, además de las peculiaridades de su jornada de trabajo y régimen de descansos, los supuestos de resolución de los contratos cuando no se superen las evaluaciones establecidas, los procedimientos para la revisión de las evaluaciones otorgadas, la duración máxima de los contratos en función de la duración de cada uno de los correspondientes programas formativos, y los supuestos excepcionales para su posible prórroga cuando se produzcan casos, no imputables al interesado, de suspensión de la relación laboral (ello se hizo mediante el Real Decreto 1146/2006, de 6 de octubre, por el que se regula la relación laboral especial de residencia para la formación de especialistas en Ciencias de la Salud).

La relación laboral especial de residencia se aplicará también en aquellos supuestos de formación en Áreas de Capacitación Específica que se desarrollen por el sistema de residencia.

Las referencias que en la Ley 44/2003 se hacen a los licenciados y diplomados sanitarios se entienden realizadas también a los graduados universitarios, de acuerdo con la normativa de ordenación de las enseñanzas universitarias oficiales.

Tema 14

Derechos y garantías. Garantía de accesibilidad a los servicios: tiempos de respuesta asistencial en el Sistema Sanitario Público de Andalucía. Libre elección. Segunda opinión médica. Transparencia y calidad en los servicios. Derechos, garantías y dignidad de la persona en el proceso de muerte. Voluntad anticipada: Organización y funcionamiento del Registro de Voluntades Vitales Anticipadas

Ricardo Sotillo Hidalgo
Doctor en Psicología
Enfermero

Rodio ediciones

Índice esquemático

1. DERECHOS Y GARANTÍAS

Recogemos en este tema los derechos y garantías de los ciudadanos en los servicios del Sistema Sanitario Público de Andalucía, en adelante SSPA, que incluye a los servicios sanitarios del Servicio Andaluz de Salud y de las Agencias Públicas empresariales adscritas a la Consejería de Igualdad, Salud y Políticas Sociales, de la Junta de Andalucía, y que son las siguientes: Empresa Pública de Emergencias Sanitarias, Agencia Pública Empresarial Sanitaria Costa del Sol, Agencia Pública Empresarial Sanitaria Hospital Alto Guadalquivir, Agencia Pública Empresarial Sanitaria Hospital de Poniente y Agencia Pública Empresarial Sanitaria Bajo Guadalquivir.

Estos derechos y garantías contemplan y abarcan la Atención Sanitaria Transfronteriza, los Derechos y Deberes de los usuarios en su relación con la atención sanitaria, la Carta de Servicios del Servicio Andaluz de Salud, el Derecho a la Segunda Opinión Médica, la Libre Elección de Médico y Centro, la Tarjeta Sanitaria, el Acceso a la Historia Clínica mediante Clic Salud, los Tiempos de Respuesta Asistencial, la Declaración de Voluntad Vital Anticipada, la Dignidad de la Persona en el Proceso de Muerte, la Tarjeta Sanitaria Europea y otros derechos como los Medicamentos Gratis para menores de 1 año, el Examen de Salud para Mayores de 65 o los derechos de las niñas y niños hospitalizados.

Con la finalidad de "Adaptar los servicios a la ciudadanas y ciudadanos", el SSPA se propone como objetivos:

- Adaptar los procesos administrativos al ciudadano.
- Adaptar los servicios al entorno social de los centros.
- Consolidar y ampliar un sistema de garantías al ciudadano.

2. GARANTÍA DE ACCESIBILIDAD A LOS SERVICIOS: TIEMPOS DE RESPUESTA ASISTENCIAL EN EL SISTEMA SANITARIO PÚBLICO DE ANDALUCÍA (SSPA)

Desde la Administración Sanitaria se considera un elemento de transparencia la información a la ciudadanía en la garantía de plazos de respuesta asistencial. Y esta respuesta asistencial viene regulada en los plazos correspondientes para intervenciones quirúrgicas, primeras consultas externas con el médico especialista y también para pruebas diagnósticas por especialistas.

Así, el decreto de garantías de tiempos de respuesta para intervenciones quirúrgicas reconoce el derecho del ciudadano a ser atendido en un tiempo como máximo de 180 días (art 3, *DECRETO 209/2001, del 18 de septiembre, por el que se establece la garantía de plazo de respuesta quirúrgica en el Sistema Sanitario Público de Andalucía*) para hasta 700 técnicas y/o intervenciones quirúrgicas, un plazo que se ha reducido a "*120 días para los 11 procesos asistenciales más comunes, que incluyen 71 técnicas*" *(Orden de 20 de diciembre de 2006 que modifica los plazos de respuesta quirúrgica de algunos procedimientos incluidos en el Anexo 1 del Decreto 209/2001)*. En estas 71 intervenciones se incluyen las siguientes: liberación del túnel carpiano, intervenciones de cataratas, amigdalectomías, escisión de Hallux Valgus o diferentes artroscopias en miembros inferiores o superiores, entre otras.

En caso de que este tiempo de espera se superara, puede ser operado en un centro privado sin que ello le suponga coste alguno (art 9.2, Ley 2/1998, de 15 de junio, de Salud de Andalucía). Este hecho está regulado mediante tres Órdenes de la Consejería de Salud.

- Orden de 25 de septiembre de 2002, sobre procedimiento de pago de los gastos derivados de intervenciones quirúrgicas en centros sanitarios privados por superación del plazo máximo de respuesta quirúrgica en el SSPA.
- Orden de 25 de septiembre de 2002, por la que se crea el fichero automatizado de datos de carácter personal llamado Registro de Demanda Quirúrgica del SSPA.
- Orden de 25 de septiembre de 2002, por la que se establecen normas para la aplicación de la garantía de plazo de respuesta quirúrgica y el funcionamiento del registro de demanda quirúrgica del SSPA.

Por otro lado, se puede consultar la fecha desde la que se está inscrito en el registro con una llamada a Salud Responde al teléfono (902 505 060) y consultar en la Oficina Virtual del SSPA, Inters@s la lista de espera quirúrgica.

3. LIBRE ELECCIÓN DE MÉDICO ESPECIALISTA Y HOSPITAL. LIBRE ELECCIÓN DE MÉDICO DE FAMILIA Y PEDIATRA

Otro de los derechos y garantías en el SSPA lo constituye el reconocimiento del derecho a la libre elección de médico de familia y pediatra. En este caso, los usuarios pueden elegir entre los facultativos de su localidad o municipio, y también entre el resto de los facultativos del Distrito Sanitario en el que acredite estar domiciliado mediante padrón municipal, por ejemplo.

También en el ámbito hospitalario, existe el derecho a elegir médico especialista y hospital público, en caso de intervención quirúrgica, en los términos recogidos en la normativa al respecto vigente. Esto incluye a los menores de 16 años no emancipados, cuyo derecho se ejercerá por sus representantes legales, salvo que sus condiciones de madurez le permitieran realizar dicha elección, en los términos de la ley de autonomía del paciente, que veremos más adelante. En el caso de personas incapacitadas, la elección se realizará por sus representantes legales, salvo que la sentencia de incapacitación les reconozca tal derecho, de acuerdo con lo previsto en el Código Civil.

Para la elección de **médico especialista**, este derecho puede ser ejercido por los usuarios de los servicios sanitarios que, siguiendo el criterio de su médico de Atención Primaria, deben ser atendidos por médicos especialistas del ámbito hospitalario. En este sentido, el médico de familia o pediatra orientará a sus pacientes en la elección del especialista hospitalario, facilitándoles la información necesaria para que puedan decidir. Es importante destacar que dicha elección deberá mantenerse durante todo el proceso de su enfermedad a tratar, siendo en los casos de procesos de larga duración un periodo mínimo de 12 meses. De modo que no se podría cambiar de especialista o elegir simultáneamente varios especialistas para o durante el mismo proceso.

Cuando se trate de elegir el centro para intervención quirúrgica, quienes estén incluidos en lista de espera quirúrgica podrían elegir el hospital donde ser intervenidos. Para obtener información y orientación de este proceso se puede acceder al teléfono de Salud Responde y conocer las distintas opciones y al mismo tiempo realizar los trámites administrativos para formalizar dicho derecho.

Los transportes que puedan originarse como consecuencia de la aplicación de este Decreto se regirán por lo establecido en el Real Decreto 63/1995, de 20 de enero, sobre ordenación de prestaciones sanitarias del Sistema Nacional de Salud.

Volvamos a Atención Primaria y la elección de **médico de familia y pediatra**. Dice textualmente la norma *que la elección de médico general y pediatra podrá efectuarse en cualquier momento y sin necesidad de justificación, pudiendo, previamente, solicitarse entrevista con el facultativo*. Si bien debemos añadir que una vez elegido dicho médico, deberán transcurrir al menos tres meses para salvaguardar la ordenación administrativa de prestación de servicios en el centro sanitario. Estos derechos se pueden ejercer a través de la web en InterSaS o bien en el Centro de Atención Primaria. Una vez entregada la solicitud ésta puede ser denegada por razones de índole administrativa, bien por haber superado el cupo máximo asignado a un facultativo, porcentaje de menores o mayores de 65 o bien por otras dificultades que así lo justifiquen, como la dispersión geográfica otros problemas que aumenten la demanda asistencial.

4. SEGUNDA OPINIÓN MÉDICA. TRANSPARENCIA Y CALIDAD EN LOS SERVICIOS

Cuando se padece una de las llamadas enfermedades de pronóstico **fatal, incurable**, que compromete gravemente la calidad de vida del paciente o en los casos en los que el tratamiento propuesto conlleva un elevado **riesgo vital**, los usuarios tienen derecho a obtener una segunda opinión médica. Este derecho se ejercita mediante solicitud a través de la Oficina Virtual del Sistema Sanitario Público de Andalucía.

Hay que abundar que este derecho viene fundamentado en la Constitución Española en su artículo 43, que reconoce *el derecho a la protección de la salud y establece que compete a los poderes públicos organizar y tutelar la salud pública, a través de las medidas preventivas y de las prestaciones y servicios necesarios*. Por otro lado, la Ley 2/1998, de 15 de junio, de Salud de Andalucía en la letra o) del apartado 1 del artículo 6, relativo a los derechos de los ciudadanos con respecto a los servicios sanitarios públicos en Andalucía, contempla *el derecho de los mismos a disponer de una segunda opinión facultativa sobre su proceso, en los términos que reglamentariamente se determinen*.

¿En qué casos está motivada la solicitud para la segunda opinión médica? Como señalábamos al comienzo de este apartado, todo paciente en el ámbito del Decreto 127/2003 sobre el ejercicio de derecho a la segunda opinión médica en el SSPA, puede hacer uso de este derecho para **confirmación diagnóstica** de enfermedad degenerativa progresiva sin tratamiento curativo del sistema nervioso central, de una enfermedad neoplásica maligna, excepto los cánceres de piel que no sean el melanoma. También para alternativas de tratamiento de neoplasias malignas, excepto los cánceres de piel que no sean el melanoma, tanto al inicio, como a la recidiva o en el momento de aparición de metástasis. En la enfermedad coronaria avanzada, la propuesta terapéutica de angioplastia múltiple o simple como alternativa a cirugía cardiaca coronaria convencional. En enfermedades raras, (menos de 5 casos por 10.000 habitantes) el comienzo de confirmación de diagnóstico, entre otros procesos tal como refleja el Decreto.

Y una vez decidido por el usuario **¿Cómo se articula la solicitud de segunda opinión médica?**

En su artículo 5 el Decreto establece que la segunda opinión médica podrá ser solicitada por el propio paciente, por sus familiares, por su pareja de hecho, por personas allegadas, por sus representantes legales o por la persona en quien expresamente delegue el usuario esta opción. Dicha solicitud podrá realizarse por cualquier medio de comunicación que sea válido, incluidos los de transmisión digital, asegurándose en todo momento la confidencialidad de los datos personales y clínicos de la persona interesada. Hay que apuntar que esta solicitud sólo se podrá realizar una única vez en cada proceso asistencial.

Una vez cursada la solicitud ésta será estudiada y valorada por un facultativo o por un grupo de expertos de la materia que se trate. Este grupo de expertos estará constituido por profesionales de los diferentes centros del SSPA, que deberán estar acreditados con el nivel máximo establecido por el órgano responsable de acreditación del SSPA.

La normativa que regula este derecho es la siguiente:

- Decreto 127/2003 sobre el ejercicio de derecho a la segunda opinión médica en el SSPA.
- Orden de 24 de agosto de 2004, por la que se desarrolla el Decreto 127/2003, de 13 de mayo, por el que se establece el ejercicio del derecho a la segunda opinión médica en el Sistema Sanitario Público de Andalucía. BOJA núm. 173, de 3 de septiembre de 2004.
- Anexo I: Enfermedades objeto de la Segunda Opinión Médica.
- Anexo II: Modelo de Solicitud.

5. DERECHOS, GARANTÍAS Y DIGNIDAD DE LA PERSONA EN EL PROCESO DE MUERTE. VOLUNTAD VITAL ANTICIPADA: ORGANIZACIÓN Y FUNCIONAMIENTO DEL REGISTRO DE VOLUNTADES VITALES ANTICIPADAS

La norma reguladora de este derecho es la Ley 2/2010, de 8 de abril, de Derechos y Garantías de la Dignidad de la Persona en el Proceso de la Muerte, conocida coloquialmente como "Ley de Muerte Digna". Se trata, por tanto, de una legislación reciente con impacto social que trasciende al ámbito sanitario. Buscaremos sus antecedentes en el Estatuto de Autonomía para Andalucía, que reconoce en su artículo 20.1 el derecho a declarar la **voluntad vital anticipada**, que deberá respetarse en los términos que establezca la Ley.

El mismo artículo 20 establece en su apartado segundo que *todas las personas tienen derecho a recibir un adecuado tratamiento del dolor y cuidados paliativos integrales y a la plena dignidad en el proceso de su muerte.* El derecho de acceso a los cuidados paliativos es reiterado por el Estatuto de Autonomía en el artículo 22.2.i). Si bien el tratamiento del dolor forma parte de los cuidados paliativos integrales, el Estatuto de Autonomía para Andalucía le concede una especial importancia, por lo que en la presente Ley se desarrolla este derecho de forma singular. Dicho esto, podemos resumir que la presente Ley tiene como objeto **regular el ejercicio de los derechos de la persona durante el proceso de su muerte**, pero no sólo esto, pues también regula los **deberes del personal sanitario** que atiende a estos pacientes, así como las garantías que las instituciones sanitarias estarán obligadas a proporcionar con respecto a ese proceso. En conclusión, una vida digna sólo se logra con una muerte digna, entendida como tal la que respeta la voluntad de las personas en el proceso de la muerte y asegura autonomía a los pacientes mediante el testamento vital.

Los principios básicos inspiradores de esta Ley son:

1. La garantía del pleno respeto del derecho a la plena **dignidad** de la persona en el proceso de la muerte.
2. La promoción de la libertad, la **autonomía** y la voluntad de la persona, de acuerdo con sus deseos, preferencias, creencias o valores, así como la preservación de su intimidad y confidencialidad.
3. La garantía de que el **rechazo de un tratamiento** por voluntad de la persona, o la interrupción del mismo, **no suponga el menoscabo de una atención sanitaria integral** y del derecho a la plena dignidad de la persona en el proceso de su muerte.
4. La garantía del derecho de todas las personas a recibir **cuidados paliativos integrales** y un adecuado **tratamiento del dolor** en el proceso de su muerte.
5. La **igualdad** efectiva y la ausencia de discriminación en el acceso a los servicios sanitarios en el proceso de la muerte.

Este derecho es de aplicación en el ámbito de la Comunidad Autónoma de Andalucía, *a las personas que se encuentren en el proceso de su muerte o que afronten decisiones relacionadas con dicho proceso, al personal implicado en su atención sanitaria, así como a los centros, servicios y establecimientos sanitarios, tanto públicos como privados, y entidades aseguradoras que presten sus servicios en Andalucía.* Recalcamos, centros sanitarios, **tanto públicos como privados**.

Recogeremos las definiciones al respecto que expresa el artículo 5º de la norma y que dice así:

A los efectos de la presente Ley, se entiende por:

a) Calidad de vida: satisfacción individual ante las condiciones objetivas de vida desde los valores y las creencias personales.
b) Consentimiento informado: de acuerdo con lo dispuesto en el artículo 3 de la Ley 41/2002, de 14 de noviembre, básica reguladora de la autonomía del paciente y de derechos y obligaciones en materia de información y documen-

tación clínica, "la conformidad libre, voluntaria y consciente de un paciente, manifestada en pleno uso de sus facultades después de recibir la información adecuada, para que tenga lugar una actuación que afecta a su salud".

c) Cuidados paliativos: conjunto coordinado de intervenciones sanitarias dirigidas, desde un enfoque integral, a la mejora de la calidad de vida de los pacientes y de sus familias, afrontando los problemas asociados con una enfermedad terminal mediante la prevención y el alivio del sufrimiento, así como la identificación, valoración y tratamiento del dolor y otros síntomas físicos y/o psíquicos.

d) Declaración de voluntad vital anticipada: de acuerdo con lo dispuesto en el artículo 2 de la Ley 5/2003, de 9 de octubre, de declaración de voluntad vital anticipada, es la manifestación escrita, hecha para ser incorporada al Registro de Voluntades Vitales Anticipadas, por una persona capaz que, consciente y libremente, expresa las opciones e instrucciones que deben respetarse en la atención sanitaria que reciba en el caso de que concurran circunstancias clínicas en las cuales no pueda expresar personalmente su voluntad.

e) Intervención en el ámbito de la sanidad: de acuerdo con lo dispuesto en el artículo 3 de la Ley 41/2002, de 14 de noviembre, es "toda actuación realizada con fines preventivos, diagnósticos, terapéuticos, rehabilitadores o de investigación".

f) Limitación del esfuerzo terapéutico: retirada o no instauración de una medida de soporte vital o de cualquier otra intervención que, dado el mal pronóstico de la persona en términos de cantidad y calidad de vida futuras, constituye, a juicio de los profesionales sanitarios implicados, algo fútil, que solo contribuye a prolongar en el tiempo una situación clínica carente de expectativas razonables de mejoría.

g) Medida de soporte vital: intervención sanitaria destinada a mantener las constantes vitales de la persona, independientemente de que dicha intervención actúe o no terapéuticamente sobre la enfermedad de base o el proceso biológico, que amenaza la vida de la misma.

h) Médico o médica responsable: de acuerdo con lo dispuesto en el artículo 3 de la Ley 41/2002, de 14 de noviembre, es "el profesional que tiene a su cargo coordinar la información y la asistencia sanitaria del paciente o del usuario, con el carácter de interlocutor principal del mismo en todo lo referente a su atención e información durante el proceso asistencial, sin perjuicio de las obligaciones de otros profesionales que participan en las actuaciones asistenciales".

i) Obstinación terapéutica: situación en la que a una persona, que se encuentra en situación terminal o de agonía y afecta de una enfermedad grave e irreversible, se le inician o mantienen medidas de soporte vital u otras intervenciones carentes de utilidad clínica, que únicamente prolongan su vida biológica, sin posibilidades reales de mejora o recuperación, siendo, en consecuencia, susceptibles de limitación.

j) Personas en proceso de muerte: personas que se encuentran en situación terminal o de agonía.

k) Representante: persona mayor de edad y capaz que emite el consentimiento por representación de otra, habiendo sido designada para tal función mediante una declaración de voluntad vital anticipada o, de no existir esta, siguiendo las disposiciones legales vigentes en la materia.
l) Sedación paliativa: administración de fármacos, en las dosis y combinaciones requeridas, para reducir la conciencia de la persona en situación terminal o de agonía, para aliviar adecuadamente uno o más síntomas refractarios, previo consentimiento informado explícito en los términos establecidos en la Ley.
m) Síntoma refractario: aquel que no responde al tratamiento adecuado y precisa, para ser controlado, reducir la conciencia de los pacientes.
n) Situación de agonía: fase gradual que precede a la muerte y que se manifiesta clínicamente por un deterioro físico grave, debilidad extrema, trastornos cognitivos y de conciencia, dificultad de relación y de ingesta, y pronóstico vital de pocos días.
o) Situación de incapacidad de hecho: situación en la que las personas carecen de entendimiento y voluntad suficientes para gobernar su vida por sí mismas de forma autónoma, sin que necesariamente haya resolución judicial de incapacitación.
p) Situación terminal: presencia de una enfermedad avanzada, incurable y progresiva, sin posibilidades razonables de respuesta al tratamiento específico, con un pronóstico de vida limitado y en la que pueden concurrir síntomas intensos y cambiantes que requieran una asistencia paliativa específica.
q) Testamento vital: es un sinónimo de declaración de voluntad vital anticipada.
r) Valores vitales: conjunto de valores y creencias de una persona que dan sentido a su proyecto de vida y que sustentan sus decisiones y preferencias en los procesos de enfermedad y muerte.

Un aspecto importante de esta norma y que afecta no sólo al personal médico sino a todos los profesionales sanitarios que prestan asistencia viene regulado en su Título III, Artículo 17 y siguientes. Deberes respecto a la información clínica, de las decisiones clínicas y de la declaración de voluntad anticipada.

Respecto a la información clínica, dice textualmente:

1. El médico o médica responsable de cada paciente deberá garantizar el cumplimiento del derecho a la información establecido en el artículo 6.
2. El resto de los profesionales sanitarios que atiendan a los pacientes durante el proceso asistencial, o les apliquen una intervención concreta, también tienen **obligación de facilitarles información clínica en función de su grado de responsabilidad** y participación en el proceso de atención sanitaria.
3. Los profesionales a los que se refieren los apartados 1 y 2 **dejarán constancia en la historia clínica de que dicha información fue proporcionada** a los pacientes y suficientemente comprendida por estos.

Es especialmente importante establecer pues tanto el grado de responsabilidad como el de participación en el proceso.

Artículo 18. Deberes respecto a la toma de decisiones clínicas

1. El médico o médica responsable, antes de proponer cualquier intervención sanitaria a una persona en proceso de muerte, deberá asegurarse de que la misma está clínicamente indicada, elaborando su juicio clínico al respecto basándose en el estado de la ciencia, en la evidencia científica disponible, en su saber profesional, en su experiencia y en el estado clínico, gravedad y pronóstico de la persona afecta. En el caso de que este juicio profesional concluya en la indicación de una intervención sanitaria, someterá entonces la misma al consentimiento libre y voluntario de la persona, que podrá aceptar la intervención propuesta, elegir libremente entre las opciones clínicas disponibles, o rechazarla, en los términos previstos en la presente Ley y en la Ley 41/2002, de 14 de noviembre.

2. **Todos los profesionales sanitarios implicados** en la atención de los pacientes tienen la obligación de respetar los valores, creencias y preferencias de los mismos en la toma de decisiones clínicas, en los términos previstos en la presente Ley, en la Ley 41/2002, de 14 de noviembre, en la Ley 5/2003, de 9 de octubre, y en sus respectivas normas de desarrollo, **debiendo abstenerse de imponer criterios de actuación basados en sus propias creencias y convicciones personales, morales, religiosas o filosóficas.**

Artículo 19. Deberes respecto a la declaración de voluntad vital anticipada

1. **Todos los profesionales sanitarios están obligados a proporcionar**, a las personas que se la soliciten, información acerca del **derecho a formular la declaración de voluntad vital anticipada.**

2. En caso de que los pacientes se hallen en situación de incapacidad de hecho, los profesionales procederán de acuerdo con lo previsto en el artículo 9.2 de la Ley 5/2003, de 9 de octubre.

3. Los profesionales sanitarios tienen obligación de respetar los valores e instrucciones contenidos en la declaración de voluntad vital anticipada, en los términos previstos en la presente Ley, en la Ley 41/2002, de 14 de noviembre, en la Ley 5/2003, de 9 de octubre, y en sus respectivas normas de desarrollo.

En la práctica, muchas veces nos encontramos con situaciones en las que la persona pueda hallarse en una situación de incapacidad de hecho. Precisamente el artículo 20 recoge dichas situaciones y prevé lo siguiente:

Artículo 20. Deberes respecto a las personas que puedan hallarse en situación de incapacidad de hecho

1. El médico o médica responsable es quien debe valorar si la persona que se halla bajo atención médica pudiera encontrarse en una situación de incapacidad de hecho que le impidiera decidir por sí misma. Tal valoración debe constar adecuadamente en la historia clínica. Para determinar la situación de incapacidad de hecho se evaluarán, entre otros factores que se estimen clínicamente convenientes, los siguientes:
    1. Si tiene **dificultades para comprender la información** que se le suministra.
    2. Si **retiene defectuosamente** dicha información durante el proceso de toma de decisiones.

3. Si **no utiliza la información de forma lógica** durante el proceso de toma de decisiones.
4. Si **falla en la apreciación de las posibles consecuencias** de las diferentes alternativas.
5. Si **no logra tomar finalmente una decisión** o comunicarla.

2. Para la valoración de estos criterios se podrá contar con la opinión de **otros profesionales implicados** directamente en la atención de los pacientes. Asimismo, se podrá **consultar a la familia** con objeto de conocer su opinión.
3. Una vez establecida la situación de incapacidad de hecho, el médico o médica responsable deberá hacer constar en la historia clínica los datos de quien deba actuar por la persona en situación de incapacidad, conforme a lo previsto en el artículo 10.1.

Por último, añadir que se han desarrollado los reglamentos de los distintos Comités de Ética Asistencial, en los términos que tiene previsto el Decreto. Estos órganos de consulta ofrecen asesoramiento para la toma de decisiones en los conflictos de carácter ético que puedan generarse en la práctica asistencial.

La declaración de **Voluntad Vital Anticipada** es *la manifestación escrita realizada por una persona capaz que, consciente y libremente, expresa las opciones e instrucciones en materia sanitaria que deben respetarse en el caso de que concurran circunstancias clínicas en las cuales no pueda expresar personalmente su voluntad.* Por tanto, es un **documento** en el que una persona refleja **sus preferencias sobre cuidados y tratamientos sanitarios y el destino de sus órganos, en el caso de que llegado el momento de tomar la decisión, carezca de capacidad para elegir por sí misma**. También permite escoger a una persona como representante, para que decida por nosotros/as cuando estemos en esa situación. Además podemos elegir una segunda persona representante, para que intervenga si la primera persona representante no pudiera hacerlo por algún motivo.

El derecho a realizar la declaración de voluntad vital anticipada puede ejercerlo toda persona que sea: mayor de edad, menor emancipada o incapacitada judicial, si no lo determina expresamente la resolución judicial de incapacidad. La persona debe estar en disposición de decidir con arreglo a sus convencimientos y preferencias y tiene que inscribir la declaración personalmente. Esta declaración se inscribe en el **Registro de Voluntades Vitales Anticipadas.**

El Registro de Voluntades Vitales Anticipadas en línea es un servicio a través de internet que permite realizar la preinscripción de su voluntad vital de forma telemática, así como solicitar una cita previa para poder inscribir posteriormente su testamento vital en un punto de registro habilitado a tal efecto. Dicho registro se crea al amparo de la **ley 41/2002 de 14 de noviembre, básica reguladora de la Autonomía del Paciente** y de derechos y obligaciones en materia de información y documentación clínica.

Las dos acciones fundamentales del Registro de Voluntades Anticipadas son la inscripción por las personas que así lo decidan y en segundo lugar el acceso del profesional sanitario a su contenido cuando así sea necesario.

6. CONCLUSIONES

Hemos recogido en este capítulo los derechos y garantías que el Sistema Sanitario Público de Andalucía oferta a las personas usuarias del mismo y que abarcan cuestiones relacionadas con los servicios sanitarios, tanto en la dimensión accesibilidad a los mismos como en la prestación de la asistencia. Hay que resaltar que muchas novedades introducidas en tales normas recogen la figura de los profesionales sanitarios entre los que se encuentra el profesional de enfermería como garante finalista en la prestación de tales derechos y garantías. Todos estos derechos vienen regulados por una norma que lo soporta y que permite su ejecución en condiciones de igualdad y justicia.

Tema 15

Responsabilidad patrimonial de las Administraciones Públicas. Responsabilidad de las autoridades y personal al servicio de las Administraciones Públicas. Órganos competentes en el ámbito del Servicio Andaluz de Salud

Fisioterapeutas Servicio Andaluz de Salud (SAS)
Temario específico
Volumen 1

Rodio ediciones

Índice esquemático

1. RESPONSABILIDAD PATRIMONIAL DE LAS ADMINISTRACIONES PÚBLICAS

1.1. Fundamento de la responsabilidad patrimonial de las Administraciones Públicas

La responsabilidad patrimonial de las Administraciones Públicas es uno de los fundamentos de nuestro sistema administrativo. La obligación de la Administración de compensar económicamente a los particulares por los daños que les ha causado constituye una de las garantías fundamentales de los ciudadanos en el Estado de Derecho, reconocida en la propia Constitución.

De acuerdo con el ***artículo 9.3 de la Constitución***, ésta "*garantiza... la responsabilidad... de los poderes públicos*". Más adelante, el ***artículo 106.2*** desarrolla este principio al afirmar que "*Los particulares, en los términos establecidos por la ley, tendrán derecho a ser indemnizados por toda lesión que sufran en cualquiera de sus bienes y derechos, salvo en los casos de fuerza mayor, siempre que la lesión sea consecuencia del funcionamiento de los servicios públicos*".

1.2. Competencias del Estado y de la Comunidad Autónoma de Andalucía en materia de responsabilidad patrimonial

El régimen jurídico regulador de la responsabilidad patrimonial de las Administraciones Públicas es fundamentalmente de carácter estatal. El ***artículo 149.1.18 de la Constitución*** atribuye al Estado la competencia exclusiva sobre "*el sistema de responsabilidad de todas las Administraciones públicas*". Con esta expresión, la Constitución está reservando al Estado el establecimiento de una regulación uniforme en todo el territorio nacional que, de acuerdo con el mismo ***artículo 149.1.18***, garantice a los ciudadanos un tratamiento común y un nivel mínimo de exigencia de responsabilidad ante cualquier Administración pública.

En el sentido indicado, el Tribunal Constitucional afirma en la ***Sentencia 61/1997, de 20 de marzo***, que "*el artículo 149.1.18 de la Constitución no puede excluir que además de esa normativa común que representa el sistema de responsabilidad para todo el territorio, las Comunidades Autónomas puedan establecer otros supuestos indemnizatorios en concepto de responsabilidad administrativa, siempre que naturalmente, respeten aquellas normas estatales con las que en todo caso habrán de cohonestarse y sirvan al desarrollo de una política sectorial determinada...*"

En el marco del ***artículo 149.1.18 de la Constitución*** citado, el ***artículo 47.4 de la Ley Orgánica 2/2007, de 19 de marzo, de reforma del Estatuto de Autonomía para Andalucía***, establece que "*Corresponde a la Junta de Andalucía, en materia de responsabilidad patrimonial, la competencia compartida para determinar el procedimiento y establecer los supuestos que pueden originar responsabilidad con relación a las reclamaciones dirigidas a ella, de acuerdo con el sistema general de responsabilidad de todas las Administraciones públicas.*"

1.3. Regulación de la responsabilidad patrimonial de las Administraciones Públicas

De acuerdo con los títulos competenciales citados, el sistema general de responsabilidad de todas las Administraciones públicas se regula por el Estado en la ***Ley 39/2015, de 1 de octubre, del Procedimiento Administrativo Común de las Administraciones Públicas*** y en la ***Ley 40/2015, de 1 de octubre, de Régimen Jurídico del Sector Público*** *(LRJSP)*.

La ***LRJSP*** regula los principios de la responsabilidad de las Administraciones Públicas en el ***Capítulo IV del Título Preliminar***, que contiene, entre otras materias, los principios de actuación del sector público. La ***LPAC*** regula a lo largo de su ***Título IV***, integradas en el procedimiento administrativo común, las especialidades procedimentales que se derivan de la exigencia de la responsabilidad patrimonial de las Administraciones Públicas.

En el Derecho andaluz, la regulación de la responsabilidad patrimonial de la Administración de la Junta de Andalucía está presidida por el ***artículo 123.2 del Estatuto de Autonomía***, que en términos semejantes al ***artículo 106.2 de la Constitución*** dice que "*La Comunidad Autónoma indemnizará a los particulares por toda lesión que sufran en sus bienes o derechos, salvo en los casos de fuerza mayor, siempre que la lesión sea consecuencia del funcionamiento de los servicios públicos de la misma*". Se contienen en el Derecho autonómico otras normas procedimentales en la ***Ley 9/2007, de 22 de octubre, de la Administración de la Junta de Andalucía***, en la ***Ley 4/2005, de 8 de abril, del Consejo Consultivo de Andalucía*** y en el ***Decreto 450/2000, de 26 de diciembre, por el que se aprueba el Reglamento de Organización y Funciones del Gabinete Jurídico de la Junta de Andalucía y del Cuerpo de Letrados de la Junta de Andalucía***. El contenido de dichas normas lo estudiaremos en el siguiente epígrafe de este tema, relativo al procedimiento de responsabilidad patrimonial.

Antes de estudiar las normas de procedimiento, vamos a referirnos a la naturaleza y elementos de la responsabilidad patrimonial de las Administraciones Públicas, ambos definidos en el ***Capítulo IV del Título Preliminar LRJSP***.

1.4. Naturaleza de la responsabilidad patrimonial de las Administraciones Públicas

Según la ***Ley 40/2015***, los particulares tienen derecho a ser indemnizados por las Administraciones Públicas de toda lesión que sufran en cualquiera de sus bienes y derechos, siempre que la lesión sea consecuencia del funcionamiento normal o anormal de los servicios públicos, exceptuándose dos supuestos: fuerza mayor o daños que el particular tenga el deber jurídico de soportar de acuerdo con la Ley. Se aclara, además, que la anulación, en vía administrativa o contencioso administrativa, de los actos o disposiciones administrativas no presupone, por sí misma, derecho a la indemnización. En todo caso, el daño alegado ha de ser efectivo, evaluable económicamente e individualizado con relación a una persona o grupo de personas.

La responsabilidad patrimonial de las Administraciones Públicas se configura como objetiva y directa.

1.4.1. Objetiva

Es una responsabilidad de naturaleza objetiva, puesto que basta con acreditar la existencia de un daño material o moral individualizado que tenga su origen, en relación causa-efecto, con el funcionamiento de los servicios públicos, siempre que no concurra fuerza mayor, para que surja la obligación de la Administración de indemnizar al lesionado.

Al tratarse de una responsabilidad objetiva, el centro de gravedad se sitúa en el concepto de lesión como perjuicio antijurídico, como daño que el que lo sufre no tiene obligación de soportar.

1.4.2. Directa

La responsabilidad patrimonial de las Administraciones Públicas es directa porque el particular carece de acción frente a los empleados públicos causantes del daño, pudiendo dirigirse única y exclusivamente frente a la Administración a la que pertenezca. Ello sin perjuicio de la obligación que tiene la Administración que hubiese indemnizado al particular de repetir, en vía de regreso, contra el agente o autoridad causante de la lesión.

1.5. Elementos de la responsabilidad patrimonial de las Administraciones Públicas

Los elementos de la responsabilidad patrimonial de las Administraciones Públicas pueden ser subjetivos y objetivos.

1.5.1. Elementos subjetivos

Los elementos subjetivos de la responsabilidad patrimonial de las Administraciones Públicas son los particulares que sufren el daño y las Administraciones Públicas obligadas a resarcirlo.

1.5.1.1. Los particulares

Los particulares son los titulares subjetivos de la acción de responsabilidad frente a la Administración.

1.5.1.2. Las Administraciones Públicas

El daño debe proceder de una Administración Pública, y la acción debe ejercitarse contra ella.

1.5.2. Elementos objetivos

Los elementos objetivos de la responsabilidad patrimonial de las Administraciones Públicas son:

- El daño o lesión.
- La imputación del acto dañoso a una Administración Pública.
- La ausencia de fuerza mayor.
- La indemnización.

1.5.2.1. El daño o lesión

El daño recibido ha de ser efectivo. Es decir, real, no meramente posible o futuro.

El daño ha de ser evaluable económicamente. Son indemnizables tanto los perjuicios materiales como los físicos o morales de las personas.

El daño debe estar individualizado en relación a una persona o grupo de personas.

El daño debe ser antijurídico, ha de ser un perjuicio que el particular no tenga obligación de soportar.

1.5.2.2. La imputación del acto dañoso a una Administración Pública

El daño ha de ser producido por una Administración pública o por varias en concurrencia. Incluso en concurrencia con un tercero o con el propio perjudicado.

1. El daño ha de ser consecuencia del funcionamiento de los servicios públicos

La lesión es imputable a la Administración Pública al ser consecuencia del funcionamiento normal o anormal de los servicios públicos. La expresión servicio público ha de entenderse como sinónima de actividad administrativa. La expresión funcionamiento ha de entenderse en un sentido amplio, incluyendo no sólo actuaciones positivas, de hacer, sino también negativas, de no hacer, que correspondan a la Administración. El funcionamiento es normal cuando se trata de una actuación lícita de la Administración; es anormal cuando el daño obedece a actuaciones ilícitas imputables a los empleados públicos.

La anulación en vía administrativa o por el orden contencioso administrativo de los actos o disposiciones administrativos no presupone derecho a indemnización.

2. Ha de existir una relación de causalidad entre el daño y el servicio público

La lesión debe ser consecuencia del funcionamiento normal o anormal de los servicios públicos. Debe existir, por tanto, una relación causal entre el servicio público y la lesión. El funcionamiento del servicio público tiene que ser un elemento necesario en la secuencia de los hechos para la producción del daño.

1.5.2.3. La ausencia de fuerza mayor

Si la lesión se ha producido por fuerza mayor la Administración queda exonerada de la obligación de indemnizar. La fuerza mayor define aquellos sucesos que no hubieran podido preverse (caso fortuito) o que previstos fueran inevitables o irresistibles (fuerza mayor en sentido estricto).

1.5.2.4. La indemnización

1. Reparación integral

La indemnización tiene como única finalidad resarcir al perjudicado en sus bienes o derechos lesionados. La reparación, el resarcimiento, debe ser integral.

2. Valoración del daño

Los daños materiales se determinan atendiendo al valor real que tuvieran los bienes o derechos en el momento de producirse aquéllos.

3. Fijación de la indemnización

El importe de la indemnización debe fijarse en referencia al momento de la aparición o manifestación del daño, que puede ser posterior al hecho o acto lesivo. Para cuantificar la indemnización habrá que estar al momento siguiente:

- Si la lesión es contemporánea con el hecho o acto lesivo habrá que estar al momento de producción del hecho o acto para calcular la cuantía de la indemnización.
- Si la lesión no es contemporánea con el hecho o acto lesivo habrá que estar al momento de aparición del efecto lesivo; si se trata de lesiones de carácter físico o psíquico que se extienden en el tiempo habrá que calcular la indemnización desde la curación o la determinación de las secuelas.

4. Actualización de la indemnización

La cuantía de la indemnización debe actualizarse a la fecha en que se ponga fin al procedimiento de responsabilidad con arreglo al Índice de Garantía de la Competitividad, fijado por el Instituto Nacional de Estadística, y de los intereses que procedan por demora en el pago de la indemnización fijada.

5. Pago de intereses

La Ley contiene la previsión del devengo de intereses que procedan por demora en el pago de la indemnización fijada, los cuales se exigirán con arreglo a lo establecido en la Ley General Presupuestaria o, en su caso, a las normas presupuestarias de las Comunidades Autónomas.

Cuando la cantidad venga fijada en una resolución administrativa, se aplican los ***artículos 29 y 23 del Decreto Legislativo 1/2010, de 2 de marzo, por el que se aprueba el Texto Refundido de la Ley General de la Hacienda Pública de la Junta de Andalucía***. Cuando venga fijada en una sentencia judicial, se aplicará el ***artículo 106 de Ley 29/1998, de 13 de julio, reguladora de la Jurisdicción Contencioso Administrativa***.

De acuerdo con los preceptos citados del ***Decreto Legislativo 1/2010***, si la Junta de Andalucía no paga la indemnización a la persona o entidad acreedora dentro de los tres meses siguientes al día de la notificación de la resolución judicial firme o del reconocimiento de la obligación, ha de abonarle sobre la cantidad debida y desde que la persona o entidad acreedora reclame por escrito el cumplimiento de la obligación, el interés de demora será el que se determine por la legislación estatal sobre la materia.

De acuerdo con el ***artículo 106 de Ley 29/1998***, si la Administración es condenada al pago de una cantidad líquida, a dicha cantidad se debe añadir el interés legal del dinero, calculado desde la fecha de notificación de la sentencia dictada en única o primera instancia.

6. Formas de la indemnización

La indemnización, con regla general, debe ser satisfecha en dinero.

La indemnización mediante una compensación en especie exige los siguientes requisitos para que proceda:

- Acuerdo con el interesado, el cual puede manifestar su voluntad de ser resarcido en especie mediante el escrito por el que se inicie la reclamación o posteriormente en el acuerdo indemnizatorio.
- Que la compensación en especie sea más adecuada que el dinero para obtener la reparación integral, lo que obliga a la Administración a motivar la decisión.
- Que convenga al interés público, lo que se justificará en la motivación.

1.6. Responsabilidad concurrente de las Administraciones Públicas

Se regulan en la Ley 40/2015 dos supuestos de responsabilidad concurrente de las Administraciones Públicas: en caso de daños causados por una actuación conjunta o en caso de daños causados por una actuación meramente coincidente de éstas.

1.6.1. Responsabilidad por la actuación conjunta de varias Administraciones

Cuando de la gestión dimanante de fórmulas conjuntas de actuación entre varias Administraciones públicas se derive responsabilidad patrimonial, las Administraciones intervinientes responderán frente al particular, en todo caso, de forma solidaria, aunque el instrumento jurídico regulador de la actuación conjunta podrá determinar la distribución de la responsabilidad entre las diferentes Administraciones públicas.

En estos casos, la Administración competente para incoar, instruir y resolver los procedimientos será la fijada en los Estatutos o reglas de la organización colegiada. En su defecto, la competencia vendrá atribuida a la Administración Pública con mayor participación en la financiación del servicio. No obstante, la Administración Pública competente deberá consultar a las restantes Administraciones implicadas para que, en el plazo de quince días, éstas puedan exponer cuanto consideren procedente.

1.6.2.. Responsabilidad por la actuación coincidente de varias Administraciones

En otros supuestos de concurrencia de varias Administraciones en la producción del daño, con ausencia de fórmulas conjuntas de actuación, la responsabilidad se fijará para cada Administración atendiendo a los criterios de competencia, interés público tutelado e intensidad de la intervención. La responsabilidad será solidaria cuando no sea posible dicha determinación.

1.7. Responsabilidad patrimonial de otras instancias del Estado

Junto a la responsabilidad patrimonial de las Administraciones Públicas, se regula en la ***Ley 40/2015, de 1 de octubre, de Régimen Jurídico del Sector Público***, la responsabilidad de otras instancias del Estado, en concreto, la responsabilidad del Estado legislador y la responsabilidad por el funcionamiento de la Administración de Justicia.

1.7.1. Responsabilidad del Estado legislador

Entre las novedades más destacables de la ***Ley 40/2015, de 1 de octubre***, en materia de responsabilidad patrimonial, merece especial mención los cambios introducidos en la regulación de la denominada «responsabilidad patrimonial del Estado Legislador» por las lesiones que sufran los particulares en sus bienes y derechos derivadas de leyes declaradas inconstitucionales o contrarias al Derecho de la Unión Europea.

Según dicha Ley, los particulares tendrán derecho a ser indemnizados por las Administraciones Públicas de toda lesión que sufran en sus bienes y derechos como consecuencia de la aplicación de actos legislativos de naturaleza no expropiatoria de derechos que no tengan el deber jurídico de soportar cuando así se establezca en los propios actos legislativos y en los términos que en ellos se especifiquen.

La responsabilidad del Estado legislador podrá surgir también en los siguientes supuestos:

- Cuando los daños deriven de la aplicación de una norma con rango de ley declarada inconstitucional.
- Cuando los daños deriven de la aplicación de una norma contraria al Derecho de la Unión Europea.

Si la lesión es consecuencia de la aplicación de una norma con rango de ley declarada inconstitucional, procederá su indemnización cuando el particular haya obtenido, en cualquier instancia, sentencia firme desestimatoria de un recurso contra la actuación administrativa que ocasionó el daño, siempre que se hubiera alegado la inconstitucionalidad posteriormente declarada.

Si la lesión es consecuencia de la aplicación de una norma declarada contraria al Derecho de la Unión Europea, procederá su indemnización cuando el particular haya obtenido, en cualquier instancia, sentencia firme desestimatoria de un recurso contra la actuación administrativa que ocasionó el daño, siempre que se hubiera alegado la infracción del Derecho de la Unión Europea posteriormente declarada. Asimismo, deberán cumplirse todos los requisitos siguientes:

- La norma ha de tener por objeto conferir derechos a los particulares.
- El incumplimiento ha de estar suficientemente caracterizado.
- Ha de existir una relación de causalidad directa entre el incumplimiento de la obligación impuesta a la Administración responsable por el Derecho de la Unión Europea y el daño sufrido por los particulares.

La sentencia que declare la inconstitucionalidad de la norma con rango de ley o declare el carácter de norma contraria al Derecho de la Unión Europea producirá efectos desde la fecha de su publicación en el «Boletín Oficial del Estado» o en el «Diario Oficial de la Unión Europea», según el caso, salvo que en ella se establezca otra cosa.

1.7.2. Responsabilidad por el funcionamiento de la Administración de Justicia

La responsabilidad patrimonial del Estado por el funcionamiento de la Administración de Justicia se regirá por la ***Ley Orgánica 6/1985, de 1 de julio, del Poder Judicial***.

El Consejo de Ministros fijará el importe de las indemnizaciones que proceda abonar cuando el Tribunal Constitucional haya declarado, a instancia de parte interesada, la existencia de un funcionamiento anormal en la tramitación de los recursos de amparo o de las cuestiones de inconstitucionalidad.

El procedimiento para fijar el importe de las indemnizaciones se tramitará por el Ministerio de Justicia, con audiencia al Consejo de Estado.

2. RESPONSABILIDAD DE LAS AUTORIDADES Y PERSONAL DE LAS ADMINISTRACIONES PÚBLICAS

El ***artículo 36 de la Ley 40/2015, de 1 de octubre, de Régimen Jurídico del Sector Público***, regula dos tipos de responsabilidad a cargo de las autoridades y el personal al servicio de las Administraciones Públicas:

- Por los daños causados a los particulares incurriendo en dolo, culpa o negligencia graves.
- Por daños causados en los bienes o servicios de la Administración igualmente con dolo, culpa o negligencia graves.

2.1. Responsabilidad por los daños causados a los particulares

Si bien, para hacer efectiva la responsabilidad patrimonial de las Administraciones Públicas, los particulares exigirán directamente a la Administración Pública correspondiente las indemnizaciones por los daños y perjuicios causados por las autoridades y personal a su servicio, la Administración correspondiente, cuando hubiere indemnizado a los lesionados, exigirá de oficio en vía administrativa de sus autoridades y demás personal a su servicio la responsabilidad en que hubieran incurrido por dolo, o culpa o negligencia graves, previa instrucción del correspondiente procedimiento.

Para la exigencia de dicha responsabilidad y, en su caso, para su cuantificación, se ponderarán, entre otros, los siguientes criterios: el resultado dañoso producido, el grado de culpabilidad, la responsabilidad profesional del personal al servicio de las Administraciones públicas y su relación con la producción del resultado dañoso.

2.2. Responsabilidad por los daños causados a la Administración

Asimismo, la Administración instruirá igual procedimiento a las autoridades y demás personal a su servicio por los daños y perjuicios causados en sus bienes o derechos cuando hubiera concurrido dolo, o culpa o negligencia graves.

2.3. Procedimiento

El procedimiento para la exigencia de la responsabilidad en los dos casos anteriores, se sustanciará conforme a lo dispuesto en la Ley de Procedimiento Administrativo Común de las Administraciones Públicas y se iniciará por acuerdo del órgano competente que se notificará a los interesados. Este procedimiento constará, al menos, de los siguientes trámites:

- Alegaciones durante un plazo de quince días.
- Práctica de las pruebas admitidas y cualesquiera otras que el órgano competente estime oportunas durante un plazo de quince días.
- Audiencia durante un plazo de diez días.
- Formulación de la propuesta de resolución en un plazo de cinco días a contar desde la finalización del trámite de audiencia.
- Resolución por el órgano competente en el plazo de cinco días.

La resolución declaratoria de responsabilidad pondrá fin a la vía administrativa.

3. ÓRGANOS COMPETENTES EN EL ÁMBITO DEL SERVICIO ANDALUZ DE SALUD

El Servicio Andaluz de Salud, creado en 1986, de acuerdo con lo previsto en el artículo 64 de la Ley 2/1998, de 15 de junio, de Salud de Andalucía está adscrito a la Consejería de Salud y desarrolla las funciones que le están atribuidas bajo la supervisión y control de la misma.

Como expresa en su web, su misión "es prestar atención sanitaria a las ciudadanas y ciudadanos andaluces, ofreciendo servicios sanitarios públicos de calidad, asegurando la accesibilidad, equidad y satisfacción de los usuarios, buscando la eficiencia y el aprovechamiento óptimo de los recursos".

Su marco de referencia lo componen:

- Ley 2/1998 de Salud de Andalucía.
- IV Plan Andaluz de Salud.
- Plan de Calidad del Sistema Sanitario Público de Andalucía 2010-2014.
- Plan Estratégico del Servicio Andaluz de Salud.

3.1. Estructura y funciones

Su **estructura** viene establecida por.

- Decreto 208/2015, de 14 de julio, por el que se establece la estructura orgánica de la Consejería de Salud y del Servicio Andaluz de Salud.
- Orden de 21 de diciembre de 2015, por la que se delegan competencias en los titulares de los órganos directivos de la Consejería.

El Servicio Andaluz de Salud es una agencia administrativa de las previstas en el artículo 65 de la Ley 9/2007, de 22 de octubre, se adscribe a la Consejería de Salud dependiendo específicamente de la Viceconsejería de Salud.

A su vez, al Servicio Andaluz de Salud se le adscriben la Empresa Pública de Emergencias Sanitarias y la Agencia Pública Empresarial Sanitaria Costa del Sol, a la que están adscritas la Agencia Pública Empresarial Sanitaria Hospital de Poniente de Almería, la Agencia Pública Empresarial Sanitaria Hospital Alto Guadalquivir y la Agencia Pública Empresarial Sanitaria Bajo Guadalquivir, sin perjuicio de su dependencia de la Consejería de Salud y encontrándose bajo la dirección de la Dirección Gerencia del Servicio Andaluz de Salud.

Corresponde al Servicio Andaluz de Salud el ejercicio de las **funciones** que se especifican en el presente Decreto, con sujeción a las directrices y criterios generales de la política de salud en Andalucía y, en particular, las siguientes:

a) La gestión del conjunto de prestaciones sanitarias en el terreno de la promoción y protección de la salud, prevención de la enfermedad, asistencia sanitaria y rehabilitación que le corresponda en el territorio de la Comunidad Autónoma de Andalucía.
b) La administración y gestión de las instituciones, centros y servicios sanitarios que actúan bajo su dependencia orgánica y funcional.
c) La gestión de los recursos humanos, materiales y financieros que se le asignen para el desarrollo de sus funciones.

El Servicio Andaluz de Salud cuenta con los siguientes órganos o centros directivos:

- Dirección Gerencia.
- Dirección General de Asistencia Sanitaria y Resultados en Salud.
- Dirección General de Profesionales.
- Dirección General de Gestión Económica y Servicios.

3.2. Organización y servicios

El Servicio Andaluz de Salud dispone de una red de servicios asistenciales integrada y organizada para garantizar la accesibilidad de la población y la equidad en la distribución de recursos. En su Carta de Servicios se describen con carácter genérico, aquellos servicios asistenciales que recibe directamente la ciudadanía.

3.2.1. Atención primaria

El primer nivel de atención es la atención primaria de salud, que integra la asistencia preventiva, curativa, rehabilitadora y la promoción de la salud de los ciudadanos. Los servicios de atención primaria de salud están organizados en Andalucía en distritos de atención primaria, estructuras organizativas para la planificación operativa, dirección, gestión y administración en ese ámbito.

Existen actualmente 1.518 centros de atención primaria de salud, de manera que todos los andaluces cuentan con uno de ellos a pocos minutos de su domicilio en transporte estándar.

3.2.2. Atención hospitalaria

El segundo nivel, de atención hospitalaria, atiende a los pacientes que precisan de hospitalización. Dispone de consultas externas ambulatorias en hospitales y en centros periféricos.

El Servicio Andaluz de Salud cuenta con 27 hospitales, distribuidos por toda la geografía andaluza. Asimismo se hace cargo funcionalmente de los centros pertenecientes a Agencias Públicas Empresariales Sanitarias y del Consorcio Sanitario Público del Aljarafe.

Existen además organizaciones específicas:

- 14 Áreas de Gestión Sanitaria. Modelo de organización de gestión unitaria de los niveles de Atención Primaria y de Hospitalaria, en una demarcación territorial específica.
- Centros de Transfusión Sanguínea que configuran una red específica con el fin de asegurar la disponibilidad de componentes sanguíneos y la correcta preservación de tejidos.

Otras áreas de atención tienen una organización especial, dadas sus peculiaridades:

- Programa de Salud Mental.
- Coordinación Autonómica de Trasplantes.
- Atención a Urgencias y Emergencias.

Recursos

El Servicio Andaluz de Salud cuenta con 93.366 profesionales (media anual) para atender su red asistencial: 24.443 en atención primaria y 68.923 atención hospitalaria. (Año 2014).

Y, en el año 2016, con un presupuesto inicial de 8.129.150 miles de euros.

Tema 16

Demografía sanitaria. Fuentes de información e indicadores demográficos. Análisis de datos. Indicadores de salud: clasificación y utilidad. Análisis de las necesidades de salud. Indicadores demográficos: mortalidad, morbilidad, prevalencia, incidencia. Definición de Calidad de Vida relacionada con la Salud (CVRS)

Miguel-Pelayo Galán Bravo
Enfermero

Rodio ediciones

Índice esquemático

1. DEMOGRAFÍA SANITARIA

Podemos considerar la demografía como la ciencia que trata estadísticamente de las leyes que rigen los fenómenos que ocurren en las poblaciones humanas; nos referimos al tamaño, la composición y la distribución geográfica de la población.

Entre sus fines se encuentran:

1. Analizar la dimensión de las poblaciones.
2. Conocer la estructura. Cómo se distribuyen en función de variables demográficas como edad, sexo, estudios, raza, residencia, etc…
3. Estudiar la evolución temporal del número y estructura de la población.
4. Determinar los fenómenos demográficos que condicionan el número, estructura y variaciones de la población de una zona geográfica en función del tiempo. Hablamos de:
   - ▷ Natalidad.
   - ▷ Mortalidad.
   - ▷ Fenómenos migratorios.

La Demografía aplicada a las Ciencias de la salud o demografía sanitaria permite:

- Confeccionar tasas e indicadores sanitarios, útiles para realizar un diagnóstico de salud de una población, así como su planificación y la programación sanitaria.
- Llevar a cabo estudios epidemiológicos. La epidemiología precisa datos de población, y su distribución, según características de persona, lugar y tiempo.
- Poder establecer a su vez indicadores de salud para desarrollar políticas sanitarias en función de las necesidades de la población.

2. FUENTES DE INFORMACIÓN E INDICADORES DEMOGRÁFICOS

2.1. Fuentes de información

Métodos y fuentes de información para la confección de censos:

2.1.1. Registros Administrativos de Población

El censo se obtiene de la combinación de registros administrativos disponibles (Registro de la propiedad, Servicio Público de Empleo Estatal, Padrón, Agencia Tributaria, Seguridad Social), no es necesaria ninguna operación de campo.

2.1.2. Combinación de Registros y Encuestas

Su aplicación aparece cuando los registros disponibles no facilitan toda la información necesaria para la elaboración del censo. La principal ventaja de esta metodología es la reducción del coste del censo, que puede llegar a representar tan sólo el 1% del gasto de un censo tradicional (Statistics Netherlands, 2007).

2.1.3. Registros Administrativos de población y Enumeración Completa

Sistema mixto aplicable cuando los registros no ofrecen las características demográficas y sociales requeridas, así como cuando la información no es de una calidad suficiente. En España se uso esta metodología en el censo del 2001.

2.1.4. Registros Administrativos de población y Muestra de la Población

Esta variante se utilizo para el censo en España de 2010. La información de la población (sexo, edad, nacionalidad, lugar de residencia) se obtiene de los registros administrativos (Padrón).

2.1.5. Encuesta Continua de Población (ECP)

Método no censal que permite disponer de información poblacional, ante la escasa frecuencia de la realización del censo. El American Community Survey prevé la entrevista anual del 2% de población con lo que se dispondrá de una amplia muestra 2,3.

Otra fuente de información son el **Padrón Municipal**, es un registro continuo de población usado en España como principal fuente de información para las cifras de población. El INE elabora estimaciones de población, estas actualizan las cifras del censo pero con la particularidad que al ser estimaciones los resultados son inferiores al Padrón, las estimaciones no facilitan detalle de la población de municipios.

2.1.6. Fuentes Longitudinales Basadas en la Integración de Registros

La experiencia en Andalucía en el desarrollo de este tipo de fuentes esta recogida en el Plan Estadístico de Andalucía, en el se define el Registro de Población en Andalucía (RPA),con el objetivo de obtener la relación de las personas residentes en Andalucía y sus características principales, en base a los padrones municipales de habitantes como instrumento estadístico y como fuente de nuevas actividades de interés (estadísticas de variaciones residenciales infra y supramunicipales, marco para estadísticas muéstrales dirigidas a la población, trayectorias vitales, etc.).

2.2. Indicadores demográficos

Son datos estadísticos que ponen de manifiesto distintos aspectos de la población. Se utilizan: Tasa, Razón, índices, Proporción, Porcentje.

Los indicadores demográficos permiten observar la evolución en el tiempo de características asociadas a una población, volumen, estructura por edad, sexo, asentamientos.

Los Indicadores Demográficos Transversales como la esperanza de vida o el número medio de hijos por mujer permiten análisis de la población en un momento dado, recibe el nombre de análisis transversal, de período o del momento.

Los Indicadores Demográficos Básicos son operaciones estadísticas que proporcionan series temporales retrospectivas de los indicadores de natalidad, fecundidad, mortalidad, migración, nupcialidad, migración.

El análisis longitudinal o de cohorte (generación, conjunto de individuos que viven un mismo hecho demográfico durante el mismo periodo de tiempo) permite el estudio a lo largo del tiempo.

En Indicadores demográficos, el Índice de Dependencia General se obtiene dividiendo el número de menores de 15 años más el número de mayores de 65 años, entre el número de personas entre 16 y 64 años.

3. ANÁLISIS DE DATOS

3.1. Pirámide de población

Representación gráfica de la estructura por sexo y edad de una población en un instante temporal determinado. La pirámide de población consta de dos histogramas horizontales: el del lado izquierdo representa la distribución por edad de los hombres y el derecho el de las mujeres. Cada barra horizontal representa la proporción de población en un determinado sexo y grupo de edad.

Pirámides de población de España

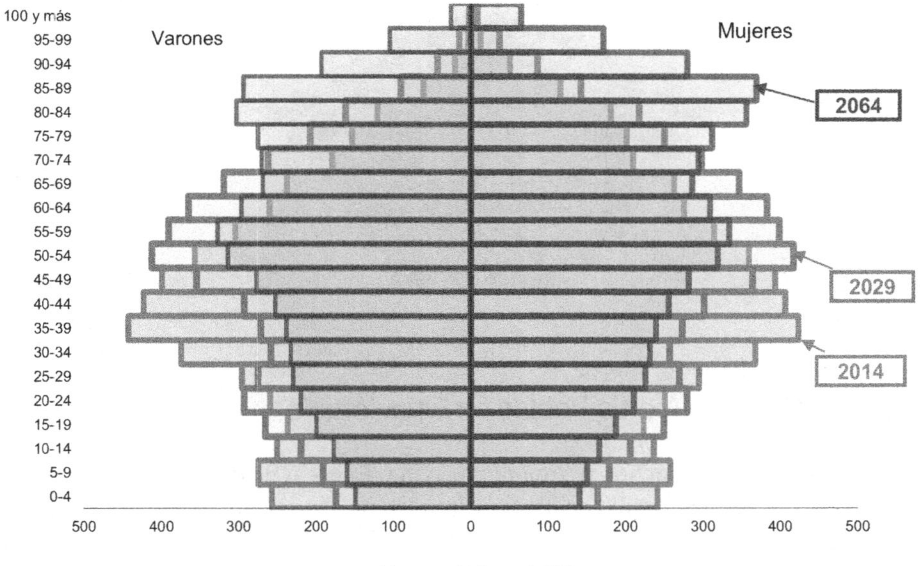

Fuente: Instituto Nacional de Estadística.

3.2. Tipos de pirámides poblacionales

3.2.1. POGADA o de Población Expansiva

Se caracteriza por tener una base ancha y una cima pequeña. Es propia de los países sin desarrollar, en plena transición demográfica con altas tasas de natalidad y mortalidad, y con un crecimiento natural alto.

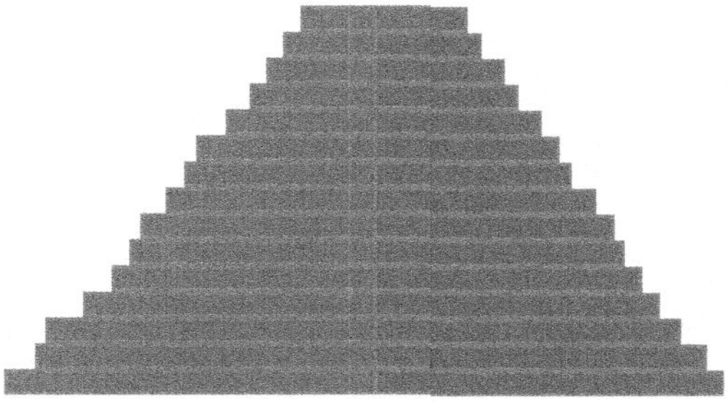

3.2.2. BULBO o de Población Regresiva

De base más estrecha que el cuerpo central y cima relativamente ancha. Es propia de los países desarrollados que han terminado la transición demográfica. Una población envejecida con bajas tasas de natalidad y de mortalidad, y con un crecimiento natural reducido.

3.2.3. CAMPANA o de Población Estacionaria

De base y cuerpo anchos y cima poco ancha. Existe igualdad entre las generaciones jóvenes y adultas, y una reducción importante en las ancianas. El crecimiento natural es bajo. Este tipo de pirámide es propia de las poblaciones que no presentan cohortes de la transición demográfica. Pueden responder a países con tasas de natalidad y mortalidad altas.

3.2.4. Desequilibrada

Cuando existe una desproporción en la composición del sexo y la edad. Éste tipo de población sucede en los países sometidos a conflicto bélico.

4. INDICADORES DE SALUD: CLASIFICACIÓN Y UTILIDAD

4.1. Utilidad

La OMS define el indicador como la variable que sirve para medir los cambios.

El término indicador de salud hace referencia a una característica relacionada con la salud de un individuo o de una población para poner de manifiesto la magnitud de un problema de salud, para reflejar el cambio en el nivel de salud de una población a lo largo del tiempo, para mostrar diferencias en la salud entre diferentes poblaciones y para evaluar hasta qué punto los objetivos de determinados programas han sido alcanzado.

El indicador de salud tiene que cumplir los siguientes atributos: Validez, Confiabilidad, Sensibilidad, Especificidad y mensurabilidad.

Pensemos en el proceso de envejecimiento demográfico ¿implica una mejora paralela del estado de salud? o ¿la prolongación de la supervivencia se consigue bajo el coste de mayores niveles de discapacidad o enfermedad? Es decir, si se puede afirmar o no que una mayor cantidad de vida supone asimismo una mayor calidad de vida. Para responder a estas preguntas y monitorizar simultáneamente los cambios en la duración de la vida y en el estado de salud son útiles las expectativas de salud.

La utilidad de un indicador de salud radica en medir cualitativamente o cuantitativamente una situación determinada evaluando su desarrollo en el tiempo y comparándola con otras mediciones posteriores. Se utilizan para evaluar los progresos realizados en el logro de la salud.

4.2. Clasificación

4.2.1. Calidad de la atención

- Indicador de calidad de la estructura sanitaria.
- Indicador de calidad del proceso asistencial.
- Indicador basado en resultados.

4.2.2. Demográficos: Mencionados a continuación

Esperanza de vida (EV) se define como el número medio de años que espera vivir un individuo de una población determinada si se mantienen los actuales riesgos de muerte por edad. Indicador que refleja no sólo el nivel de salud, sino el nivel social, económico y sanitario de un lugar concreto. Su cálculo está basado en las tasas actuales de mortalidad sujetas a cambios en el tiempo.

Su uso generalmente es para comparar diferentes regiones o países y para observar su evolución en el tiempo, ya que no está influida por las diferencias en la estructura de edad de las diferentes comunidades objeto de comparación.

Años de vida saludable (AVS) indicador basado en la mortalidad y la limitación de actividad, permite en una sola medida no sólo medir la duración sino también la calidad de la vida. La limitación de actividad utilizada para el cálculo de los AVS proviene del indicador global de actividad (siglas en inglés GALI). GALI es un índice simple de incapacidad subjetiva que con única pregunta, trata de medir cuatro dimensiones: la presencia de limitación de actividad, si se trata de una limitación para las actividades que la gente normalmente realiza, si esa limitación, en el caso de que exista, se debe a un problema de salud y si su duración es de al menos 6 meses.

Esperanza de vida en buena salud (EVBS) evalúa, en años, el impacto que, sobre la calidad de vida, ejerce la presencia de enfermedades. La diferencia con los AVS es que los años de vida se ponderan por la percepción subjetiva que los individuos tienen de su propio estado de salud, en lugar de ponderarlos por la limitación de actividad.

La EVBS a una determinada edad **x** representa el número medio de años que, en buena salud, restan por vivir a una persona de esa edad hasta su fallecimiento.

Mortalidad: Con los resultados se evalúa el estado de salud de la población, la vigilancia epidemiológica y la planificación sanitaria. La exhaustividad y la objetividad del fenómeno que recoge, permite la monitorización de los problemas de salud y el establecimiento de prioridades sanitarias así como la realización de comparaciones geográficas y temporales.

Morbilidad permite aproximarse a la carga de enfermedad y de otros problemas de salud en la población. Se obtienen a partir de la información proporcionada por los servicios sanitarios y de sistemas de notificación ajenos al sistema sanitario. Indicadores relacionados con la morbilidad que se obtienen de los sistemas de información:

Altas hospitalarias, Enfermedades infecciosas, Incidencia de cáncer, Víctimas de accidentes de tráfico, Víctimas por accidentes de trabajo.

Salud subjetiva es una de las medidas más empleadas en las encuestas y estudios que tienen como objetivo la medición de la salud y sus determinantes en la población.

Salud Materno infantil.

La Mortalidad infantil se expresa como el número de nacidos vivos muertos antes de cumplir 1 año, en un área geográfica determinada durante un año, por 1.000 nacidos vivos en esa área geográfica durante ese año.

Se divide en mortalidad neonatal: está más relacionada con la calidad de la atención a la mujer gestante y el cuidado neonatal, su cálculo son las defunciones de los niños menores de 28 días de vida. La mortalidad postneonatal está más relacionadas con las circunstancias socioeconómicas de los padres, su cálculo son las defunciones de los niños con 28 o más días de vida y con menos de 1 año.

4.2.3. Otros indicadores

- De daño.
- De recursos y servicios.
- Económico sociales.

5. ANÁLISIS DE LAS NECESIDADES DE SALUD

La evolución demográfica es clave para determinar los servicios de salud y cuidados de una población cada vez mayor y dependiente según apuntan las proyecciones demográficas.

Las proyecciones demográficas para Andalucía son: envejecimiento de la población con un aumento significativo del porcentaje de población mayor de 65 años y reducción de la población infantil. Esta importante variación en la cúspide y en la base de la pirámide poblacional Andaluza determinará de forma clara la demanda de servicios para la dependencia y de atención a la infancia.

5.1. Servicios para la Dependencia

Dependientes son aquellas personas que no pueden realizar al menos una de las actividades básicas de la vida diaria (ABVD) que son el conjunto de actividades primarias de la persona para su autocuidado y movilidad, o las actividades instrumentales de la vida diaria (AIVD).

El envejecimiento de la población incide directamente en la tasa de dependencia de una sociedad dada, y sobre todo en el número de dependientes futuros que necesitarán de servicios o de terceras personas para realizar al menos una de las actividades de la vida cotidiana.

Para la proyección de la dependencia en Andalucía se utiliza el supuesto de que las tasas de prevalencia por sexo y edad se mantienen en el tiempo, estas tasas señalan que la proporción de personas dependientes por sexo y edad es significativamente mayor entre las mujeres por la mayor esperanza de vida y para ambos sexos, a partir de los 75 años de edad.

5.2. Servicios para Menores

Atendiendo a la proyección poblacional de la sociedad Española y Andaluza, la población infantil probablemente disminuya, esto no implica una reducción proporcional de servicios, la disminución de población de menores reduce el tamaño de los grupos, la necesidades en servicios de Salud pueden mantenerse o incluso aumentar según la dimensión de cada variación de los indicadores demográficos y de salud.

6. INDICADORES DEMOGRÁFICOS

Mortalidad: Es el indicador del número de defunciones por cada 1.000 habitantes en un periodo de tiempo y una población concreta. Se expresa como el cociente entre el número medio anual de defunciones ocurridas durante un período determinado y la población media del ese período.

Morbilidad. Medida de la intensidad con que se muestran las enfermedades en una población.

Prevalencia. Proporción de personas enfermas respecto al total de la población en un cierto momento. En términos matemáticos se trata de una "proporción" (una parte dividida por el total).

Incidencia. El número de nuevos afectados por la enfermedad a lo largo de un intervalo de tiempo. En términos matemáticos se trata de una "tasa" (un flujo dividido por la población media durante el tiempo considerado).

7. DEFINICIÓN DE CALIDAD DE VIDA RELACIONADA DE LA SALUD (CVRS)

La OMS define la salud como el estado de completo bienestar físico, mental y social y no solamente la ausencia de enfermedad.

La CVRS se refiere en particular a los efectos de las enfermedades y de sus tratamientos en la vida cotidiana de los pacientes.

La CVRS es un concepto que involucra a salud, estado de salud, estado funcional y calidad de vida y que agrupa elementos tanto propios (físicos y mentales) como externos al individuo, que interactúan con él pudiendo modificar su estado de salud. Una definición breve, es la de que se refiere al estudio de la CVRS como a la evaluación de los "efectos que una enfermedad y su tratamiento ocasionan en la vida de los pacientes".

Para un paciente calidad de vida representa el impacto de una enfermedad y su tratamiento tienen sobre la percepción de su bienestar. Reconocer que la percepción de las personas sobre su estado de bienestar físico, psíquico, social y espiritual depende en gran parte de sus propios valores y creencias, contexto cultural e historia personal.

La evaluación de Calidad de Vida en Relación a la Salud se han desarrollado sobre todo a partir de la investigación de la felicidad, la investigación en indicadores sociales, y área de la salud.

Los instrumentos para la medición de la calidad de vida y CVRS, pueden ser clasificados en: cuestionarios genéricos, recogen aspectos comunes de la calidad de vida en la población general; permiten realizar comparaciones entre grupos, y cuestionarios específicos evalúan los aspectos propios de una enfermedad en particular. Estos últimos apuntan a lograr una mejor sensibilidad al cambio.

Como consenso alcanzado por el grupo Whoqol las medidas de CVRS deben ser:

Subjetivas

Recoger la percepción de la persona involucrada.

Multidimensionales

Relevar diversos aspectos de la vida del individuo, en los niveles físico, emocional, social, interpersonal etc. Incluir sentimientos positivos y negativos.

Registrar la variabilidad en el tiempo

La edad, la etapa vital que se atraviesa (niñez, adolescencia, adultez, adulto mayor), el momento de la enfermedad que se cursa, marcan diferencias importantes en los aspectos que se valoran.

Uno de los instrumentos que se han utilizado para su valoración es el COOP/WONCA.

Tema 17

Plan integral de atención a la accidentabilidad

Noelia Díez Herrero
Licenciada en Derecho

Rodio ediciones

Índice esquemático

1. INTRODUCCIÓN

El Plan de atención a la accidentabilidad en Andalucía, nace del deseo y la necesidad de ofrecer una respuesta conjunta y organizada al problema de la accidentabilidad en Andalucía.

Pretende ser un instrumento que integre las intervenciones más adecuadas en orden a prevenir, asistir, curar y rehabilitar. Además, y paralelamente, deberá desarrollarse la formación específica y la investigación sobre las causas y soluciones de la accidentabilidad como dos elementos claves.

La accidentabilidad en sus distintos tipos constituye uno de los problemas más graves de la **Salud Pública**, de hecho es la primera causa de mortalidad entre los jóvenes.

Distintos estudios demuestran que los hábitos saludables, evitan muchos accidentes, por este motivo en Andalucía se elabora este plan para estudiar las causas de los accidentes, tratar de evitarlas y atenderlas de la mejor forma posible una vez que inevitablemente se producen.

El Plan Integral andaluz se centra así en tres líneas de trabajo simultáneas y asociadas a las tres fases que rodean un accidente:

1. **Antes.** Con acciones preventivas intersectoriales encaminadas a evitar que el accidente se produzca.
2. **Durante.** Prestando la mejor atención posible y potenciando la coordinación de los distintos servicios y dispositivos implicados.
3. **Después.** Tras el alta médica, articulando las actuaciones que garanticen la continua asistencia posterior.

Los accidentes en los que se centra este Plan son fundamentalmente los de la infancia, mayores (por accidentes domésticos), y jóvenes (accidentes de tráfico) potenciando la atención e integración funcional de las personas afectadas. La accidentabilidad es la 1ª causa de mortalidad en las edades jóvenes, el 80% de accidentes requieren Atención Sanitaria, lo cual repercute sin ninguna duda en la calidad de vida de los pacientes y sus familiares.

Se excluyen los accidentes laborales, que al ser muy específicos, y deben estudiarse en un ámbito propio.

Para dar respuesta a esta problemática de la accidentabilidad, se han establecido un total de 181 Líneas Acción, repartidas en 11 Líneas Estratégicas para:

- Evitar el accidente.
- Mejorar la asistencia.
- Creando un Espacio Socio Sanitario.

2. IDEAS CLAVES

- Se trata de un problema prioritario de salud.
- La creación de este Plan de Accidentabilidad es un compromiso que se adquiere en el III Plan Andaluz de Salud.
- El Plan parte de la base de que los accidentes son evitables.
- El Plan pretende dar una atención integral, por medio de políticas integradas y de una visión conjunta y una atención unificada.

3. PRINCIPIOS GENERALES

- El Plan Integral de Atención a la Accidentabilidad tiene como principios generales:
- Esta centrado en la persona.
- Tiene carácter intersectorial.
- Es equitativo y solidario.
- Es un Plan integrado. Que busca la atención integral.
- Está orientado a resultados.

4. SITUACIÓN DE LA ACCIDENTABILIDAD EN ANDALUCÍA

Es necesario distinguir entre accidente voluntario: (Agresiones, malos tratos, delitos) y accidente involuntario (tráfico, doméstico...) este segundo significado, es del que trata el plan.

Para analizar la accidentabilidad en Andalucía se ha hecho hincapié en varios puntos:

- Seguridad y accidente.
- Accidentalidad por tráfico.
- Accidentes Domésticos y de Ocio (lo que se denomina DADO).
- Asistencia a la accidentabilidad en Andalucía.
- Expectativas de la población, pacientes, familiares y profesionales implicados.

5. OPORTUNIDADES DE MEJORA: ÁREAS PRIORITARIAS DE ACTUACIÓN

Considerando el diagnóstico de situación de la atención a los accidentes en Andalucía y teniendo en cuenta las expectativas de pacientes, personas lesionadas y profesionales así como los recursos existentes, se detectan las siguientes áreas prioritarias de actuación:

A) En prevención

- Desarrollar estrategias intersectoriales fomentando una mayor participación y asunción de responsabilidad de las distintas administraciones, departamentos, empresas, agentes sociales, usuarios y usuarias y ciudadanía en general.
- Adoptar intervenciones basadas en un análisis profundo de las características de los accidentes y de las lesiones, así como en la evidencia de su eficacia.
- Corregir las desigualdades del impacto de los accidentes.
- Inclusión de actividades sistemáticas de prevención primaria y secundaria desde el ámbito Clínico, especialmente en relación con el consumo de alcohol, fármacos psicoactivos y drogas ilegales, así como con el uso de dispositivos de seguridad (cinturón, sillas, casco).
- Definir y establecer actividades preventivas orientadas a potenciar estilos de vida saludables, con actuaciones específicas sobre aquellos factores de riesgo que se relacionan con los accidentes.

B) En área asistencial

- Generalización de la utilización de los procesos asistenciales y rediseño del modelo asistencial tradicional basado en la atención a los episodios hacia un modelo de atención basado en la gestión del proceso asistencial integrado, desde el que se garantice la continuidad asistencial. Para ello, son elementos clave:
  a) Mejorar la rehabilitación integral en el nivel de asistencia en los servicios y su continuidad en el domicilio, incorporando instrumentos claves como son el alta programada, la formación de personas cuidadoras y los programas de apoyo y seguimiento.
  b) Adecuar la dotación y renovación tecnológica de los centros sanitarios para el diagnóstico, el tratamiento y la rehabilitación de las personas afectadas.
  c) La ordenación de los recursos siguiendo la premisa establecida en la descripción del proceso asistencial: situar el recurso (coste) en el lugar necesario (beneficio).
  d) La mejora de la comunicación y coordinación entre niveles asistenciales.

C) Comunes

- Adecuar los sistemas de información sanitaria (emergencias, urgencias, altas hospitalarias, registros de traumatología) a las necesidades de análisis y seguimiento del impacto en la salud de las lesiones producidas por accidentes de tráfico y de sus principales determinantes, facilitando la conexión de los datos de accidentes de las fuentes policiales.
- Impulsar la medición de indicadores de calidad y el establecimiento de estrategias de mejora.

- Definir y potenciar vías de colaboración con personas afectadas y asociaciones de pacientes.
- Desarrollar programas de formación continuada de profesionales.
- Potenciar el desarrollo de la investigación dirigida a la prevención.
- Inclusión de módulos y cursos específicos de formación en prevención y controles de accidentes y lesiones por accidentes de tráfico en los programas de pregrado y postgrado de Medicina, Enfermería y Salud Pública, Fisioterapia, Terapia Ocupacional, Trabajo Social y Logoterapia.

6. OBJETIVOS DEL PLAN INTEGRAL DE ATENCIÓN A LA ACCIDENTABILIDAD EN ANDALUCÍA

1. Reducir la incidencia de accidentes en Andalucía.
2. Reducir la mortalidad causada por los accidentes.
3. Reducir el número y severidad de las discapacidades causadas por los accidentes.
4. Mejorar la calidad de vida de las personas lesionadas y apoyo a sus cuidadores/as.
5. Garantizar a las personas lesionadas en accidentes una atención sanitaria basada en la estructuración del proceso asistencial, desde la perspectiva de la continuidad asistencial como elemento de calidad integral.
6. Adecuar la oferta de servicios a las necesidades de la población de manera efectiva y eficiente.
7. Aumentar el grado de conocimiento e información de la población sobre la accidentabilidad.
8. Invertir en la formación de profesionales y en la investigación para la lucha contra los accidentes y sus repercusiones.

7. LÍNEAS DE ACTUACIÓN

Para la consecución de estos objetivos se establecen las siguientes líneas de actuación:

- De acción intersectorial para la prevención y control de la siniestralidad de tráfico.
- Comunicación e información.
- Prevención primaria.
- La asistencia sanitaria a las personas lesionadas y víctimas de accidentes de tráfico: gestión del proceso asistencial.
- Actuaciones especiales en grupos específicos.
- Sistemas de información.
- Voluntariado y grupos de ayuda: asociaciones.

- Formación y desarrollo profesional.
- Investigación e innovación.
- Potenciación de la red andaluza de atención a los accidentes.
- Desarrollo normativo: Consejo Asesor sobre accidentes en Andalucía.

7.1. La prevención a través de la acción intersectorial

Desde el ámbito de la Salud Pública se viene poniendo especial énfasis en la magnitud y gravedad del problema de la accidentabilidad, al tiempo que se hace un llamamiento a la necesidad de aunar esfuerzos para su resolución, dado que es un problema prevenible.

Reconocida la complejidad de la situación generada por la falta de intervenciones efectivas sobre el problema de la alta accidentabilidad, resulta necesaria la búsqueda de fórmulas organizativas, como la acción intersectorial, que permitan sumar las acciones conjuntas de varios sectores, a la vez que compartir responsabilidades, recursos e instrumentos.

Partimos de la definición de Acción Intersectorial para la Salud, según la Oficina Regional Europea de la OMS, en su documento "Salud para Todos en el Siglo XXI":

"La Acción Intersectorial en Salud es la relación conocida entre parte o partes del sector de la sanidad con parte o partes de otro sector que se ha originado para pasar a la acción, con objeto de alcanzar objetivos de salud de una manera que sea más eficaz, efectiva o adecuada de lo que se lograría si el sector de la sanidad actuara sin ayuda".

La acción intersectorial debe estar basada esencialmente en el principio de la operatividad, en el carácter permanente de las acciones y en una estrecha coordinación funcional, que faciliten el apoyo a las actividades de prevención que se desarrollan en el nivel local y propicie la participación de todos los agentes sociales, de manera muy especial la de la juventud.

A) Mesas intersectoriales para la prevención de accidentes de tráfico

La prevención de los accidentes de tráfico precisa un abordaje que excede claramente al sector de la seguridad vial en su concepción más clásica. Se hace, pues, necesario impulsar políticas de colaboración entre los distintos sectores del ámbito de la seguridad vial, que permitan y faciliten la puesta en marcha de nuevas medidas de prevención que nos aseguren a medio plazo la reducción de la siniestralidad del tráfico y de sus consecuencias. En este proceso es clave la implicación de los distintos estamentos de la sociedad relacionados con el problema.

Como resultado de esta estrategia, desde hace algunos años se han constituido en las provincias andaluzas las mesas intersectoriales para la prevención de los accidentes de tráfico en jóvenes que, en su primera fase de actuaciones, se ha dirigido a zonas geográficas seleccionadas por criterios demográficos, del parque automovilístico y por sus elevadas tasas de siniestralidad.

Las Mesas Intersectoriales de Tráfico, ya constituidas en todas las provincias, tienen como funciones propias la coordinación institucional, el apoyo al ámbito local y el fomento de la participación de la propia juventud en la resolución del problema, con la finalidad de lograr una reducción efectiva de la siniestralidad del tráfico y de sus consecuencias.

LÍNEAS DE ACTUACIÓN 2007 - 2012

A. Desarrollar las mesas intersectoriales para la prevención de accidentes de tráfico en jóvenes, en todos las provincias de la comunidad

1. Realizar un diagnóstico de situación del problema de los accidentes de tráfico en jóvenes en el ámbito geográfico de referencia.
2. Detectar y describir situaciones de especial riesgo que requieran una intervención selectiva para su control.
3. Priorizar las intervenciones desde las distintas administraciones competentes, garantizando la efectividad y factibilidad de dichas intervenciones.
4. Promocionar el uso del casco por parte de usuarias y usuarios de ciclomotores y del cinturón de seguridad y de dispositivos de retención infantil en vehículos en zonas urbanas mediante campañas informativas y un control policial efectivo.
5. Potenciar la educación vial en el estamento educativo y armonizar las actividades de educación vial que las distintas instituciones vienen desarrollando de manera sistemática.
6. Facilitar la formación de mediadores juveniles en prevención de accidentes de tráfico, para mejorar y cambiar las actitudes del colectivo de jóvenes en la conducción de vehículos, transmitiendo información y conocimientos "de igual a igual".
7. En colaboración con los medios de comunicación, crear un estado de opinión para reducir la actual resignación social derivada de la creencia de que los accidentes de tráfico son fortuitos e inevitables.
8. Celebrar encuentros específicos de las mesas intersectoriales, con todos los sectores implicados, para sensibilizar a instituciones y profesionales.

   Las Mesas Intersectoriales de Tráfico se constituyen en todas las provincias de acuerdo a la siguiente composición:

   a) Jefatura Provincial de Tráfico.

   b) Delegación Provincial Salud y EPES-061.

   c) Delegación Provincial Educación y Ciencia; d) Instituto Andaluz de la Juventud.

   e) Ayuntamientos con el Área de Seguridad - Policía Local y Área de Juventud.

f) Diputación Provincial con el Servicio de Educación y el Centro Provincial Drogodependencias.
g) Universidad.
h) Consejo de la Juventud de Andalucía.
i) Cruz Roja Juventud.
j) Federación Asociación Padres/Madres de Alumnos/as.
k) Federaciones de Vecinos/as.
l) Fundaciones del ámbito de la seguridad vial.
m) Asociación Provincial de Autoescuelas.

9. Con el Instituto Andaluz de la Juventud, distribuir periódicamente información y materiales sobre accidentes de tráfico a través de la Red de Información Juvenil.
10. Con las autoescuelas, para que la población joven reciba una formación dirigida a enfatizar los factores de riesgos de la conducción.
11. Crear redes locales constituidas por los representantes locales de las organizaciones provinciales.

7.2. Información a la ciudadanía

Las ciudadanas y los ciudadanos representan el centro y la razón de ser del Sistema Sanitario. La satisfacción de sus necesidades y expectativas se presenta como objetivo prioritario en este Plan; la transparencia, la información y la participación son decisivas para conseguirlo. Las lesiones producidas por accidentes representan un problema de salud con un tremendo impacto en la morbimortalidad y discapacidad prematura en nuestro medio, por lo que es necesario un plan de información y comunicación dirigido a toda la ciudadanía y especialmente a colectivos y sectores específicos de riesgo para los distintos tipos de accidentes.

La calidad técnica es un pilar básico de la atención sanitaria, aunque elementos como la amabilidad, la empatía, el tiempo de espera y la información proporcionada son decisivos para que las personas se sientan satisfechas con el servicio que reciben.

Además, el grado de información constituye un elemento clave para el control de los accidentes, desde dos puntos de vista:

1. Información a la población general sobre los factores de riesgo y las intervenciones en hábitos de comportamiento en materia de accidentes.
2. Información a los grupos de mayor riesgo en cada tipo de accidentes.

Uno de los principales problemas al que nos enfrentamos a la hora de abordar los accidentes es la idea de fatalidad, casualidad, azar o inevitabilidad que los rodea. Los accidentes se han asociado a lo imprevisible, con la carga de resignación que esto conlleva. El mensaje que se oculta detrás de esta concepción dificulta toda posibilidad de prevención, ya que aparentemente nos enfrentamos al "azar" o al "destino". Sin embargo, hoy día podemos afirmar, tal y como lo hizo la Organización Mundial de la Salud en 1961, que "el accidente no es accidental"

La información dirigida a la población deberá estar sustentada en un plan de comunicación, cuyo objetivo será transmitir el modelo comprensivo de la accidentabilidad como un hecho evitable y la importancia de las conductas de riesgo y del uso de los dispositivos de seguridad y control.

Se observan varios agentes en la comunicación sobre los accidentes y sus efectos.

Por un lado, los colectivos de educadores, profesionales de la salud, así como las organizaciones sindicales, empresariales, sanitarias y políticas, junto con los medios de comunicación. Por otro, el conjunto de la población y, muy especialmente, los grupos y perfiles de riesgo ya descritos para cada tipo de accidente. Se requiere, por tanto, una estrategia diversificada de comunicación social, mediática y científica del problema, para conseguir la implicación de los distintos sectores, no sólo en lo referente a su sensibilización para asumir la importancia social del problema, sino también y, lo que es más importante, para su coordinación en el desarrollo de las diferentes estrategias.

Tradicionalmente, la actividad médica ha centrado sus esfuerzos en la labor asistencial a las víctimas de accidentes y a la rehabilitación de sus lesiones, siendo muy escasa su participación en actividades preventivas, a pesar del gran papel que en este ámbito puede desarrollar. El personal sanitario, principalmente en el nivel de la Atención Primaria de salud, se encuentra en una posición privilegiada para actuar en la prevención de estos accidentes. En este sentido, la educación sanitaria y el consejo médico desempeñan un gran papel. Hay que empezar a integrar preguntas sobre pautas de conducción en la historia clínica. Dentro del consejo médico, debe hacerse hincapié en la utilización de los dispositivos de seguridad y en evitar conducir bajo los efectos del alcohol y otras sustancias psicoactivas. En la práctica clínica, se debe tener en cuenta si la enfermedad y/o la medicación que se prescriben afectan o limitan la capacidad para conducir con seguridad y aconsejar consecuentemente a cada paciente, así como rescribir la medicación que menos deteriore la capacidad de conducción.

Así mismo, se debe intervenir en los casos de pacientes con problemas relacionados con el alcohol. En las situaciones en las que sea preciso restringir la conducción de vehículos, hay que recordar que el consejo médico en este sentido es el mejor aceptado y admitido.

Las tecnologías de la comunicación representan una herramienta más para la mejora del acceso a la información y educación de los agentes implicados y de la población en general.

LINEAS DE ACCIÓN 2007 - 20012

A. Campañas de información y divulgación a la ciudadanía sobre accidentes

Las instituciones y los centros sanitarios deberán:

1. Promover **campañas de información y sensibilización** sobre los accidentes y sus factores de riesgo. La Consejería de Salud participará y colaborará, junto a los medios de comunicación y las revistas especializadas, para proporcionar men-

sajes que induzcan actitudes positivas en la población general y en los grupos y perfiles de riesgo en particular (campañas de sensibilización sobre los accidentes como hecho evitable, conductas y factores de riesgo y uso de los dispositivos de seguridad y control). Se sugiere el carácter rotatorio anual para cada tipología: año 2007, accidentes de tráfico; año 2007, accidentes domésticos.

2. Desarrollar el **plan de comunicación del Plan Integral de Accidentabilidad en Andalucía**, cuyo objetivo será la sensibilización de la población, profesionales y de todos los agentes implicados, para lograr visibilidad sociosanitaria y socio-política, con especial atención a la implicación interinstitucional e intersectorial de los estamentos responsables en la toma de decisiones. El plan de comunicación ha de ser continuado y mantenido en el tiempo de vigencia del plan y deberá estar conectado con su correspondiente grupo de referencia.
3. **Campaña de información "Conducción y Medicamentos"**: sobre los efectos de ciertos fármacos. Las instituciones sanitarias, en colaboración con el Colegio de Farmacéuticos, desarrollarán campañas y elaborarán material divulgativo informando de los fármacos que pueden interferir con la conducción normal: antihistamínicos, benzodiacepinas, ansiolíticos.
4. **Creación de la "Web de Accidentabilidad"** para el acceso a información y la difusión de conocimiento sobre los accidentes. El objetivo es facilitar el acceso a la ciudadanía a fuentes de información fiables sobre aspectos relacionados con los accidentes y sus consecuencias. Por otro lado, debe ser un elemento básico de apoyo que proporcione documentación, cuestionarios, material educativo y de divulgación para la realización de cualquiera de los programas específicos de prevención de "mayores", "infantiles" y de "primeros intervinientes".

   La Web deberá contener:

   - Información relacionada con las causas más frecuentes de accidentabilidad en función a la edad, profesión, sexo, entornos, etc.
   - Material educativo y guías de prevención de accidentes.
   - Consejos sanitarios en caso de accidentes y cómo contactar con el sistema sanitario.
   - Estadísticas actualizadas de accidentabilidad en nuestra comunidad.
   - Relación de asociaciones de pacientes y familiares.
   - Información sobre ayudas y subvenciones.
   - Enlaces a centros de excelencia y otras Web de interés.

   El diseño y desarrollo de la Web de Accidentabilidad requiere una estrategia intersectorial, con la participación de todos los agentes implicados en el problema: Dirección General de Salud Pública, Consejerías de Educación y Asuntos Sociales, además de la Dirección General de Tráfico.

5. Impulsar actividades divulgativas y campañas, preferentemente de carácter local, de acuerdo a las propuestas **del Plan Estratégico Básico de Seguridad Vial**, de transmisión de información básica, no sólo por su inmediatez, sino porque permite adaptarse a los perfiles y modelos de la realidad local en estos

colectivos. Estas acciones intersectoriales deberán ser realizadas con los ayuntamientos, Tráfico y Educación.

6. **Campañas de eventos**, para la prevención de accidentes de tráfico en el colectivo de jóvenes como alternativa efectiva para llevar información directamente a los espacios de concentración y encuentro habituales de la juventud: concentraciones deportivas, conciertos musicales y movida juvenil. Este tipo de campañas más directas y en contacto con ídolos y personas que ejercen el voluntariado y la mediación juvenil, están resultando de una alta efectividad y deberán ser realizadas con el Consejo de la Juventud y ayuntamientos.
7. Impulsar campañas para resaltar aspectos relacionados con la **seguridad en las actividades deportivas** de la población infantil y juvenil, como el fútbol base y escolar. El principal tema de la campaña debería ser urgir a todas las personas implicadas y relacionadas con el deporte escolar y juvenil a reconocer el riesgo potencial, a realizar las necesarias comprobaciones de las instalaciones, material, porterías, etc. y tomar las debidas precauciones. Las campañas deberán ser realizadas con la participación de la Consejería de Educación, la Federación de Fútbol, Consejería de Cultura, Consejería de Turismo y Deportes y la Consejería de Salud.
8. Facilitar, a través de **"Salud Responde"**, información a la población y especialmente a personas lesionadas por accidentes y familiares sobre recursos y normas básicas de atención a la accidentabilidad.

B. Consejo preventivo en atención primaria. las instituciones sanitarias impulsarán el consejo preventivo para prevenir los accidentes de tráfico o reducir sus efectos

1. Impulsar la extensión del **consejo preventivo** sobre seguridad vial y los accidentes en general a la **Atención Primaria**.
2. Dar consejo a la totalidad de pacientes respecto a los peligros de conducir un automóvil bajo la influencia del **alcohol y otras drogas** y también sobre los riesgos de viajar en un vehículo conducido por alguien que esté bajo la influencia de estas sustancias. Esta intervención deberá priorizarse en aquellos grupos que presentan mayor riesgo de sufrir accidentes de tráfico, como adolescentes y jóvenes.
3. Dar consejo a las personas que conduzcan vehículos que transporten menores para instalar y utilizar regularmente **los asientos de seguridad específicos para población infantil** aprobados por la normativa, ya que éstos pueden reducir las lesiones graves hasta un 67% y la mortalidad un 71%. Los asientos infantiles con la cara hacia atrás no deben colocarse en el asiento delantero de automóviles equipados con airbag para ocupante del asiento lateral. El personal sanitario debe informar a madres y padres que, dentro del automóvil, la posición más segura de estos asientos es la parte media del asiento trasero.
4. Dar consejo regularmente a sus pacientes sobre el uso de **cinturones de seguridad** para si mismos y demás ocupantes de sus vehículos, tanto cuando conducen como cuando viajan en otro automóvil, incluyendo los automóviles equipados con bolsa de aire (airbag). Es importante recordar la importancia de usar cinturones de seguridad incluso en trayectos cortos. El uso del cinturón

de seguridad lumbo-pectoral puede disminuir el riesgo de lesiones moderadas y severas en ocupantes de los asientos delanteros hasta en un 55% y puede reducir la mortalidad por accidentes en un 40-50%.

5. Informar a sus pacientes sobre la **efectividad de la bolsa de aire (airbag)** como complemento del cinturón de seguridad a la hora de reducir la morbimortalidad debida a los accidentes. Los airbags incrementan la efectividad de los cinturones lumbo-pectorales en casi un 5-10%. Además, evitan un 18-19% de todas las muertes entre las personas conductoras de automóviles y un 13% de muertes entre las que viajan en el otro asiento delantero.
6. Dar consejo a las personas que conducen o viajan en vehículos de motor de dos ruedas sobre la importancia de utilización de **cascos homologados**, basado en el hecho de que reduce a la mitad el riesgo de traumatismo craneal mortal o grave.
7. Promover el uso del **casco de protección** por parte del grupo de alto riesgo que constituye el colectivo de **ciclistas**, en particular en el grupo de edad comprendido entre los 10 y los 14 años, que es el que presenta el riesgo más elevado. Se estima que el riesgo de traumatismo craneal entre ciclistas se reduce entre el 63-85% con el empleo del casco.
8. Advertir a pacientes, tanto el personal médico que prescribe un medicamento como el personal de farmacia que lo dispensa, de los posibles **efectos del fármaco sobre la capacidad para conducir**. Siempre que sea posible, debe seleccionarse un medicamento que afecte en menor medida a la capacidad para conducir.
9. Investigar el diagnóstico de apnea del sueño siempre que una persona refiera que se queda dormida conduciendo. Se debe evitar que pacientes con este diagnóstico conduzcan mientras están en tratamiento. De acuerdo a las recomendaciones de la Asociación Médica Americana, el colectivo médico debe actualizar sus conocimientos sobre diagnóstico y tratamiento de los trastornos del sueño, investigar adecuadamente los síntomas de somnolencia y fatiga entre sus pacientes, informar de los riesgos personales y sociales de la somnolencia en la conducción y en el trabajo, así como de las medidas a tomar para prevenir los accidentes.

C. Consejos preventivos para evitar las caídas en mayores o reducir sus efectos

Los diferentes grupos de profesionales de la salud deberán:

1. Impulsar programas locales de **prevención de fracturas osteoporóticas** y fomentar la creación de equipos interniveles de profesionales sanitarios de Atención Primaria y Especializada para liderar programas de osteoporosis.
2. **Aconsejar medidas a las personas mayores para reducir el riesgo de caídas**, incluyendo ejercicios (particularmente entrenamiento para mejorar el equilibrio), junto con la monitorización y ajuste de las medicaciones. Estas recomendaciones se basan en las favorables evidencias de que estas medidas reducen la probabilidad de sufrir caídas (recomendación B), aunque la efectividad de los

consejos rutinarios en ancianas y ancianos para prevenir las caídas no ha sido adecuadamente evaluada (recomendación C).

3. Se recomiendan **intervenciones multifactoriales**, intensivas e individualizadas en domicilios para reducir el riesgo de caídas en pacientes mayores de alto riesgo, en aquellos lugares donde haya adecuados recursos disponibles para dar estos servicios (recomendación B). Se consideran personas ancianas con alto riesgo de sufrir caídas a las mayores de 75 años o en edades entre 70-74 años con uno o más factores de riesgo adicionales, incluyendo los siguientes: uso de ciertos fármacos psicoactivos y cardíacos (benzodiacepinas, antihipertensivos), uso de cuatro o más fármacos, deterioro cognitivo, de la fuerza, del equilibrio o de la marcha.
4. Evaluar, en personas mayores que acudan a urgencias por caídas, la presencia de **factores de riesgo** adicionales e intervenir en aquellos casos que presenten alto riesgo de futuras caídas.
5. **Promover el ejercicio físico** en personas mayores con alto riesgo para caídas, dirigiendo los casos a las unidades de rehabilitación integral de Atención Primaria para la prevención de caídas y fracturas.
6. Promover entre las personas mayores la revisión regular de la agudeza visual.

D. Proporcionar información a ciudadanía y pacientes durante el proceso asistencial

El personal sanitario deberá:

1. Comunicarse con pacientes y/o familiares, de forma que la información transmitida les proporcione la máxima confianza posible respecto a lo que pueden esperar de su sistema sanitario. Siempre que existan diferentes opciones terapéuticas para el tratamiento de los traumatismos y lesiones derivados del accidente, éstas deberán ser claramente explicadas pacientes y familiares.
2. Adoptar un método de proximidad y rigor en la información, evitando un lenguaje excesivamente tecnificado e introduciendo en la información datos que expresen la cuantificación real, en nuestro medio, de los resultados que se esperan obtener ante una propuesta terapéutica, promoviendo la toma de decisiones compartidas con cada paciente y/o sus familiares.
3. Recoger información del uso de medidas de protección en víctimas y personas lesionadas por accidentes de tráfico: casco, cinturón de seguridad, asiento de seguridad infantil, etc. Interrogar sobre el uso de medicamentos y drogas, investigar y detectar la presencia de alcohol y, en caso afirmativo, aconsejar sobre los riesgos que supone su uso.

7.3. Líneas de prevención en colectivos específicos

Además de las ya mencionadas campañas comunitarias de información y educación, que se han mostrado como actividades básicas (pero no suficientes) para la reducción de los accidentes y del imprescindible desarrollo de las estrategias intersectoriales específicas para el abordaje de la siniestralidad, se propone fomentar entre la profesión sanitaria y otras profesiones implicadas la prevención de los accidentes, en conexión con los programas asistenciales y educativos, con la participación directa y el protagonismo de la ciudadanía, de sus asociaciones y mediadores en la comunicación.

Los diferentes recursos del sistema sanitario deberán destinarse a acciones preventivas basadas en la detección y corrección de factores de riesgo, principalmente en el ámbito de la Atención Primaria de salud y dirigidos fundamentalmente a población infantil, adolescentes y personas mayores.

LÍNEAS DE ACCIÓN 2007-2012

A. "Programa Mayores" de prevención de accidentes y de promoción de vida saludable dirigido a personas adultas

Tiene como objetivos informar sobre accidentes y prevenirlos, así como facilitar el acceso a los servicios públicos en caso de producirse. Se dirige a mayores de 55 años e incluirá las siguientes acciones

1. Información general sobre aquellas situaciones y entornos que pueden originar accidentes en el hogar y en la calle (caídas y atropellos). Este programa se complementará con formación específica de estilos de vida saludable canalizada a través de la Web de Accidentabilidad.
2. Fomento de la actividad física como medida de prevención de discapacidades relacionadas con procesos crónicodegenerativos.
3. Revisiones sensoriales en personas mayores de 65 años a los que con una periodicidad bianual se les realizará revisión visual y auditiva.
4. Oferta de teleasistencia a personas mayores de 65 años, facilitándoles un dispositivo para que, en caso de accidente, puedan contactar (desde cualquier lugar del domicilio) con los servicios públicos.

La Enfermería de Familia y de Enlace participará en la detección de la población beneficiaria del programa. Este programa deberá ser impulsado por la Dirección General de Salud Pública y Atención Primaria, con la participación de los servicios sociales comunitarios, corporaciones locales, instituciones deportivas, servicios médicos de empresa, sindicatos, Servicio Andaluz de Teleasistencia.

B. "Programa Infantil" de prevención de accidentes, dirigido a menores, madres, padres y educadores

Tiene como objetivos aumentar la información sobre la accidentabilidad, facilitar la identificación de potenciales riesgos en el entorno del hogar, proporcionar actitudes y habilidades para detectar situaciones de emergencia, así como realizar maniobras de primeros auxilios y soporte vital básico. Incluirá las siguientes acciones.

1. Actividades de difusión e información en centros escolares, a través de las AMPA, sobre la importancia de los accidentes en la edad infantil y cuáles son las circunstancias asociadas a los accidentes en el entorno del hogar.

2. Distribución de un cuestionario a través de los colegios sobre aquellas circunstancias que en el hogar son causa más frecuente de accidentes, al objeto de que cada niño o niña, con ayuda de sus progenitores, pueda detectar en su hogar potenciales riesgos de accidentabilidad.
3. Programas de formación en primeros auxilios y soporte vital básico para escolares a partir de los 11 años, impartidos por el profesorado del propio centro. Tanto los contenidos de los programas como los cuestionarios deberán estar accesibles a través de la Web de Accidentabilidad. Este Programa debe contar con el impulso de la Consejería de Educación.

C. "Programa primeros intervinientes" de coordinación con instituciones públicas y privadas cuyos profesionales actúan como primeros intervinientes en un elevado número de accidentes en el entorno de la calle

Va dirigido a profesionales de cuerpos y fuerzas de seguridad del Estado, corporaciones locales y empresas de seguridad. Tiene como objetivos:

Aumentar la información sobre la accidentabilidad.

1. Formar y capacitar a los distintos colectivos profesionales de acuerdo a protocolos de actuación consensuados para la atención a los accidentes.
2. Proporcionar actitudes y habilidades para detectar situaciones de emergencia, alertar a servicios sanitarios e iniciar maniobras de primeros auxilios y soporte vital básico, cuando sean necesarias. El desarrollo de este programa incluirá formación presencial teórica y práctica además del apoyo en contenidos de la propia Web de Accidentabilidad.

D. Conexión con otros programas de reducción de daños

Las instituciones sanitarias, mediante acciones intersectoriales recogidas anualmente como objetivos específicos en los correspondientes contratos de gestión, conectarán con otros programas ya existentes y en aplicación: Forma Joven, Apoyo a la Familia, Atención Domiciliaria...

E. Convocatorias de ayudas

Bajo subvención específica, para disminuir el riesgo de accidentes en hogares con presencia de mayores. Implica la modificación de áreas de especial riesgo: cocina, cuarto de baño y del entorno físico. Convocatorias de ayudas anuales con implicación de diversas instituciones y áreas: Sanitaria, Consejería de Presidencia (familia y juventud), Obras Públicas, Vivienda y diputaciones. Por otra parte, es necesario conservar e impulsar las actividades ya iniciadas en campos específicos como accidentes de tráfico.

F. Formación de profesionales

Con implicación en la accidentabilidad sobre prevención, asistencia y rehabilitación, centrada en los perfiles de riesgo y modelos de ocurrencia y dirigida a las personas cuidadoras, mediadores sociales, informadores, asociaciones de consumidores y personas con discapacidad.

G. Comités de seguimiento de accidentes graves

Constituidos en los distritos de Atención Primaria, con el objetivo de aumentar la información de la población y de los colectivos profesionales sobre los accidentes de su zona y reducir el impacto de los mismos y garantizar la continuidad asistencial. Las actividades irán encaminadas a efectuar el seguimiento del número, las características y los tipos de accidentes ocurridos en su zona, supervisión del registro de los mismos, control en determinados casos, promoviendo cambios si se detectan riesgos. Estos comités estarán integrados por profesionales de trabajo social, enfermería de familia y de enlace, medicina de familia y pediatría.

H. Reedición de la guía educativa de accidentabilidad para el profesorado y el alumnado

Actualizar, reeditar y difundir la guía educativa actualmente existente, como material informativo y divulgativo para programas de primaria y secundaria. Para ello, se constituirá un equipo conjunto de las Consejerías de Salud y Educación, con la participación de personal de dirección, de educación y del ámbito sanitario. Para lograr la máxima difusión y distribución de la guía, se recomienda la celebración de jornadas conjuntas con la Consejería de Educación.

I. Elaboración de material informativo y educativo sobre prevención de accidentes adaptado para cada perfil de riesgo

Las instituciones sanitarias elaborarán folletos que serán empleados en centros sanitarios como apoyo a las actividades de prevención de accidentes, con información y consejos adecuados a la edad, que serán entregados por el personal sanitario en la consulta médica, de enfermería, de planificación, etc. Igualmente, podrán ser empleados en la atención a domicilio, para apoyar los consejos preventivos, la detección de factores de riesgo y la información sobre programas específicos "Programa Mayores" de prevención de accidentes, ayudas y subvenciones disponibles. Deberán ir dirigidos a los principales perfiles de riesgo identificados en nuestra comunidad:

1. Primer año: prevención de muerte súbita, caídas desde distinto nivel...
2. De 1 a 4 años: prevención en el hogar, seguridad en la piscina, etc.
3. De 4 a 9 años: prevención en la calle y los lugares de ocio, cascos en bicicletas, seguridad en zonas de baño.
4. Adolescencia: prevención en accidentes de tráfico, alcohol y drogas, seguridad en deportes.
5. Mujer mayor: riesgos en el hogar: quemaduras y caídas.
6. Mayores de 65 años, prevención de caídas, quemaduras, etc.

Y, en todos los casos, se incluirá seguridad en el automóvil, seguridad y educación vial.

J. Programas de formación curricular sobre prevención de riesgos de accidentes en la etapa escolar

La Consejería de Salud colaborará y participará en los programas desarrollados por la Consejería de Educación para reducir en nuestra comunidad la incidencia de accidentes en la población escolar. Entre ambas Consejerías se establecerán líneas de actuación conjunta en materia de educación sobre prevención de accidentes domésticos, deportivos y de tráfico durante la etapa escolar. Los programas deberán tener un número mínimo de horas destinadas a la prevención de accidentes de tráfico y alcohol, especialmente dirigidos a adolescentes y jóvenes.

K. Programa comunitario, enfermería de familia y enlace y accidentes domésticos

Con el objetivo de reducir en nuestra comunidad la incidencia de accidentes domésticos y facilitar la detección de situaciones de riesgo en los domicilios, tanto en la infancia, como en población adulta y anciana, las instituciones sanitarias elaborarán una lista de comprobación de potenciales riesgos en el hogar –check list– que puedan ser empleadas por el personal de enfermería.

7.4. La atención sanitaria a las víctimas y personas lesionadas en accidentes

Con el objetivo de mejorar los resultados en salud y la calidad de vida de las personas lesionadas en accidentes, se plantea un modelo de atención sanitaria basado en la gestión por procesos asistenciales integrados, desde la perspectiva de la continuidad asistencial como elemento garantizador de la calidad integral. Para ello, se requiere una actuación multidisciplinar coordinada de los distintos ámbitos implicados y de los recursos existentes.

Esta línea de acción tiene dos dimensiones principales: la Atención al Trauma Grave y la Asistencia Rehabilitadora Integral, con el doble objetivo de reducir la mortalidad evitable y también el número y severidad de las discapacidades causadas por los accidentes y mejorar la calidad de vida de las víctimas.

La Consejería de Salud ha desarrollado el **Proceso Asistencial Integrado de Atención al Trauma Grave** –en adelante proceso TG–. Designamos así el proceso de atención a pacientes con una o varias lesiones traumáticas graves, producidas por energía mecánica y que pueden comprometer la vida del o provocar graves secuelas. Se define como lesión única grave que compromete la vida, la lesión valorada con >3 puntos en la Escala Abreviada de Lesiones (AIS). Se incluyen en este proceso pacientes con varias lesiones de menor gravedad, cuando alcanzan 15 puntos en la Escala de Gravedad Lesional (ISS).

El proceso Trauma Grave se inicia tras alertarse, presencial o telefónicamente, a cualquier dispositivo asistencial del Sistema Sanitario, de la existencia de una persona traumatizada por energía mecánica. A partir de ahí se dan los pasos necesarios que permitan una primera estratificación del riesgo, telefónica o presencial, basándose en la existencia de, al menos, uno de los criterios de gravedad fisiológica o anatómica de riesgo biomecánico, de edad o de comorbilidad. Tras ello se inician las medidas diagnósticas-terapéuticas en el menor plazo de tiempo posible, de forma priorizada, con derivación, si procede, al centro sanitario más adecuado a la patología de cada paciente y a su ubicación, de manera que se eviten nuevas lesiones, demoras y pasos intermedios y asegurando la continuidad asistencial (incluido el traslado interinstitucional), hasta alcanzar el conocimiento completo de todas la lesiones y la gravedad que presenta cada paciente.

Los elementos que se consideran claves en el desarrollo del Proceso de atención al Trauma Grave son:

- Accesibilidad.
- Atención extrahospitalaria precoz y adecuada.
- Atención urgente en hospital útil.

7.4.1. Proceso Asistencial Integrado de Atención al Trauma Grave

A. Actividades para la Implantación

Para ello todos los centros sanitarios del Sistema Sanitario Público de Andalucía deberán durante el período 2007-2008:

1. Crear un **Grupo local de implantación del proceso Trauma Grave o Comité de Trauma**, compuesto por representantes de todos los colectivos profesionales implicados, con la misión, entre otras, de promover la coordinación y cooperación multidisciplinar de la totalidad de profesionales y servicios implicados, para garantizar la continuidad asistencial.
2. Registrar las actuaciones e intervenciones sanitarias mediante el registro de un **conjunto mínimo de datos del Trauma Grave** en cada uno de los dispositivos sanitarios participantes en su atención, que permita auditar y evaluar los procesos y sus características de calidad. Este conjunto mínimo incluirá al menos los siguientes registros:

   ▷ **Conjunto mínimo de datos del trauma grave.**

   Para implantar un programa de evaluación del Proceso Asistencial de Atención al Trauma Grave en los hospitales del Sistema Sanitario Público de Andalucía basado en el audit clínico y sistemático realizado por el Comité de Trauma de cada hospital. Se requiere el registro del siguiente conjunto mínimo de datos.

   ▷ **En los dispositivos sanitarios Extrahospitalarios**, el registro de los siguientes datos:

   Tiempo de asistencia prehospitalaria; Escala de Glasgow; Trauma Store Revisado –TSR– desagregado; Hora de la intubación; Control de constantes vitales.

   En caso de transporte secundario, tiempo transcurrido entre el traumatismo y el inicio del transporte secundario.

   ▷ **En los Hospitales del sistema sanitario** registrarán los siguientes datos:

   (Además de los anteriores); Hora de llegada al hospital; TSR desagregado en hospital; Escala de Glasgow; Hora de la intubación; Control de constantes vitales. Hora de realización de la TAC craneal; Fecha y hora de laparotomía; Fecha y hora de craniotomía; Fecha y hora de la fijación de fémur o limpieza quirúrgica de fractura de tibia; Injury Severity Score -ISS; Cualquiera de las siguientes complicaciones: Trombosis venosa profunda, Tromboembolismo pulmonar o Ulceras de decúbito.

3. Analizar todas las muertes traumáticas, de acuerdo a la probabilidad de supervivencia (Ps). La probabilidad de supervivencia (Ps) se calcula mediante el sistema TRISS que incluye el Injury Severity Score (ISS), el Trauma Score Revisado (TSR), la edad y si el trauma es abierto o cerrado. Se considerarán muertes evitables los éxitus en pacientes con valores de Ps superiores a 50%. Los fallecidos con Ps entre 25% y 50% se catalogarán como potencialmente evitables. Los decesos con Ps inferiores al 25% se asumirán como muertes inevitables. La aplicación de este indicador ha de permitir conocer la distribución de la probabilidad de supervivencia y su posible comparación intercentros.

B. Para favorecer la Accesibilidad

La Consejería de Salud y las instituciones sanitarias durante el período 2008-2012:

1. Fomentarán un conocimiento mayoritario de la población sobre los canales de acceso y contacto inmediato con el sistema sanitario SSPA en caso de emergencias mediante acciones de difusión de 061.
2. Colaborarán con otras instituciones y entidades para incrementar los niveles de formación de testigos y primeros intervinientes en técnicas de soporte vital básico, primeros auxilios, seguridad vial y actuación en caso de accidente. Serán objetivos prioritarios de esta formación los servicios de atención ciudadana (personal de ambulancias, protección civil, fuerzas de seguridad, cuerpo de bomberos, etc.), aunque sería deseable la extensión a toda la población.

C. Atención Extrahospitalaria

La Consejería de Salud y las instituciones sanitarias garantizarán una atención precoz y adecuada en los Dispositivos Extrahospitalarios del SSPA en casos de Trauma Grave o Potencialmente Grave. Las instituciones sanitarias establecerán las estrategias y medidas organizativas en los dispositivos de urgencias y emergencias extrahospitalarios para lograr las características de calidad del Proceso Trauma Grave y en particular las siguientes:

Durante el período 2008-2012

1. Los dispositivos extrahospitalarios de urgencias y emergencias del Sistema Sanitario Público de Andalucía deberán tener capacidad para prestar de forma inmediata soporte vital básico en trauma a las personas lesionadas que lo requieran, incluyendo:
   - Control manual de la vía aérea con atención cervical.
   - Compresión de focos externos de hemorragia.
   - Evaluación neurológica.
   - Protección frente a la hipotermia.

2. Los equipos móviles de los Dispositivos de Cuidados Críticos y Urgencias de nivel II y III y los equipos de emergencias-061 estarán capacitados para el soporte vital avanzado en trauma y dotados de los recursos y materiales previstos en el proceso de atención al trauma grave. La primera asistencia médica a pacientes con traumatismos tras sufrir un accidente se adecuará a las actividades y características de calidad del proceso TG y a los principios y estándares del Soporte Vital Avanzado en trauma (ATLS, Advanced Trauma Life Support)
3. Tras el primer contacto y alerta (telefónico o presencial) con cualquier dispositivo del SSPA, se realizará una primera estratificación del riesgo, por la presencia de, al menos, uno de los criterios de gravedad fisiológica u anatómica, de riesgo biomecánico, de edad o comorbilidad, descritos en el proceso TG.
4. Si se detecta un criterio de gravedad o de riesgo, siempre se asignará un equipo con capacidad de soporte vital avanzado más rápidamente disponible (equipo de emergencias-061 o de Dispositivos de Cuidados Críticos y Urgencias de Atención Primaria).
5. El tiempo de respuesta para asistencia extrahospitalaria (desde el primer contacto con el SSPA hasta la primera asistencia sanitaria) ante un Traumatismo Grave o Potencialmente Grave deberá ser monitorizado y no deberá superar los 20 minutos. En zonas urbanas sería recomendable que la mayoría de las asistencias se realicen en los primeros 10 minutos.
6. Los dispositivos sanitarios extrahospitalarios asegurarán una correcta inmovilización del paciente con Trauma grave y en particular de la columna cervical, de acuerdo a los criterios establecidos por el proceso TG. La inmovilización será mantenida hasta que se hayan completado los estudios oportunos y se indique la seguridad de su retirada.
7. El tiempo de asistencia extrahospitalaria al Trauma Grave de los DCCU y equipos de emergencia-061 deberá ser inferior a 20 minutos, salvo en pacientes atrapados. Este tiempo de actuación in situ es el intervalo transcurrido desde la llegada al lugar del accidente hasta el momento de inicio de traslado al hospital.
8. Se asegurará la adecuada elección de Hospital Útil, de acuerdo a los criterios previstos en el proceso TG. Por centro u hospital útil se entiende aquel cuyas características son los más idóneas para atender a cada paciente que presente un traumatismo, en función de la gravedad y urgencia que requieren sus lesiones.
9. Los dispositivos extrahospitalarios realizarán una llamada de prealerta al centro hospitalario de destino cuando trasladen pacientes con Trauma Grave, para asegurar que esté disponible el Equipo de Emergencias en el SCCU-H para su recepción y tratamiento.

D. Atención en Hospital útil

Para garantizar una atención adecuada en los Hospitales del SSPA en casos de Trauma Grave o Potencialmente Grave las instituciones sanitarias establecerán las estrategias y medidas organizativas en los Hospitales y SCCU-H para lograr una atención ajustada a las características de calidad del proceso de Atención al Trauma Grave y en particular las siguientes:

Durante el período 2007-2008

1. Los Servicios de Cuidados Críticos y Urgencias del Sistema Sanitario Público deberán disponer de personal entrenado y organizado como Equipo de Emergencia.

   Este equipo se activará siempre que un paciente presente un Trauma score revisado –TSR– inferior a 12 y asistirá al trauma grave en todo momento, incluido el traslado intrahospitalario para realizar exploraciones complementarias, hasta su ubicación definitiva. Deberá tener amplia experiencia en técnicas de soporte vital y diagnósticas en pacientes críticos*, y sus funciones son resolver de forma inmediata y simultanea los pasos A, B y C, como se describe en el proceso asistencial integrado de Atención al Trauma Grave.
2. La razón para el traslado interhospitalario de pacientes con un Trauma Grave/potencialmente grave es la necesidad de cuidados adicionales diagnósticos ó terapéuticos que no son posibles en su ubicación actual y siempre implica cierto riesgo. En caso de traslado interhospitalario, se procederá al mismo, una vez conseguida la estabilización de la víctima y antes de transcurridas 6 horas, aplicándose durante el traslado las medidas de soporte necesarias y previstas en el proceso TG.
3. Deberá ser trasladado al hospital neuroquirúrgico de referencia todo paciente que haya sufrido traumatismo craneoencefálico y presente alguna de las siguientes situaciones: cualquier lesión intracraneal traumática en TAC, incluso con paciente consciente; TAC normal y escala de Glasgow <14 sin factor extra-craneal que lo justifique o que sufra deterioro neurológico; TAC normal con signos de focalidad neurológica; TAC sin lesión intracerebral y fractura craneal abierta o deprimida.

   Se efectuará la pertinente consulta al Servicio de Neurocirugía y Servicio de Cuidados Críticos y Urgencias previa al traslado del paciente, con objeto de informar sobre el proceso que derivamos, especialmente en el caso de un hematoma epidural o subdural agudo. Se indicarán: la edad, las horas de evolución de la lesión, el mecanismo lesional, la situación clínica tanto neurológica como cardiorrespiratoria, presencia y tipo de lesiones extracraneales, medicación y tratamiento administrados y evolución clínica. Esta consulta preferentemente deberá realizarse a través del sistema de telemedicina cuando sea necesaria la transmisión de imágenes radiológicas o de TAC.
4. Se potenciará el desarrollo del sistema de telemedicina entre los centros de referencia y los hospitales de su área de influencia y se establecerán protocolos consensuados de teleconsulta que, mediante la transmisión de pruebas de imagen, documentos y videoconferencia posibilite efectuar la oportuna consulta con el Servicio de Neurocirugía, con la inmediatez y agilidad necesaria, evitando además los traslados innecesarios.

El equipo de emergencia estará formado como mínimo por cinco integrantes: Profesionales de medicina intensiva (1), medicina de urgencia (1), enfermería (2) y auxiliar de enfermería (1) del Servicio de Cuidados Críticos y Urgencias. También estarán disponibles celadores/as. Sería deseable, además, la incorporación de la especialidad de Anestesia y Reanimación.

5. Deberá ser trasladado a un hospital neuroquirúrgico de referencia que disponga de Unidad de Lesiones Medulares (ULM), Neuro-Rehabilitación y resonancia magnética 24 horas, cualquier paciente que haya sufrido traumatismo raquimedular y lesión medular o lesión vertebral grave.

   Cualquier paciente que haya sufrido un traumatismo raquimedular, al llegar al hospital de referencia con ULM será valorado entre otros por el especialista en Medicina Física y rehabilitación para establecer el nivel neurológico de la lesión y continuará su atención en la Unidad de Lesiones Medulares (si el nivel neurológico es inferior a D5) o en UCI (si el nivel neurológico es igual o superior a D5 o hasta su estabilización hemodinámica y respiratoria).

6. Los y las pacientes con quemaduras deberán ser derivados a la Unidad de Quemados de referencia de nuestra Comunidad cuando presenten cualquiera de los criterios que se establezcan para nuestra comunidad o en su defecto las establecidas por International Society for Burn Injuries.

7. En accidentes con amputaciones susceptibles de reimplantes, las personas afectadas deberán ser trasladadas con prontitud al hospital de referencia para reimplantes en la comunidad*, en menos de 6 horas en isquemia caliente y hasta 24 horas en isquemia fría. Previamente se realizará contacto telefónico entre el personal médico responsable del centro emisor y el equipo de cirugía de reimplantes.

8. El transporte secundario de pacientes con Trauma Grave/Potencialmente Grave se realizará en los tiempos adecuados por personal capacitado en soporte vital en trauma, en ambulancias de la red de transporte de pacientes críticos o helicópteros de emergencias, dotados de todo el material requerido y manteniendo las medidas de soporte necesarias. Previamente se habrá procedido a la estabilización cuidadosa de cada paciente.

9. A partir de los criterios generales ya mencionados se desarrollarán guías locales entre el hospital de referencia y los hospitales de su área de influencia, que aseguren la adecuada transferencia y recepción de cada paciente.

   Según la OMS, en una sociedad como la nuestra, se producen aproximadamente 5 accidentes susceptibles de reimplantes / millón de habitantes / año. Utilizando el factor de incidencia propuesto (5 casos por 7 millones de andaluces y año) en Andalucía se producirían 35 casos - alerta / año, de los que, por diversas razones (tipo de herida no adecuada, tiempo de isquemia prolongado, contraindicaciones, etc.), se estima que se realizaría el reimplante en aproximada-mente el 50 % de pacientes. Es decir, el volumen previsto de reimplante / año seria de 15 a 20 casos / año. Estas estimación de la OMS coinciden con los datos del hospital de referencia en reimplantes para la comunidad que registra un número máximo de casos- alerta /año de 35 pacientes. Por otra parte, el tiempo máximo permitido para reimplantar en el peor escenario, la isquemia caliente, es de 6 horas. El volumen de casos potenciales y la circunstancia de poder trasladar pacientes hasta el centro de referencia en menos de 6 horas, hace aconsejable el mantenimiento de un solo centro con capacidad para el reimplante en nuestra Comunidad.

7.4.2. Rehabilitación integral

El gran esfuerzo que se realiza para mejorar la supervivencia y reducir el impacto de los traumatismos ha de tener continuidad a través de un programa de rehabilitación efectivo para minimizar la discapacidad y prevenir complicaciones. La rehabilitación comienza desde la admisión de la persona lesionada y debe estar integrada con los cuidados agudos. La asistencia rehabilitadora integral se revela particularmente crítica en pacientes gravemente discapacitados, como consecuencia de traumatismos craneoencefálicos, lesiones medulares, amputadas, reimplantadas, politraumatizados y otros procesos.

A. Rehabilitación de lesiones medulares y traumatismos craneoencefálicos. La gran discapacidad de origen traumático

Las instituciones sanitarias establecerán las estrategias y medidas organizativas en los Hospitales del SSPA para minimizar la discapacidad, prevenir las complicaciones y mejorar la calidad de vida de lesiones medulares y/o traumatismos craneoencefálicos.

En las grandes discapacidades de origen traumático, la reducción de complicaciones en los primeros seis meses de la gran discapacidad es directamente proporcional a los años ganados con calidad de vida QUALYS. Por ello, es particularmente importante ofrecer una precoz atención sanitaria estructurada como proceso asistencial.

Durante el período 2007-2008

1. Todas las personas con gran discapacidad por lesión medular traumática serán derivadas a un centro hospitalario de Nivel I con los servicios indispensables para su atención integral y que disponga de una Unidad Funcional de Lesiones Medulares.
2. La unidad de lesiones medulares desarrollará los siguientes programas terapéuticos:
    - Asistencia a pacientes con lesión medular aguda.
    - Reeducación respiratoria.
    - Protección de piel.
    - Independencia funcional y manejo de silla de ruedas.
    - Reeducación de vejiga neurógena.
    - Reeducación del intestino neurógeno.
    - Sexualidad y fertilidad (maternidad y paternidad).

- ▷ De formación de familiares.
- ▷ Atención al trauma psicológico.

3. La persona con gran discapacidad por traumatismo craneoencefálico será derivada preferentemente a hospitales con unidades funcionales de Neuro-Rehabilitación.
4. En los centros receptores de grandes discapacidades se deberá asegurar la disponibilidad de terapias obligatorias para dar tratamiento integral (marcha, manipulación y comunicación): fisioterapia especializada en grandes discapacidades; terapia ocupacional para entrenamiento de actividades de la vida diaria (AVD) y logoterapia con técnicas de comunicación básicas y de comunicación aumentativa y alternativa.

B. Capacidad funcional

Las instituciones y centros sanitarios fomentarán la evaluación de la capacidad funcional y sus cambios durante la rehabilitación.

La monitorización de indicadores contribuye a garantizar la idoneidad de los cuidados y los aspectos importantes de los procesos asistenciales. Cuando la medida de la calidad se aplica a la rehabilitación, se debe incluir necesariamente la evaluación de la capacidad funcional, de la satisfacción y de la calidad de vida de las y los pacientes.

Deben ser monitorizadas la discapacidad, la mejora funcional y las cargas de trabajo que derivan de cada paciente víctima de traumatismo y ello se ve facilitado con la escala estandarizada como la FIM, Funtional Independence Measure, (medida de la independencia funcional –MIF–) que permite medir la severidad de la discapacidad y sus cambios durante el tratamiento rehabilitador la final situación de la Dependencia al alta y el grado de Autonomía Personal.

Durante el período 2007-2008

1. Se evaluará y registrará la valoración de la severidad de la discapacidad y su evolución durante el tratamiento rehabilitador tras un traumatismo a lo largo de todo el proceso mediante la medida de la independencia funcional –MI–.

   Ello permitirá tomar decisiones clínicas y de gestión basadas en un indicador cuantitativo. El MIF mide la discapacidad en términos de necesidad de asistencia para realizar las actividades de la vida diaria AVD– de forma efectiva.
2. Fomentar el adiestramiento y uso de indicadores fiables y sencillos como la medida de independencia funcional –MIF– entre los profesionales y servicios implicados en la atención a la discapacidad traumática. Fomentar el uso de criterios de calidad en rehabilitación, estableciendo indicadores que se puedan monitorizar para programar el servicio, valorar resultados, eficiencia, satisfacción e integración de cada paciente.
3. Los centros sanitarios emitirán, en caso de discapacidad derivada de accidente y con la mayor prontitud, una adecuada valoración e informe del daño corporal en las personas lesionadas para el reconocimiento de minusvalías y obtención de ayudas.

4. El informe médico de alta hospitalaria y el informe de continuidad de cuidados, en el caso de discapacidades traumáticas tras la fase aguda de secuelas incluirá: evolución clínica, tratamiento farmacológico y de ayudas técnicas y situación de las secuelas en cuanto a independencia en las actividades de la vida diaria y situación funcional actualizada. Todos los informes habrán de estar en conocimiento del personal de Atención Primaria de referencia (medicina de familia, enfermería comunitaria y de enlace).
5. Se fomentará la evaluación y tratamiento del daño psíquico que acompaña a las repercusiones físicas en las grandes discapacidades de origen traumático, con repercusiones en la autonomía personal y capacidad de reinserción laboral y sociodoméstica.
6. Las personas con gran discapacidad de origen traumático recibirán tratamiento de rehabilitación psicológica desde la fase aguda y de estabilización, con los objetivos de conseguir una rehabilitación íntegra y de ofrecer una orientación de expectativas reales a pacientes y familiares sobre recursos existentes en el espacio sociofamiliar.

C. Continuidad asistencial

La atención rehabilitadora en el entorno y domicilio de personas con discapacidades traumáticas tras un accidente.

Para facilitar la accesibilidad a la Rehabilitación en el propio entorno de cada paciente, el Decreto de Apoyo a las Familias Andaluzas (137/2002) estableció una red de salas de rehabilitación y fisioterapia. En la actualidad se incluye la atención de la medicina de rehabilitación del hospital de referencia, la fisioterapia en sala y la de equipos móviles. Es de reciente incorporación la terapia ocupacional para el entrenamiento de las actividades de la vida diaria (AVD) en los distritos de Atención Primaria de salud. Por otro lado, para asegurar la necesaria continuidad asistencial en la atención de las grandes discapacidades, se requiere una estrecha colaboración entre Atención Primaria (teniendo como referente a la enfermería comunitaria de enlace) y Atención Especializada, teniendo esta como referente al personal de enfermería hospitalaria (de enlace y supervisoras) y de trabajo social.

Líneas de acción a partir de 2007

1. Se prestará el Servicio de Atención Rehabilitadora y Fisioterapéutica a domicilio a pacientes afectas de discapacidades físicas con dificultad para su traslado a un centro sanitario para recibir un tratamiento rehabilitador, ofertando, además, orientación sobre ayudas técnicas, apoyo y orientación a los cuidadores y cuidadoras principales y a profesionales de AP. El servicio se basa en un dispositivo que engloba la tención rehabilitadora y fisioterapéutica.
2. Podrán ser incluidos en el programa, de acuerdo a los criterios de adecuación, accesibilidad y seguridad previstos, pacientes con déficits susceptibles de reversión total o parcial que necesitan evaluación y tratamiento rehabilitador y pacientes con discapacidades con déficits establecidos, susceptibles de incrementar su capacidad funcional con terapias físicas.

3. La enfermería comunitaria de enlace deberá conocer que pacientes de origen traumático van a ser dados de alta.
4. Los centros sanitarios continuarán con el desarrollo de las Comisiones de Cuidados de Área, órgano de gestión de mejora que trabaja para estabilizar y mejorar el proceso de continuidad de cuidados entre Atención Primaria y Especializada.

   Las comisiones de Cuidados de Área se encargarán de establecer vías de comunicación ágiles para la planificación del alta mediante contacto con la enfermera del paciente en Atención Primaria durante la estancia de este en el hospital.
5. Los centros sanitarios continuarán con la puesta en marcha del Plan de Mejora de la Atención a las Cuidadoras Familiares en Andalucía. Este plan tiene como objetivo mantener y mejorar la calidad de vida relacionada con la salud de las cuidadoras familiares mediante medidas como la realización de una valoración focalizada y un plan de cuidados específicos a todas las cuidadoras captadas, la mejora del acceso de las cuidadoras familiares al sistema sanitario, la adecuación de la cobertura horaria de la atención domiciliaria, realización de talleres de apoyo que fomenten las relaciones sociales y proporcionen apoyo emocional, suministro de material de apoyo en el domicilio, oferta de atención en situaciones de duelo y medidas de discriminación positiva para las cuidadoras de pacientes con grandes discapacidades.
6. Elaborar una guía de procedimientos de rehabilitación y terapias físicas en Atención Especializada, en correspondencia a la ya existente de Atención Primaria, que deberá incluir una cartera de servicios en función del nivel del hospital y los procedimientos de actuación, derivación y sistemas de información.
7. Desarrollar nuevas guías para la atención multidisciplinar de pacientes en las unidades de rehabilitación y fisioterapia de Atención Primaria, con la continuidad de la terapia ocupacional y la logoterapia.

7.5. Plan de adecuación de recursos, materiales, tecnológicos y humanos

El Sistema Sanitario Público, como la mayoría de los sistemas sanitarios, está más orientado a la solución de la asistencia a las víctimas de accidentes que a las actividades preventivas primarias y terciarias. Pero, desde las profesiones sanitarias, sabiendo que los accidentes obedecen, en su mayoría, a causas concretas y modificables, se deben reforzar los aspectos de prevención, como un componente más de la atención sanitaria.

Por otro lado, en nuestra comunidad y con el objetivo de mejorar los resultados en salud y la calidad de vida de las personas que han sufrido un accidente, se propone un modelo de atención sanitaria basado en la gestión por procesos asistenciales integrados, desde la perspectiva de la continuidad asistencial como elemento garantizador de la calidad integral. Para ello, se requiere una actuación multidisciplinar coordinada de los distintos ámbitos implicados y de los recursos existentes. Por todo ello, es preciso adecuar la oferta de servicios a las necesidades de pacientes víctimas de traumatismos en accidentes, a través de una reordenación y/o incremento de la dotación de recursos humanos y materiales, tendiendo a lograr el mejor equilibrio organizativo.

7.5.1. Recursos comunes

A nivel de Distritos de Atención Primaria y Hospitales **se implantará el Proceso Asistencial Integrado "Atención al Trauma Grave".**

Se priorizarán y protocolizarán las **actividades de prevención de accidentes** en los centros de salud.

Se incluirán en la cartera de servicios de Atención Primaria **actividades programadas dirigidas a pacientes con riesgo de accidentes de tráfico, domésticos y de ocio.**

Se garantizará la implantación de la **historia de salud digital única**, en la totalidad de las zonas básicas de salud.

7.5.2. Regionalización de hospitales de trauma. Categorización

Actualmente, el acceso a centros de referencia para neurocirugía, cuidados intensivos neuroquirúrgicos o de neurorehabilitación precoz, no es homogéneo para el conjunto de la población, existiendo diferencias en la asistencia y también en la utilización de los recursos. Por otro lado las diferencias en experiencia y volumen de actividad en la atención al Trauma Grave de los centros sanitarios dificultan aun más la valoración y comparación de resultados.

Para asegurar el tratamiento experto de víctimas de accidentes con traumatismos graves o lesiones complejas, desde el momento del accidente hasta su rehabilitación y para adecuar la oferta de servicios a las necesidades de los pacientes, es necesario reordenar los recursos de forma equilibrada. La regionalización de la atención a las personas lesionadas y víctimas de accidentes permite que todas las áreas de una región reciban los mejores cuidados posibles.

Esto exige que los recursos requeridos para cada fase de su proceso de atención tienen que ser claramente identificados, desarrollados y estudiados para asegurar que la totalidad de pacientes acceden al apropiado nivel de cuidados, de manera coordinada, oportuna y coste-efectiva. Por ello, es necesario aplicar criterios para la categorización, de acuerdo al nivel de cuidados al trauma que ofrece cada hospital.

Teniendo presente en cada centro, además de los recursos existentes, su disponibilidad inmediata y el criterio de volumen de pacientes que se asisten. Se sabe que la integración de los servicios de atención a los traumatismos en un sistema regionalizado, reduce la mortalidad, siendo sus componentes clave los centros de trauma terciarios y un tiempo prehospitalario reducido.

Desde el año 1976 el Comité de Trauma (ACS/COT) del Colegio Americano de Cirugía ha venido desarrollando y aplicando criterios para categorizar los hospitales, según el nivel de cuidados al trauma que ofrece cada uno. Numerosos estudios han documentado el efecto beneficioso de los sistemas y centros de trauma. Nathens et al. Estiman que la implantación de un sistema de trauma se asocia con un descenso del 8% en la mortalidad por accidentes de tráfico. Otros estudios sugieren que pacientes con lesiones graves que reciben tratamiento en centros de trauma, reducen la proporción de muertes valoradas como evitables, en alrededor del 50%.

El principio fundamental que respalda los sistemas regionales de trauma es el hecho de que la concentración de la mayoría de pacientes en situación crítica en un número limitado de hospitales de especialidades, incrementa el volumen de pacientes atendidos y, con ello, la experiencia de dichos centros y, por tanto, mejoran los resultados.

Mientras aumentan las pruebas que respaldan este principio, hay desacuerdo sobre el volumen óptimo necesario para asegurar la adecuada experiencia. El ACS/COT ha establecido un conjunto de criterios, recomendando que el centro de máximo nivel asista aproximadamente 1.200 pacientes con traumatismo al año, de los cuales 240 deberán ser traumas mayores (pacientes con ISS Injury Severity Score >15). Un reciente estudio de Nathens et al., sugiere que la mejora en la mortalidad está asociada con volúmenes de centros de trauma de, al menos, 650 pacientes con traumatismos mayores.

Aplicando estos criterios a las estimaciones de tasas de pacientes con traumatismo mayor dados de alta en Andalucía (44 por 100.000 personas-año), se sugiere la necesidad de 1-2 centros de trauma por millón de habitantes, lo que, en nuestra Comunidad, equivale a un número que oscila entre 7 y 14 centros de nivel I o II. Siguiendo este mismo principio, el Proceso Asistencial Integrado de Atención al Trauma Grave, define tres tipos de hospital útil para atender a pacientes con un traumatismo, en función de la gravedad y urgencia que requieren sus lesiones.

Proceso asistencial integrado de atención al trauma grave Hospital útil
HOSPITAL ÚTIL I
Además de lo requerido para los niveles II y III, contará con (al menos localización y presencia física de 30 minutos): **Cirugía torácica** **Cirugía cardiovascular** **Cirugía maxilofacial** Y con disponibilidad de: **Tomografía Computerizada, Resonancia Nuclear Magnífica 24h y Radiología Vascular** (al menos con localización)
HOSPITAL ÚTIL II
Además de lo requerido para el Hospital Nivel III, dispondrá de: **Neurocirugía** (al menos con localización y presencia física de 30 minutos)

HOSPITAL ÚTIL III
Presencia física de: **Cuidados Críticos y Urgencias** **Anestesiología** **Cirugía General** **Cirugía Ortopédica y Traumatológica** Y con disponibilidad de: **Tomografía Computerizada 24h**

Para adecuar la oferta de servicios a las necesidades es oportuno, por tanto, regionalizar y categorizar la atención a los traumatismos en la comunidad bajo el principio de "Hospital Útil" y, por ello, se proponen las líneas de acción siguientes:

Líneas de acción 2007-2008

Creación de un Grupo Regional del Proceso Trauma Grave o Comité Regional de Trauma.

Compuesto por todos los niveles asistenciales que intervienen en la atención a los traumatismos y con participación de los colectivos profesionales implicados en el proceso.

Los objetivos del Grupo Regional serán los siguientes:

- Establecer y mantener actualizados los criterios y estándares de Hospital Útil para la atención inicial a pacientes con traumatismo.
- Facilitar su acceso al nivel apropiado de cuidados, de manera coordinada, oportuna y coste-efectiva, estableciendo criterios de traslado ínter-hospitalario de traumatismos graves, tanto en la fase de atención inicial como en la de hospitalización y rehabilitación, para que todos reciban los mejores cuidados posibles.
- Fomentar la implantación de programas de calidad y audit del proceso Trauma Grave y monitorizar la calidad de la asistencia de acuerdo a los indicadores propuestos en el proceso asistencial.

Las funciones del Comité deberán ser:

- Fomentar la implantación del Proceso Trauma Grave en el SSPA.
- Conocer y monitorizar los resultados e indicadores del proceso Trauma Grave.
- Conocer la oferta de servicios en el SSPA para la atención al Trauma Grave y los distintos niveles de Hospital Útil.
- Fomentar el uso del Registro de Trauma. Fomentar el nivel de independencia al alta según la Escala de Medida de Independencia funcional al Alta.

7.5.3. Potenciación de la red de asistencia extrahospitalaria

A. Accesibilidad telefónica de todos los recursos y dispositivos del sistema de urgencias y emergencias

Líneas de acción 2007-2008 para lograr la accesibilidad de los dispositivos de urgencias y emergencia y facilitar una pronta respuesta en la atención sanitaria:

1. Se realizarán las oportunas campañas para lograr el necesario grado de conocimiento de la población del teléfono de emergencias "061", como número de acceso al SSPA en caso de emergencias sanitarias. Estas campañas deberán dirigirse a toda la población y, en especial, a la población rural, cuyo grado de conocimiento es menor.
2. Para completar la implantación de un único teléfono de urgencias sanitarias en toda la comunidad, se continuará con la oportuna sustitución de los aún existentes teléfonos locales de urgencias.

Líneas de acción 2008-2012

3. Las ambulancias de la red de transporte urgente, los dispositivos móviles de los DCCU de AP y los Equipos de Emergencias y las unidades móviles de transporte de pacientes críticos dispondrán de equipos de radio y telefonía operativos, que permitan la conexión permanente con el –Centro Coordinador de Urgencias y Emergencias– CCUE y conocer su estado de disponibilidad, situación, ocupación u otros.
4. Derivado de la medida anterior, se deberá producir un incremento en el porcentaje de estatus registrados en el CCUE de los dispositivos móviles de los equipos de emergencias-061, de los DCCU de AP; de las ambulancias de la red de transporte urgente y de transporte de pacientes críticos. Para ello, anualmente se fijará un objetivo más exigente, que se trasladará en el correspondiente contrato de gestión.

D. Desarrollo y dotación de los recursos extrahospitalarios del SSPA, equipos de Emergencias 061, Dispositivos de Cuidados Críticos y Urgencias, sus equipos móviles y de la Red de Transporte Urgente

La actual distribución de los recursos sanitarios extrahospitalarios con capacidad de aplicar Soporte Vital Avanzado en trauma se concentra en las grandes ciudades de más 100.000 habitantes y en la franja costera, por ser la zona con mayor densidad poblacional de la comunidad. Como ya se ha mencionado, el número de equipos con capacidad de soporte vital en trauma disponibles en una zona geográfica, se asocia inversamente con las tasas de mortalidad por accidentes de tráfico en dicha zona, de forma que, a mayores tiempos de respuesta, mayor mortalidad tras el accidente.

Los traumatismos y lesiones tras un accidente presentan una estrecha relación entre los tiempos de la actuación sanitaria, la calidad de la atención inicial y el resultado final para los pacientes. Por sus características ya descritas, requieren una asistencia inicial rápida, sin demoras, muy específica y capacitada y con una estricta continuidad asistencial. Todas estas características aconsejan unas medidas globales que afectan a la estructura y organización de los servicios sanitarios extrahospitalarios de urgencias y emergencias. Además, la potenciación de este nivel asistencial incidirá de manera positiva en futuros planes integrales que aborden el manejo de otras situaciones con pacientes en situación crítica (cardiopatías, muerte súbita, accidente cerebrovascular, etc.). La adecuación de los recursos debe recoger las particularidades del medio urbano y rural para una cobertura adecuada de todo el territorio.

En la mayoría de los casos de Trauma potencialmente Grave, el tiempo de respuesta para los equipos de SVA en zonas urbanas, deberá ser inferior a 10 minutos y en los demás no deberá exceder los 20 minutos.

Líneas de acción 2007-2012

1. Recursos EPES:
   - Aumento progresivo de los **Equipos de Emergencias 061** para la atención y SVA del Trauma Grave, hasta lograr una ratio de una unidad por 175.000 habitantes o fracción en grandes núcleos urbanos. La especificidad de dichas unidades viene dada por el volumen de actividad, dependiente de la población concentrada en su área de cobertura.
   - Unidades de Intervención Rápida, con posibilidad de RCP básica con instrumental y esfibrilación externa, cada 150.000 habitantes o fracción en grandes núcleos urbanos.
   - En cualquier caso se considerará adecuado cuando, sumados los recursos de Ambulancia Medicalizada y Unidades de Intervención Rápida, se alcance la ratio de uno por cada 100.000 habitantes
2. Recursos SAS
   - Los Dispositivos de Cuidados Críticos y Urgencias DCCU se dotarán progresivamente de plantilla específica, con formación y entrenamiento, así como del equipamiento necesario, de acuerdo con su cartera de servicios y caracterización de los mismos, disponiendo de las unidades y medios necesarios para prestar una atención de SVA fuera de sus centros.
   - Continuar con la dotación de equipos móviles medicalizados a los DCCU, de forma progresiva, comenzando por los de mayor nivel y población.
   - Como consecuencia de las medidas anteriores, durante el período de ejecución del Plan, se deberá tender gradualmente a que, en los casos detectados como Trauma potencialmente Grave, el tiempo de respuesta de estos equipos de SVA sea cada vez más corto. Para ello, se fijará como objetivo anual un porcentaje creciente de casos de Trauma Grave atendidos en zona urbana en tiempo inferior a 10 minutos y, en zona rural, en tiempo inferior a 20 minutos. Estos objetivos deberán trasladarse al correspondiente contrato de gestión.
   - Una parte de las ambulancias de la red de transporte urgente, deberán ser progresivamente reconvertidas en equipos de Soporte Vital Básico. Para ello, se equiparán con DESA (Desfibrilador Semiautomático), se adecuará su dotación de material a lo previsto para las ambulancias asistenciales (RD 619/1998) y su dotación de personal será de dos profesionales entrenados

por vehículo. En la mayoría de los casos detectados como Trauma potencialmente Grave, el tiempo de respuesta para estos equipos de SVB en zonas urbanas, será inferior a 10 minutos y en los demás no deberá exceder los 20 minutos.

- Todo el territorio geográfico de la Comunidad Autónoma dispondrá, en el entorno cercano, de radiología de urgencias, hasta alcanzar las 24 horas al día, los 365 días del año, localizados en los centros hospitalarios de alta resolución y en los hospitales, priorizando las áreas geográficas más lejanas y las de mayor dispersión geográfica.

E. Potenciación de los equipos aéreos de emergencias-061. Plan aéreo de equipos de emergencias

Estrategia para mejorar la asistencia al traumatismo grave en zonas remotas.

El acceso a cuidados definitivos en caso de traumatismos complejos que requieren asistencia en un centro hospitalario de referencia, en los tiempos requeridos para algunos procesos, se ve dificultada en zonas rurales que se encuentran a distancia mayor de 1 hora del hospital de referencia. En general, en zonas remotas y alejadas de la Comunidad, la operativa más adecuada ante un accidente con traumatismos complejos es la activación prácticamente simultánea del DCCU más cercano, que prestará la atención inicial y de un equipo aéreo de emergencias-061, que continuará el tratamiento en segundo escalón y realizará el traslado hasta el hospital de referencia.

Pero la eficacia de esta operativa se ve limitada por la carencia de personal de emergencias sanitarias a pie de helicóptero (personal compartido para equipos de emergencias terrestres y aéreos), por las precarias helisuperficies existentes en muchas zonas y hospitales y por la operativa actualmente restringida exclusivamente al vuelo diurno y con condiciones favorables de visibilidad. Las mismas dificultades se registran cuando se requiere un transporte secundario, desde un hospital hasta el centro de referencia.

* Se estima que para lograr un tiempo de respuesta inferior a 10 minutos en ciudades, se podría necesitar un equipo de SVB por cada 75.000 habitantes

Con objeto de facilitar el acceso a centros hospitalarios de referencia a los traumatismos complejos producidos en áreas rurales, se proponen las siguientes líneas de acción:

LÍNEAS DE ACCIÓN 2007-2012

1. Establecer protocolos de indicaciones de uso del equipo aéreo de emergencias, de acuerdo a los criterios del Proceso Trauma Grave y recomendaciones de las guías de práctica clínica.
2. Dotar de personal de emergencias sanitarias a los Equipos aéreos de Emergencias 061, con objeto de facilitar una respuesta más inmediata.
3. Como consecuencia de las medidas anteriores, durante el período de ejecución del Plan, se deberá tender gradualmente a una respuesta del equipo aéreo de emergencias-061 menor o igual a 30 minutos para las asistencias diurnas en los

casos detectados como Trauma potencialmente Grave. Estos objetivos deberán trasladarse al correspondiente contrato de gestión.

4. Los hospitales ya existentes en el SSPA, procurarán disponer a lo largo del período de ejecución del Plan, de una helisuperficie autorizada en su entorno cercano. En los hospitales clasificados como Hospital Útil I, esta helisuperficie preferentemente deberá estar adaptada y autorizada para recibir vuelos nocturnos.
5. Los Hospitales y Centros Hospitalarios de Alta Resolución de nueva construcción en el SSPA, deberán disponer de una helisuperficie autorizada cercana.
6. Realizar programas de información y difusión de los equipos aéreos de emergencias- 061 en ayuntamientos y centros de salud de comarcas rurales remotas de la Comunidad.
7. Se establecerán acuerdos operativos regionales y locales con fuerzas de seguridad, Guardia Civil y policías locales, para establecer actuaciones coordinadas para adecuar la seguridad de las operaciones.
8. Establecer con Diputaciones y Ayuntamientos, en zonas rurales remotas de la Comunidad, una red de helisuperficies comarcales de emergencias autorizadas, que permitan el acceso de los Equipos de Emergencias Aéreos y sirvan como punto de transferencia de pacientes para toda la comarca.
9. Se efectuará un seguimiento de la actividad de los equipos aéreos y de sus resultados, en términos de tiempo de respuesta y de resultados.

LÍNEAS DE ACCIÓN 2008-2012

10. Elaborar el Plan de Vuelo Nocturno de los equipos aéreos de emergencias 061.
11. Establecer un programa priorizado y gradual de adaptación de helisuperficies de los hospitales del SSPA para el vuelo nocturno.

F. Potenciar el Entorno Virtual de Salud para facilitar la consulta médica remota con centros de referencia

Desde el año 2000, se viene implantando una red de Entorno Virtual de Salud de Andalucía, que cuenta en la actualidad con 38 centros asistenciales de la Comunidad, centros de salud rurales y hospitales de diferente nivel. La telemedicina aporta posibilidad de conectar los diferentes centros asistenciales, tanto rurales como urbanos, permitiendo la transmisión de cualquier prueba diagnóstica en tiempo real, lo que facilita la toma de decisiones de una forma ágil y adecuada. La posibilidad de efectuar teleconsulta con los centros hospitalarios de referencia deberá reducir los traslados innecesarios y aumentar la eficacia del sistema.

Líneas de acción 2007-2008

1. Desarrollar procedimientos de teleconsulta en traumatismos entre centros que actualmente están incluidos en el Entorno Virtual de Salud.
2. Evaluar los resultados del Entorno Virtual de Salud en su aplicación para optimizar el Proceso asistencial de atención al Trauma Grave.

2008-2012

3. Extender el Entorno Virtual de Salud a todos los Hospitales Nivel I, según la clasificación de Hospital Útil del proceso Trauma Grave y preferentemente a los hospitales de su área que se encuentren a una distancia superior a una hora.

7.5.4. Recursos de Rehabilitación

Parece lógico pensar que el gran esfuerzo que se realiza para mejorar la supervivencia y reducir el impacto de los traumatismos, tiene continuidad con un programa de rehabilitación efectivo para prevenir complicaciones y minimizar la discapacidad. La rehabilitación comienza desde la admisión de la persona lesionada y debe estar integrada con los cuidados agudos. La asistencia rehabilitadora integral se revela particularmente crítica en pacientes con graves discapacidades como consecuencia de traumatismos craneoencefálico, lesionados medulares y otros procesos.

En las grandes discapacidades de origen traumático (politraumatismos, amputados y/o reimplantados, grandes quemados), la reducción de complicaciones en los primeros seis meses, es directamente proporcional a los años ganados con calidad de vida QUALYS. Es por ello particularmente importante ofrecer una precoz atención sanitaria estructurada como proceso asistencial.

A. Rehabilitación de personas con lesiones medulares y traumatismos craneoencefálicos

La gran discapacidad de origen traumático.

En los casos de lesión medular, la oferta de tratamiento en el SSPA sigue modelos de atención distintos y no homogéneos en los diferentes hospitales. Finalmente, esto conduce a que el tratamiento de gran número de pacientes con lesión medular se está realizando de forma mayoritaria fuera de nuestra Comunidad.

Para conseguir el objetivo de facilitar rehabilitación precoz, integral y accesible a las discapacidades por lesión medular o traumatismo craneoencefálico, se establecen las siguientes líneas de acción:

LÍNEAS DE ACCIÓN 2007-2008

1. Creación de una Unidad de Lesiones Medulares de Referencia para Andalucía. Al tratarse de una consecuencia de los accidentes de baja prevalencia, la calidad de las prestaciones vendrá determinada por la agrupación de pacientes.
2. Potenciar la Neurorehabilitación –NRHB– en todos los hospitales de nivel I de Andalucía, que serán servicios de referencia para pacientes con traumatismos craneoencefálicos moderados-graves de toda la Comunidad. Al tratarse de una causa de accidentes de alta prevalencia, los servicios facilitarán la accesibilidad a los recursos especializados y la continuidad asistencial.
3. La asistencia en las Unidades de Lesiones Medulares y de Neurorehabilitación estará basada en un equipo multidisciplinario, diferenciado en cuatro áreas:

Área Médica, de Enfermería, Psicosocial y de profesionales del Equipo para la Rehabilitación Integral.

4. Las Unidades de Lesiones Medulares contarán con los recursos humanos y materiales necesarios para desarrollar sus programas terapéuticos:
   - Programa de asistencia a pacientes con lesión medular aguda.
   - Programa de reeducación respiratoria.
   - Programa de protección de piel.
   - Programa de independencia funcional y manejo de silla de ruedas.
   - Programa de reeducación de vejiga neurógena.
   - Programa de reeducación de intestino neurógeno.
   - Programa de sexualidad y fertilidad (maternidad y paternidad).
   - Programa de formación de familiares.
5. Toda persona con gran discapacidad por lesión medular traumática será siempre derivada a un centro hospitalario con Unidad de Lesiones Medulares y con los servicios indispensables para su atención integral.

B. Potenciación de la rehabilitación comunitaria a domicilio para víctimas de traumatismos y discapacidades derivadas de accidentes y sus cuidadoras y cuidadores

La rehabilitación precoz mejora las lesiones de las víctimas y evita complicaciones posteriores. En casos estabilizados o crónicos, mejora considerablemente la calidad de vida. Por otro lado, supone un apoyo importante para las personas cuidadoras, así como un entrenamiento en los cuidados de enfermería, fisioterapia y ayudas técnicas para AVD y ofrece también la oportunidad a las personas que cuidan de beneficiarse de un plan de cuidados para sí mismas en la atención a su familiar con discapacidad.

Actualmente, a pesar del importante incremento producido en los últimos años, se evidencia un desajuste entre la oferta de salas y equipos de rehabilitación comunitaria y la creciente demanda para procesos degenerativos crónicos, que limita la atención domiciliaria y la priorización de procesos más complejos, como los traumáticos y neurológicos, al alta del hospital. Como es sabido, movilizar a una persona afecta de una gran discapacidad fuera de su domicilio es una tarea ingente. Por tanto, se deberán desarrollar alternativas de atención a domicilio, en estrecha comunicación con el Servicio de Rehabilitación hospitalario más cercano, ya que las salas de Atención Primaria difícilmente podrían cubrir las expectativas de atención multidisciplinar y de comunicación intersectorial que requieren este tipo de pacientes, en los múltiples episodios de atención que necesitarán a lo largo de su vida.

Una vez definida la cartera de servicios, las Unidades de fisioterapia con el Plan de Apoyo a la Familia, la Guía de Procedimientos de Rehabilitación y Fisioterapia80 en Atención Primaria, y los circuitos asistenciales, es necesario adecuar la dotación de profesionales a la oferta y, de esta forma, poder garantizar plazos razonables de acción, en las dos vertientes de rehabilitación comunitaria: domiciliaria y en sala.

Por otro lado, la terapia ocupacional en la atención de las personas accidentadas, contribuye a garantizar a cada paciente las estrategias básicas de AVD (higiene, alimentación y vestido), así como la incorporación de los individuos a su actividad familiar, social y laboral. El Plan establece las siguientes líneas de acción:

LÍNEAS DE ACCIÓN 2007-2012

1. Se continuará con la creación y dotación gradual de recursos humanos y materiales las salas de rehabilitación y fisioterapia en Atención Primaria, en las zonas básicas de salud que aún no dispongan de las mismas.
2. Potenciar la red de fisioterapeutas, de forma que se permita optimizar los equipos móviles en zonas urbanas e incrementar el número de profesionales en las salas de fisioterapia de zonas rurales, para poder abarcar la atención domiciliaria, considerando factores de dispersión geográfica y comunicaciones.
3. Dotar a cada distrito de Atención Primaria de Terapia Ocupacional y Logoterapia, en estrecha relación con las unidades de rehabilitación y fisioterapia. Potenciar la terapia ocupacional también en los equipos móviles con actuación domiciliaria.
4. Se evaluará la actividad global y la domiciliaria de cada zona, así como la calidad técnica y satisfacción de usuarias y usuarios.
5. Implantación de la historia de salud digital en la totalidad de las zonas básicas de Salud de Atención Primaria.
6. Extender a las unidades de rehabilitación y fisioterapia de Atención Primaria, el proceso de informatización, incorporando la historia de salud digital y facilitando la interrelación con los EBAP y Atención Especializada.

7.6. Asistencia a grupos específicos

Existen colectivos de población que precisan de actuaciones especiales, con independencia de la visión global del Plan de Accidentabilidad, que contempla líneas de acción dirigidas a cualquier persona que haya sufrido un accidente. En concreto, en este apartado se hace referencia a la mujer que ejerce como cuidadora en el entorno de su hogar, a la infancia y al colectivo de mayores. Las actuaciones sobre estos grupos deben considerarse, en su mayoría, desde un enfoque de intersectorialidad, al entenderse que son distintas instituciones las que deben identificar demandas, consensuar metas y carteras de servicios, integrar recursos, articular sinergias, compartir información y evaluar resultados.

A. Mujeres cuidadoras en el entorno de su hogar

La mujer se está incorporando al mercado laboral. Sin embargo, en un elevado número de casos, además de su actividad profesional, ésta continúa realizando actividades como cuidadora en el entorno del domicilio, debiendo proveer atención a los miembros de la familia que conviven en el mismo entorno. En este sentido, es necesario contemplar actuaciones específicas que faciliten que mujeres con secuelas de accidentes puedan realizar una adecuada recuperación funcional y que, además, le presten apoyo en las actividades de la vida diaria a través de actividades relacionadas con los cuidados al resto de los miembros su núcleo familiar.

LÍNEAS DE ACCIÓN A PARTIR DE 2007

1. Dirigido a mujeres que sufran secuelas de accidentes, se propiciará, junto con la Consejería de Asuntos Sociales, protocolos de actuación para el apoyo en el entorno del domicilio, para la realización de las actividades de cuidados de sus familiares en la vida diaria.
2. Personalizar, a través de la Enfermería de Enlace, Terapia Ocupacional y Trabajo Social a domicilio, la atención sanitaria en la fase de recuperación y en el entorno del hogar.

B. Población infantil

Los niños y niñas que han sufrido un accidente y padecen graves secuelas, deben recibir una atención personalizada con el objetivo de que, con la mayor brevedad posible, se integren en su entorno y en la escuela.

LÍNEAS DE ACCIÓN A PARTIR DEL 2007

1. Propiciar la creación de comisiones en las que participen profesionales del Sistema Sanitario Público, Educación y Servicios Sociales, para el seguimiento personalizado del proceso de integración de cada menor en su entorno y en la escuela, al objeto de minimizar las dificultades de transporte, adaptación ergonómica en su puesto escolar y seguimiento en su atención sanitaria.
2. Potenciar la accesibilidad de las personas cuidadoras de estos niños y niñas con graves secuelas al Sistema Sanitario Público. En este sentido, se creará desde SALUD RESPONDE un canal de comunicación que permitirá el contacto permanente (24 horas) de las personas que les cuidan con los servicios de salud.

C. Mayores

En el Plan de Accidentabilidad ya se han contemplado actuaciones que deben facilitar el regreso al domicilio de quienes, por accidentes, padezcan secuelas que interfieran en el desarrollo de las actividades básicas de su vida diaria. Así se recoge en la Línea de Acción relativa a altas programadas o planes de apoyo y formación a quienes cuidan.

Además, la población de personas mayores precisa de actuaciones específicas de carácter preventivo, es decir, de un apoyo en el entorno domiciliario que evite eventuales accidentes.

LÍNEAS DE ACCIÓN A PARTIR DEL 2007

1. Continuar con el plan de continuidad asistencial, mediante seguimiento telefónico, a pacientes mayores que hayan sufrido un accidente y que hayan sido dados de alta, desde las unidades de hospitalización, los fines de semana y festivos y hacerlo extensivo a nuevos grupos de población como pacientes dados de

alta desde las unidades de observación de urgencias, cuidadoras de pacientes y tutela de pacientes en su domicilio.

2. Potenciar el rol de la Enfermería Comunitaria en la atención a este subgrupo poblacional, facilitando la provisión de fungibles, recetas, citas programadas, etc.
3. Crear protocolos conjuntos de actuación con servicios sociales comunitarios, para una atención más coordinada, no sólo a pacientes sino también a sus cuidadoras y cuidadores principales.

7.7. Asociaciones de pacientes y/o familiares

En los últimos años ha crecido el número de asociaciones de pacientes y/o de familiares en nuestra Comunidad. Éstas se conciben y desarrollan como un punto de encuentro al que la ciudadanía acude para procurarse apoyo, intercambiar experiencias y obtener información y conocimiento. Constituyen, además, un canal permanente de comunicación con las distintas administraciones. El movimiento asociativo en nuestra Comunidad ha manifestado en distintos foros necesidades de formación, información, asesoramiento, difusión de su trabajo y la creación de nuevos marcos de colaboración y comunicación con el colectivo de profesionales de las distintas instituciones que atienden a sus familiares.

En este sentido, desde el Plan de Accidentabilidad se contemplan las siguientes líneas de acción.

LÍNEAS DE ACCIÓN 2007-2012

1. Desarrollar un Plan de Comunicación con dos objetivos básicos: sensibilizar a la población acerca de los valores de solidaridad y compromiso que tienen las asociaciones, así como de su interés social y fomentar la participación de la ciudadanía a través de las mismas.
2. Potenciar el conocimiento del movimiento asociativo dentro de nuestra comunidad, a través de Salud Responde y de la WEB de Accidentabilidad. Desde estos canales de comunicación, se tendrá acceso a información referente a las asociaciones que existen en nuestra comunidad, a las formas de contactar con ellas, a las actividades que realizan dirigidas a pacientes y familiares y a la información de interés general relativa a ayudas, subvenciones, etc.
3. Buscar, de manera activa y continuada, la opinión y las demandas de estas asociaciones a través de la creación de grupos focales.
4. Propiciar acuerdos y crear nuevos marcos de colaboración para incrementar, a través de cursos de formación, aptitudes para una mejor atención de pacientes en el entorno del hogar, así como asesoramiento para iniciar programas y actividades relacionadas con la prevención primaria de los accidentes desde el entorno de las asociaciones.
5. Coordinar con los profesionales de Atención Primaria un programa de visitas a las asociaciones catalogadas como unidades de estancia diurna, con objeto de

realizar un seguimiento personalizado de pacientes, que evite, en la medida de lo posible, su desplazamiento o el de sus familiares a los centros de salud.

6. Establecer protocolos de coordinación y de colaboración entre profesionales del SSPA y miembros de las asociaciones de pacientes y/o familiares, que faciliten una comunicación más fluida y un entorno más colaborador, para una atención más personalizada.

7.8. Sistemas de información

Con el fin de monitorizar los progresos asociados al control de la accidentabilidad en Andalucía y de sus factores de riesgo, así como la calidad de las actividades asistenciales, tanto preventivas como curativas, el Plan Integral de Accidentabilidad requiere información que permita conocer la magnitud de los problemas (siniestralidad, mortalidad, incidencia), la situación de la prevención primaria (tendencia temporal de los factores de riesgo), así como la evaluación de las actuaciones (tiempos de demora, utilización de servicios, resultados de las principales modalidades terapéuticas, grado de control de accidentes). Por tanto, el Plan Integral de Accidentabilidad establece un conjunto de indicadores que deben facilitar, tanto su implantación como, posteriormente, el grado de consecución de los objetivos planteados.

La información disponible sobre la accidentabilidad y sus consecuencias proviene de fuentes muy diversas*. Pero, a pesar de ello, persisten limitaciones informativas y lagunas en algunos aspectos, como son: la naturaleza del accidente en las estadísticas de mortalidad por accidente de tráfico (en más de un tercio de ellos no se especifica); en cerca de la mitad de las muertes por caída, no se identifica el tipo de caída implicada; en la información de accidentes de trabajo aún se emplean sistemas no estandarizados de codificación de causas de muerte, etc. También se detectan déficits en la información de las altas hospitalarias, que no suelen codificar el código E de causas externas, con lo cual se hace imposible conocer la etiología de los traumatismos y lesiones ingresados, a pesar de que suponen una de las primeras causas de hospitalización. Por otro lado, también se ve dificultada la cuantificación del impacto social y económico de los accidentes ante la inexistencia de fuentes poblacionales más exhaustivas de las discapacidades derivadas de las lesiones.

Para llegar a un mejor conocimiento de la historia natural de los traumatismos por accidentes de tráfico, así como de las circunstancias o causas de su suceso, se requiere una información más completa, posiblemente la resultante de la unión de las dos bases de datos que estudian la mortalidad por accidentes en España: la de la Dirección General de Tráfico y la del Instituto Nacional de Estadística. Por lo tanto, es necesaria la adecuación de los sistemas de información sanitaria (emergencias, urgencias, altas hospitalarias, registros de traumatología) a las necesidades de análisis y seguimiento del impacto en salud de las lesiones producidas por accidentes de tráfico y de sus principales determinantes, facilitando la conexión con los datos de accidentes de las fuentes policiales.

Igualmente, en los accidentes domésticos y de ocio se deberá promover el seguimiento epidemiológico de las lesiones, que ayude al mejor conocimiento del problema y de sus resultados, así como a la determinación de las prioridades y de las mejores estrategias de prevención.

* Registros de mortalidad; Censo y proyecciones de población; Encuesta de salud; Conjunto mínimo básico de datos (CMBD) al alta hospitalaria; Tarjeta de Asistencia Sanitaria y de Seguridad Social (TASS); Registro de la Sociedad Anda-luza de Medicina Intensiva y Unidades Coronarias -GITAN- sobre traumatismos graves; Dirección General de Tráfico; Instituto Nacional del Consumo. Programa de prevención de lesiones: detección de accidentes domésticos y de ocio, DADO. ; Instituto Nacional de Seguridad e Higiene en el Trabajo.; Ministerio de Trabajo y Asuntos Sociales; Consejería de Empleo y Desarrollo Tecnológico de la Junta de Andalucía.

La necesaria evaluación de los resultados de los procesos asistenciales aplicados a pacientes con lesiones derivadas de accidentes, ha conducido a la difusión de los Registros de Trauma, desde que en 1966 se publicara por la National Academy of Sciences, National Research Council, el informe "Accidental Death and Disability: the Neglected Disease of Modern Society", tanto en Estados Unidos como en Europa, que se vienen empleando en el Reino Unido, Suecia y Noruega, entre otros países. Las bases de datos y registros se usan comúnmente para el estudio de la mortalidad, empleando normalmente el ISS –Injury Severity Score– como predictor de mortalidad. Un sistema que estratifique cuidadosamente a cada paciente, en función de la gravedad de las lesiones, es esencial para la evaluación y optimización de la prevención de accidentes, el triaje de los traumatismos, la atención en la fase aguda y los resultados. Desde esta perspectiva, tener un conocimiento real y audit del volumen y resultados de los diferentes hospitales andaluces en atención al traumatismo grave (con ISS >15) constituye una herramienta indispensable para la reordenación y potenciación de estos recursos.

Por último, el análisis de los resultados de los procesos de baja incidencia y tratamiento complejo en diferentes centros (lesiones medulares, amputaciones seguidas de reimplante, etc.), deberá sustentar la toma de decisiones, como la concentración de tratamientos en algunos centros de referencia.

Con estas fuentes de información y otras posibles derivadas de los objetivos propios de este Plan Integral de Accidentabilidad, se debe monitorizar su desarrollo e implantación, suministrando información que sustente la toma de decisiones.

LÍNEAS DE ACCIÓN DURANTE EL PERÍODO 2007-2010

Diseño y puesta en marcha de un Sistema de Información sobre Atención Sanitaria a los Accidentes, centralizado en el nivel autonómico y basado en la historia de salud digital que permita:

- Conocer la incidencia de los accidentes.
- Conocer sus tendencias temporales y la distribución geográfica.
- Monitorizar la calidad de la asistencia, de acuerdo a los indicadores propuestos en los diversos procesos asistenciales relacionados con los traumatismos y lesiones derivados de los accidentes.
- Constituir una valiosa fuente de información para la investigación.

1. El Sistema de Información sobre Atención Sanitaria a los Accidentes deberá recoger:
   - Al ingreso de las víctimas de accidentes, datos acerca de la presencia o no de los principales factores de riesgo: ingesta de alcohol, uso del cinturón y casco.
   - Al alta hospitalaria, tras un traumatismo o lesión, deberá incluirse siempre el código E, lo que permitirá identificar la etiología;
   - Igualmente, en caso de discapacidad resultante de un traumatismo o lesión, ésta será cuantificada con indicadores como el MIF (medida de la independencia funcional).
   - Información sobre el nivel educativo y socioeconómico de las personas lesionadas, que permita controlar el impacto de los accidentes según las desigualdades sociales.
   - Establecer sistemas y circuitos eficaces de recogida de información sobre la asistencia prestada por el SSPA, en cualquiera de sus dispositivos sanitarios, a las víctimas de accidentes de tráfico, con objeto de que el importe sea convenientemente reembolsado por las aseguradoras y mutuas de accidentes.
2. Elaboración y puesta en marcha de un cuadro de mandos integral sobre atención a los accidentes en Andalucía, obtenido a partir del sistema de información descrito, para monitorizar el seguimiento de las líneas de acción propuestas en este Plan Integral, así como para valorar sus resultados. Será, además, una herramienta de gestión fundamental para el apoyo en la toma de decisiones.
3. Definir un Registro de Trauma Grave y promover su uso generalizado, lo que facilitará la implantación de los programas de calidad y audit del Proceso Integral de Atención al Trauma Grave en todos los centros del SSPA y, en especial, en los centros de referencia nivel I y II. Las características básicas de estos registros deberán ser:
   - Construirse o generarse a partir de los registros ya existentes promovidos por sociedades científicas o grupos de profesionales.
   - Establecer un conjunto mínimo de datos e indicadores del trauma grave en los centros del SSPA.
   - Alcanzar un amplio consenso respecto a los indicadores monitorizables y de los parámetros necesarios para su obtención.
   - Disponer de un sistema informático que facilite su registro y que reúna las características de compatibilidad, accesibilidad, sencillez y fiabilidad.
   - Requerir un mínimo tiempo de cumplimentación por parte de las y los profesionales.
   - Potenciar la incentivación de los colectivos profesionales implicados, para lograr su cumplimentación y mantenimiento en el tiempo.
   - Ser un sistema auditable.
   - Que permita la recogida de datos e indicadores opcionales o de interés local.

- ▹ Que pueda ser extendido a todos los niveles participantes en el proceso asistencial, incluidos los dispositivos extrahospitalarios.

4. Promover la implicación de las sociedades científicas andaluzas involucradas en estos procesos para que avalen y fomenten la participación en los registros y colaboren en la difusión de sus resultados.
5. Creación de registros específicos para: Traumatismos y lesiones de baja incidencia y alta complejidad (lesiones medulares, amputaciones seguidas de reimplante) con registro de las actuaciones sobre las mismas y su resultado final.
6. Definir un Sistema de Información y Vigilancia Epidemiológica de Accidentes Domésticos y de Ocio, con análisis del resultado asistencial y rehabilitación.

   Tiene como objetivo:

   a) Conocer la epidemiología de este tipo de accidentabilidad.
   b) Adecuar la oferta de servicios a las necesidades de la población.
   c) Desarrollar líneas de Investigación que ayuden a combatir la accidentabilidad domestica y en el ocio y sus repercusiones. Para ello, la historia de salud digital deberá contener un módulo específico para registrar los accidentes y sus circunstancias, de forma que permita efectuar un análisis de situación, y realizar campañas preventivas y evaluar su impacto.

2008-2012

7. Promover y facilitar la conexión de los sistemas de información sanitaria –emergencias, urgencias, altas hospitalarias, registros de trauma– con los datos de accidentes de las fuentes policiales, para posibilitar el análisis y seguimiento del impacto en salud de las lesiones producidas por accidentes de tráfico y de sus principales determinantes.
8. Promover la mejora en la calidad de los datos del CMBD, siguiendo las recomendaciones nacionales e internacionales.
9. Introducir la Medida de Independencia Funcional

7.9. Desarrollo de la investigación

El primer Programa Marco de Investigación en Salud de Andalucía 2001-2004 prioriza la investigación orientada a dar respuesta a los problemas de salud y trata de facilitar la armonización de la investigación biosanitaria andaluza con la del entorno nacional y europeo.

En dicho programa se incluyen las siguientes acciones y líneas prioritarias relacionadas con los accidentes:

- En la Acción Clave 1: "Investigación sobre las principales causas de morbimortalidad en Andalucía" se incluyen como prioritarios expresamente los accidentes de tráfico y la fractura de cadera.
- En la Acción Clave 2: "Investigación sobre Salud Pública y Promoción de la Salud", específicamente se propone impulsar la investigación en la evaluación

de intervenciones de promoción de la salud en centros sanitarios y centros educativos.

Dentro del V Programa Marco de Investigación de la Unión Europea en 2002, se emprendieron proyectos centrados en el análisis de los traumatismos causados por accidentes de tráfico y codificación de traumatismos, que tienen su continuidad en el VI Programa Marco, pues los accidentes figuran entre los temas de acción prioritarios en dicho programa.

El Plan Integral de Accidentabilidad considera prioritario facilitar la interacción entre la investigación epidemiológica y la clínica que se realice en nuestra Comunidad, ya sea realizada por las instituciones y centros sanitarios o por universidades y entidades relacionadas con seguridad laboral o vial para, de esta forma, superar la actual fragmentación y aislamiento de grupos de investigación y fomentar un abordaje intersectorial y multidisciplinar.

Los recursos, tanto para estudios de investigación como para evaluación de programas de intervención, son escasos y costosos y deben ser usados sabiamente. Esto requiere, entre otras cosas, que la duplicación sea evitada en investigación y que sólo las intervenciones más efectivas sean implantadas. Una de las claves para evitar la duplicación y orientar las investigaciones futuras la proporcionan las revisiones sistemáticas, que sirven a investigadores y agencias financiadoras para identificar las cuestiones importantes que deberán ser investigadas.

Por otro lado, resulta imprescindible para el desarrollo de la investigación en traumatismos derivados de accidentes que, desde las instituciones sanitarias, se fomente la participación de profesionales del sistema sanitario público en la evaluación de la atención sanitaria a las personas traumatizadas en accidentes y la necesaria colaboración en el registro de la información clínica del proceso asistencial.

Para un mejor conocimiento del problema que la accidentabilidad supone en nuestra comunidad y para contribuir al control de los accidentes y sus consecuencias, se propone potenciar desde las instituciones sanitarias las siguientes líneas de investigación:

LÍNEAS DE ACCIÓN 2007-2012

1. Desarrollo de líneas estables de investigación epidemiológica y clínica en colaboración con los sectores de la seguridad vial.
2. Impulsar la Investigación sobre servicios sanitarios y la atención a los accidentes:
   - ▹ Investigación sobre resultados en salud, análisis de la efectividad de la práctica profesional y estudios sobre mortalidad y calidad de vida de pacientes.
   - ▹ Análisis de la relación coste-efectividad de las intervenciones sanitarias y estudios sobre eficiencia económica. Estos estudios deberán incluir todos los componentes, desde los programas de prevención, hasta la asistencia prehospitalaria, hospitalaria y rehabilitadora.
   - ▹ Evaluación de procesos asistenciales relacionados con lesiones en accidentes.

- Análisis de los aspectos organizativos y económicos de los servicios de asistencia sanitaria a los traumatismos, así como la coordinación entre centros y niveles asistenciales.

3. Promocionar los estudios sobre calidad asistencial y acreditación de servicios a lo largo de todo el proceso, en las fases prehospitalaria, hospitalaria y rehabilitadora: Análisis de la variabilidad de la práctica profesional y sus determinantes, estudios de utilización de servicios sanitarios y equidad. Promover estudios que permitan detectar inequidades en la asistencia a los accidentes por razones de accesibilidad geográfica. Fomentar investigaciones sobre intervenciones para mejorar la práctica clínica: auditorías clínicas y auditorías autópsicas, intervención educativa, guías de práctica clínica, participación de pacientes, etc.
4. Fomentar el desarrollo y mantenimiento de sistemas de información estables que permitan disponer de información detallada sobre la gravedad de las lesiones, para determinar con mayor precisión las posibilidades de reducir los daños mediante atención sanitaria después del accidente e introducir mejoras en la asistencia integral, basadas en el control exhaustivo de la calidad de la misma. Impulsar la conexión de los sistemas de información policiales sobre accidentes y las bases de datos de traumatismos graves que nos permita conocer sus causas, las circunstancias en que ocurren y sus consecuencias para así controlarlos y evitarlos o, cuando menos, atenuar su gravedad.
5. Impulsar estudios de resultados en términos de mortalidad, que incluyan la mortalidad en cualquiera de sus fases: inmediata, aguda y tardía, ya sea en escenario prehospitalario, hospitalario, o domiciliario. Son de especial interés los estudios de resultados funcionales de las víctimas de lesiones accidentes y de satisfacción de pacientes.
6. Promover la realización de revisiones sistemáticas sobre la investigación disponible en accidentes y su prevención, con objeto de guiar futuros programas de investigación y programas de prevención.
7. Fomentar estudios en nuestra Comunidad sobre caídas en población anciana, para analizar los factores que pueden incrementar el riesgo de accidentes y caídas, así como valorar la relación con las variables demográficas, socioeconómicas y de residencia. Evaluación de la efectividad de las intervenciones dirigidas a mejorar la estabilidad de la postura y prevención de las caídas y las estrategias de rehabilitación geriátrica.
8. Estudio sobre el papel de las personas cuidadoras de pacientes con discapacidad, el apoyo social, los cuidados informales y las asociaciones de pacientes y del voluntariado. Estudios de enfermería sobre cuidados, así como estudios de garantía de continuidad de cuidados.
9. Aplicaciones innovadoras de teleprestaciones: sistemas avanzados de telemedicina y redes de aplicaciones para soporte y apoyo a profesionales de la salud que participan en el Proceso Asistencial al Trauma Grave. Servicios piloto de teleprestaciones en el hogar dirigidos a colectivos con necesidades especiales, tales como las personas con discapacidad. Investigación y desarrollo de siste-

mas adaptativos y servicios para superar los problemas causados por discapacidades físicas o intelectuales, producidas por los accidentes.

10. Favorecer la creación de redes virtuales de grupos de investigación andaluces en Accidentabilidad que potencien el carácter complementario de la investigación clínica, epidemiológica y básica.
11. Impulsar estudios tendentes a la optimización de los métodos diagnósticos y al uso racional de los mismos. Estudios tendentes a mejorar la sensibilidad, especificidad y valores predictivos de las diferentes técnicas diagnósticas.
12. Promover estudios tendentes a la mejoría de los tratamientos disponibles para pacientes con traumatismos en general y en especial para los traumatismos craneoencefálicos y lesiones medulares. Fomentar la participación en ensayos clínicos dirigidos a evaluar la eficacia de nuevas modalidades terapéuticas.

7.10. Formación y desarrollo profesional

Los programas docentes de las facultades de Medicina y escuelas de Enfermería, así como la formación de postgrado, especializada y continuada, deberán incluir de forma prioritaria contenidos dirigidos a la prevención de los accidentes, al soporte vital de pacientes con traumatismos y a su diagnóstico, tratamiento y rehabilitación. Con el objetivo de lograr en las profesiones sanitarias la capacitación necesaria para prestar una adecuada atención a las personas lesionadas en accidentes, esta enseñanza deberá realizarse de manera integrada y dirigida a la adquisición de actitudes, conocimientos y habilidades. Es esencial la participación activa del sistema sanitario público en estos programas de pregrado, postgrado y formación continuada.

7.10.1. Formación pregrado

Actualmente, en Andalucía, la enseñanza de pregrado en Medicina está dirigida esencialmente a la adquisición de conocimientos teóricos, con menor desarrollo de las actitudes y habilidades necesarias para lograr el perfil de competencias que requiere la atención a las víctimas de los accidentes. Por otro lado, está principalmente centrada en el ámbito hospitalario y no facilita una formación integrada y una perspectiva global de la atención a los traumatismos en su fase inicial en el medio extrahospitalario.

En algunas universidades de nuestro entorno (Universidad de Sevilla) se incluyen asignaturas troncales de Rehabilitación en tercero y sexto de la licenciatura de Medicina y Cirugía.

En cuanto a la enseñanza de Enfermería, tiene una orientación más práctica, con periodos de aprendizaje en centros de salud y hospitales, aunque sólo parte del alumnado rota por quirófanos y unidades de cuidados intensivos.

Con el objetivo de lograr en las carreras de Medicina y Ciencias de la Salud de nuestra Comunidad la capacitación necesaria para prestar una adecuada atención integral a las víctimas de accidentes, se establecen las siguientes líneas de acción para el período 2007-2012.

Líneas de acción 2007-2012

La Consejería de Salud impulsará acciones conjuntas con las universidades de Andalucía para:

1. Redefinir la cooperación docente entre las Facultades de Medicina y Escuelas de Enfermería con la red asistencial del sistema sanitario público.
2. Incluir programas de soporte vital básico a pacientes con traumatismos en los planes de estudio de primer ciclo de Medicina y programas de soporte vital avanzado al final del segundo ciclo de la licenciatura de Medicina.
3. Incluir programas de soporte vital básico a las personas traumatizadas en los planes de estudio de diplomaturas de Ciencias de la Salud.
4. Incluir módulos específicos de formación en prevención y control de accidentes.
5. Adaptar los planes de estudio de las facultades de Medicina y escuelas de Enfermería para conseguir una enseñanza más orientada a la atención integral de las víctimas de accidentes, resaltando los aspectos de prevención y de rehabilitación.
6. Potenciar la formación práctica, evaluada, tanto en el ámbito hospitalario como en Atención Primaria.

7.10.2. Formación postgrado

El sistema de formación de las distintas especialidades médicas que intervienen en los procesos asistenciales relacionados con los accidentes tendrá como objetivo, no sólo la capacitación para prestar con eficacia asistencia en sus distintas áreas de competencia, sino, además, para realizar funciones de prevención, promoción de la salud y educación sanitaria.

Líneas de acción durante el período 2007-2010

Las instituciones sanitarias:

1. Promoverán la rotación de los distintos colectivos profesionales en formación por los diferentes ámbitos de actuación: Atención Primaria, Atención Especializada y Servicios de Emergencias.

Los centros sanitarios:

2. Garantizarán que la formación de las diferentes especialidades implicadas en la atención a las personas traumatizadas se adecue a los contenidos de los procesos asistenciales relacionados con los accidentes y sus lesiones. Para ello, potenciarán una estrecha colaboración entre el Comité de Trauma o grupo de implantación del proceso asistencial de Atención al Trauma Grave y las estructuras docentes de cada centro (Comisiones de Docencia Hospitalarias y Unidades Docentes de Medicina de Familia).
3. Los centros sanitarios potenciarán en sus profesionales de la salud implicados en la atención a los traumatismos, la formación en prevención, educación para la salud y habilidades de comunicación.

7.10.3. Formación continuada

La numerosa y variada oferta de formación continuada rara vez se evalúa en su efectividad y, generalmente, no conduce a cambios en la práctica clínica. Estos cambios, cuando se producen, son generados más por las actitudes y creencias de profesionales, que por sus conocimientos. Por ello, la formación continuada debe dirigirse no sólo a renovar y actualizar conocimientos, sino a promover actitudes que conduzcan a la atención de calidad y a facilitar cambios en el modelo asistencial actual de atención a episodios a otro basado en la gestión del proceso asistencial integrado, que garantice la continuidad asistencial.

La formación continuada debe ser clave en el aprendizaje a lo largo de toda la vida profesional, combinando para ello nuevas tecnologías de información y comunicación que posibilitan la formación en el puesto de trabajo, a distancia y el autoaprendizaje.

LÍNEAS DE ACCIÓN 2007-2012

Las instituciones sanitarias:

1. Deberán completar el mapa de competencias sobre los conocimientos, las habilidades y actitudes que deben tener los diversos colectivos profesionales que atienden a las víctimas de accidentes.

2. Facilitarán el acceso a la información en los centros sanitarios y a las nuevas tecnologías de la comunicación.

Los centros sanitarios:

3. Elaborarán y pondrán en marcha un plan de formación que adecue las competencias actuales de sus profesionales a los definidos en el mapa de competencias de los procesos asistenciales relacionados con los accidentes y sus lesiones.

4. Realizarán programas de soporte vital en trauma dirigidos a profesionales de la salud con implicación en la atención urgente a los traumatismos, de nivel avanzado para personal facultativo y básico para las demás profesiones. Estos programas y sus correspondientes reciclajes, serán prioritarios para profesionales de los Servicios de Cuidados Críticos y Urgencias, 061 y Dispositivos de Cuidados Críticos y Urgencias, con objeto de mantener actualizadas sus competencias y habilidades básicas.

5. Realizarán módulos y cursos específicos prioritariamente dirigidos a profesionales sanitarios de Atención Primaria, para la prevención y control de accidentes, lesiones y patologías de pacientes dependientes, incluyendo perfiles y factores de riesgo, utilización correcta de medicamentos, utilización de los dispositivos de seguridad y educación vial, y prevención de caídas en mayores de 64 años.

7.11. Desarrollo normativo

Líneas de acción 2007-2010

La Consejería de Salud:

1. Creará la Comisión de Dirección del Plan de Accidentabilidad, adscrita a la Consejería de Salud, para el seguimiento de la implantación y, en general, para todas las labores de asesoramiento técnico que se requieran en este sentido:
   - Informar sobre el grado de implantación del Plan.
   - Detectar e informar sobre las necesidades y recursos necesarios para su implantación.
   - Impulsar los programas intersectoriales de accidentes de tráfico que se desarrollen.
   - Coordinar la elaboración de material educativo y actividades de prevención de los accidentes.
   - Coordinar la realización de actividades, así como aquellas otras que supongan una mejora en la calidad de vida de las personas lesionadas en accidentes, en colaboración con las asociaciones de pacientes.
   - Informar y asesorar sobre las líneas de investigación y otros estudios que se precisen para el buen funcionamiento del Plan.
   - Supervisar las actuaciones que se establezcan sobre formación de profesionales de la salud.
   - Ofrecer información sobre las actuaciones que se estén llevando a cabo en materia de prevención de accidentes a través de la Web de Accidentabilidad.

Las instituciones sanitarias:

2. Requerirán al personal sanitario y no sanitario de nueva incorporación a los Servicios y Dispositivos de Cuidados Críticos y Urgencias y 061 haber realizado y superado los programas de soporte vital básico en trauma, excepto para personal facultativo, que requerirá el nivel avanzado.
3. Requerirán al personal conductor de ambulancias propias y concertadas dedicadas al transporte urgente o de pacientes en situación crítica haber realizado y superado los programas de soporte vital básico en trauma y su correspondiente reciclaje.

8. EVALUACIÓN

Se incluyen dos niveles de indicadores de seguimiento del Plan Integral de Atención a la Accidentabilidad. La selección debería guiarse, entre otros, por criterios de disponibilidad, factibilidad y plazos previstos en que la modificación se hará visible.

8.1. Seguimiento general del plan

El primer nivel afecta a los criterios de seguimiento del Plan, que permitan conocer si su implantación se acompaña del esperado desarrollo de las principales actuaciones previstas y sobre todo, de un cambio en la magnitud de los factores y conductas de riesgo y se percibe una disminución del impacto de las lesiones accidentales en nuestro medio, en términos de morbimortalidad y de discapacidad.

- Tasa de mortalidad por accidentes de tráfico por grupos de edad y sexo.
- Tasa de incidencia anual de accidentes de tráfico graves y leves por grupo de edad y sexo.
- Años potenciales de vida perdidos debidos a lesiones accidentales.
- Mortalidad en las primeras 24 horas y a 30 días en personas lesionadas por accidentes.
- Evolución de las tasas de mortalidad por lesiones accidentales en los principales grupos de edad.

8.2. Seguimiento por líneas de acción

El segundo nivel incide sobre el desarrollo de cada una de las áreas de intervención pro-puestas, en tanto constituyen acciones concretas, con procedimientos y técnicas metodológicas propias, según sus características específicas.

A. Acciones Intersectoriales

Informe de las actividades desarrolladas por las Mesas Intersectoriales de Prevención de Accidentes de Tráfico.

B. Línea de Acción de Comunicación e Información

1. Actividades llevadas a cabo en centros de atención primaria en relación al consejo preventivo sobre seguridad vial y accidentes de tráfico.
2. Número y extensión en el tiempo de acciones de formación e información sobre seguridad vial, dirigidas a población general.
3. Número de cursos y horas impartidas por centros docentes sobre accidentabilidad y prevención de riesgos.

C. Línea de Acción Prevención

1. Porcentaje de áreas sanitarias que han implantado programas de Prevención de accidentes en Mayores y Población Infantil.
2. Análisis de la evolución de las tasas de mortalidad por accidentes de tráfico asociadas a niveles excesivos de alcoholemia de las y los conductores.
3. Análisis de las tasas de hospitalización por accidentes de tráfico según CMBD.
4. Análisis de la evolución de las tasas de hospitalización por fracturas de cadera en mayores de 64 años, según CMBD.

5. Análisis de la evolución de la incidencia de caídas accidentales a partir de la encuesta de salud.
6. Análisis de las estadísticas de actividades de prevención de accidentes en centros de enseñanza a partir de los datos del Programa Educación para la Salud en la Escuela.
7. Estudio sobre la utilización de los dispositivos de seguridad (casco, cinturón y asientos de retención infantil) en los vehículos a motor.
8. Análisis de la evolución de los niveles de alcoholemia de las personas que conducen vehículos a motor.
9. Elaboración de la guía educativa de accidentabilidad para profesorado y alumnado.
10. Elaboración y puesta en marcha de la Web de la Accidentabilidad de la Consejería de Salud.
11. Número de acciones específicas dirigidas a la relación de los accidentes de tráfico y hábitos nocivos (alcohol, drogas, medicamentos...).
12. Numero de Distritos y Hospitales con Programas de Anciano de Riesgo implantados.

D. Gestión de los Procesos Asistenciales

1. Porcentaje de traumatismos graves derivados de accidentes que acceden al hospital a través de los sistemas de urgencias y emergencias sanitarias.
2. Porcentaje de lesionados con trauma grave atendidos por un dispositivo sanitario en los primeros 10 y 20 minutos.
3. Tiempo medio solicitud asistencia - llegada hospital.
4. Número de hospitales en los que se han constituido Grupos de implantación del proceso Trauma Grave o Comité de Trauma.
5. Hospitales con programas implantados de análisis de las muertes traumáticas de acuerdo a la probabilidad de supervivencia. Porcentaje de muerte traumática evitable.
6. Porcentaje de víctimas con Trauma Grave trasladadas a hospitales de referencia después de la 6º hora de estancia en hospital de origen.
7. Disminución de los tiempos de espera para rehabilitación de las personas accidentadas.
8. Numero de personas con lesión medular derivadas a centros sanitarios fuera de la comunidad autónoma.

8.3. Comité de seguimiento del plan

1. Presidencia; Dirección General de Salud Pública.
2. Representación del Servicio de Participación (Jefatura de Servicio).
3. Coordinación del Plan.

4. Jefatura del Servicio de Promoción.
5. Secretaría; Técnico del Servicio de Participación.
6. SAS.
7. Vocalías - Asesorías.
8. Víctimas.
9. EPES.
10. Presidencia de la Comisión Parlamentaria...
11. Representante Gabinete Socio-sanitario Consejería de salud.
12. Representante de las 8 Jefaturas Provinciales de Tráfico.
13. Representante Dirección General de Ordenación y Evaluación Educativa. Consejería de Educación Representante Dirección General de Personas con Discapacidad. Consejería para la Igualdad y Bienestar Social.
14. Otros.

8.3.1. Comisión Permanente del Plan

1. Presidencia; Dirección General de Salud Pública.
2. Representación del Servicio de Participación (Jefatura de Servicio).
3. Coordinación del Plan.
4. Jefatura del Servicio de Promoción.
5. Secretaría; Técnico del Servicio de Participación.
6. Servicio Andaluz de Salud.

Tema 18

Sistemas de Información en atención primaria y hospitalaria. Estructura general de DIRAYA. Conjunto Mínimo Básico de Datos (CMBD). Clasificaciones Internacionales de Problemas de Salud: CIE 10. Arquitectura DAE (Diraya Atención Especializada). Historia Digital de Salud del ciudadano. Base de datos de usuarios (BDU). Confidencialidad

Cándido Jesús Chaves Marín
Enfermero

eRodio ediciones

Índice esquemático

1. SISTEMAS DE INFORMACIÓN EN ATENCIÓN PRIMARIA Y HOSPITALARIA

Un sistema de información sanitaria (SIS) se define tradicionalmente como un "mecanismo para la recogida procesamiento, análisis y transmisión de la información que se requiere para la organización y funcionamiento de los servicios sanitarios y también para la investigación y docencia" (OMS 1973).

La creación del SIS, responde a la necesidad de establecer un sistema de vigilancia y evaluación del estado de salud de la población y de las actividades de promoción, prevención y de asistencia sanitaria. Está formado por medios humanos y materiales interrelacionados que reciben datos (recogida y análisis), los interpretan (transformación) y los comunican verazmente para tomar decisiones en el ámbito sanitario con la finalidad de planificar, gestionar, evaluar e investigar en programas de salud.

El SIS es una herramienta estandarizada cuya finalidad ese mejorar el estado de salud de la población. Está constituido por una serie de elementos:

- Estructurales:
  - ▹ Datos.
  - ▹ Personal.
  - ▹ Soporte material.
- Funcionales:
  - ▹ Fuentes de datos.
  - ▹ Circuitos de comunicación.
  - ▹ Proceso de datos.
  - ▹ Unidades de gestión y control.
- Orgánicos:
  - ▹ Conocidos como estadísticas sanitarias, actualmente se llaman subsistemas de información sanitaria.

1.1. Etapas del diseño de un sistema de información sanitaria

Para diseñar un sistema de información sanitaria debemos realizar las siguientes acciones:

- Definición del sistema:
  - ▹ Elementos que lo componen.
  - ▹ Relaciones entre ellos.
  - ▹ Objetivos.
- Identificación de niveles de decisión:
  - ▹ Central.
  - ▹ Provincial.
  - ▹ Distrito o zona básica de salud.

- Identificación de tipos de decisión:
  - Según la perspectiva de la función que cumplan.
  - Según el grado de estructuración.
- Definición de las funciones de los elementos.

1.2. Fuentes de la información

Las fuentes de información en un sistema de información sanitaria es una cuestión de vital importancia y pueden ser de dos tipos:

- Externas:
  - Demográficas.
  - Censo poblacional.
  - Padrones municipales.
  - Registros de nacimientos, defunciones y matrimonios.
  - Otras (servicios sociales personales, económicos, etc.).
- Internas:
  - Índices y registros diagnósticos.
  - Registros de unidades de Servicios.
  - Registros del hospital.
  - Registros de ambulatorios y consultorios.

Para tener idea de lo sucedido durante la atención al paciente y facilitar el trabajo actual y el futuro en la Atención Primaria de Salud y la Atención Especializada, es imprescindible la existencia de registros o anotaciones. Estos se desarrollan a lo largo del tiempo y deben de adaptarse al trabajo desarrollado.

Los registros suponen las bases de los sistemas de información y de evaluación de los servicios y sirven como instrumento necesario para el control y el conocimiento de los problemas de salud y de los factores de riesgo de la comunidad. Su misma presencia nos refleja un nivel de calidad aceptable.

Index de Enfermería es un órgano de la Fundación Index, de aparición trimestral, se distribuye en los principales centros asistenciales y de investigación, universidades, escuelas y facultades de enfermería, sociedades científicas y profesionales de la salud, con especial circulación en España e Iberoamérica. Posiblemente Index de Enfermería sea la revista de Enfermería en español más leída en el mundo.

Es una revista de investigación sobre cuidados de salud. Fomenta el pensamiento crítico y pone énfasis en los abordajes fenomenológicos del proceso salud-enfermedad y en la humanización de los cuidados, privilegiando posturas epistemológicas emergentes en las ciencias de la salud, como la gestión del conocimiento o la investigación cualitativa.

Es la principal fuente de documentación secundaria española.

1.3. Sistemas de información en atención primaria y hospitalaria en Andalucía

Existen varios sistemas de información con implantación física y digital:

1.3.1. INIHOS

Sistema de información interhospitales. Es un modelo estadístico de evaluación comparativa de la actividad asistencial hospitalaria referente a la utilización de recursos, consultas externas, quirófanos, urgencias, hospitalización, etc. Los indicadores se representan en forma de gráficos y tablas comparativas.

1.3.2. ACTHOS

Sistema de información de actividad hospitalaria. Se plantea como un sistema modular. Cada módulo (actividad quirúrgica, hospitalización, consultas de asistencia especializada o de los centros periféricos de especialidades y procedimientos diagnósticos) es independiente en su explotación y registro. Las variables que componen los módulos se agrupan en cinco grupos:

- **Demanda** (referente al ingreso hospitalario).
- **Paciente** (a quien se le realiza la actuación).
- **Realización de la actividad** (Hospital, nombre del facultativo, fecha hospitalización, fecha intervención quirúrgica, hora entrada quirófano...)
- **Actividad** (diagnósticos clínicos, pruebas diagnósticas...)
- **Destino** (destino del paciente tras la realización de la actividad).

1.3.3. SIGAP

Sistema de Información de la Gestión de Atención Primaria. Es el sistema utilizado para el seguimiento y evaluación de la dirección del SAS, de los Distritos de Atención Primaria y de los acuerdos establecidos entre Distritos y Centros de Salud. Los datos del SIGAP se dividen en 5 grupos:

- **Ordenación de recursos.**
- **Cartera de servicios.**
- **Ciudadanos.**
- **Actividad Asistencial**: consultas por tipo de profesional (medicina general, enfermería, Trabajo Social...).
- **Prestación farmacéutica** (Salud materno-infantil, salud infantil, salud escolar, planificación familiar...).

1.3.4. COAN-HYD

Contabilidad analítica de gestión de centros de responsabilidad, Hospitales y Distritos.

1.3.5. DIRAYA

Diraya es una historia de Salud Única que integra toda la información sanitaria del usuario para que esté disponible cuando y donde sea preciso para la atención sanitaria del mismo y para mejorar la accesibilidad a los servicios y prestaciones, incrementando por tanto el nivel de calidad del proceso asistencial. Así pues es un facilitador del trabajo de los profesionales que, gracias a la integración de la información permite una explotación homogénea de la misma, útil para todos los niveles, funciones y organizaciones del Sistema Público (planificación, gestión, evaluación o investigación).

2. ESTRUCTURA GENERAL DE DIRAYA

En la base de la pirámide se encuentran los elementos básicos de gestión: **MACO** (operadores/usuarios del sistema Diraya), **BDU** (ciudadanos) y la propia **estructura** jerárquica y funcional del sistema sanitario (recursos).

Sobre estos se han construido otros elementos como son la **cita centralizada (citación)**, ya sea telefónica o a través de Internet y la **HISTORIA DE SALUD**, el módulo donde se registra la información clínica del ciudadano. A continuación se inserta la **receta electronica (Prescripción electrónica y Receta XXI)** y finalmente encontramos el módulo **M.T.I.** de análisis de información que facilita información para la gestión y la toma de decisiones del propio sistema de salud.

2.1. MACO (Operadores/usuarios del sistema DIRAYA)

El módulo de gestión de operadores permite efectuar la gestión de los profesionales gracias a su identificación inequívoca. Esta identificación es empleada para el registro histórico de las acciones efectuadas en el sistema Las interacciones entre el sistema de información y los operadores son registrados asociándolas a su identificación única. Este módulo asocia permisos de acceso con las necesidades del perfil del operador y de acuerdo a la política de seguridad definida por la organización. Este módulo también está integrado con el correspondiente sistema de gestión de recursos humanos, en donde los profesionales han sido registrados de acuerdo con su relación contractual con el Servicio Andaluz de Salud.

2.2. BDU (Ciudadanos)

La gestión de ciudadanos/pacientes en el sistema Diraya se efectúa en el módulo denominado BDU (base de datos de usuarios). Con este módulo los ciudadanos se identifican de forma unívoca a través de la identificación denominada NUHSA, Número Único de Historia de Salud de Andalucía, identificación que permite relacionar y vincular toda la información del paciente en el sistema sanitario, tal como los episodios de la historia de salud o la citación. Tanto los beneficiarios o personas que, por algún motivo, mantengan algún contacto con el sistema sanitario, son registrados en este módulo, de forma que en posteriores contactos estarán igualmente relacionados (personas desplazadas de su región de origen, turistas o inmigrantes).

2.3. Estructura jerárquica y funcional del sistema sanitario (recursos)

El módulo de estructura organizativa gestiona aquellas unidades de la organización donde se presta la asistencia sanitaria y en él se registran los elementos de la estructura de los ámbitos de atención primaria y especializada así como las relaciones entre ellos. Atendiendo a estas relaciones, a las asociaciones de ciudadanos, a médicos de primaria y a las relaciones de éstos con sus centros, el sistema ubica a cada ciudadano en los elementos de la estructura sanitaria para poder recibir los servicios sanitarios.

En este módulo se incorpora el desglose de la estructura organizativa del Servicio Andaluz de Salud tanto desde el punto de vista funcional como físico, y el detalle de los servicios ofertados en base a catálogos de uso común, permitiendo disponer de información completa sobre qué servicios se ofertan y dónde se pueden obtener. Así pues, se incluyen conceptos como: servicios, prestaciones y catálogos, departamentos y unidades funcionales, así como las ubicaciones físicas de la atención primaria y la atención especializada. Gracias a ello este módulo permite identificar cada departamento, cada centro, cada sala de urgencias, etc.

2.4. Cita centralizada (citación)

Este módulo gestiona las agendas de la atención primaria, las consultas externas y las pruebas diagnósticas. La citación es la puerta de entrada de los ciudadanos a estos servicios. Diraya dispone de un sistema de citación centralizado multicanal: presencial, telefónico, Internet e incluso a través de mensajes SMS desde teléfonos móviles. Este módulo facilita la supervisión del flujo de pacientes y la coordinación de las acciones requeridas en el diagnóstico y el tratamiento de cada proceso.

La inclusión de las agendas en este módulo de citación a permitido que una cita, una visita o una prueba diagnóstica se pueda obtener desde cualquier punto, incluso desde el domicilio del paciente. Esto incluye la citación en mostradores, la que efectúa un profesional derivándolo a otro profesional o servicio y la citación telefónica. La gestión de las peticiones de citas es efectuada mediante el denominado «gestor de peticiones» que, además de gestionar las peticiones de cita vinculándolas al episodio correspondiente, permite que los resultados de las pruebas diagnósticas puedan ser incluidos de forma telemática en la historia de salud del paciente.

2.4.1. Inters@s

Inters@s es la oficina virtual de atención al ciudadano; tiene por objeto facilitar las gestiones relacionadas con el sistema sanitario a través de Internet, permitiendo el cambio de médico de familia, consultar y actualizar datos personales, solicitar una segunda opinión médica y concertar citas previas.

2.4.2. Salud Responde

El servicio de atención telefónica centralizada Salud Responde ofrece estos mismos servicios a los ciudadanos que así lo requieran.

2.5. Historia de salud

La historia de salud proporciona una imagen holística de la salud del ciudadano, sirviendo de apoyo a los procesos asistenciales.

La historia de salud de Diraya contiene las siguientes secciones:

- **La historia resumida de salud**, que contiene una síntesis de los episodios y características principales del estado de salud del ciudadano.
- **Episodios y procesos tratados en atención primaria**: información relativa a pruebas complementarias, imagen médica, pruebas de laboratorio, etc.
- **Episodios o procesos tratados en atención especializada**: urgencias, hospitalización, consultas externas, cirugía con sus correspondientes imágenes, exámenes o pruebas complementarias.
- Los **programas de salud**, aquellos correspondientes a actuaciones programadas de salud pública, y también los procesos asistenciales definidos para cada patología.

La historia de salud es el centro neurálgico de Diraya, permitiendo a los profesionales manejar los datos clínicos del paciente. La información recogida en esta historia está organizada de forma jerárquica con configuraciones diferentes según el tipo de profesional que la usa y permite la personalización conforme al profesional y el paciente. La información de salud está organizada de forma que se puedan consultar los datos de acuerdo a las siguientes perspectivas:

- **Cronológica**: encuentros con el sistema sanitario.
- **Nosológica**: procesos asistenciales y episodios de salud.
- **Categórica**: consulta de medicación, pruebas, etc.

La historia de salud está compuesta por una serie de bloques de información.

- El **primero** consiste en los datos de salud básicos: problemas de salud, antecedentes médicos personales y las alergias.
- El **segundo** está compuesto por los datos que se relacionan con las medidas diagnósticas y terapéuticas: interconsultas, pruebas analíticas, pruebas diagnósticas, terapias farmacológicas y cuestionarios de examen.

Estos dos bloques son compartidos por los módulos de atención clínica (primaria, consultas externas, hospitalización, salas de urgencias, etc.).

2.5.1. Módulo de pruebas analíticas

Este módulo soporta, de forma centralizada, el proceso de gestión de pruebas analíticas desde la petición de pruebas, la toma de muestras y la recepción de resultados. Su cobertura incluye tanto la atención urgente como la atención programada.

Este módulo también está integrado con los distintos sistemas de información de los laboratorios.

2.5.2. Diagnóstico por imagen

En la historia de salud el médico puede consultar todas las pruebas diagnósticas del paciente agrupadas en una carpeta que es visible desde todas las estaciones clínicas de ambos niveles asistenciales (primaria y especializada). Por otro lado, el radiólogo también tiene acceso a la historia del paciente cuando está informando sus exploraciones.

La identificación de las exploraciones se hace mediante un catálogo corporativo.

El profesional puede acceder a todas las imágenes e informes disponibles del paciente, pero también puede acceder a un episodio y ver las pruebas correspondientes al mismo.

La gestión de la imagen diagnóstica recae en dos elementos fundamentales: RIS (Radiology Information System) y PACS (Picture Archiving and Communications Systems). El RIS corporativo gestiona los servicios de radiodiagnóstico. El PACS asume el archivo digital de las imágenes médicas y la transmisión de éstas a las estaciones de visualización. El sistema de almacenamiento se basa en un PACS central, repositorio de todas las imágenes del sistema sanitario, y PACS locales en los hospitales, en los que se almacenan las imágenes obtenidas en el área.

2.6. Receta electrónica (prescripción electrónica y receta XXI)

2.6.1. Prescripción electrónica

El objeto de este módulo es la prescripción de medicación por parte del profesional al paciente, manteniendo una base de datos centralizada y permitiendo la impresión de recetas tradicionales en la consulta o la conexión con Receta XXI.

2.6.2. Receta XXI

Receta XXI es un módulo que facilita el acceso de las oficinas de farmacia a las prescripciones, permitiéndoles registrar posteriormente la medicación entregada. Con este sistema se establece un canal de comunicación entre el farmacéutico y el médico, útil en caso de interacciones entre fármacos y permitiendo también efectuar anulaciones cautelares.

2.7. MTI (Módulo de Tratamiento de la Información)

Diraya consta de dos sistemas de análisis de información. Uno de ellos utiliza la información generada por otros módulos de una manera constante e integrada. El segundo sistema está orientado a la realización de consultas para la explotación y el análisis científico de los datos.

2.7.1. XML-ISTOC: estándar de comunicación entre componentes y otros sistemas

Diraya consta de un conjunto de elementos relacionados que comparten información. Estos elementos componentes del Diraya dialogan entre sí mediante un estándar propio del Sistema Sanitario Público de Andalucía (SSPA) con el nombre de **XML-ISTOC.**

Además, a través de una plataforma de integración, permite a Diraya entenderse con sistemas de información hospitalarios, departamentales (laboratorios, Radiología) u otros.

3. CONJUNTO MÍNIMO BÁSICO DE DATOS (CMBD)

El conjunto mínimo básico de datos (CMBD) es un registro administrativo que contiene un conjunto de variables clínicas, demográficas y administrativas que resumen lo acontecido a un usuario en un episodio de asistencia hospitalaria. Proporciona información básica sobre el usuario, sobre el centro y unidad que lo atienden y sobre su proceso asistencial.

El Conjunto Mínimo de Datos Básicos (CMDB) surgió a propuesta del Consejo Interterritorial de Salud y recoge datos administrativos, clínicos y demográficos con un total de 14 ítems. Se completan en el momento del alta y son los siguientes:

1. Identificación del hospital.
2. Identificación del paciente.

3. Fecha de nacimiento.
4. Sexo.
5. Residencia.
6. Financiación.
7. Fecha de ingreso.
8. Motivo de ingreso.
9. Diagnóstico principal y diagnósticos secundarios.
10. Procedimientos quirúrgicos y obstétricos.
11. Otros procedimientos.
12. Fecha de alta.
13. Circunstancias de alta.
14. Médico responsable del alta.

3.1. Antecedentes del CMBD

La definición del Minimum Basic Data Set europeo para hospitales de agudos se realizó después de identificar los datos que los hospitales utilizaban sistemáticamente en sus sistemas de información. El Grupo de Estudio de la OMS, reunido en Ginebra en 1969, recomendó un conjunto básico de datos, con fines estadísticos, que debían ser preparados a partir de cada historia del paciente hospitalizado.

En España, en 1984, el Ministerio de Sanidad y Consumo reguló la obligatoriedad del Informe de Alta, en el que se indica qué datos mínimos del episodio asistencial deben de incluirse en él (Orden de 6 de Septiembre de 1994). Posteriormente, en el año 1987, el Consejo Interterritorial en el Pleno celebrado el día 14 de Diciembre, aprueba establecer un Conjunto Mínimo Básico de Datos al Alta Hospitalaria, compuesto de 14 ítems.

Entre los años 1987 y 1991, encuadradas en el proyecto **codigo**, aparecen diversas experiencias piloto de implantación del CMBD en los hospitales de la red del INSALUD.

Con posterioridad, el 24 de Enero de 1992, la Secretaría General del Sistema Nacional de Salud del Ministerio de Sanidad y Consumo resuelve que todos los centros hospitalarios propios y administrados por el INSALUD-GD quedan obligados al registro y codificación del CMBD al Alta Hospitalaria de todos los pacientes ingresados, y que su implantación deberá de producirse antes del 31 de diciembre de 1992. Para ello, se define la hoja Clínico-Estadística que debe de recoger para cada alta el correspondiente CMBD, bien en soporte informático o escrito.

En Andalucía, es el Servicio Andaluz de Salud quien establece, mediante Resolución de 1993, la obligatoriedad del CMBD a partir del 1 de Enero de 1994.

3.2. Implantación del CMBD

El principal objetivo para la totalidad del Sistema Nacional de Salud, al implantar el CMBD, era la obtención de bases de datos normalizados capaces de proporcionar una información asistencial válida, fiable, comparable y oportuna de todos los hospitales integrantes del Sistema Nacional de Salud, como elemento clave del Sistema de Información Asistencial de dichos hospitales y del conjunto del Sistema. (Rivero, 1992).

La implantación del CMBD se basó en los siguientes requisitos:

a) Existencia de una **historia clínica** única por paciente y hospital.
b) Garantizar que el CMBD fuera obtenible para todos los pacientes dados de alta en el hospital.
c) Garantizar una adecuada extracción, codificación y verificación de los datos.
d) Garantizar los recursos informáticos necesarios para la explotación del CMBD.
e) Asegurar un adecuado análisis de la información generada por la explotación del CMBD.

3.3. Características funcionales del CMBD

El CMBD constituye una base de datos de cada episodio de hospitalización, con las características de ser extensiva (todas las altas hospitalarias) y homogénea en cuanto al tipo y codificación de las variables.

Constituye el núcleo mínimo de información sobre cada paciente que debe existir en todo sistema sanitario. Su utilidad es tanto en el ámbito asistencial como en el de gestión.

La ampliación de este conjunto mínimo de datos con algunas otras variables de interés se viene realizando a nivel interno en los propios hospitales o dentro de una Comunidad Autónoma. La estructura de la base de datos debe enviarse trimestralmente al Sistema Nacional de Salud y debe de ser la misma para todo el territorio español.

Podemos clasificar los datos que se recogen en datos administrativos y datos asistenciales:

- Los **datos administrativos**: dentro de un mismo hospital y para el mismo individuo deben permanecer constantes e identificar tanto al hospital como al paciente.
- Los **datos asistenciales** o clínicos: son propios y característicos de cada episodio, y por tanto, cambiantes cada vez que ingresa y es dado de alta en un hospital.

Permitirá, asimismo, conocer tanto los servicios prestados como los procesos atendidos en el hospital. El CMBD es el principal soporte de información para medir los resultados de la atención hospitalaria, tanto de efectividad o de calidad (mortalidad, reingresos, complicaciones, etc.), como de eficiencia (coste por proceso, duración de la estancia, etc.), permitiendo realizar comparaciones al respecto.

3.4. Utilidades del CMBD

La utilidad del CMBD radica en sus dos vertientes: Sistema de Recuperación de la Información y Sistema de Información propiamente dicho.

3.4.1. Sistema de Recuperación de Información

Es la base metodológica y tecnológica que permite proporcionar los documentos al usuario que los solicita.

Su principal función es la de dar información sobre las historias clínicas.

La recuperación del documento se hace formulando un perfil de búsqueda en cualquiera de las variables o campos que forman parte del CMBD. Si el perfil de búsqueda coincide con el perfil del documento se considera que el documento es pertinente y se puede acceder a la historia clínica.

De esta manera, servirá de base para poder realizar estudios más profundos (epidemiológicos, de control de calidad, etc.) que requieran recopilar datos que no están incluidos en la base de datos pero sí se encuentran en la historia clínica, o bien para seleccionar una muestra con las historias clínicas que necesiten ser revisadas.

3.4.2. Sistema de Información

El CMBD actúa también como Sistema de Información, entendiendo como tal el proceso estadístico de los datos y la salida de unos resultados en forma de indicadores que permitan medir los resultados y los productos hospitalarios, así como conocer la actividad realizada por los Servicios y la morbilidad atendida en cada uno de ellos.

Las principales utilidades de este sistema de información son:

1. El hecho de registrar las enfermedades y los procedimientos quirúrgicos relativos al paciente, mediante la Clasificación Internacional de Enfermedades (CIE-10) permite conocer la morbilidad hospitalaria y que se puede aplicar algún Sistema de Clasificación de Pacientes que contenga los algoritmos de clasificación y conocer la casuística y qué produce el hospital y/o los servicios.
2. Conocimiento de la actividad asistencial desarrollada por los servicios.
3. Obtención de indicadores de gestión y de calidad asistencial.
4. Conocimiento de la mortalidad hospitalaria.
5. Conocimiento de la estructura de la población atendida según sexo y edad.
6. Docencia e investigación, tanto clínica como epidemiológica.

La información sanitaria constituye uno de los pilares fundamentales para la gestión de servicios sanitarios, así como para la realización de estudios clínicos y epidemiológicos. Sin planificación no hay gestión eficiente ni desarrollo de un sistema de información que permita la toma de decisiones en base a los datos aportados por la CMBD. Actualmente el CMBD es la fuente de información útil para la obtención de dichos datos, tanto por la información que recoge y su obligatoriedad como por su accesibilidad y sencillez de manejo.

4. CLASIFICACIONES INTERNACIONALES DE PROBLEMAS DE SALUD: CIE 10

La CIE-10 es el acrónimo de la Clasificación Internacional de Enfermedades, décima versión correspondiente a la versión en español de la (ICD, International Statistical Classification of Diseases and Related Health Problems) y determina la clasificación y codificación de las enfermedades y una amplia variedad de signos, síntomas, hallazgos anormales, denuncias, circunstancias sociales y causas externas de daños y/o enfermedad.

4.1. Historia

La CIE-10 fue publicada por la Organización Mundial de la Salud (OMS) en 1992. Se utiliza a nivel internacional para fines estadísticos relacionados con morbilidad y mortalidad, los sistemas de reintegro y soportes de decisión automática en medicina. Este sistema está diseñado para promover la comparación internacional de la recolección, procesamiento, clasificación y presentación de estas estadísticas. La CIE-AP (Clasificación Internacional de Enfermedades en Atención Primaria) es la clasificación central de la WHO Family of International Classifications (WHO-FyC).

La lista CIE-10 tiene su origen en la «Lista de causas de muerte», cuya primera edición la realizó el Instituto Internacional de Estadística en 1893. La OMS se hizo cargo de la misma en 1948, en la sexta edición, la primera en incluir también causas de morbilidad. A la fecha, la lista en vigor es la décima, y la OMS sigue trabajando en ella.

La Clasificación Estadística Internacional de Enfermedades y Problemas Relacionados con la Salud, Décima Revisión (CIE-10) fue respaldada por la Cuadragésima Tercera Asamblea Mundial de la Salud en mayo de 1990 y se empezó a usar en todos los Estados Miembros de la Organización Mundial de la Salud (OMS) a partir de 1994.

El propósito de la CIE es permitir el registro sistemático, el análisis, la interpretación y la comparación de los datos de mortalidad y morbilidad recolectados en diferentes países o áreas del mundo, y en diferentes momentos. La clasificación permite la conversión de los términos diagnósticos y de otros problemas de salud, de palabras a códigos alfanuméricos que facilitan su almacenamiento y posterior recuperación para el análisis de la información.

4.2. Estructura y principios de clasificación

La CIE es un sistema de clasificación de eje variable. Su estructura se ha desarrollado a partir de la propuesta del epidemiólogo William Farr en la época en que comenzaron las discusiones internacionales sobre la estructura de una clasificación. Su esquema fue que, para todos los propósitos prácticos y epidemiológicos, los datos estadísticos relativos a las enfermedades debieran agruparse de la manera siguiente:

- Enfermedades epidémicas.
- Enfermedades constitucionales o generales.

- Enfermedades localizadas ordenadas por sitios.
- Enfermedades del desarrollo.
- Traumatismos.

Cada condición de salud puede ser asignada a una categoría y recibir un código de hasta seis caracteres de longitud (en formato de X00.00). Cada una de tales categorías puede incluir un grupo de enfermedades similares. Los siguientes códigos se utilizan por la Clasificación Estadística Internacional de Enfermedades y Problemas Relacionados con la Salud.

Capítulo	Códigos	Título
I	A00-B99	Ciertas enfermedades infecciosas y parasitarias.
II	C00-D48	Neoplasias.
III	D50-D89	Enfermedades de la sangre y de los órganos hematopoyéticos y otros trastornos que afectan el mecanismo de la inmunidad.
IV	E00-E90	Enfermedades endocrinas, nutricionales y metabólicas.
V	F00-F99	Trastornos mentales y del comportamiento.
VI	G00-G99	Enfermedades del sistema nervioso.
VII	H00-H59	Enfermedades del ojo y sus anexos.
VIII	H60-H95	Enfermedades del oído y de la apófisis mastoides.
IX	I00-I99	Enfermedades del sistema circulatorio.
X	J00-J99	Enfermedades del sistema respiratorio.
XI	K00-K93	Enfermedades del aparato digestivo.
XII	L00-L99	Enfermedades de la piel y el tejido subcutáneo.
XIII	M00-M99	Enfermedades del sistema osteomuscular y del tejido conectivo.
XIV	N00-N99	Enfermedades del aparato genitourinario.
XV	O00-O99	Embarazo, parto y puerperio.
XVI	P00-P96	Ciertas afecciones originadas en el periodo perinatal.
XVII	Q00-Q99	Malformaciones congénitas, deformidades y anomalías cromosómicas.
XVIII	R00-R99	Síntomas, signos y hallazgos anormales clínicos y de laboratorio, no clasificados en otra parte.
XIX	S00-T98	Traumatismos, envenenamientos y algunas otras consecuencias de causa externa.
XX	V01-Y98	Causas externas de morbilidad y de mortalidad.
XXI	Z00-Z99	Factores que influyen en el estado de salud y contacto con los servicios de salud.
XXII	U00-U99	Códigos para situaciones especiales.

La CIE puede utilizarse para clasificar enfermedades y otros problemas de salud consignados en muchos tipos de registros vitales y de salud. Originalmente su uso se limitó a clasificar las causas de mortalidad tal como se mencionan en los registros de defunción.

La CIE-10 se edita en tres volúmenes.

- El primero contiene la clasificación ordenada por aparatos sistemas y especialidades y cuenta con una clasificación adicional para identificar el tipo histológico de los tumores.
- El segundo es el manual del usuario y contiene los procedimientos para el registro, la codificación y la selección de la causa básica de defunción y para la selección de la afección principal en morbilidad.
- El tercero incluye el índice alfabético que ayuda al usuario a localizar los códigos respectivos para cada término diagnóstico anotado por el médico.

La aplicación eCIEmaps del Ministerio de Sanidad, Política Social e Igualdad de España combina los recursos de terminología y clasificación de CIE-9-MC y CIE-10. Proporciona acceso a los índices alfabéticos, listas tabulares, clasificaciones suplementarias, apéndices y manuales de normativa.

Cuenta con una modalidad de búsqueda avanzada que permite localizar las entradas alfabéticas que apuntan a cualquier código, e incluye además un navegador de mapeos (correspondencias o equivalencias entre códigos) para comparar código a código los recursos de las dos clasificaciones.

5. ARQUITECTURA DAE (DIRAYA ATENCIÓN ESPECIALIZADA)

Diraya Atención Especializada consiste en la extensión de la Historia de Salud Digital del Ciudadano ya implantada en la red de Atención Primaria al ámbito de los Hospitales del Servicio Andaluz de Salud. Implantación de la Estación de Gestión (HIS-Área administrativa), Estación Clínica de Hospitalización (Área Clínica), Estación Clínica de Cuidados (Área de enfermería), Pruebas Diagnósticas por Imagen (Área de radiodiagnóstico) y departamentos propios del hospital a través de la plataforma de integración Ensemble de Intersystems (Enterprise Service Bus-ESB).

La plataforma de Diraya Atención Especializada (DAE) está formada por:

- Diraya Cuidados.
- Diraya Clínica.
- Diraya Citas.

Una historia de salud única precisa que Diraya abarque dos espacios de la Atención Especializada:

- El registro de actividades clínicas. Los profesionales sanitarios registran y consultan en Diraya, sea cual sea el centro en el que se encuentren y el área en la que trabajen.
- Identificación y admisión de usuarios, en estrecha conexión con la BDU. Se facilitan así las tareas de ubicación y seguimiento de pacientes, la continuidad asistencial y la accesibilidad de las agendas.

DIRAYA (DAE) constará de:

- **Urgencias.**
  - ▷ Admisión y control de ubicaciones.
  - ▷ Módulo clínico que incluye: triaje, observación, administración de tratamientos, informes...).
- **Consultas Externas.**
  - ▷ Citación.
  - ▷ Módulo clínico de Consultas Externas.
- **Pruebas diagnósticas.**
  - ▷ Citación.
- **Hospitalización.**
  - ▷ Admisión y gestión de camas.
  - ▷ Módulo clínico para hospitalización y Hospital de Día.
- **Explotación de información.**

Quedan fuera del ámbito de Diraya (DAE) las soluciones exclusivas de distintos departamentos- Con estos sistemas, Diraya debe dialogar para, por ejemplo, enviar lista de pacientes citados al Sistema de Información de Radiología, enviar tratamientos indicados al Servicio de Farmacia, recibir informes o imputar costes.

Además, existen otros sistemas corporativos en las áreas de soporte (personal y gestión económica) que deben interoperar con Diraya.

5.1. Urgencias

El módulo de Urgencias de Diraya es común para los dos niveles asistenciales y ha sido diseñado por profesionales de ambos. Incluye las funciones de admisión, triaje, consulta y gestión de la sala de observación. Mediante la plataforma de integración, el módulo de urgencias de Diraya dialoga con el sistema de información propio del Hospital (HIS).

5.2. Consultas Externas

El Diraya en las Consultas Externas consta de:

- Módulo de estructura organizativa de centros y unidades funcionales de Atención Especializada, que dispone de las direcciones y teléfonos de los centros asistenciales y unidades funcionales.
- Módulo de citación centralizada accesible desde los centros de Atención Primaria.
- Interconsulta continua. Registro continuo que permite una comunicación constante entre los profesionales durante el episodio o proceso que origina la interconsulta.

5.3. Hospitalización

Diraya permitirá a atención especializada registrar la información relativa al momento de ingreso de un paciente y las causas del mismo así como consultar los cuidados de enfermería que recibe y las pruebas diagnósticas que se le practiquen durante el período de ingreso. Además la herramienta permite efectuar la prescripción electrónica intrahospitalaria.

Por lo que se refiere a las aplicaciones departamentales implantadas en los hospitales del SAS, resultan interoperables con Diraya los recogidos a continuación:

Funciones Administrativas
Identificación de pacientes y asignación de un código único.
Módulo de admisión y control de ubicaciones de urgencias.
Consultas externas: citación.
Pruebas diagnósticas: citación.
Hospitalización: admisión y gestión de camas.
Módulo de explotación de la información.
Gestión de quirófanos.
Archivo de historias clínicas.
Codificación de la actividad
Funcionalidades Clínicas
Estación de trabajo médica.
Módulo clínico de urgencias (incluye Triage, observación, administración de medicamentos e informes).
Sistema de información de diagnóstico por imagen.
Prescripción electrónica.
Gestión de cuidados de enfermería.
Peticiones.
Interconsultas.
Visualizador de historia.
Módulo clínico de consultas externas.
Módulo clínico para la hospitalización y hospital de día.
Registro de episodios hospitalarios.

Diagnóstico por imagen	Farmacia. Dispensación Intrahospitalaria (unidosis)	Cardiología
Radiología Intervencionista	Farmacia. Dispensación pacientes externos	Digestivo
Medicina Nuclear	Banco de sangre	Otorrinolaringología
Radioterapia	Esterilización	Pruebas de Ginecología
Laboratorio de Análisis Clínico	Dietética	Cirugía General
Microbiología	Tratamiento Anticoagulante oral (TAO)	Urología
Hematología	Neumología	Neurología
Anatomía Patológica	Anestesia	

6. HISTORIA DIGITAL DE SALUD DEL CIUDADANO. BASE DE DATOS DE USUARIOS (BDU). CONFIDENCIALIDAD

6.1. Historia Digital de Salud del Ciudadano

La historia digital de salud del ciudadano es DIRAYA, de la que se habló anteriormente.

6.2. Base de Datos de Usuarios (BDU)

La Base de datos de usuarios es BDU. Remitimos al lector al apartado de este capítulo en el que se habla de ella.

6.3. Confidencialidad

Los pilares fundamentales en los que se sustenta la relación sistema sanitario-paciente son la confianza y el respeto. Durante el acto sanitario el paciente o su familia pueden revelar información sensible, aunque necesaria, para el adecuado manejo del paciente. El hecho de que dicha información sea confidencial y que va a mantenerse el secreto en todo momento, es uno de los principios fundamentales que debe guiar cualquier actuación. Ningún paciente suministraría información alguna durante atención si presumiese que podría trascender en un futuro y ser difundida contra su voluntad.

La progresiva implantación de la Historia Digital de Salud y del Programa Diraya en Andalucía, ha modificado sustancialmente el panorama de la confidencialidad del paciente.

La historia clínica de un paciente es accesible por múltiples sanitarios del Sistema Sanitario, relacionados o no con la atención sanitaria directa del paciente y desde múltiples Centros del Sistema Sanitario Andaluz.

Si el médico habitual por razones de eficiencia de su Consulta decide implementar en Diraya, el menú de Problemas, los datos allí consignados pueden ser visualizados en otras consultas; por ejemplo en urgencias hospitalarias

Los datos registrados en la historia clínica del paciente del programa Diraya no pueden modificarse desde las 24 h. del día en curso y permanecerán en dicha historia.

6.3.1. Definiciones

"Calidad de aquello que se hace o dice en confianza o con seguridad recíproca entre dos o más personas" (RAE).

"Derecho del paciente a que todos aquellos que lleguen a conocer datos relacionados con su persona por su vinculación laboral, al participar de forma directa o indirecta en las funciones propias de las instituciones sanitarias, respeten su intimidad y cumplan con el llamado deber de sigilo, reserva y secreto".

6.3.2. Normativa que regula el uso de la Historia Clínica

- Ley 14/1986 General de Sanidad.
- Ley Orgánica 15/1999 de 13 de diciembre, de Protección de datos de carácter personal (LOPD).
- Ley 41/2002 de 14 de noviembre, básica reguladora de la Autonomía del Paciente y de Derechos y Obligaciones en materia de Información y Documentación Clínica.
- Convenio sobre los derechos del hombre y la biomedicina de 1997.

6.3.3. Normativa que regula la confidencialidad en salud

- Constitución Española. Arts.18.1 y 18.4
- Ley Orgánica 15/1999 de 13 de diciembre, de Protección de datos de carácter personal (LOPD).
- Ley 41/2002 de 14 de noviembre, básica reguladora de la Autonomía del Paciente y de Derechos y Obligaciones en materia de Información y Documentación Clínica.
- Ley 14/1986 General de Sanidad (Derechos de los ciudadanos).
- Ley 2/1998 de Salud de Andalucía (Derechos de los ciudadanos).

Dentro de la Ley de Autonomía del paciente se recogen varios artículos relacionados:

- Artículo 2: "La persona que elabore o tenga acceso a la información y a la documentación clínica está obligada a guardar la reserva debida".
- Artículo 7: "Toda persona tiene derecho a que se respete el carácter confidencial de los datos referentes a su salud, y a que nadie pueda acceder a ellos sin la previa autorización amparada por la ley".

6.3.4. Conceptos básicos

Los servicios públicos y privados de salud son los responsables del mantenimiento de todos los aspectos de seguridad y confidencialidad de los datos y la información.

Hay dos factores que convierten al tema en una inquietud preeminente en el sector de atención de salud actual:

- La naturaleza intrínsecamente sensible de los datos de los pacientes
- Uso creciente de la red, en particular Internet, para el procesamiento de información para atención de salud.

Para ello debemos de tener en cuenta 4 conceptos:

- Integridad: la prevención de la modificación no autorizada de información.
- Acceso: la prevención del ingreso no autorizado a los recursos de información.
- Protección física: la protección de datos y equipos para el procesamiento de datos contra el daño intencional o accidental.
- Confidencialidad: evitar la divulgación no autorizada de información.

6.3.5. Características de los datos sobre salud

Los sistemas de información sanitaria almacenan datos sobre la salud de las personas y parte de la información es sumamente confidencial.

Debido a la naturaleza del equipo de trabajo y las frecuentes actividades interdisciplinarias en salud, muchos profesionales necesitan datos individuales confidenciales y el control y la autorización para el acceso se tornan problemas especiales.

Los datos individuales registrados desempeñan una función esencial en la prestación de atención de salud y pueden incluso ser críticos para el paciente. La disponibilidad de tales datos, incluso en línea, y su calidad merecen especial atención y el equilibrio entre el acceso y el control de la integridad es un problema grave en estas circunstancias.

Se está otorgando acceso remoto a registros médicos y otros datos relacionados con la atención de salud a un número cada vez mayor de proveedores de servicio, contribuyentes, controladores y trabajadores administrativos.

El reto es proporcionar simultáneamente niveles necesarios de acceso y asegurar la protección para sistemas internos, confidencialidad, autenticación significativa de usuarios y la capacidad de auditar la utilización de los sistemas.

La confidencialidad incluye el equilibrio de la demanda de información sobre atención de salud y los derechos de privacidad de los pacientes y el establecimiento de principios justos de privacidad para los datos individuales: límites de uso de registros de salud por parte de las autoridades de salud pública, la policía y los investigadores.

6.3.6. Actuaciones

Una manera eficaz de abordar las cuestiones en torno a la confidencialidad incluye las siguientes actuaciones:

- Identificar quién tiene acceso a los datos
- Definir los datos o conjuntos de datos a los que tiene acceso un profesional particular.
- Establecer mecanismos para educar y obligar (mediante accione disciplinarias) al individuo que tiene acceso a la información a mantener el carácter confidencial.
- Establecer reglas para la divulgación de información relacionada con la salud.
- Establecer barreras físicas y elementos de disuasión para los sistemas con el fin de proteger los datos y el equipo de procesamiento de datos contra la entrada no autorizada, la corrupción, el desastre, el hurto y el daño intencional o no intencional.

- Seguridad física.
- Los problemas más comunes comprenden iluminación, fluctuaciones de potencia, inundaciones, incendios, carga eléctrica estática y condiciones ambientales inadecuadas. El robo de equipos y medios de datos es menos común pero puede ser desastroso. Un plan de contingencia para la recuperación y la copia de seguridad de datos en caso de desastres y equipo redundante son maneras de abordar problemas de esta naturaleza.
- Autenticación.

  Se trata del método más básico. Implica un usuario que envía un código de identificación de usuario, junto con una contraseña, a la red que el usuario quiere acceder. El sistema de seguridad de la red compara la identidad con la contraseña y "autentica" al usuario en el caso de una coincidencia, o niega el acceso del usuario si no hay coincidencia. Se pueden definir diferentes niveles de acceso para el mismo registro.
- Cifrado.

  El cifrado es el método de codificar un mensaje, un campo, formas, datos o toda una red, con el uso de claves alfanuméricas que mezclan desordenadamente los datos para que solo los individuos que poseen la clave apropiada puedan descifrar y leer la información. El resultado final es datos asegurados. La clave de cifrado puede ser una cadena de dígitos que tienen una relación matemática con una clave de descifrado correspondiente, de manera que una se utiliza para cifrar, otra para descifrar o la misma clave puede utilizarse para cifrar y descifrar.
- Firma digital.

  Se trata de una marca de identificación proporcionada por el remitente/compositor en cada transacción de comunicaciones para demostrar que realmente envió el mensaje. Las firmas digitales reúnen las siguientes condiciones: son imposibles de imitar fraudulentamente, son auténticas, no alterables y no reutilizables.
- Control de acceso.

  Es una forma compleja de seguridad de amplia aplicación en los sistemas de salud. Los sistemas para el control de acceso funcionan al permitir a la empresa definir varias funciones. Los ejemplos de las funciones son pacientes, médicos, enfermeras, administrativos, supervisores, etc. Diferentes funciones tienen acceso permitido a diferentes niveles de datos, más allá del requisito sencillo de autenticación.

  Diraya, contempla dos formas de control de la confidencialidad del paciente: cuando se accede a una historia clínica no asignada a su cupo el programa pide conformidad emitiendo un documento que se debe imprimir, solicitar firma del paciente y enviar a los Servicios Centrales, de esta forma queda constancia de que personal no autorizado ha accedido a la historia clínica en cuestión con autorización del paciente; pero no se limita el acceso a dicha historia. Igualmente se contempla la posibilidad de encriptar los motivos de consulta, la anamnesis o la exploración del paciente, de forma que estos datos sólo sean accesibles al médico habitual del paciente.

Temario específico
Volumen 1

Servicio Andaluz de Salud (SAS)

Fisioterapeutas

Tema 19

Planificación sanitaria. Identificación de problemas. Indicadores demográficos, socioeconómicos, del nivel de salud, medioambientales. Elaboración de programas de salud y su evaluación

Cándido Jesús Chaves Marín
Enfermero

Rodio ediciones

Índice esquemático

1. PLANIFICACIÓN SANITARIA

La planificación se corresponde con una fase de la administración y se describe como la actuación sobre un sistema social con la finalidad de alcanzar resultados concretos, es por tanto, la primera etapa del proceso administrativo y la base del total de las actuaciones posteriores.

Podemos dividir la administración en dos grandes etapas: la primera etapa, la de «pensar», que corresponde a las funciones de planificación y organización, y la segunda, la de «hacer», que comprende las funciones de dirección, control y evaluación.

En la Declaración de Alma-Ata (URSS, 1978), se señala que la Atención Primaria de Salud es la base para alcanzar un estado adecuado de salud para toda la población y recomienda a los sistemas de salud la aplicación de programas de salud coherentes con la planificación sanitaria como un instrumento para el logro del objetivo global.

Por tanto, una adecuada planificación del sistema sanitario permitirá desarrollar y evaluar las políticas de salud.

Hay cuatro ideas fundamentales que justifican la planificación (Hernán San Martín):

1. Es útil para ajustar los medios y los recursos a los objetivos de los programas.
2. Permite programar por necesidades y por problemas de salud reales.
3. Es necesaria para la gestión y evaluación de los resultados.
4. Introduce una racionalidad científica en las decisiones.

1.1. Definición

Existen muchas definiciones sobre la planificación:

"Es un proceso continuo de previsión de recursos y servicios necesarios para conseguir unos objetivos determinados, según un orden de prioridad establecido, permitiendo elegir la o las soluciones óptimas entre muchas alternativas. Esta elección toma en consideración el contexto de dificultades internas y externas, conocidas actualmente o previsibles en el futuro". (Pineault).

"Proceso por el cual las decisiones son transformadas en acciones" (Spiegel)

"Un proceso a partir del cual se escoge entre medios alternativos para obtener los fines deseados" (Knox).

La más usada en sanidad es la de Pineault.

1.2. Características

1. La planificación es un **proceso**:

   Esta discurre a través de diferentes etapas relacionadas entre si e implica una elaboración que los diferencia de una lista de acciones a seguir.

2. La planificación es **previsión** de futuro:

   Debe ser posible de realizar, no una situación ideal o inalcanzable. La planificación debe ser ajustada y racional. En esta etapa deberemos definir cuál sería "la situación ideal" a alcanzar a partir de unos servicios y recursos.

3. La planificación es un **proceso creativo**:

   Tiende a la creación de cosas y situaciones nuevas e innovadoras y a que sus efectos sean estables en el tiempo.

4. La planificación **tiende a la acción**:

   No debe suscribirse a la teoría, sino que debe concretar formas de actuación y proponer unos determinados objetivos en un plazo de tiempo establecido. Debe responder a estas cuestiones: *"qué se va a hacer?, ¿quién?, ¿cómo?, ¿cuándo?."*

5. La planificación pretende unos **resultados concretos**:

   A partir de una situación especifica (estado de salud actual), se realizan unas actuaciones determinadas para conseguir los objetivos o metas fijadas con los recursos necesarios.

6. La planificación se basa en las **necesidades**:

   Se debe conocer a priori el estado de salud de, comunidades, grupos e individuos y a partir de ese conocimiento determinar "las necesidades de salud" para alcanzar los objetivos en salud propuestos.

7. La planificación precisa y utiliza **información** concreta y especifica:

   La recogida de información como parte de una etapa de la planificación nos servirá para el análisis y diagnóstico de la situación y por tanto es útil para conocer las necesidades y para evaluar los cambios.

8. La planificación se aplica a los **distintos niveles** del Sistema de salud:

   La planificación en los diversos niveles debe estar interrelacionada y coordinada con los de nivel superior e inferior.

1.3. Tipos

Hay distintos tipos de planificaciones dependiendo de diferentes factores relacionados entre si y que por tanto hace que los distintos tipos no sean estancos e independientes y que por ello se trate de la unión de estos:

1. Según amplitud y extensión:

   a) **Planificación estratégica**: Se define como el establecimiento de propósitos fundamentales que implican cambios duraderos a largo plazo. Supone la determinación de directrices generales de actuación de amplia perspectiva. Llevada a cabo por los altos niveles de cada institución y que debe ser conocida y compartida por los niveles inferiores. Genera los llamados Planes Directores.

   Precisa una amplia información prospectiva y actualiza para prever las tendencias y necesidades futuras y planificar en consecuencia.

b) **Planificación táctica:** Constituye el segundo nivel. En el se detallan las actividades y los recursos que se deben emplear. Nos define las acciones a realizar para que la situación cambie y tiene una temporalidad a medio plazo.

c) **Planificación Operativa**: . Los objetivos son concretos con unos recursos, actividades, y tiempo determinados. Las acciones definidas son a más corto plazo, determinándolas en todos sus aspectos.

2. Según su nivel jerárquico y por los fines que persigue:

   a) Planificación de la **política sanitaria**, en donde se establecen las grandes metas.

   b) Planificación sanitaria global o **plan de salud** (Andalucía), dirigido a alcanzar unos objetivos estratégicos.

   c) Planificación sanitaria **operaciona**l, es el nivel más específico y concreto de la planificación.

3. Según el tiempo:

   a) Planes a corto plazo: meses - un año.

   b) Planes a medio plazo: de dos a cinco años.

   c) Planes a largo plazo: de cinco a diez años.

   El tiempo se fija en función de la dificultad de las tareas, importancia del plan y de los objetivos, además del nivel de influencia y modificación sobre otros factores transversales no sanitarios (transportes, alimentación, servicios sociales, etc.).

4. Según el ámbito de aplicación:

   a) Planificación en el **ámbito estatal:** Sería el *"Plan nacional de salud"* aplicable a la totalidad del sistema de salud y a todo el territorio nacional.

   b) Planificación en el **ámbito autonómico**: Son los *"Planes regionales de salud"* elaborados para las comunidades autónomas y por los servicios autonómicos de salud.

La característica fundamental es su integración, pudiendo ser esta integración: de arriba a abajo; las líneas de actuación las establece el organismo central, o de abajo a arriba; a partir de áreas o centros de salud se establecen programas que convergen hacia una meta nacional de salud.

Actualmente existe una situación de planteamiento mixto ya que La Ley Gral. de Sanidad establece la obligatoriedad de elaborar un Plan Regional de Salud en cada Comunidad Autónoma, que englobe el conjunto de los planes de las áreas de salud en las que se divide cada una de ellas.

Para atención primaria el Ministerio de Sanidad y Consumo ha elaborado unos programas con aplicación en toda España, también a elaborado programas de características troncales orientadas a poblaciones de riesgo y con actividades comunes a todos ellos. Igualmente, la atención especializada también se encuentra encuadrada en esta planificación.

Debemos destacar que no todos estos planes se siguen de una forma regular en las diferentes áreas de salud ya que se planifica y programa según las características de la población y del equipo de atención primaria concreto.

1.4. Etapas del proceso de planificación

Según Pineault R. y Daveluy C., el proceso de planificación consta de las siguientes etapas:

1. **Identificación de los problemas o análisis de la situación.**

   Debido a los múltiples factores que influyen sobre la salud este debe ser intersectorial y multidisciplinar.

2. **El establecimiento de prioridades.**

   Elegimos los problemas, tras su valoración y comparación.

   Se suelen utilizar tres criterios:

   a) La **importancia** y/o magnitud del daño.

   b) La **vulnerabilidad** a la reducción o prevención,(capacidad del programa para solucionarlo.)

   c) La **factibilidad** de la intervención.

3. **Determinación de los fines o metas.**

   Delimita los fines del programa y sirve como instrumento de evaluación.

   Objetivos-Fines ó Metas: Enunciados o declaraciones de intenciones, no suele haber cuantificación.

4. **Determinación de los objetivos generales y específicos.**

   - **Objetivos generales**: Responden a propósitos muy amplios.
   - **Objetivos específicos**
   - **Objetivos operativos**

5. **determinación de actividades y recursos.**

   Identificar las actividades adecuadas para conseguir cada objetivo y los recursos y tiempos necesarios

6. **Puesta en marcha del plan o ejecución.**

   Puesta en práctica de lo planificado. Debe ser una fase viva, con continuos ajustes del proceso.

7. **Evaluación.**

   El conjunto de actividades dirigidas a lograr un juicio objetivo sobre el programa.

   Se precisa:

   a) Un **criterio**: característica observable del programa o alguno de sus componentes.

   b) Un **estándar:** valor asociado al criterio que se considera aceptable.

   c) Una **unidad de medida**.

1.5. Planificación sanitaria en Andalucía

En Andalucía corresponde a la Secretaría General de Planificación y Evaluación Económica las funciones de planificación.

"A la persona titular de la Secretaría General de Planificación y Evaluación Económica le corresponden las funciones previstas en el artículo 28 de la Ley 9/2007, de 22 de octubre, todas las funciones relacionadas con la planificación y sostenibilidad, la evaluación económica y control de los parámetros de eficiencia integral en los servicios y entidades adscritos a la Consejería de Igualdad, Salud y Políticas Sociales "

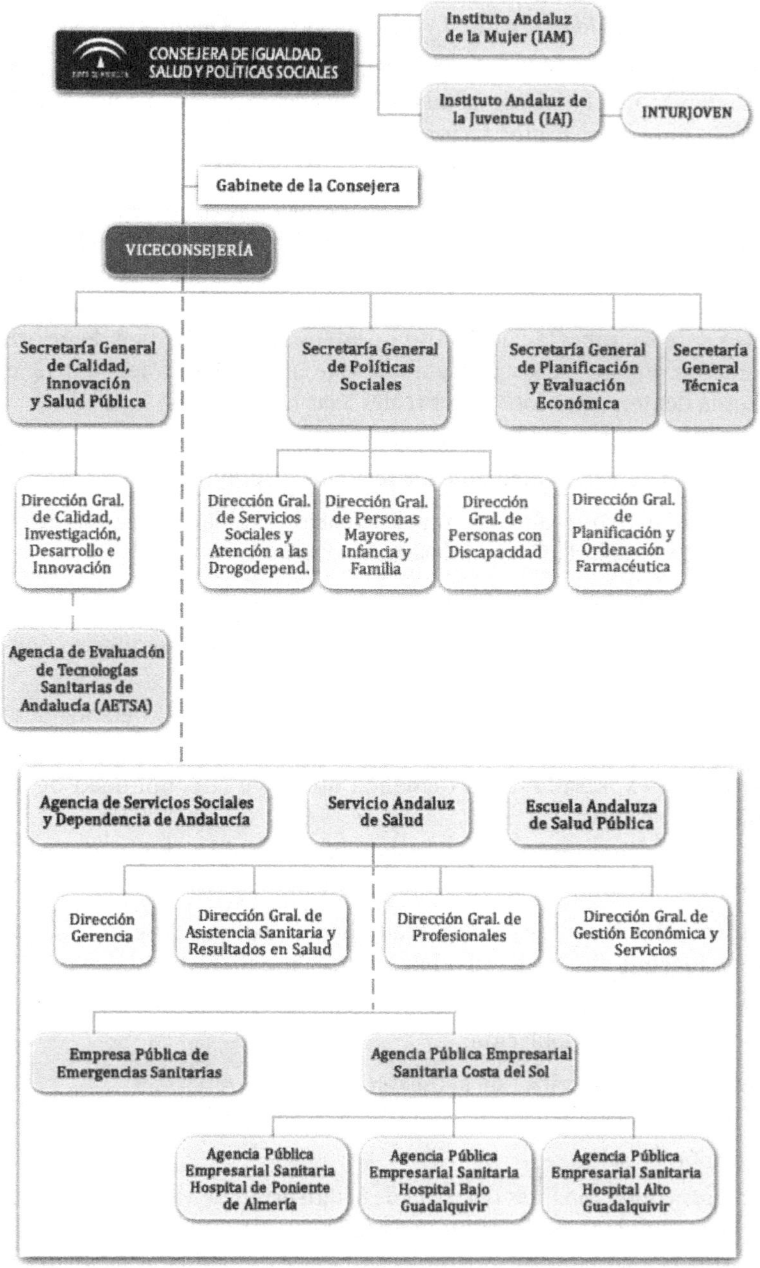

2. IDENTIFICACIÓN DE PROBLEMAS

2.1. Problema de salud

Lo podemos definir como:

"Toda situación de salud, real o potencial, que gravite en la comunidad, y sobre la cual tengamos teóricamente la posibilidad de influir, sea sobre ella misma o, en su origen y consecuencias, en la vida individual y social "González Dagnino

La identificación de problemas y necesidades de salud consiste en la recopilación de información sobre el nivel de salud en los aspectos físicos, psíquicos y sociales de la población, sobre los distintos factores favorecedores o determinantes del mismo y sobre su posible evolución en el tiempo.

Para la identificación de necesidades debemos de realizar una descripción de la comunidad; el análisis de salud de una comunidad es un proceso de estudio sistemático del que se obtiene una descripción valorada y proyectada de las necesidades de salud, así como de los factores que la determinan. Ha de permitir discriminar los problemas según su importancia y a raíz de eso establecer el orden de prioridades. Es un instrumento que puede ser útil, aunque esté incompleto o tenga deficiencias. Su finalidad es la de proponer soluciones reales a las necesidades

La identificación de problemas de salud consiste en determinar qué necesidades no se encuentran cubiertas mediante los recursos disponibles.

La **necesidad** es lo que falta para que la situación problemática se solucione pasando así del estado de salud al estado deseado u objetivo.

Hay cuatro tipos de de necesidades:

a) Necesidad **normativa**: es la definida por el profesional sanitario con respecto a una optima o deseable.
b) Necesidad **sentida:** hace referencia a la percepción de la persona de su problema de salud.
c) Necesidad **expresada:** es la demanda que hace la comunidad de servicios y cuidados de salud.
d) Necesidad **comparativa:** la que debería tener el individuo o el grupo si lo comparamos con otros de iguales características.

Los **indicadores** más destacables que se han de obtener son: **indicadores demográficos, socioeconómicos, del nivel de salud, y medioambientales**

La identificación de problemas y necesidades de salud debe abordar cuatro aspectos fundamentales de la población:

a) Estructura demográfica de la misma.
b) Socioeconómicos
c) Situación de salud.
d) Factores condicionantes del nivel de salud: estilo de vida (se le atribuye el 43% de la mortalidad), biología humana (27%), medioambiente (19%) ysistema sanitario (11%). El informe Lalonde (Ministro de Sanidad Canadiense en 1977).

2.2. Etapas

El conocimiento de los problemas y necesidades de salud conlleva:

a) La **descripción** de la situación de salud, que incluye la recogida de datos útiles, relevantes, fiables y de fácil acopio sobre la situación de la zona.

b) La **explicación**: debe realizarse un análisis de la información que, en función de la magnitud y la trascendencia socioeconómica, permita identificar cuáles son los problemas de salud de la zona.

c) El **pronóstico**: hemos de intentar hacer una proyección hacia el futuro de los problemas identificados, partiendo del supuesto de que si no se actúa van a persistir los mismos factores condicionantes que en el período estudiado.

2.3. Técnicas para conocer los problemas de la comunidad

Para conocer los problemas de una comunidad se pueden utilizar distintos métodos para obtener información sobre las necesidades de salud

a) **Procedimiento por indicadores**: consiste en emplear datos existentes. No genera nueva información, sino que analiza la existente, la interpreta y deduce necesidades. Los que mas se utilizan son:

   - ▹ Indicadores del **nivel de salud**: estado de salud.
   - ▹ Indicadores **demográficos**: predictores de las necesidades (determinantes de la salud).
   - ▹ **Socioeconómicos.**
   - ▹ **Medioambientales.**

   La ciencia que estudia estos indicadores es la **estadística** que consigue términos más concretos: porcentajes, tasas, ratios, etc.

b) **Procedimiento por encuesta:** permite conocer las opiniones y preferencias de los que utilizan los servicios de salud.

   Como ejemplo la *"Encuesta Nacional de Salud"*.

c) **Métodos de búsqueda de consenso,** obtenido por un grupo de personas que conocen bien la comunidad o los problemas en estudio:

   - ▹ **Técnica Delphi**: a través de varios cuestionarios se conocen las opiniones de algunas personas y comunidad.
   - ▹ **Técnica del grupo nominal y lluvia de ideas (brainstorming):** se reúne un grupo de personas sin vínculo se les expone un problema y se provoca la discusión y reflexión sobre los mismos.
   - ▹ **Informadores clave:** entrevistas personales con personas significativas en la comunidad que viven, trabajan o conocen dicha comunidad).
   - ▹ **Forum Comunitario**: llamado también *"audiencia pública"*. Es una asamblea abierta a todos los miembros de una comunidad determinada donde cada miembro es importante y se le anima a venir y expresarse públicamente sobre las necesidades de salud de la población.

3. INDICADORES DEMOGRÁFICOS, SOCIOECONÓMICOS, DEL NIVEL DE SALUD, MEDIOAMBIENTALES

Los indicadores utilizados en salud son parámetros estadísticos de carácter universal que permiten conocer de manera objetiva el estado de salud de los individuos y de las comunidades, con el fin de llevar a cabo una planificación y gestión adecuadas de las políticas sanitarias y de creación de programas sanitarios.

La recogida de información relativa a distintos indicadores demográficos, socioeconómicos, del nivel de salud y medioambientales como; nacimientos, muertes, enfermedades, servicios de salud, viviendas, alimentación, nivel de ingresos, nivel de estudios, calidad del agua, etc. en una determinada comunidad y su análisis a posteriori, permite:

a) Identificar los principales problemas sanitarios.
b) Orientar las políticas sanitarias y de planificación de los programas de salud.
c) Detectar evidencias precoses de los brotes epidémicos para dar una respuesta rápida.
d) Comprobar la efectividad y la cobertura de los programas de atención sanitaria.
e) Asegurar que los recursos se utilizan en las áreas más necesitadas.
f) Señalar las diferencias en materia de salud entre países y, así mismo, entre distintos grupos socioeconómicos y étnicos.
g) Aportar información para la investigación.

3.1. Indicadores demográficos

Los indicadores demográficos describen los fenómenos que ocurren a las comunidades humanas desde la perspectiva de que las poblaciones son dinámicas y que dependen de la composición de sus individuos y de los cambios que suceden en un periodo dado.

Primero debemos describir la estructura y características de la población de referencia.

La Demografía es la ciencia que estudia el tamaño, la distribución geográfica y composición de la población, sus variaciones y las causas de las mismas.

Tenemos 2 tipos; la **Demografía Estática**, que se ocupa de la descripción cuantitativa y cualitativa (edad, sexo, etc.) de la población, y la **Demografía Dinámica**, que investiga la evolución a lo largo del tiempo y los mecanismos por los que salen (emigran o mueren) y entran (inmigran o nacen) a la población los individuos que la componen.

3.1.1. Demografía Estática

Indicadores más usuales de la Demografía Estática:

a) **Población total** (número de habitantes).
b) **Densidad de población** (número de habitantes/km^2).
c) **Índice de envejecimiento** (porcentaje de habitantes mayores de 64 años).
d) **Razón de dependencia:** menores de 15 años + mayores de 64 años/población entre 15 y 64 años.

e) **Índices poblacionales:** obtenidos a partir de la distribución de edades de la población. Nos dan una idea del grado de envejecimiento de la misma. Pueden representarse de forma similar a la pirámide de población.

f) **Pirámide de población:** representación gráfica de la estructura de la población según edad y sexo.

EVOLUCIÓN DE LA POBLACIÓN EN ANDALUCÍA Y ESPAÑA. AÑOS 2008-2012

	2008	2009	2010	2011	2012
Almería	66.635	684.426	695.560	702.819	704.219
Cádiz	1.220.467	1.230.594	1.236.739	1.243.519	1.245.164
Córdoba	802.586	803.998	805.108	805.857	804.498
Granada	901.220	907.428	918.072	924.550	922.928
Huelva	496.508	513.403	518.081	521.968	522.862
Jaén	667.438	669.782	670.761	670.600	670.242
Málaga	1.563.261	1.593.068	1.609.557	1625.827	1.641.098
Sevilla	1.883.105	1.900.224	1.917.097	1.928.962	1.938.974
Andalucía	8.202.220	8.302.923	8.370.975	8.424.102	8.449.985
España	46.157.822	46.745.807	47.021.031	47.190.493	47.059.533

Fuente: INE. Padrón Municipal de habitantes

Memoria Estadística de la Consejería de Igualdad, Salud y Políticas Sociales. 2012

En toda pirámide se puede apreciar los fenómenos de sobrenatalidad y sobremortalidad masculina.

Nos da una idea, según su morfología, del tipo de población:

a) Las ***"piramidales"*** (base ancha y cúspide estrecha) son características de poblaciones poco desarrolladas, con altas tasas de natalidad y mortalidad

b) Las ***"campaniformes"*** (base menos ancha y cúspide menos estrecha) indican tasas de natalidad y mortalidad intermedias, correspondientes a países en vías de desarrollo;

c) Las de forma de ***"hucha"*** (base de anchura incluso menor que la cúspide) traducen una natalidad muy baja y son típicas de países desarrollados.

También nos informa los cambios demográficos sufridos por la población en los últimos años:

a) Las hendiduras simétricas (afectan a ambos sexos) suelen deberse a un descenso de natalidad y aumento de la mortalidad producidos en un corto período de tiempo, por guerras o grandes catástrofes.

b) Si la hendidura es asimétrica, la causa debe buscarse en la emigración selectiva o en una sobremortalidad en uno de los dos sexos.

c) Los ensanchamientos en la pirámide indican crecimientos demográficos por aumento de natalidad (el ensanche suele ser progresivo y bilateral) o afluencia migratoria (puede provocar ensanches asimétricos y rápidos).

PIRÁMIDE DE POBLACIÓN DE ANDALUCÍA. AÑO 2012

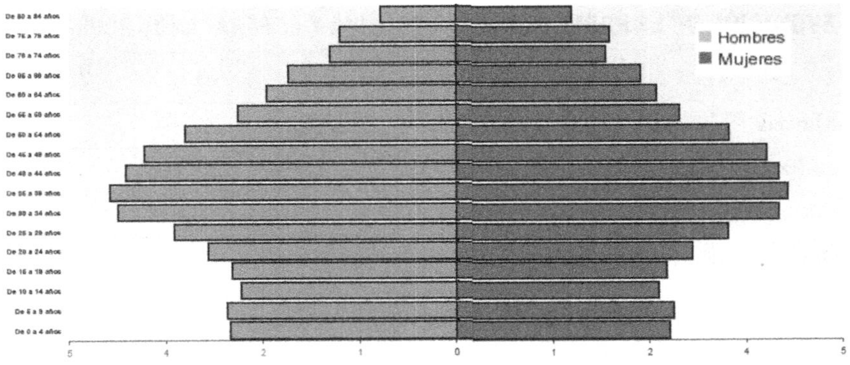

Fuente: INE. Padrón Municipal de habitantes

Memoria Estadística de la Consejería de Igualdad, Salud y Políticas Sociales. 2012

3.1.2. Demografía Dinámica

Estudia los cambios en la estructura de la población, habidos en los últimos años. Los sucesos demográficos básicos son la natalidad, la mortalidad y las migraciones.

a) La **tasa de natalidad** o tasa de natalidad bruta es el número de nacimientos de una población por cada mil habitantes en un año.

   Se calcula como: Tn= (N/P) * 1000

   Tn= Tasas de Natalidad
   N= Número de nacimientos ocurridos en un años
   P= Población total

b) La **tasa de fecundidad,** también denominada **Tasa de Fecundidad General** se refiere a la relación que existe entre el número de nacimientos ocurridos en un cierto período y la cantidad de población femenina en edad fértil (15-49 años) en el mismo periodo. Se expresa como el número de nacimientos por cada mil mujeres en edad fértil (en un año). Es un buen indicador de la conducta reproductiva de la población.

c) El **índice sintético de fecundidad.** Es el resultado de sumar las tasas específicas de fecundidad por grupo de edad dividido entre 1000 y multiplicadas por el número de años de cada grupo.

   El Índice Sintético de Fecundidad es un indicador del número de hijos por mujer. Para asegurar la estabilidad de una población, debería ser superiora 2,1.

d) La **tasa neta de reproducción.** El número medio de hijas que tendrá una mujer (o grupo de mujeres) si, desde que nace su vida es conforme a las tasas de fecundidad y mortalidad por edad en un año determinado. Esta tasa es análoga a la tasa bruta de reproducción, pero toma en cuenta el hecho de que algunas mujeres morirán antes de transcurridos sus años de reproducción. Una TNR de 1,000 significa que cada generación de madres tiene exactamente la cantidad suficiente de hijas para reemplazarlas en la población.

e) La tasa **bruta de mortalidad** es la cantidad de muertes en un año, por cada 1000 habitantes, estimada a mitad de año. (1 de julio) expresado en *"tanto por mil"*. Las tasas *"brutas"* de poblaciones diferentes no pueden ser comparadas entre sí sin antes eliminar la influencia de la estructura etaria.

f) Tasas de **mortalidad en edad infantil**: Consiste en el número anual de muertes infantiles dividido por el número total de nacimientos en una región determinada. Este cociente brinda, principalmente, información acerca de las condiciones de salud de los niños de un país.

MORTALIDAD INFANTIL. ANDALUCÍA Y ESPAÑA, 2012-2011

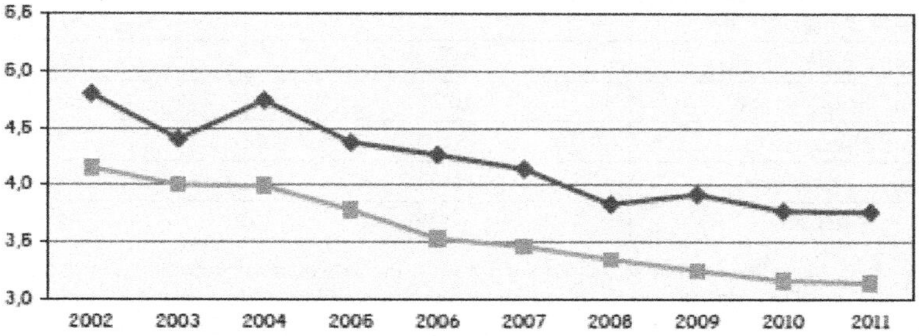

	2002	2003	2004	2005	2006	2007	2008	2009	2010	2011
Andalucía	4,80	4,40	4,74	4,37	4,26	4,14	3,83	3,92	3,77	3,76
España	4,15	4,00	3,99	3,78	3,53	3,46	3,35	3,25	3,16	3,14

Tasas por 1.000 nacidos vivos

FUENTES:
Andalucía : IECA Consejería de Igualdad, Salud y Políticas Sociales. Unidad de Estadísticas Vitales
España: INE. Movimiento Natural de la Población

Memoria Estadística de la Consejería de Igualdad, Salud y Políticas Sociales. 2012

g) La tasa de **mortalidad perinatal** es el número de nacidos muertos y muertes en la primera semana de vida por cada 1.000 nacidos vivos, el período perinatal comienza a las 22 semanas completas (154 días después de la gestación) y termina a los siete días después del nacimiento (OMS).

Esta tasa nos informa de la atención prenatal y postnatal precoz.

h) La tasa de **mortalidad neonatal** es el número de recién nacidos que mueren antes de alcanzar los 28 días de edad, por cada 1.000 nacidos vivos en un año determinado. Está influida por la atención sanitaria prestada durante el embarazo y el parto.

i) La tasa de **mortalidad postneonatal** designa la relación de fallecimientos de nacidos vivos durante el período que se extiende desde el fin del período neonatal primer mes (28 días) hasta la edad de un año. y el total de nacidos vivos en el año.

j) La tasa de **mortalidad materna** es la cantidad de mujeres que mueren durante el embarazo y el parto (hasta los 42 días postparto) por cada 100.000 nacidos vivos e indica el riesgo de morir de una mujer durante el embarazo, parto y puerperio.

k) Las tasas de **mortalidad específica** por causas o por sexos.

Las primeras indican el riesgo de morir por determinada enfermedad y se formulan como número de muertes por una causa/ población total por cada 100.000 habitantes.

Andalucía		
	Tasas Brutas de Mortalidad. Hombres	**Tasas Brutas de Mortalidad. Mujeres**
General	828,44	731,66
Enf. Infecciosas	15,88	11,67
Cáncer	250,11	145,82
Enf. Endocr. y sangre	22,83	31,60
Trastornos mentales	45,29	67,69
Enf. Cardiovasculares	247,07	289,10
Enf. Respiratorias	100,82	62,80
Enf. Digestivo	52,90	40,22
Causas Externas	41,69	18,24
Resto de Causas	51,86	64,52

Tasas de Mortalidad: General y por las Principales Causas. Año 2009. En Andalucía
DG de Planificación e innovación Sanitaria. Servicio de Información y Evaluación

TASAS DE NATALIDAD Y MORTALIDAD EN ANDALUCÍA Y ESPAÑA AÑOS 2002-2012

	Andalucía		España	
	Natalidad	**Mortalidad**	**Natalidad**	**Mortalidad**
2002	11,05	8,34	10,14	8,92
2003	11,48	8,64	10,52	9,16
2004	11,70	8,28	10,65	8,71
2005	11,87	8,52	10,75	8,93
2006	12,14	7,95	10,96	8,43
2007	12,02	8,16	10,98	8,59
2008	12,37	8,09	11,40	8,47
2009	11,57	7,92	10,75	8,34
2010	11,19	7,83	10,53	8,25
2011	10,72	7,87	10,07	8,26
2012*	10,32	8,22	9,67	8,64

Tasas brutas por mil habitantes.
*Datos provisionales.
Las cifras de población utilizadas desde 2002 son Estimaciones calculadas a partir del censo de 2001. por tanto son subseptibles de ser revisadas..
Fuente: INE. Indicadores demográficos básicos.

Memoria Estadística de la Consejería de Igualdad, Salud y Políticas Sociales. 2012

l) La gravedad de una enfermedad la marca la **tasa de letalidad** (número de muertes por esa enfermedad/número de casos por 100).

n) La **mortalidad innecesariamente prematura y sanitariamente evitable** *(MIPSE)* es un indicador de la calidad del sistema sanitario que valora la mortalidad por aquellas enfermedades susceptibles de prevención primaria (cáncer de pulmón, accidentes de tráfico, tétanos, etc.) o secundaria (hipertensión arterial, cáncer de mama o cérvix, etc.).

o) Los **años potenciales de vida perdidos** son un indicador de mortalidad prematura, que se calcula, para cada enfermedad, sumando los años que faltaban a cada fallecido para alcanzar los 70.

p) La **esperanza de vida al nacer** es el número medio de años que se espera que viva un recién nacido, si se mantienen las tasas de mortalidad actuales.

Es un indicador positivos del estado de salud de un país.

EVOLUCIÓN DE LA ESPERANZA DE VIDA AL NACER EN ANDALUCÍA. AÑOS 2002-2011

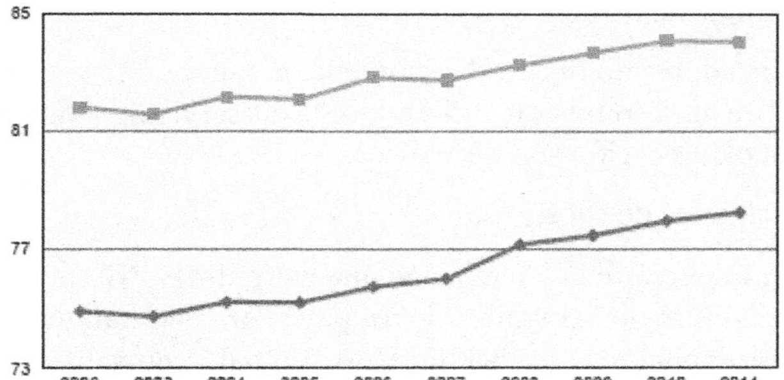

	2002	2003	2004	2005	2006	2007	2008	2009	2010	2011
Hombres	74,92	74,75	75,24	75,21	75,75	76,02	77,16	77,47	77,95	78,23
Mujeres	81,80	81,57	82,17	82,09	82,61	82,73	83,25	83,66	84,08	84,04

Fuente: ECA. Consejería de Salud. Unidad de Estadísticas vitales

Memoria Estadística de la Consejería de Igualdad, Salud y Políticas Sociales. 2012

3.1.3. Migraciones

Es otro suceso responsable del cambio demográfico. Es el desplazamientos de personas hacia una población (inmigración) o fuera de ella (emigración), que pueden causar rápidos cambios en la estructura de una población.

a) El llamado **movimiento natural o vegetativo** está formado por nacimientos y muertes; así, el saldo vegetativo es el resultado de restar las defunciones a los nacimientos.

b) El movimiento **migratorio** lo constituyen inmigraciones y emigraciones.

c) El crecimiento **demográfico** es la suma de ambos movimientos, natural y migratorio.

TCD = (nacimientos – muertes) + (inmigraciones – emigraciones) por 100

3.1.4. Población total

La planificación futura de las necesidades en salud (utilización y recursos sanitarios necesarios) esta basada en la realización de proyecciones demográficas.

3.1.5. Crecimiento de una población

Población futura = población actual + crecimiento demográfico.

Las proyecciones se hacen a partir de los supuestos más probables dado que las tasas de natalidad, mortalidad y migratoria pueden variar. Se pueden considerar diversas posibilidades: fecundidad media o elevada, mortalidad baja, etc.

3.2. Indicadores socioeconómicos

Los indicadores socioeconómicos tienen gran relación con los niveles de salud. Se incluyen factores como ocupación (desempleado o no), vivienda, alimentación, nivel de instrucción, nivel de ingresos, etc.

Estos indicadores no miden directamente la salud pero tienen gran influencia sobre ella y sobre para conocer la utilización de los servicios sanitarios, por lo que para una correcta planificación son necesarios.

Veamos algunos de ellos:

a) La **renta percápita** es la relación que hay entre el PIB (producto interno bruto) y la cantidad de habitantes de un país. Para ello haremos el promedio de los ingresos anuales de los habitantes de un país, equivalente al producto interior bruto y lo dividiremos por el número de habitantes.

RENTA DISPONIBLE BRUTA PER CÁPITA 2008	
Andalucía (€/hab.)	12.480
España (€/hab.)	15.433

Observaciones: Datos provisionales

Fuente: Instituto Nacional de Estadística (INE), 2011

b) La **tasa de pobreza** o (también conocida como indicadores de pobreza) fue un parámetro estadístico desarrollado por la ONU en 1997 para medir el nivel de vida de los países que refleja el nivel de privación, en comparación con el Índice de Desarrollo Humano.

c) El **índice de desarrollo humano** (IDH) es un indicador del desarrollo humano por país, elaborado por el Programa de las Naciones Unidas para el Desarrollo (PNUD) y se basa en un indicador estadístico compuesto por tres parámetros: vida larga y saludable, educación y nivel de vida digno.

Parámetros:

1. **Salud:** esperanza de vida al nacer.
2. **Educación:** tasa de alfabetización de adultos y la tasa bruta combinada de matriculación en educación primaria, secundaria y superior, así como los años de duración de la educación obligatoria.
3. **Riqueza:** PIB per cápita en dólares internacionales

d) La **disponibilidad media diaria de calorías o de proteínas** per cápita. Es el equivalente calórico de la provisión neta de alimentos de un país dividida por el número de habitantes, por día. La disponibilidad media de calorías diarias por persona es en la actualidad de 3.600 en Europa, 3.500 en América del Norte y de sólo 2.300 en África, (2010)

e) El **porcentaje del gasto familiar destinado a alimentación**.

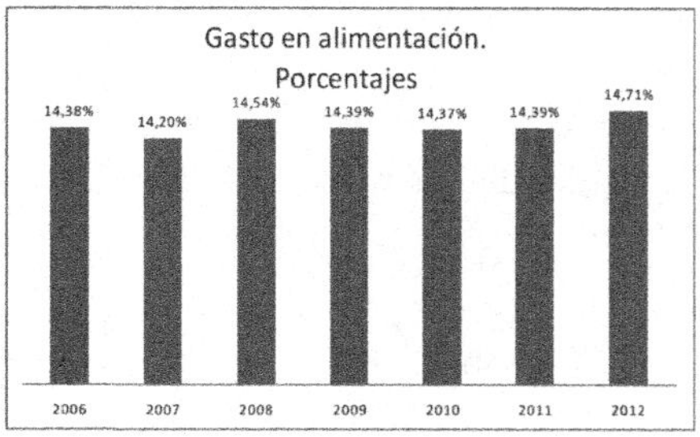

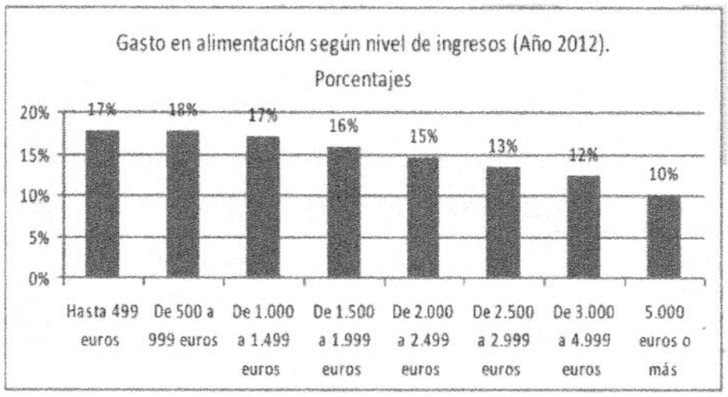

Grupo de Investigación en Sociología de la Alimentación. Universidad de Oviedo
Alianza Nacional contra el Hambre y la Malnutrición de España
I Encuentro Nacional Octubre 2013

f) El **índice bruto de actividad** es la proporción de la población potencialmente activa que tiene entre 16 y 65 años.

Se consideran activos tanto a los ocupados como a los desempleados que estén disponibles para la producción económica.

Se consideran inactivos los jubilados, pensionistas, incapacitados y amas de casa.

g) El índice de **ocupación** es el porcentaje de activos que se encuentran ocupados.

h) El índice de **paro** es el porcentaje que está sin trabajo.

i) Los **sectores de actividad** económica son el primario (agropecuario), secundario (industrial) y terciario (servicios).

El desarrollo socioeconómico de las sociedades industriales hace que la proporción de trabajadores dedicados al sector primario vaya disminuyendo en favor del sector secundario y más adelante del terciario

j) La **tasa de analfabetismo**: Número de personas alfabetizadas de quince años y más, expresado en porcentaje de la población total de personas de quince años y más. Se considera que una persona está alfabetizada cuando puede leer, escribir y comprender un texto sencillo y corto sobre su vida cotidiana. (UNESCO)

k) La **tasa de suicidios o de homicidios**: Según el INE en sus cifras de defunciones según la causa de muerte, un total de 3.529 personas murió por suicidio en 2012, 2.724 hombres y 815 mujeres. La tasa se sitúa en 7,6 por cada 100.000 personas (11,8 en los hombres y 3,4 en las mujeres). El suicidio es la principal causa externa de mortalidad desde hace unos años, cuando las muertes por accidentes de tráfico empezaron a descender. Las comunidades donde más suicidios hay son Andalucía, Cataluña, la Comunidad Valenciana y Galicia.

España con 364 asesinatos en 2012, ocupa el puesto 14, en cuanto a tasa de homicidios intencionados (o intencionales por cada cien mil habitantes).

La tasa de homicidios en España, se situó en 2012 en el 0,80 por cada cien mil habitantes.

Dentro de los indicadores socioeconómicos son especialmente relevantes en planificación los referidos al sistema sanitario, sobre todo a sus recursos, a la accesibilidad y a la utilización que se hace de los mismos.

l) El **gasto en salud** es la parte del producto interior bruto que destina a gastos sanitarios un país. El gasto total en salud es la suma del gasto público y privado. Abarca la prestación de servicios de salud preventivos y curativo, las actividades de planificación familiar, las actividades de nutrición y la asistencia de emergencia.

La Organización Mundial de la Salud recomienda que no sea inferior al 5% (en España en el periodo 2009-2013 fue del 9,6).

m) Indicadores de **recursos**:

- Número de **camas hospitalarias** por 1.000 habitantes:

	Andalucía	Nacional
Seguridad Social	1239	39362
Administración Central	26	458
Ministerio de Defensa	0	934
Comunidad Autónoma	13921	43031
Diputación o Cabildo	0	2208
Municipio	0	2129
Entidades Públicas	0	19586

	Andalucía	Nacional
Mutuas de Accidentes de Trabajo y Enfermedades Profesionales	102	1218
Privado Benéfico (Cruz Roja)	177	1365
Privado Benéfico (Iglesia)	1364	11661
Otro Privado Benéfico	0	7733
Privado no Benéfico	4059	30285
Otra	0	0
Totales	20888	159970

Instituto Nacional de Estadística (INE)

- **Número de médicos**: España cuenta con 450,8 médicos por 100.000 habitantes. Instituto Nacional de Estadística (INE)
- **Numero de enfermeras**: España cuenta con 506,2 enfermeros por cada 100.000 habitantes. Instituto Nacional de Estadística (INE).
- Número de **establecimientos sanitarios**.

	Andalucía	**Nacional**
Seguridad Social	2	97
Administración Central	1	2
Ministerio de Defensa	0	4
Comunidad Autónoma	43	167
Diputación o Cabildo	0	14
Municipio	0	13
Entidades Públicas	0	40

	Andalucía	**Nacional**
Mutuas de Accidentes de Trabajo y Enfermedades Profesionales	1	18
Privado Benéfico (Cruz Roja)	2	10
Privado Benéfico (Iglesia)	7	58
Otro Privado Benéfico	0	61
Privado no Benéfico	50	305
Otra	0	0
Totales	**106**	**789**

Catálogo Nacional de Hospitales 2014
Los Complejos Hospitalarios se contabilizan como un solo hospital

n) La **accesibilidad** puede conocerse estudiando la cobertura del sistema, dificultades horarias, barreras físicas, isocronas (tiempo que se tarda en llegar por los medios habituales de transporte a los centros asistenciales), tiempo medio de consulta, tiempos de espera, etc.

ñ) La **utilización** de los recursos sanitarios

o) La **presión asistencial** es la media de pacientes/profesional y día.

p) Las **derivaciones** se expresan como porcentaje de pacientes que se remiten a otro nivel asistencial. Suelen estudiarse laboratorio, radiología, urgencias e interconsultas con especialistas.

q) La **intensidad de uso** (es el número de veces que, como promedio, consulta cada usuario al cabo de un año.

r) **Extensión de uso** el porcentaje de usuarios que han realizado al menos una consulta en un determinado período.

s) La **tasa de intervenciones** quirúrgicas (número de intervenciones anuales por 1.000 habitantes) o de hospitalización (número de ingresos o altas por mil habitantes y año).
t) La **estancia media** (número de días de hospitalización/número de ingresos o altas).
u) La **tasa de ocupación** (número de días de hospitalización/[número de camas disponibles por 365 días]).
v) **Intervalo de rotación** (media de días transcurridos entre un alta y un ingreso).
w) El **ciclo de rotación medio** (estancia media + intervalo de rotación).

3.3. Indicadores medioambientales

Los indicadores ambientales son cada vez más importantes dado que el desarrollo económico conlleva deterioro del medio ambiente que incide de forma negativa sobre la salud; potabilidad de aguas, uso de pesticidas, contaminación atmosférica, tratamiento de residuos urbanos, etc.

Los indicadores medioambiental en función del aspecto en que incidan:

a) **Residuos sólidos.** Recogida y periodicidad de la misma, sistemas de eliminación, aprovechamiento, vertederos incontrolados, etc.
b) **Contaminación del aire.** Niveles de inmisión de contaminantes (SO2, partículas), fuentes emisoras, contaminación acústica, radiaciones, etc.

   La calidad del aire está afectada fundamentalmente por el tráfico de vehículos, y la actividad industrial. Los principales contaminantes atmosféricos en Andalucía son las partículas en suspensión y el ozono troposférico, que con carácter general y en el medio urbano se deben al tráfico.

   El ozono es el contaminante implicado en la mayoría de superaciones de los valores límite y umbrales de calidad del aire ambiente.

   En zonas de alta industrialización aunque los niveles de exposición a sustancias como el arsénico, metales o benceno son más elevados que en zonas no industrializadas, están por debajo de los niveles recomendables por la normativa.

   Aparte de emisiones localizadas y temporales, la principal fuente de emisión acústica urbana en las ciudades andaluzas mayores de 50.000 habitantes es el tráfico terrestre.
c) **Aguas de consumo.** Fuentes de abastecimiento, métodos de depuración, potabilidad, porcentaje de viviendas con agua potable, consumo de agua potable por persona y día, etc.
d) **Aguas residuales.** Sistemas de eliminación, tratamiento, vertidos directos.
e) **Aguas de baño**. En cuanto a la calidad del agua de las costas Andaluzas un 96% de aguas de baño marítimas presentaron en el año 2012 la calificación de *"excelente"* según el programa de vigilancia de aguas de baño de la Consejería de Salud y bienestar Social.

f) **Temperaturas extremas:** Es conocida la relación que la temperatura tiene con la morbilidad y mortalidad.

Los efectos de la temperaturas elevadas sobre la salud, han puesto de manifiesto que el número total de urgencias atendidas aumentaron en los días posteriores a periodos con temperaturas excesivas.

Una cuarta parte de los hogares andaluces no dispone de temperatura adecuada en verano.

La mortalidad diaria está relacionada con las temperaturas máximas o mínimas alcanzadas, especialmente de personas ancianas.

g) **Higiene alimentaria:** Manipuladores de alimentos (principal fuente de contaminación de los alimentos), cadena alimentaria (establecimientos).

Un 20% de la población andaluza dice haber pasado algún episodio de Toxiinfección alimentaria (TIA).

En los últimos años se ha reducido el número de alertas alimentarias tramitadas en España. En cuanto al origen, el mayor porcentaje de ellas corresponde a peligros de carácter químico. Por ejemplo, durante 2012, de las 161 alertas alimentarias tramitadas 80 tuvieron como origen peligros de carácter químico (de las cuales el 6% corresponden a plaguicidas) y 43 peligros de carácter biológico. (AESAN Memoria 2012)".

h) **Prevalencia de las alergias alimentarias:** se estima que el 2-4 % de las personas adultas y el 6 % de menores sufren algún tipo de alergia alimentaria. En Europa hay 14 alérgenos alimentario que representan la mayor parte del riesgo de alergias, por lo que su inclusión en el etiquetado nutricional ya está legislada.

i) **Salud animal:** Fauna de la zona, zoonosis, mataderos, censo ganadero.

j) **Flora:** plaguicidas (distribución y utilización), mapas polínicos.

k) **Medio construido:** establecimientos sujetos al "Reglamento de actividades molestas, insalubres, nocivas y peligrosas" (RAMINP), vivienda (porcentaje de ellas con baño completo o calefacción), zonas recreativas y deportivas, transporte, condiciones higiénicas de los establecimientos públicos, etc.

3.4. Indicadores del nivel de salud

Los indicadores de salud son la base de la epidemiología, que estudia la aparición y la distribución de las enfermedades humanas basándose sobre todo en el uso de estadísticas. Al mismo tiempo, determinan la distribución de las diferentes patologías y evalúa la magnitud del impacto que tienen estas sobre la comunidad estudiada.

Nos sirven de manera objetiva a fin de poder llevar a cabo una planificación y gestión adecuada de las políticas y programas de atención sanitaria

a) La **Mortalidad** ya ha sido estudiada con detalle en los indicadores demográficos

b) **Morbilidad.** La descripción de la morbilidad termino que sirve para señalar la cantidad de personas o individuos considerados enfermos o víctimas de una enfermedad en un espacio y tiempo determinados. Es un dato estadístico importante para poder comprender la evolución y avance o retroceso de una enfermedad, así también como las razones de su surgimiento y las posibles soluciones.

Puede hacerse mediante tasas de incidencia (casos nuevos) o de prevalencia (número de casos de enfermedad en un momento determinado/ población).

Si se trata de enfermedades agudas, de corta duración, debemos de utilizar la tasa de incidencia; si son crónicas, la de prevalencia, datos muy usados en planificación sanitaria.

Para la morbilidad se utilizan sistemas de clasificación de enfermedades: en estadísticas de mortalidad y hospitalarias se emplea la (CIE) Clasificación Internacional de Enfermedades de la OMS, mientras que en Atención Primaria la más usada es la (CIPSAP) Clasificación Internacional de Problemas de Salud en AP de la WONCA.

- Principales causas de **morbimortalidad** de la población andaluza
- **Enfermedades cubiertas por el Programa de Vacunaciones en Andalucía**

En la actualidad se incluye la vacunación sistemática frente a un total de 12 enfermedades: hepatitis B, enfermedad invasiva por Meningococo C, enfermedad invasiva por Haemophilus influenzae tipo b, difteria, tétanos, tos ferina, poliomielitis, sarampión, rubéola, parotiditis, varicela y papilomavirus.

La incidencia de estas enfermedades ha disminuido a partir de su inclusión en el calendario vacunal. En los últimos años se observa una reemergencia de alguna de estas enfermedades, como ha ocurrido con el sarampión.

La tasa de incidencia de la tuberculosis declarada en Andalucía se sitúa por debajo dela media de España, y tiene una tendencia descendente.

- Accidentes de Tráfico

  Constituyen la principal causa de mortalidad prematura en los hombres y la segunda en mujeres, además de ser la primera causa de lesión medular traumática y de incapacidad laboral en jóvenes.

  El grupo de edad de 15-44 años es el que presenta mayor número de víctimas. Las víctimas en hombres son muy superiores a las mujeres, que cuadriplican en el nº de fallecimientos.

- Cáncer

  En los últimos años ha aumentado la incidencia del cáncer, por el contrario ha disminuido la mortalidad asociada (fenómeno relacionado con el envejecimiento de la población).

  Es significativo el aumento del cáncer de piel no melanoma tanto en hombres como en mujeres.

  Hay que destacar el descenso significativo tanto de la incidencia como de la mortalidad del cáncer de pulmón en hombres durante los últimos años.

  Las tasas de incidencia estandarizadas de cáncer más elevadas, por provincias, son las de Sevilla, Huelva y Cádiz en hombres, y las de Cádiz, Huelva y Almería en mujeres.

Estimaciones de la incidencia de cáncer en Andalucía 2007 y proyecciones hasta 2012						
	2007			2012		
	N.º de casos	TB	TE	N.º de casos	TB	TE
Hombres	46.473	421	393	16.976	428	373
Mujeres	13.148	334	268	15.335	379	284

Estimaciones de la incidencia para las localizaciones tumorales más frecuentes en Andalucía 2007 y proyecciones hasta 2012						
	2007			2012		
	N.º de casos	TB	TE	N.º de casos	TB	TE
Hombres						
Próstata	4.010	104	93	5.903	149	127
Pulmón	3.339	85	81	3.142	79	71
Colon-recto	2.890	74	68	3.407	86	74
Estómago	684	17	16	647	16	14
Mujeres						
Mama	5.020	126	107	5.691	141	111
Colon-recto	2.079	52	37	2.202	54	36
Pulmón	450	11	9	552	14	11
Estómago	419	11	8	409	10	7

Estimación de la incidencia y prevalencia de cáncer en Andalucía. Registro de cáncer. EASP. Granada

- **Las enfermedades cardiovasculares.** Los ingresos por Enfermedades Cardiovasculares en Andalucía se han mantenido estables en los últimos años, duplicando la tasa de los hombres (en torno a 800 por 100.000) a la de las mujeres (por encima de 400 por 100.000).

  El aumento de la incidencia de Enfermedades Cardiovasculares (ECV) junto con la disminución de la mortalidad que se viene produciendo durante los últimos años, implica un progresivo incremento de la prevalencia de ECV, sus complicaciones y secuelas, con la correspondiente demanda de servicios sanitarios y sociales.

- **Diabetes.** En Andalucía es la quinta causa de muerte en mujeres, por detrás de las enfermedades cardiovasculares, el cáncer, enfermedades respiratorias y digestivas; y la sexta en hombres tras las enfermedades cardiovasculares, el cáncer, enfermedades respiratorias, causas externas y enfermedades digestivas.

La mortalidad por Diabetes Mellitus ha descendido en los últimos años en Andalucía.

PREVALENCIA DE DIABETES AUTODECLARADA %				
	2007		211	
	Hombres	Mujeres	Hombres	Mujeres
Almería	4,8	6,7	4,1	7,0
Cádiz	5,2	6,8	8,6	11,3
Córdoba	5,8	9,4	6,9	10,1
Granada	5,0	6,4	5,74	8,6
Huelva	6,3	9,2	9,1	12,7
Jaén	5,3	7,7	4,1	10,0
Málaga	6,9	8,3	8,1	8,6
Sevilla	6,9	6,1	6,3	5,9
Andalucía	**6,0**	**7,4**	**6,8**	**8,8**

Fuente: EAS 2007 y 2011-2012

- **Salud Mental.** Los trastornos de depresión y ansiedad y el consumo de antidepresivos, tranquilizantes e hipnóticos han aumentado especialmente entre las mujeres.

  La prevalencia de depresión o ansiedad diagnosticada por los servicios sanitarios, es de 5,4% en hombres y 7,8% en las mujeres y presentan un gradiente social inversamente relacionado con el nivel de ingresos económicos y el nivel de estudios alcanzados. (EAS 2011-2012).

  Además del predominio de estos trastornos entre las mujeres frente a los hombres, en ambos sexos aumenta con la edad, alcanzándose las prevalencias más elevadas a partir de los 65 años. También es elevada su prevalencia entre las personas con invalidez o incapacidad permanente, seguido en menor grado por personas jubiladas (especialmente mujeres), paradas y amas de casa. (IV plan andaluz).

c) El **estilo de vida** es el principal determinante de la situación de salud:

- **Tabaquismo:** proporción de no fumadores, fumadores y grandes fumadores (> 20 cigarrillos diarios); consumo de cigarrillos/habitantes/año.

  Es la actuación de salud pública más importante que se puede realizar para la prevención del cáncer, de enfermedades respiratorias y cardiovasculares.

  Al tabaquismo se le atribuye un tercio de todas las muertes por cáncer, en torno a un 31% de los casos de Enfermedades Cardiovasculares en hombres y un 7% para mujeres.

  Los valores mas elevados en la prevalencia de tabaquismo se concentran entre los 16 y 64 años en los hombres y entre los 16 y 54 años en mujeres. (IV plan andaluz).

- **Alcohol:** proporción de no bebedores y bebedores excesivos (> 40 g diarios en la mujer y 60 en el hombre); consumo de alcohol(litros/habitantes/año); tasas de mortalidad específica por trastornos relacionados con el alcohol.

En cuanto al consumo de bebidas alcohólicas, el porcentaje de personas en Andalucía que se declara abstemia ha pasado de un 39.12% en 2007 a 55,5% en 2011.

Además se incrementa el número de personas que beben con una regularidad de más de una vez al mes (en la muestra global pasamos de un 41.8% a un 44.4%). (IV plan andaluz).

- **Drogas:** proporción de consumidores, número de personas que inician tratamiento por dependencia a opiáceos o cocaína.
- **Ejercicio físico:** tiempo diario dedicado a actividad física.
- **Alimentación:** consumo medio de carbohidratos, proteínas y lípidos por persona y día; prevalencia de obesidad.

  Desde 1999 se observa, tanto en hombres como en mujeres, un aumento en el porcentaje de personas con exceso de peso (48,9% en 1999, 51,1% en 2003, 53,5% en 2007 y 59,7% en 2011). El patrón de sobrepeso en Andalucía está fuertemente explicado por las condiciones de vida de los distintos grupos sociales. Las desigualdades en la prevalencia de obesidad varían en función de diferentes indicadores de posición social. Su frecuencia aumenta a medida que disminuye el nivel de ingresos. (IV plan andaluz).
- **Actividades de ocio, cultura y tiempo libre:** tiempo dedicado a aspectos lúdicos (clubes, asociaciones, etc.), actividades culturales (conciertos, charlas, exposiciones, etc.) y actividades al tiempo libre (juegos, etc.).

A la hora de valorar las **consecuencias de la enfermedad** sobre la actividad física y social, conviene diferenciar entre **Deficiencia** (pérdida o anomalía de un órgano o función), **Incapacidad** (restricción o falta de habilidad para desarrollar una actividad normal como consecuencia de una deficiencia), **handicap** (desventaja en el plano social que conlleva la incapacidad de un individuo).

Los mejores indicadores positivos de la salud de una población son la **cobertura vacunal** y los **índices de esperanza de vida**.

4. ELABORACIÓN DE PROGRAMAS DE SALUD Y SU EVALUACIÓN

4.1. Programas de salud

"Conjunto organizado, coherente e integrado de actividades y de servicios, realizados simultáneamente o sucesivamente, con los recursos necesarios y con la finalidad de alcanzar objetivos determinados, en relación con problemas de salud precisos para una población definida" (Pienault).

El trabajo por programas surge de la diferente formación de los profesionales que trabajan en Salud, de la multicausalidad de las enfermedades más frecuentes y de las exigencias de incorporar actividades de promoción, prevención y rehabilitación.

Con el uso de los programas de salud se ha desarrollado y perfeccionado una metodología con la cual se pretenden mejorar los indicadores de salud, reducir las desigualdades en salud y la enfermedad, asignar de forma eficiente los recursos, garantizar la actuación intersectorial y fomentar la participación social.

4.2. Problema de salud

Podemos definir un problema de salud cuando una situación individual o colectiva se considera inaceptable por sus consecuencias sanitarias o sociales y exige una respuesta.

Programar: Idear y ordenar las acciones necesarias para realizar dicho plan o proyecto. Incluye actividades dirigidas a lograr unos objetivos previamente establecidos.

4.3. Necesidad de programación

Después de la conferencia sobre atención primaria, organizada por la Organización Mundial de la Salud (Alma-Ata, 1978), se acordó que la mejor estrategia se basaba en el desarrollo de programas de salud dirigidos de manera prioritaria a los grupos vulnerables y de alto riesgo.

Los programas de salud forman parte de la planificación de salud de una zona o región determinada y deben estar precedidos de un análisis de los distintos indicadores que afecten al estado de salud de la población de dicha zona, de una identificación de las necesidades y los problemas de la población y del establecimiento de prioridades que determinen los objetivos de los programas.

4.4. Etapas

a) Definición de objetivos y planificación de las actividades y elección de la metodología de intervención.
b) Asignación de los recursos
c) Definición de criterios de evaluación del programa
d) Ejecución
e) Evaluación.

4.4.1. Definición de objetivos y planificación de las actividades y elección de la metodología de intervención.

Objetivos

Los objetivos más relevantes en la programación son los objetivos operativos, deben utilizarse como instrumento de medida y deben ser; **pertinentes**, con términos útiles, lógicos, no tendrán **contradicciones**, concretos, no permitirán diferentes **interpretaciones, realizables**, se cumplirán en el **tiempo fijado** y con los medios disponibles, **observables**, para saber si se ha alcanzado el grado de consecución de los objetivos, mensurables, deben incluir criterios que permitan medir el grado de **consecución**

Los objetivos deben ser formulados siguiendo este **procedimiento**:

1. Enunciar, los objetivos de salud relacionados con indicadores sanitarios; por ejemplo, conseguir la reducción de la mortalidad o de la morbilidad por cáncer de pulmón.
2. Enunciar los objetivos de conductas o estados de salud deseables en relación con los objetivos de salud; por ejemplo, conseguir la reducción o la eliminación de los factores de riesgo o de las condiciones asociadas, como el consumo de tabaco.
3. Enunciar los objetivos que favorecerán la predisposición, la facilitación y el refuerzo de las conductas y estados de salud deseables; por ejemplo, adquirir conocimientos, habilidades, incidir sobre factores facilitadores como no permitir fumar en locales públicos, etc.

Los objetivos se **dividen** en :

1. Los objetivos generales, definidos como los cambios en el estado de salud que se pretenden, como, por ejemplo: "*disminuir la prevalencia del hábito tabáquico*".
2. Los objetivos específicos expresan cuantitativamente el resultado que un programa trata de alcanzar especificando el tiempo en que se quiere lograr y la población diana, como, por ejemplo: "*disminuir el 5% la prevalencia del hábito tabáquico en fumadores que acudan a la consulta*".
3. Los objetivos de proceso se definen como el grado de cumplimiento de las actividades previstas para conseguir los objetivos de salud, por ejemplo: "*realizar la detección del hábito tabáquico a un 30-40% de la población diana durante el primer año y a un 50-60% en el segundo año*".

Un objetivo debe tener estas **características**:

1. Los objetivos deben ser pertinentes, lógicos, aceptables por la comunidad, realizables y compatibles con otras actividades.
2. Los objetivos específicos deben ser objetivables y mensurables. Para poderlos medir se determinará cantidad y tiempo.
3. El enunciado debe ser claro y preciso. En él constará: el resultado esperado, los criterios para evaluarlo, cronología para alcanzar el objetivo, población diana y ámbito del programa.

Un programa puede incluir **actividades** de distintos tipos:

1. De promoción de la salud y prevención de la enfermedad, como son las actividades de educación para la salud, tanto individual como grupal, las de vacunación y las de diagnóstico precoz.
2. De curación y rehabilitación, como son las revisiones periódicas de seguimiento de enfermedades crónicas o la educación para la salud destinada a reforzar el cuidado.

3. De participación comunitaria, entre las que se podría incluir la creación y el seguimiento de grupos de autoayuda de pacientes con enfermedades crónicas.
4. De formación, docencia e investigación.

Actividades

La planificación de las actividades exige responder a las siguientes preguntas:

- ¿Qué se hará?
- ¿Quién lo hará?
- ¿Sobre qué población tendrá lugar la intervención?
- ¿Cómo se harán las actividades?
- ¿Dónde se realizarán?
- ¿Con qué frecuencia se llevarán a cabo?
- ¿Cómo se evaluará?

La elección de las intervenciones de debe atender a estas **premisas**:

1. Determinar si la tecnología disponible es eficaz y apropiada, tanto para las personas que deben realizar las actividades como para las beneficiarias
2. Valorar si los recursos existentes y los necesarios se corresponden.
3. Estudiar la eficiencia de las distintas opciones.
4. Considerar los factores de índole social. Contactar y movilizar a la comunidad y a las personas implicadas en el desarrollo del programa para promover su participación.
5. Identificar posibles obstáculo culturales, administrativos o por oposición de sectores sociales o profesionales.
6. Definir la cobertura deseada y las posibles variaciones dependiendo de su coste y estrategia elegida.
7. Valorar la accesibilidad de la población al programa.
8. En el conjunto de actividades del programa también deben existir procedimientos que faciliten el trabajo, como cronogramas y protocolos. Deben ser, tanto el protocolo como los indicadores y los sistemas de registro, lo más simples posible.

Metodología

Las técnicas mas usuales que nos ayudan a planificar y analizar la secuencia de tareas, su tiempo de realización, así como el seguimiento y control de la ejecución del programa, están el método del camino crítico, el PERT y el diagrama de Gantt.

1. El **Método CPM (Critical Path Method),** el segundo origen del método actual fue desarrollado también en 1957 en los Estados Unidos de América, por un centro de investigación de operaciones para las firmas Dupont y Remington Rand, buscando el control y la optimización los costos mediante la planeación y programación adecuadas de las actividades componentes del proyecto.

2. El **método de ruta crítica** es un proceso administrativo (planeación, organización, dirección y control) de todas y cada una de las actividades componentes de un proyecto que debe desarrollarse durante un tiempo crítico y al costo óptimo.

   Una ruta crítica es la secuencia de los elementos terminales de la red de proyectos con la mayor duración entre ellos, determinando el tiempo más corto en el que es posible completar el proyecto.

   El método de la ruta crítica usa tiempos ciertos o estimados y consiste prácticamente en:

   - Identificar todas las actividades que involucra el proyecto.
   - Establecer relaciones entre las actividades.
   - Decidir cuál debe comenzar antes y cuál debe seguir después.
   - Construir una red o diagrama conectando las diferentes actividades a sus relaciones de precedencia.
   - Definir costos y tiempo estimado para cada actividad.
   - Identificar la ruta crítica y las holguras de las actividades que componen el proyecto.
   - Utilizar el diagrama como ayuda para planear, supervisar y controlar el proyecto.

3. Las **Técnicas de Rutina y Evaluación de Peritos**, comúnmente abreviada como PERT (del inglés, Project Evaluation and Review Techniques), es un modelo para la administración y gestión de proyectos inventado en 1957 por la Oficina de Proyectos Especiales de la Marina de Guerra del Departamento de Defensa de EE. UU. como parte del proyecto Polaris de misil balístico móvil lanzado desde submarino. Este proyecto fue una respuesta directa a la crisis del Sputnik.

   PERT es básicamente un método para analizar las tareas involucradas en completar un proyecto dado, especialmente el tiempo para completar cada tarea, e identificar el tiempo mínimo necesario para completar el proyecto total.

   Para ello debemos seguir 4 pasos:

   1. Hacer una lista de actividades o tareas
   2. Hacer una "tabla de precedencias"
   3. Dibujar el grafo
   4. Calcular las duraciones

   La herramienta básica de este método es la técnica de grafos, y mediante ella se esquematiza la realización del proyecto en diferentes situaciones y actividades. En el grafo se representan las actividades con flechas y las situaciones en nudos; asignándole a cada actividad su tiempo de duración, y se establecen las relaciones entre actividades y situaciones mediante una secuenciación.

4. El **diagrama de Gantt** es un método de planificación de la producción, basado en la representación de las actividades en función del tiempo en unos ejes de coordenadas. En el eje de ordenadas se representan las actividades, y en el eje

de abscisas se representan los tiempos de ejecución. La duración de cada actividad se representa mediante barras horizontales. Esta gráfica permite verificar el grado de cumplimiento de la ejecución de las actividades.

4.4.2. Asignación de los recursos

La asignación de recursos nos ha de servir como instrumento para mejorar la eficiencia y la equidad. Deben permitir la sostenibilidad los sistemas sanitarios.

4.4.3. Definición de criterios de evaluación del programa

- Debe existir una concordancia racional entre las actividades definidas en el programa y las metas del programa.
- El programa se ejecuta correctamente.
- Hay acuerdo sobre cuáles son las cuestiones a evaluar.
- Hay acuerdo sobre cómo hay que llevar la evaluación y qué debe medirse

4.4.4. Ejecución

La fase de ejecución es aquella en la que se realiza lo anteriormente planificado; en esta fase, especialmente en los momentos iniciales, es muy importante crear y mantener una estrecha comunicación entre los planificadores y las personas que participan en la ejecución del programa. Hay que prever las posibles dificultades que puedan surgir para readaptar las actividades, los recursos y evaluar el problema. Se deben crear mecanismos de coordinación interna y externa del programa con los diferentes niveles sanitarios o sociales que permitan incorporar con facilidad las modificaciones en las actividades previstas. Las acciones de vigilancia del programa ayudarán a facilitar estos aspectos.

4.4.5. Evaluación del programa

La evaluación es una parte del ciclo de programación, que permitirá conocer si se han alcanzado los objetivos propuestos y corregir, si es necesario, las estrategias de intervención.

La evaluación debe hacerse de forma continuada en todas las etapas de la programación y debe servir para corregir y perfeccionar la planificación, aumentando el conocimiento acerca de la pertinencia, la eficacia y la eficiencia de las actividades.

Los recursos que se utilizan para evaluar son las historias clínicas, las estadísticas y los registros rutinarios.

En la evaluación mediremos el proceso, el impacto y los resultados:

1. En el **proceso** se miden las actividades del programa desde un punto de vista técnico y de calidad, y se valora la consecución de los objetivos operativos.

2. En el **impacto** se medirá el efecto sobre la población a la que iba dirigido el programa.
3. Los **resultados** los evaluaremos comparando los objetivos de salud formulados con los resultados obtenidos.

1. Evaluación del Proceso

En la evaluación del proceso tratamos de describir y documentar qué fue realizado, cuánto, cuándo, para quién, y quién lo realizó.

La evaluación del proceso permitirá conocer:

a) Los problemas y dificultades en la implementación.
b) El seguimiento del protocolo inicial y las posibles desviaciones del protocolo inicial.
c) El nivel de "penetración" de la intervención.

Implica la valoración del alcance del programa respondiendo a estas preguntas:

- ¿El programa llega al grupo diana?
- ¿Cada parte del programa llega a las partes del grupo diana?

La satisfacción de los participantes respondiendo a esta pregunta:

- ¿Los participantes están satisfechos con el programa?

El cumplimiento de las actividades respondiendo a esta pregunta:

- ¿Se llevan a cabo todas las actividades del programa?

El rendimiento de los materiales y de los componentes del programa respondiendo a esta pregunta:

- ¿Son de buena calidad todos los materiales y componentes del programa?

2. Evaluación del impacto

Antes de evaluar el impacto del programa debemos valorar la evaluabilidad del programa

Podemos definir la evaluabilidad de programa como el proceso que se sigue para asegurarse de que un programa puede ser evaluado. Es el marco de referencia que ayuda a identificar qué forma ha de tener la evaluación de los efectos del programa.

Un programa no es evaluable si se corre el riesgo de planificar la evaluación del impacto y los resultados basada en datos inapropiados y prematuros.

a) El programa evaluable debe reunir las siguientes **condiciones**:
    - Existe una concordancia racional entre las actividades definidas en el programa y las metas del programa.
    - El programa se ejecuta correctamente.

- ▹ Hay acuerdo sobre cuáles son las cuestiones a evaluar.
- ▹ Hay acuerdo sobre cómo hay que llevar la evaluación y qué debe medirse

b) Etapas:

- ▹ Identificar a los usuarios principales de la evaluación.
- ▹ Definir el programa.
- ▹ Especificar Metas y Efectos esperados.
- ▹ Garantizar que los supuestos del programa sean verosímiles.
- ▹ Alcanzar un acuerdo sobre las actividades y efectos del programa que pueden medirse y probarse.
- ▹ Alcanzar un acuerdo sobre el grado de evaluación.
- ▹ Garantizar que el programa se ejecutará de acuerdo con las previsiones.

La OMS define la evaluación del impacto en la salud (EIS) como una combinación de procedimientos, métodos y herramientas a través de las cuales se puede juzgar una política, programa o proyecto en relación con sus efectos potenciales sobre la salud de la población y la distribución de tales efectos.

La evaluación del impacto se centra en los efectos inmediatos del programa (se corresponden con los objetivos del programa).

Para medir los efectos del programa podemos utilizar 2 métodos:

Métodos **cuantitativos** (para medir frecuencias) y **cualitativos** (para describir cambios).

Utilizando los métodos cuantitativos (encuesta) y cualitativos (entrevistas) puede valorarse los efectos concretos del programa mediante las pruebas pre y post programa.

3. Evaluación de Resultados

La evaluación de resultados trata de describir los efectos inmediatos de un programa de intervención; ¿qué ha ocurrido? (cambios en información, actitudes, comportamientos, habilidades, etc.).

Para ello tendremos que:

a) Desarrollar los instrumentos a utilizar: instrumentos estructurados y validados en otras poblaciones a fin de poder hacer comparaciones y generalizaciones. También se deberá definir claramente cuáles serán los indicadores que determinen una variable.

b) Recogida de datos: la recogida de datos debe ser fiable. Son conceptos claves la confidencialidad, consentimiento informado y protección de los sujetos.

c) Los indicadores de la línea base y de la situación postintervención deberán ser los mismos. Los plazos de administración de protocolos deberán ser claros y seguirse lo más fielmente posible para evitar sesgos.

d) El tipo de análisis estadístico a utilizar y la interpretación de resultados dependerá del diseño de la evaluación.

La evaluación de los resultados del programa se centra en los efectos a largo plazo (se corresponden con las metas del programa).

En todo programa debemos de tener en cuenta estos cuatro conceptos: **equidad, eficacia, eficiencia y efectividad.**

a) **Equidad**: Distribución de los recursos de acuerdo a las necesidades en salud de los grupos de población.

b) **Eficacia del programa:** Capacidad de lograr el resultado deseado o esperado en condiciones ideales.

- ¿Qué se evalúa?: Los efectos realmente alcanzados por la intervención realizada, aplicada en condiciones óptimas e ideales que no son las del trabajo diario. Se basa en las ventajas que proporciona la intervención aplicada en condiciones óptimas.
- Cuestión clave en la evaluación de la eficacia: ¿Proporciona la intervención más beneficios que daños a los individuos/comunidad a quienes se les ha ofrecido y la han aceptado, es decir que realmente la han recibido?

c) **Efectividad del programa:** Capacidad de lograr el resultado deseado o esperado en condiciones reales.

- ¿Qué se evalúa?: Los efectos de la intervención en el conjunto de la población diana, cuando las condiciones de aplicación son las habituales. Se centra en las ventajas de la aplicación del programa en la población a la que va dirigida.
- Cuestión clave en la evaluación de la efectividad: ¿Proporciona la intervención más beneficios que daños a la población a la que ha sido ofrecida?

d) **Eficiencia del programa:** Consecución del mejor nivel de salud posible con el mínimo coste.

- ¿Qué se evalúa?: A diferencia de la evaluación de la eficacia y la efectividad, la evaluación de la eficiencia sí incluye los recursos. La intervención más eficiente es aquella que mejor relación recursos/resultados presenta.

Temario específico
Volumen 1

Servicio Andaluz de Salud (SAS)
Fisioterapeutas

Tema 20

Estadística aplicada a las ciencias de la salud. Conceptos generales. Estadística descriptiva. Estadística inferencial. Estadística no paramétrica

Odette Ochoa Guerra
Licenciada en Psicología

eRodio ediciones

Índice esquemático

1. ESTADÍSTICA APLICADA A LAS CIENCIAS DE LA SALUD

La estadística es una rama de las matemáticas que estudia los métodos y procedimientos para recoger, clasificar, resumir, hallar regularidades y analizar los datos, sean numéricos u observacionales, siempre que la variabilidad e incertidumbre sean intrínsecos a los mismos; así como de realizar inferencias a partir de ellos, con la finalidad de ayudar a la toma de decisiones y/o formular predicciones.

Históricamente, desde los comienzos de la civilización, la estadística entró a formar parte de la vida. Por ejemplo, ya en las cuevas prehistóricas se representaban con dibujos el número de animales cazados o vistos.

Posteriormente, los egipcios, babilonios, griegos y chinos, usaron variadas formas para sus estadísticas y registros numéricos, formando parte de las matemáticas, a partir de ese momento. El primer gobierno que recopiló gran cantidad de datos sobre la superficie de su territorio, la población y la renta en todos sus territorios fue el Imperio Romano.

Con el término de origen alemán "Statistik", la estadística comenzó siendo una ciencia utilizada para la recolección de datos de un determinado territorio, por lo que fue considerada "ciencia del Estado" o "aritmética política" y hubo de esperarse hasta el siglo XX para que se empezara a utilizar el término Estadística, derivado de la palabra griega "Status", cuyo significado es "modo de hallarse de pie".

En el área de Ciencias de la Salud, la estadística juega un papel fundamental desde siempre; siendo esencial su aportación en el estudio de la Salud Pública.

La bioestadística es la aplicación de técnicas estadísticas a las ciencias de la naturaleza, entre las que se encuentran todas las ciencias de la salud.

Las investigaciones en el campo de las ciencias de la salud requieren del uso de la Estadística, ya que esta ciencia permite conocer las problemáticas existentes en una comunidad, los factores de riesgo o predisposición a ciertas patologías, ayudando a buscar respuestas a estas últimas, y tratando de educar con el fin de evitar que se vuelvan a presenten en futuras ocasiones.

Además, el pensamiento estadístico, en las ciencias de la salud, va a permitir no solo resolver los problemas planteados, sino comprender la metodología utilizada para dar respuesta a las hipótesis, trabajar en el sistema de investigación (diseño general, muestreo, etc.) la presentación de los resultados y el control de la calidad de la información.

En la Salud Pública, la estadística permite analizar situaciones en las que los componentes aleatorios contribuyen, de forma importante, en la variabilidad de los datos obtenidos, ello se debe al conocimiento o a la imposibilidad de medir algunos determinantes de los estados de salud y enfermedad, así como a la variabilidad en las respuestas por los pacientes, similares entre sí, que son sometidos al mismo tratamiento.

Es muy importante que los profesionales sanitarios adquieran, durante su formación, destrezas en el manejo conceptual, metodológico y de intervención de las diversas situaciones asociadas a su campo específico, además de la capacidad de interpretar y analizar críticamente problemas complejos de su disciplina. En su ejercicio profesional, se encontrarán con distintos hallazgos, procedimientos y conceptos basados en análisis estadísticos, que requerirán de los conocimientos necesarios para su interpretación.

Todas las disciplinas que publican investigaciones con estudios cuantitativos, han de justificar sus hallazgos en términos estadísticos, ya que la validez de sus afirmaciones dependerá de que la estadística lo juzgue como válido y confiable.

La estadística trabaja y cuantifica la incertidumbre, por lo que, cuando el resultado de un procedimiento es incierto, es una herramienta imprescindible para tomar decisiones basadas en informaciones objetivas.

La extensión de estos conocimientos y aptitudes son importantes, porque se requiere, tanto del conocimiento de los principios y métodos estadísticos, como de la competencia en su aplicación para el ejercicio eficaz de la salud pública y la comprensión e interpretación de los datos sanitarios.

Hay que tener en cuenta que las ciencias de la salud no son ciencias exactas, como tampoco lo son la respuesta a tratamientos idénticos por parte de distintos pacientes, ni los tratamientos que se les habrá de administrar con una misma enfermedad han de ser los mismos; incluso existen pacientes que presentan efectos secundarios a ciertos medicamentos y otros no. Por ello, se necesita de la estadística, dada la aleatoriedad a la que están sujetos la mayoría de sus procesos. Ésta supone, además, una herramienta de incalculable valor a la hora de establecer protocolos para algunos procedimientos, ya que es capaz de cuantificar la conveniencia de los resultados obtenidos por diversas alternativas, y así poder tomar la mejor decisión.

En estadística, un error sistemático es aquel que se produce de igual manera en todas las mediciones que se realizan de una magnitud concreta. Puede estar causado por un defecto del instrumento, en una particularidad de quien interviene o del proceso de medición, etc. Se contrapone al concepto de error aleatorio.

En investigación clínica, un error sistemático se comete por equivocaciones en el proceso de diagnóstico o en el proceso de selección de pacientes:

- Ámbito de selección (de dónde vienen los pacientes): Sesgo de selección.
- Sesgo de diagnóstico.
- Presencia de factores de confusión: Sesgo de confusión.

Este error no tiende a cero al aumentar el tamaño de la muestra. Está implícito en el diseño del estudio, y resulta difícil de corregir en la fase analítica. Determina lo que se conoce como validez interna del estudio. Se puede prevenir su aparición a través de un buen diseño del estudio.

2. CONCEPTOS GENERALES

2.1. Población y muestra

La población es un conjunto de elementos que cumplen determinadas características y que van a ser objeto de un estudio estadístico.

La población es llamada, también, universo o conjunto referencial. Está formada por la totalidad de elementos que se desean estudiar.

Los elementos de la población pueden ser personas, objetos, intervalos de tiempo, conductas, etc.

Se llama unidad estadística o individuo a cada uno de los elementos que componen la población.

La muestra es una parte o subconjunto de la población.

Las muestras son necesarias, porque muchas veces el tamaño de la población es muy grande, lo que hace imposible el estudio de cada uno de los elementos que la componen, se requiere entonces utilizar las muestras.

Es requisito indispensable que la muestra a analizar sea representativa de la población o universo, al cual sustituye en el estudio estadístico, o sea, que debe contener valores típicos del fenómeno que se desea estudiar. Para ser representativas de la población, se utiliza el muestreo al azar.

Al conjunto de muestras que se pueden obtener de la población se le denomina espacio muestral.

Las ventajas de estudiar una población a partir de sus muestras son principalmente su coste reducido, la mayor rapidez en que se accede a los resultados y el hecho de que proporciona más posibilidades de realizar todo tipo de estudios.

2.2. Muestreo

Cuando se habla de muestreo en estadística, se hace referencia a la técnica utilizada para la selección de la muestra a partir de la población.

Para que un muestreo sea válido, y con él se pueda realizar un estudio que permita hacer estimaciones de la población así como también determinar los márgenes de error correspondientes a dichas estimaciones, se deben cumplir con ciertos requisitos. Nunca se está completamente seguro de que el resultado sea una muestra representativa, pero sí se puede actuar de manera que esta condición se alcance con una alta probabilidad.

Cuando se elige una muestra aleatoria, lo que se desea conseguir es que sus propiedades características sean extrapolables a la población, con lo que se ahorran recursos, y se obtienen resultados parecidos a los que se alcanzarían si se realizase el estudio con toda la población.

El muestreo puede ser probabilístico, o no probabilístico.

2.2.1. Probabilístico

Es probabilístico cuando se utilizan métodos con los que se puede calcular la probabilidad de extracción de cualquiera de las muestras posibles. Aquí, todos los elementos de la población tienen la misma probabilidad de ser considerados parte de la muestra.

Este conjunto de técnicas de muestreo es el considerado como más aconsejable, aunque no siempre puede optarse por él. Cuando se habla de muestras probabilistas, no necesariamente se habla de muestras representativas, porque al no conocer las características de la población, no es posible tener la certeza de que tal característica finalmente se haya conseguido.

El muestreo probabilístico puede ser:

- **Por conglomerados**: cuando en lugar de seleccionar a todos los sujetos de la población, el investigador realiza varios pasos para reunir su muestra de la población: primero el investigador selecciona grupos o conglomerados y luego, de cada grupo selecciona a los sujetos individuales, ya sea por muestreo aleatorio simple o sistemático.
- **Estratificado**: donde el investigador divide a toda la población en diferentes subgrupos o estratos, y luego selecciona aleatoriamente a los sujetos de los diferentes estratos en forma proporcional.
- **Sistemático**: el investigador escoge aleatoriamente al primer sujeto de la población, a continuación, seleccionará a cada enésimo sujeto de la lista. Es una técnica de muestreo aleatorio que los investigadores eligen con frecuencia por su sencillez y calidad regular.

2.2.2. No Probabilístico

Es no probabilístico cuando no se puede calcular la probabilidad de extracción de una determinada muestra. Por esto, se seleccionan individuos que tienen un buen conocimiento del tema en estudio y se considera que la información aportada por esas personas es vital para la toma de decisiones.

Puede ser de tres tipos: por cuotas, de bola de nieve y subjetivo por decisión razonada.

- **Por cuotas**: se divide la población en varios estratos definidos por algunas variables de distribución conocida, luego se calcula el peso proporcional de cada estrato o la parte proporcional de población que representan y finalmente se multiplica el peso de cada uno, por el tamaño de la muestra, para determinar la cuota precisa en cada estrato. Es la técnica más utilizada en estudios de mercado y en sondeos de opinión.
- **De bola de nieve**: consiste en identificar a los distintos sujetos que se incluirán en la muestra, a partir de los propios entrevistados que servirán como localizadores de otros con características análogas. Está indicado para estudios de poblaciones clandestinas, minoritarias o muy dispersas pero en contacto entre sí.
- **Subjetivo por decisión razonada**: es aquel en el que las unidades de la muestra se eligen en función de algunas de sus características de manera racional y no casual. Funciona en base a referencias o por recomendación y después se reconoce por medio de la estadística.

2.3. Datos

Son todas las unidades de información consideradas relevantes a la hora de hacer un estudio estadístico, y constituyen la materia prima de trabajo de la bioestadística, que transformará, los datos que disponemos, en información útil para la investigación.

Los datos para un estudio estadístico vienen recogidos como variables sobre unidades experimentales.

Las unidades experimentales de la muestra son todos aquellos individuos que albergan información sobre el objeto de interés del estudio.

En un estudio, los individuos pueden ser personas, grupos de personas o grupos que no están formados por personas.

Los datos de un estudio estadístico, proceden de la respuesta que tienen unas unidades experimentales en relación a una característica de interés o variable.

Las variables son todas aquellas características de interés para las unidades experimentales y que se incluyen en el estudio para su análisis.

2.4. Las variables estadísticas

Se conceptualizan de diferentes maneras, por ejemplo:

- Una variable es una propiedad que puede fluctuar y cuya variación es susceptible de ser medida u observada, que adquiere valor para la investigación cuando se relaciona con otras variables, es decir, si forman parte de una hipótesis o de una teoría, en cuyo caso se denomina constructor o construcciones hipotéticas.
- Una variable estadística es cada una de las características o cualidades que poseen los individuos de una población. Es una propiedad característica de la población que estamos interesados en estudiar y que, a través de la estadística, recogemos, ordenamos y analizamos los datos con los que estudiar las características o el comportamiento de un colectivo.
- Cuando se hace un estudio de una determinada población, se observan una o diversas características o propiedades de sus elementos o individuos, cada una de las características estudiadas se llama variable estadística.

2.4.1. Tipos de variables

2.4.1.1. Variable cualitativa

Se denominan así aquellas variables que se refieren a características o cualidades que no pueden ser medidas con números.

2.4.1.2. *Variable cuantitativa*

Una variable cuantitativa es aquella que se expresa a través de un número, por lo que se pueden realizar operaciones aritméticas con ella. Se distinguen dos tipos:

- discreta, cuando toma valores aislados y no admite valores intermedios entre dos valores específicos;
- continua cuando puede tomar valores comprendidos entre dos números, admitiendo decimales.

2.5. Distribución de frecuencias

La frecuencia es el número de datos o de elementos que componen una muestra y que caen en un mismo intervalo de clase; dicho de otra manera, datos cuyos valores quedan comprendidos dentro de los límites de un mismo intervalo.

La distribución de frecuencias es llamada también tabla de frecuencias, y es la ordenación, en forma de tabla, de los datos estadísticos, asignándole a cada uno su frecuencia. Puede ser de varios tipos:

- **Absoluta**: es el número de veces que aparece un determinado valor. Es el promedio de una suma predeterminada. La suma de las frecuencias absolutas es igual al número total de datos, que se representa por N.
- **Relativa**: es el cociente resultante entre la frecuencia absoluta de un determinado valor y el número total de datos, se obtiene dividiendo la frecuencia absoluta entre el tamaño de la muestra, puede expresarse en porcentaje, y la suma de las frecuencias relativas es igual a 1.
- **Acumulada**: representan la suma de las frecuencias absolutas de todos los valores inferiores o iguales al valor considerado.
- **Frecuencia relativa acumulada**: es el cociente entre la frecuencia acumulada de un determinado valor y el número total de datos, se puede expresar en porcentaje.

2.6. Medidas de distribución de frecuencias

Se utilizan para dar información sobre características de los grupos.

Las medidas de distribución de frecuencias más importantes son: las de tendencia central, las de posición no central, la variabilidad o dispersión, el coeficiente de asimetría, y el coeficiente de curtosis.

La tendencia central representa el valor alrededor del cual se sitúa la mayor parte de los datos.

Las de posición no central permiten conocer otras características de la distribución que no son los valores centrales de ésta.

La variabilidad se refiere a las diferencias individuales dentro del grupo, por lo que cuanto mayor sean las diferencias entre los individuos del grupo, se dirá que mayor es la variabilidad del grupo.

La simetría o asimetría busca caracterizar la forma de la distribución de datos, por lo que si la mitad inferior se distribuye de la misma manera que la mitad superior se dirá que la distribución es simétrica, si no es así, se dirá que es asimétrica.

La curtosis muestra el grado de concentración que presentan los valores alrededor de la zona central de la distribución.

2.7. Medidas de tendencia central

Las medidas de tendencia central señalan el valor alrededor del cual se sitúa la mayor parte de los datos y cumple una doble función: indicar cuál es la posición del grupo y, por tanto, cuál es la magnitud general de la variable en el grupo y reducir el conjunto de datos del grupo a un solo número.

A continuación, comentaremos las más importantes medidas de tendencia central.

2.7.1. Moda

Es el valor más frecuente.

Puede ser:

- Cuando hay dos Modas: Grupo o distribuciones bimodales.
- Cuando no hay Moda: Moda o distribución amodal.
- Dos Modas adyacentes, en variables cuantitativas: se calcula el promedio de los dos valores modales.
- Datos agrupados en intervalos: es la Marca de Clase del intervalo cuya frecuencia es mayor.

2.7.2. Mediana

Si el número de datos es impar, la Mediana es el valor de la puntuación que deja por bajo la mitad de los datos de la distribución. Si el número de datos es par, la Mediana es el promedio de los valores adyacentes a la puntuación que deja por bajo la mitad de los datos. A la Mediana no le afectan las puntuaciones extremas, y no depende de la Media.

2.7.3. Media aritmética

Es el cociente entre la suma de los datos y el número de datos, se simboliza como M. En su cálculo se tienen en cuenta todas las puntuaciones, ya que el numerador de la fórmula es la suma de todas las puntuaciones y es sensible a las puntuaciones extremas, por lo que en esos casos no representa adecuadamente al grupo.

2.8. Medidas de posición no central

Son aquellas que permiten conocer otros puntos característicos de la distribución, distintos a los valores centrales. En general, se suelen utilizar como indicadores una serie de valores que resultan de dividir la muestra en tramos iguales.

Se habla de:

- **Cuartiles**: cuando son cuatro tramos iguales en los que se han distribuido los datos ordenados de forma creciente o decreciente, y en los que cada uno de ellos concentra el 25% de los resultados. Q1, Q2 y Q3 determinan los valores correspondientes al 25%, al 50% y al 75% de los datos. Q2 coincide con la mediana.
- **Deciles**: cuando se distribuye toda la serie de datos, ordenada en forma creciente o decreciente, en diez tramos iguales, en los que cada uno de ellos concentra el 10% de los resultados. Los Deciles se escriben D1, D2, ... D9. El Primer Decil (D1) es aquel valor que supera a 1/10 parte de los datos y es superado por las 9/10 partes restantes. Si se trata como porcentajes se dice que supera al 10% de los datos y es superado por el 90% restante.
- **Percentiles**: cuando los datos ordenados, de forma creciente o decreciente, se reparten en cien tramos iguales, en los que cada uno de ellos concentra el 1% de los resultados. Los percentiles se nombran así: p1, p2, ... p99. El primer Percentil (P1) supera al uno por ciento de los valores y es superado por el noventa y nueve por ciento restante.

2.9. Medidas de dispersión o variabilidad

Las medidas de dispersión indican el grado en que los datos de un grupo difieren entre sí. Es decir, indican la mayor o menor concentración de datos, respecto a la media aritmética. Así, mientras más alejados de la media se encuentren los datos, mayores son las medidas de dispersión, pero si los datos se acercan a la media, las medidas de dispersión serán menores.

La desviación de un dato es igual a la diferencia entre el valor del mismo y la media aritmética del conjunto de datos, y expresa la separación de cada dato respecto a la media. La suma de todas las desviaciones es siempre nula.

La amplitud total se define como la diferencia entre la puntuación de mayor valor y la de menor valor; el coeficiente de amplitud total, no tiene en cuenta los valores entre extremos.

2.9.1. Varianza

Es la media aritmética de los cuadrados de las desviaciones. La Varianza es igual a 0 en el grupo en que no hay variación, y toma valores positivos de magnitud más grande cuantas más y de mayor magnitud son las diferencias entre los datos dentro de cada grupo. La Varianza mide la variación a partir de los cuadrados de las diferencias.

2.9.2. Desviación típica

Es la raíz cuadrada positiva de la varianza.

2.9.3. Desviación media

Se define como la media aritmética de los valores absolutos de la desviaciones. Se utilizan valores absolutos para evitar que la suma sea nula.

2.9.4. Rango

Es sencillamente la diferencia entre el valor mayor y el valor menor de la variable.

2.10. Medidas de asimetría

Las medidas de simetría permiten establecer el grado de simetría o de asimetría, que presenta una distribución de probabilidad de una variable, sin tener que hacer su representación gráfica.

Las medidas de asimetría, son medidas de la forma de la distribución.

La simetría es importante para saber si los valores de la variable se concentran en una determinada zona del recorrido de la variable.

La asimetría se puede medir de dos maneras: comparando la Media y la Moda, y comparando los valores de la variable con la Media.

Para visualizar la simetría, se considera una recta paralela al eje de ordenadas, que pasa por la media de la distribución (que es tomada como eje de simetría) si una distribución es simétrica, quiere decir que existe el mismo número de valores a la derecha que a la izquierda de la media, por tanto, el mismo número de desviaciones con signo positivo que con signo negativo. Sin embargo, hay asimetría positiva o a la derecha, si la "cola" que se encuentra a la derecha de la media es más larga que la de la izquierda, es decir, hay valores más separados de la media a la derecha. Por el contrario, la asimetría negativa o a la izquierda sucede cuando la "cola" a la izquierda de la media es más larga que la de la derecha, en este caso, hay valores más separados de la media a la izquierda.

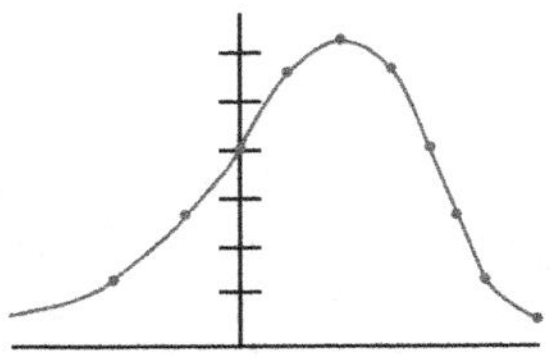

Curva asimétrica positiva

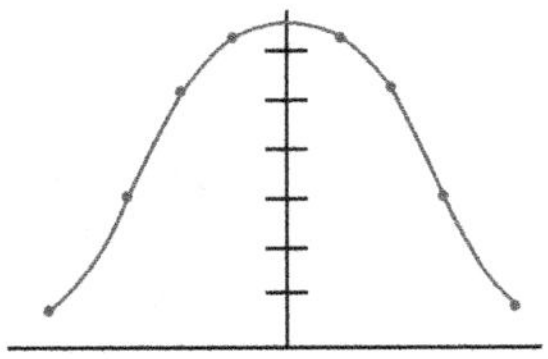

Curva simétrica

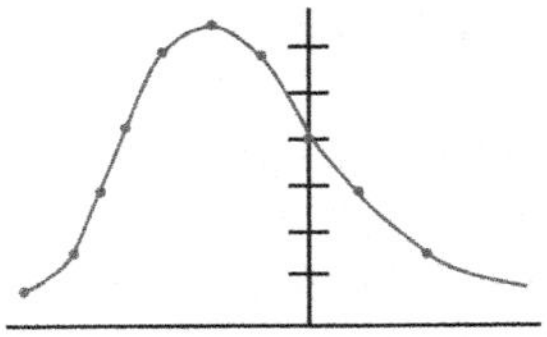

Curva asimétrica negativa

Las medidas de asimetría se calculan como coeficientes que expresan la simetría o no de las variables en estudio, y el tipo de éstas, es decir, si son positivas o negativas.

Los principales coeficientes utilizados para calcular la asimetría son:

- Coeficiente de asimetría de Fisher.
- Coeficiente de asimetría de Pearson.
- Coeficiente de asimetría de Bowley.

2.11. Coeficiente de curtosis

Este coeficiente analiza el grado de concentración que presentan los valores alrededor de la zona central de la distribución o curva.

Se distinguen tres tipos de distribuciones según su grado de curtosis:

- Distribución mesocúrtica: cuando se observa un grado de concentración medio alrededor de los valores centrales de la variable.
- Distribución leptocúrtica: es cuando se presenta un elevado grado de concentración alrededor de los valores centrales de la variable.
- Distribución platicúrtica: cuando presenta un reducido grado de concentración alrededor de los valores centrales de la variable.

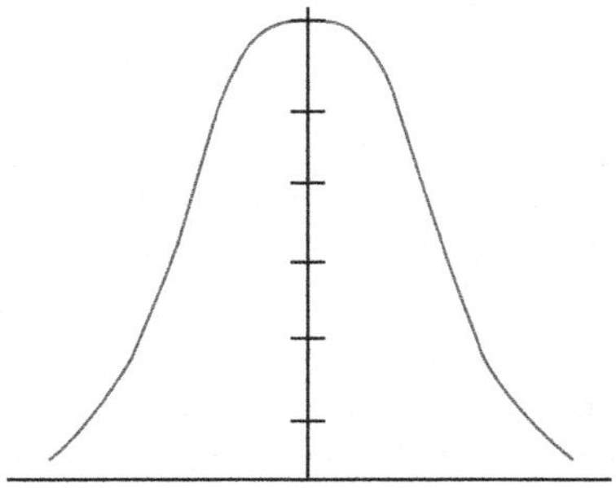

Curva leptocúrtica

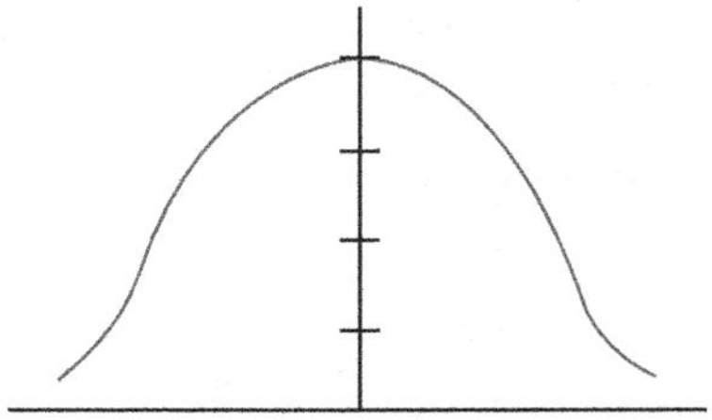

Curva mesocúrtica

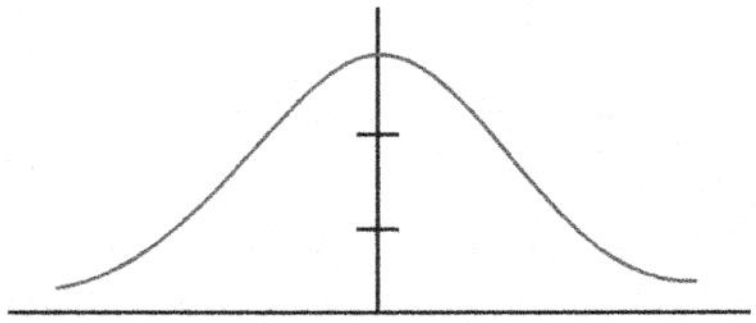

Curva platicúrtica

2.12. Histograma

Es la representación gráfica de una variable en forma de barras, en donde la superficie de cada barra es proporcional a la frecuencia de los valores representados de forma diferencial o acumulada.

Proporciona una primera vista general o panorámica de la distribución de la población, o la muestra, respecto a una característica (cuantitativa y continua) de la misma que es de interés para el observador.

Se utilizan para relacionar variables cuantitativas continuas, sin embargo, también se puede usar para variables cuantitativas discretas, en cuyo caso se le llama diagrama de frecuencias y en la representación gráfica, sus barras estarán separadas, porque en "x" ya no se representa un espectro continuo de valores, sino valores cuantitativos específicos.

Los histogramas son más frecuentes en ciencias sociales y económicas, que en ciencias naturales y exactas.

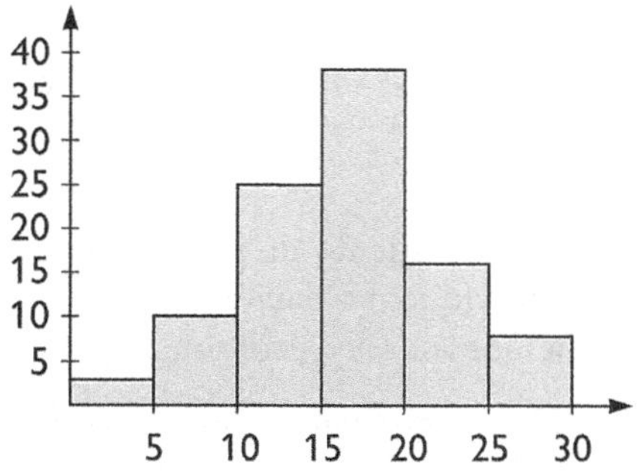

Histograma simple

3. ESTADÍSTICA DESCRIPTIVA O DEDUCTIVA

Es la rama de la estadística dedicada a analizar de forma metódica los datos, simplificándolos, presentándolos en forma clara, y permitiendo la elaboración con ellos, de cuadros, gráficos e índices, con los cuales describir apropiadamente las características de los mismos. Es un análisis inicial y muy básico.

Se limita a describir los datos analizados sin hacer inferencias.

Las primeras conclusiones, obtenidas tras un análisis descriptivo, se plasman es un estudio en donde se muestran las medidas de tendencia central que se han calculado, para ver en qué medida los datos se agrupan o dispersan en torno a un valor determinado.

Se puede decir que la estadística descriptiva es una ciencia que analiza una serie de datos buscando extraer conclusiones sobre el comportamiento de los mismos (llamados también variables).

Como hemos dicho anteriormente, las variables pueden ser:

- **Cualitativas o atributos**: son aquellas características que no se pueden medir numéricamente, por ejemplo: nacionalidad, color de la piel, sexo, etc.
- **Cuantitativas**: cuando tienen valor numérico , tales como la edad, el precio de un producto, los ingresos anuales, etc.

A su vez, las variables cuantitativas se pueden clasificar en discretas y continuas:

- **Discretas**: sólo pueden tomar valores enteros, por ejemplo 1, 2, 8,-4, etc.
- **Continuas**: cuando pueden tomar cualquier valor real dentro de un intervalo, por ejemplo 60,4 o 94,57.

Las variables también se pueden clasificar como:

- **Variables unidimensionales**: cuando sólo recogen información sobre una característica, por ejemplo: el sexo de los alumnos de una clase.
- **Variables bidimensionales**: las que recogen información sobre dos características de la población, por ejemplo el sexo y la altura de los alumnos de una clase.
- **Variables pluridimensionales**: son aquellas que recogen información sobre tres o más características, como por ejemplo: la edad, altura y sexo de los alumnos de una clase.

Cuando se estudia el comportamiento de una variable hay que conocer y saber distinguir los conceptos de individuo, población y muestra, porque en ellos se apoya el estudio, y aunque ya los hemos tratado, a continuación volveremos a repasarlos.

Así, un Individuo es cualquier elemento que provea información sobre el fenómeno que se estudia. Población es el conjunto de todos los individuos (pueden ser personas, objetos, animales, etc.) que provean información sobre el fenómeno que se encuentra en estudio. Muestra es un subconjunto seleccionado de la población.

4. ESTADÍSTICA INFERENCIAL

La estadística inferencial efectúa estimaciones, decisiones, predicciones u otras generalizaciones sobre un conjunto mayor de datos, basándose en el cálculo de probabilidades, a partir de datos de una muestra.

Es la parte de la estadística con la cual se pueden sacar inferencias a partir de los datos simplificados y analizados; se detectan las interrelaciones que los unen, las leyes que los rigen y se eliminan o minimizan las influencias del azar, todo lo cual les permite llegar más allá de las verificaciones físicas posibles.

Al hacer estadística inferencial se deben enfrentar dos problemas: la elección de la muestra y la extrapolación de las conclusiones obtenidas, sobre la muestra, al resto de la población (inferencia).

La tarea fundamental de la estadística inferencial es realizar inferencias sobre la población, a partir de una muestra extraída de la misma.

La estadística inferencial comprende aspectos importantes como el muestreo, la estimación de parámetros o variables estadísticas, el contraste de hipótesis, el diseño experimental, la inferencia bayesiana y los métodos no paramétricos.

5. ESTADÍSTICA NO PARAMÉTRICA

La estadística no paramétrica es una rama de la estadística que estudia todas las pruebas y modelos estadísticos en donde la distribución que subyace a los datos no se ajusta a los criterios paramétricos. Por esto, la distribución no puede ser definida "a priori", ya que son los datos observados los que la determinan.

La utilización de estos métodos es recomendable cuando no se puede asumir el que los datos se ajusten a una distribución conocida, cuando el nivel de medida empleado no sea, como mínimo, de intervalo.

Las principales pruebas no paramétricas son las siguientes:

- Prueba χ^2 de Pearson
- Prueba binomial
- Prueba de Anderson-Darling
- Prueba de Cochran
- Prueba de Cohen kappa
- Prueba de Fisher
- Prueba de Friedman
- Prueba de Kendall
- Prueba de Kolmogórov-Smirnov
- Prueba de Kruskal-Wallis
- Prueba de Kuiper
- Prueba de Mann-Whitney o prueba de Wilcoxon
- Prueba de McNemar
- Prueba de la mediana
- Prueba de Siegel-Tukey
- Prueba de los signos
- Coeficiente de correlación de Spearman
- Tablas de contingencia
- Prueba de Wald-Wolfowitz
- Prueba de los rangos con signo de Wilcoxon

Para poder aplicar cada una de estas pruebas, existen diversas hipótesis nulas y condiciones que deben cumplir los datos para que los resultados obtenidos al aplicar el test, sean fiables. Es decir, no se pueden aplicar todos los test y quedarse con aquel que convenga a la investigación, sin verificar si se cumplen las hipótesis y condiciones necesarias, ya que si se incumplen, automáticamente invalidan cualquier resultado posterior. Ésta resulta ser una de las causas más frecuentes de que un estudio sea estadísticamente incorrecto.

Finalmente, es importante mencionar que si la distribución de los datos se ajusta a un tipo de distribución conocida, existen otras pruebas que son más aconsejables, y que requieren de otros supuestos. En este caso, la estadística adecuada es la estadística paramétrica, dentro de la cual se pueden encontrar equivalencias entre pruebas; sin embargo, la diferencias se encuentra en la potencia de ambas, ya que la potencia de las pruebas no paramétricas, siempre es menor que la de las pruebas paramétricas equivalentes.

Fisioterapeutas Servicio Andaluz de Salud (SAS)

Temario específico
Volumen 1

Servicio Andaluz de Salud
(SAS)

Tema 21

Investigación cuantitativa: definición. Conceptos de población, muestra y variable. Epidemiología: concepto, tipos de estudios

Antonio Martos López
Licenciado en Veterinaria

Rodio ediciones

Índice esquemático

1. INVESTIGACIÓN CUANTITATIVA

El objetivo de cualquier ciencia es adquirir conocimientos y elegir el método para conocer mejor la realidad. La investigación surge como parte básica de cualquier ciencia y campo, y más aún en los estudios epidemiológicos. Es por tanto, una parte primaria que trata de recabar y recoger datos relacionados con alguna temática en concreto, con lo que se puede aplicar a cualquier ámbito de nuestra vida.

La investigación cuantitativa es aquella en la que se recogen y analizan datos cuantitativos sobre variables cuantificadas. Trata de determinar la fuerza de asociación o relación entre variables y busca la generalización de los resultados de una muestra, haciendo inferencia a la población de procedencia, y finalmente tratar de buscar una relación causal.

2. CONCEPTOS DE POBLACIÓN, MUESTRA Y VARIABLE. TÉCNICAS DE MUESTREO

En un procedimiento de investigación cuantitativa resulta imprescindible definir las variables con las que se va a trabajar.

La **población** se define como el universo o "el todo", agregado a la totalidad de elementos que tienen un cierto carácter común, acerca de los cuales se desea extraer información. O dicho de otro modo, es el conjunto completo de donde se toma la muestra. Resulta fundamental definir con precisión la población de que se trata y se parte.

La **variable** es la característica de la población que es elegida al azar o aleatoria, y sobre la que vamos a obtener determinados datos.

Las variables se van a clasificar según los valores que representan en:

1. Variable discreta. Se considera así si los valores que asume se pueden contar.
2. Variable continua. Es aquella que pueden asumir cualquier valor dentro de un intervalo, por lo cual tiene un número infinito de valores posibles.

Se define **muestra** como la selección tomada de la población, para poder examinarla y determinar algo sobre el grupo.

2.1. Técnicas de muestreo

- No aleatorio o de juicio. Una muestra seleccionada por muestreo de juicio se basa en la experiencia de alguien con la población. Algunas veces, una muestra de juicio se usa como guía o muestra tentativa para decidir como tomar una muestra aleatoria más adelante.
- Muestreo probabilístico. Forman parte de este tipo de muestreo todos aquellos métodos para los que puede calcular la probabilidad de extracción de cual-

quiera de las muestras posibles. Este conjunto de técnicas de muestreo es el más aconsejable. En este caso se habla de muestras probabilísticas, pues no es razonable hablar de muestras representativas, dado que no conocemos las características de la población.

- Muestreo aleatorio simple. Es la extracción de una muestra de una población finita, en el que el proceso de extracción es tal que garantiza a cada uno de los elementos de la población la misma oportunidad de ser incluidos en dicha muestra. Para realizar este tipo de muestreo, y en determinadas situaciones, es muy útil la extracción de números aleatorios mediante ordenadores, calculadoras o tablas construidas al efecto.
- Muestreo estratificado. Consiste en la división previa de la población de estudio en grupos o clases, que se suponen homogéneos, respecto a características a estudiar. A cada uno de estos estratos se le asignaría una cuota que determinaría el número de miembros del mismo que compondrán la muestra. Dentro de cada estrato se suele usar la técnica de muestreo sistemático.

3. EPIDEMIOLOGÍA: CONCEPTO Y GENERALIDADES. ESTUDIOS EPIDEMIOLÓGICOS

3.1. Epidemiología: Concepto y objetivo

La epidemiología es, en la acepción más común, el "estudio de las epidemias" es decir, de las enfermedades que afectan transitoriamente a muchas personas en un sitio determinado.

Su significado deriva del griego *Epi* (sobre) *Demos* (Pueblo) *Logos* (ciencia).

Una definición más técnica es la que propone que la epidemiología es el estudio de la distribución y determinantes de enfermedades en poblaciones humanas.

Según la OMS (Organización Mundial de la Salud), y aplicado al ámbito sanitario, la epidemiología es el estudio de la distribución y los determinantes de estados o eventos (en particular de enfermedades) que ocurren en poblaciones específicas y la aplicación de esos estudios al control de enfermedades y otros problemas relacionados con la salud.

Cuando realizamos estudios epidemiológicos, se pretenden conseguir una serie de objetivos, que para el ámbito sanitario, se pueden agrupan en las siguientes líneas:

- Identificar la causa de una enfermedad y factores que aumentan el riesgo para contraerla. Es decir, cómo se origina y se transmite la enfermedad y cuáles son las bases racionales para prevenirla.
- Determinar la extensión de la enfermedad en la comunidad, es decir, medir la "carga" de enfermedad en la población. Hecho éste de elevada importancia para aplicar políticas de salud.
- Estudiar la evolución natural y el pronóstico de la enfermedad (severidad).

- Evaluar las nuevas estrategias terapéuticas y preventivas para poder establecer el patrón de actuación de la salud.
- Proveer el fundamento para crear políticas de salud pública y decisiones regulatorias atinentes a los problemas ambientales.

3.2. Estudios epidemiológicos

Clásicamente los estudios epidemiológicos se han clasificado en Experimentales y No experimentales.

En los estudios experimentales se manipula de manera intencionada una exposición determinada en un grupo de individuos, comparándose con otro grupo independiente o que se expone a otra intervención. Si este experimento no es posible, se diseñan estudios no experimentales que simulan el experimento que no se ha podido realizar.

Vamos a ver a continuación algunos de los estudios más utilizados en el ámbito sanitario.

Estudios observacionales analíticos

Estudian los determinantes de los problemas de salud, identificando factores de riesgo mediante estudios experimentales.

Se utilizan para conocer la distribución de un evento de salud en una población con respecto a individuo, tiempo y lugar. Por lo tanto, generan hipótesis que deberán explorarse por medio de nuevos estudios descriptivos, cerrando así el círculo de los estudios epidemiológicos.

Para su realización se compara un grupo expuesto con el grupo control y sirven para probar hipótesis y controles de calidad.

A su vez estos pueden ser:

1. **Estudios de cohorte (prospectivos).** Inician con un grupo de sujetos sanos (libres de enfermedad) que están expuestos o no a un factor que suponemos nocivo y se siguen hacia el futuro para determinar sus tasas de enfermedad en relación a la exposición al factor en cuestión.

   Las principales características de estos estudios:

   - ▹ El factor de riesgo precede al inicio de la enfermedad.
   - ▹ Útiles para demostrar una asociación causal.
   - ▹ Nos sirve para calcular los siguientes parámetros:
     - Incidencia acumulada. Es la proporción de individuos sanos que contraen la enfermedad a lo largo de un cierto periodo de tiempo.
     - Riesgo relativo y atribuible. Calcula la diferencia absoluta en las tasas de incidencia de los grupos (riesgo atribuible) y nos permiten también calcular el verdadero riesgo relativo.

- Es esencial que los sujetos sean correctamente clasificados con respecto a la exposición al factor de riesgo al inicio del estudio.
- Todos los sujetos expuestos y no expuestos son representativos de los sujetos expuestos y no expuestos de la población general.
- La razón representa cuántas veces más (o menos) ocurrirá el evento en el grupo expuesto al factor, comparado con el grupo no expuesto. Así el resultado se interpreta de la siguiente forma:

  Valor =1 indica ausencia de asociación, no-asociación o valor nulo.

  Valores <1 indica asociación negativa, factor protector.

  Valores >1 indica asociación positiva, factor de riesgo.

Entre las principales *ventajas* de los estudios cohorte están:

- Permiten flexibilidad al seleccionar las variables que van a ser sistemáticamente registradas.
- Permiten un control de calidad detallado en la medición de las variables bajo estudio.
- El sujeto se clasifica en base a la exposición antes de que se desarrolle la enfermedad eliminando una fuente potencial de sesgo.
- Permite la observación de múltiples patologías. Por ejemplo los estudios prospectivos de los fumadores y no fumadores, originalmente diseñados para detectar la asociación entre el tabaquismo y el cáncer del pulmón, mostraron que el hábito de fumar se asocia además a otros padecimientos (EPOC, EIC, cáncer laríngeo, etc.).

Entre las desventajas figuran que son caros y laboriosos, y rara vez es posible estudiar el mecanismo de la enfermedad.

2. **Estudios de casos-control (retrospectivos).**

Estos estudios comparan los casos (sujetos con la enfermedad bajo estudio) con los controles (sujetos sin la enfermedad).

Entre las principales características:

- El propósito es determinar si los dos grupos difieren en la proporción de sujetos con el factor específico bajo estudio.
- Se denomina retrospectivo porque compara los casos y los controles con respecto a la presencia de un factor en el pasado.
- La razón de productos cruzados (RPC u OR[1]) se estima en los estudios de casos y controles, donde los sujetos son elegidos según la presencia o ausencia de enfermedad, desconociéndose el volumen de la población de donde provienen, por lo que no es posible calcular la incidencia de la enfermedad.

---

[1] La RPC también se conoce con los términos en inglés odds ratio (OR) y relative odds, y en español como razón de momios (RM), razón de ventaja y razón de disparidad.

- El resultado se interpreta de la misma forma que en el resto de las medidas de razón:
  - Cuando la OR tiene un valor de 1 (o nulo), el comportamiento del factor es indiferente;
  - Si el valor es superior a 1, el factor puede considerarse como de riesgo,
  - Si es inferior a 1 es valorado como factor protector.

Algunas de las ventajas que presentan estos estudios son:

- Muy útiles para el estudio de patologías poco frecuentes o aquellos con un periodo de latencia prolongada. De hecho, en **enfermedades raras**, quizás sea el único método que pueda ser aplicado.
- Económicos (en comparación con otros diseños).
- Se pueden planear y desarrollar rápidamente.
- Requieren menos individuos que los estudios prospectivos.
- Se pueden utilizar los archivos.
- No existe riesgo para los sujetos ni para los investigadores.
- Permiten el estudio de múltiples causas potenciales de enfermedad (pueden identificar más de un factor de riesgo).

En cuanto a las desventajas, encontramos:

- Dependen del tipo de información que tengamos de los sujetos sobre su historial clínico pasado (u obtenerlo de los expedientes) en relación a exposiciones previas. La información puede no estar disponible o ser errónea. Ésta constituye la fuente de sesgo mas importante de los estudios retrospectivos.
- Es difícil o imposible validar la información.
- Quizás no sea posible controlar en forma completa a las variables de confusión.
- La selección del grupo control es a veces difícil; ésta es otra fuente importante de sesgo. Algunos lo consideran como el "talón de Aquiles" de los estudios retrospectivos.
- No podemos establecer las tasas de enfermedad de los sujetos expuestos y no expuestos (no tenemos denominador).
- El estudio detallado de los mecanismos de enfermedad rara vez es posible.

Estudios experimentales descriptivos

Estudian la distribución de los "eventos" de salud. Esto nos permite llevar a cabo actividades de planeación y programación de servicios de salud. Por otro lado, nos permiten identificar los grupos con tasas mayores o menores de un padecimiento específico, lo que nos llevará a la formulación de hipótesis. Pueden ser:

1. **Estudios transversales o corte.** Estudia un fenómeno epidemiológico en un momento dado (exposición-evento se evalúan en un mismo periodo de tiempo).

Los principales parámetros calculados con estos estudios son:

- **Prevalencia:** nº individuos que padecen una enfermedad en un momento específico, en relación a una colectividad. Representa la probabilidad de que un individuo sea un caso de dicha enfermedad en un momento específico. Puede estar sano o enfermo.
- **Incidencia:** nº casos nuevos de una enfermedad que se producen en una colectividad durante un periodo determinado, así como la velocidad con la que lo hacen; es decir, expresa la probabilidad y la velocidad con la que los individuos de una población determinada desarrollarán una enfermedad durante cierto periodo.
- **Incidencia acumulada:** probabilidad de desarrollar el evento, es decir, la proporción de individuos de una población que, en teoría, desarrollarían una enfermedad si todos sus miembros fuesen susceptibles a ella y ninguno falleciese a causa de otras enfermedades.

Entre las ventajas que presentan:

- Cuando se selecciona una muestra aleatoria de la población diana, se puede estimar la proporción de expuestos y no expuestos de dicha población.
- Relativamente rápidos, fáciles de llevar a cabo y baratos.
- Comparativamente requieren pocos individuos (a menos que la enfermedad sea poco frecuente).
- Ocasionalmente se pueden utilizar registros actuales.
- No existe riesgo para los sujetos.
- Determinan la prevalencia de un problema en un momento dado.
- Exploran la asociación de diferentes variables.
- Generan hipótesis de asociación causa-efecto, ya que existe información sobre factores de riesgo y eventos.

En cambio, entre las desventajas:

- Para el estudio de enfermedades poco frecuentes se precisan muestras de tamaño moderado.
- El control de las variables externas puede ser incompleto.
- No se puede estimar la incidencia en individuos expuestos y no expuestos.
- Puede resultar difícil la selección de un grupo de comparación adecuado.
- La validación de la información es difícil o a veces imposible.
- No se puede estimar la proporción de expuestos y no expuestos en la población diana.
- Susceptibles de todo tipo de sesgos (selección, información y confundidores) difíciles de controlar. Sesgo de incidencia - prevalencia (por ejemplo, los sujetos expuestos al FR que sufren el evento se mueren, antes de poder ser seleccionados = una proporción menor de expuestos con la enfermedad va a ser observada, subestimando la asociación).

2. **Estudios de correlación-ecológicos**

Se focalizan en la comparación de grupos en lugar de individuos. Para algunos autores (como Kleinbaum) son estudios incompletos, por emplear promedios grupales. Frecuentemente se desconoce la distribución conjunta de las características en estudio a nivel de cada individuo.

Las inferencias son más complicadas de lo que parecen. La Unidad de Análisis no son los individuos, sino las poblaciones o grupos de individuos. Describe el evento en relación con un factor de interés como edad, tiempo, consumo de alimentos, medicación u otros productos.

Servicio Andaluz de Salud
(SAS)

Tema 22

Investigación cualitativa: principales diseños y métodos en investigación cualitativa. Técnicas de investigación cualitativa, análisis e interpretación de los datos

Antonio Martos López
Licenciado en Veterinaria

Rodio ediciones

Índice esquemático

1. INVESTIGACIÓN CUALITATIVA. PRINCIPALES DISEÑOS Y MÉTODOS EN INVESTIGACIÓN CUALITATIVA

1.1. Introducción

Esta investigación, a diferencia de la cuantitativa, se basa en estudiar los fenómenos mediante técnicas como la observación y entrevistas no estructuradas, estudiando la relación o asociación en contextos estructurales y situaciones dinámicas. Por lo tanto, trata de identificar la naturaleza profunda de las realidades, sus relaciones y estructuras dinámicas.

La investigación cualitativa, aplicada al ámbito sanitario, y realizada de forma rigurosa, es fundamental para la atención primaria sanitaria, dado que ésta necesita investigar muchos aspectos contextuales de su propia práctica que escapan a las medidas numéricas y aplicar las aportaciones de las ciencias sociales al estudio del lado humano del proceso salud-enfermedad. A pesar de ello, durante mucho tiempo, se ha dado más valor a la investigación cuantitativa, centrada en determinar las relaciones causales, medir fenómenos o predecirlos, en todas las áreas de la salud.

La investigación cualitativa ha ido ganando en las últimas décadas en importancia, ya que antes de la década de los 90, su presencia había sido casi anecdótica, incrementándose, a partir de entonces, el número de publicaciones, tanto a nivel nacional como internacional. Tal aspecto viene documentado, a través de March editorial, que revisaron los estudios cualitativos publicados en MEDLINE, Índice Médico Español, Psycoinfo y CUIDEN entre 1991 y 2001, identificando 130 artículos, 24 publicados entre 1991 y 1995, y 95 entre 1996 y 2000.

Las razones para que esta investigación se haya desarrollado en el ámbito sanitario, se comprenden por su importancia y utilidad para descifrar las dimensiones humanas, interpretar las conductas, dudas, actitudes, interacciones entre personas, impacto del sufrimiento y la enfermedad en las personas, los factores económicos, sociales, culturales y políticos que influyen en la salud y la enfermedad, las experiencias de los pacientes con los servicios sanitarios, la adecuación de los mismos y el contexto social que contribuye a explicar el fenómeno de interés. Además, esta investigación permite dar voz a los pacientes en el proceso de toma de decisiones y conocer sus preferencias y prioridades. También es especialmente útil para plantear marcos teóricos, generar hipótesis, para dar sentido a cuestiones emergentes o muy complejas y para comprender la complejidad, el dinamismo y la pluridimensionalidad.

Por lo tanto, la investigación cualitativa resulta imprescindible para estudiar algunos aspectos que no podrían ser investigados con otras metodologías.

Como limitaciones de esta metodología, desde una perspectiva cuantitativa, sería el carácter subjetivo de la misma y la posibilidad de que las observaciones e informes de los sujetos puedan estar sesgados o incompletos. Al no ser la generalización un objetivo esencialmente relevante para esta metodología, se corre el riesgo de que el investigador observe y analice las diversas situaciones desde su propio marco referencial, lo que a su vez puede conducir a conclusiones incontrolables y subjetivas y no a una teoría científica.

1.2. Principales diseños en investigación cualitativa (pasos a seguir)

La investigación cualitativa es una amplia área de investigación que utiliza métodos de recolección de datos no estructurados, tales como observaciones o documentos para encontrar temas y significados que nos mantengan informados para comprender el mundo. Puede hacerse a través de muchas disciplinas, como las ciencias sociales, el cuidado de la salud o los negocios. Para hacer una investigación cualitativa, hay algunos pasos que puedes seguir.

A) **Hacer una pregunta inteligente sobre lo que se va a estudiar.** Una buena pregunta para la investigación debe ser clara, específica y asequible. Para hacer investigación cualitativa, tu pregunta debería explorar las razones por las cuales la gente hace ciertas cosas o cree en algo.

B) **Hacer una revisión bibliográfica sobre el tema.** Una revisión de la bibliografía ayuda a descubrir lo que otros han descubierto acerca de tu pregunta, enfocándola de manera más específica. También te ayudará a estar mejor informado sobre el tema que elegiste y te ayudará a determinar si hay alguna necesidad de responder a tu pregunta.

C) **Elección de la metodología a usar para la investigación cualitativa.**

- Muestreo teórico: El propósito del muestreo teórico es desarrollar una teoría basada en los datos recabados. Busca información específica y deriva teorías y razones para los fenómenos.
- Fenomenología: La fenomenología es el estudio de las experiencias subjetivas de los demás. Investiga el mundo a través de los ojos de otra persona, descubriendo cómo ellos interpretan sus experiencias.
- Etnografía: La etnografía es el estudio de las interacciones humanas y de las comunidades a través de la participación directa y la observación dentro de la comunidad que se desea estudiar.
- Investigación de estudio de caso: Este método de estudio cualitativo es un estudio profundo de un individuo o fenómeno específico, dentro de su contexto de existencia.

D) **Reunir la información.** Existen muchos métodos para recabar información:

- Observación directa: La observación directa de una situación o de tus sujetos de estudio puede realizarse a través de videos o de la observación directa a través de una cámara Gesell. Con la observación directa haces observaciones específicas de una situación, sin participar en ella ni influenciarla.
- Observación participante: La observación participante consiste en la inmersión del investigador dentro de la comunidad o situación estudiada. Este método de recolección de datos tiende a consumir más tiempo, ya que tienes que participar completamente en la comunidad para saber si tus observaciones son válidas.
- Entrevistas: Las entrevistas desestructuradas con sujetos de estudio es un método de recolección de datos en el cual permites que tus entrevistados

respondan libremente. El entrevistador puede sondear y explorar tópicos a medida que van surgiendo.

- Encuestas: Los cuestionarios escritos y las encuestas abiertas acerca de ideas, percepciones y pensamientos son otro modo por el cual puedes conseguir información para tu investigación cualitativa.
- Grupo focal: Los grupos focales estructurados o no estructurados permiten que más participantes interactúen entre sí y con el entrevistador en lo relativo a tu tópico. Este método de recolección de datos puede ser eficiente, ya que involucra a más de un participante a la vez.

E) **Análisis de la información.** Una vez que hayas obtenido tus datos, puedes comenzar a analizarlos y a conseguir respuestas y teorías para la pregunta de tu investigación.

- Codificación: Identifica temas, ideas y esquemas dentro de tus datos.
- Estadísticas: Puedes analizar tus datos utilizando estadísticas. Las estadísticas descriptivas simplemente describen lo que los datos muestran, mientras que las estadísticas inferenciales intentan formular conclusiones más allá de los datos.
- Análisis narrativo: El análisis narrativo se enfoca en el habla y los contenidos tales como la gramática, el uso de las palabras, los temas de las historias, significados de las situaciones, el contexto social, cultural y político de la narración.
- Análisis de contenidos: El análisis de contenidos interpreta textos o series de textos y busca temas y significados al observar la frecuencia con que aparecen las palabras.

F) **Preparar el informe.** Al preparar el informe de tu investigación cualitativa, recuerda la audiencia para la que estás escribiendo y también las guías de formato indicadas para el diario de investigación al que quieres enviar tu estudio. Te conviene asegurarte de que el propósito de tu pregunta de investigación sea convincente y de explicar tu metodología de investigación y tu análisis detalladamente.

2. TÉCNICAS DE INVESTIGACIÓN CUALITATIVA, ANÁLISIS E INTERPRETACIÓN DE DATOS

Las principales técnicas para poder recoger, analizar e interpretar los datos, utilizando este tipo de investigación, se recogen en los siguientes métodos.

2.1. Observación directa

Es una de las técnicas más utilizadas en la metodología cualitativa para el estudio de casos.

Su definición varía en función del tipo de investigación, del investigador y de los objetivos que se pretenden alcanzar. Puede ser realizada de modo participante o no participante.

a) **Observación no participante**. Trata de registrar de modo objetivo los hechos tal como se producen. Por lo tanto, requiere un cierto alejamiento entre el investigador y el objeto investigado. Como categoría pura sólo se da cuando la interacción se observa mediante cámaras o grabadoras ocultas. En ella se reduce al mínimo su interacción con los sujetos y simplemente se limita a registrar los hechos. Requiere, por tanto, un registro completo y exacto de los datos, que se vería dificultado por el contacto o intercambio social con los sujetos observados.

b) **Observación participante**. En este caso el investigador se sumerge en el contexto objeto de estudio, formando parte del grupo, de los individuos y de la institución. Participa en el contexto en interacción constante e incluso identificándose con los sujetos, pero al mismo tiempo guardando su propio rol de investigador.

El objetivo de la observación directa, tanto en un caso como en otro, es articular los datos resultantes de un análisis objetivo y los que provienen de una aprehensión intersubjetiva con el fin de proporcionar una visión lo más completa posible de la realidad.

Los sistemas para registrar y almacenar los datos observados, para su análisis posterior pueden ser categoriales, narrativos, descriptivos y tecnológicos.

1. **Sistemas categoriales**

   La información registrada se sistematiza a través de unos conceptos que se denominan categorías o unidades de observación previamente especificadas y determinadas.

   La selección y construcción de tales unidades está en función de la perspectiva en que se sitúa el investigador. Dichas unidades se suelen obtener por deducción pero también pueden determinarse de modo inductivo. Se trata, además, de unidades discretas y simples en las que a cada conducta observada corresponde una sola categoría.

2. **Sistemas narrativos**

   En este caso, el observador es el principal instrumento de observación. Lo que se registra no está especificado de antemano, sino que depende en gran medida del sistema perceptual del observador y de su capacidad para captar y transmitir en lenguaje cotidiano lo que ha observado. Los sistemas narrativos son sistemas abiertos, no tienen categorías predeterminadas y registran segmentos amplios de acontecimientos y conductas en forma oral o escrita.

   Los registros narrativos pueden construirse durante la observación o después de ella. Entre otros se utilizan: los incidentes críticos (anotaciones de aspectos relevantes de la observación), muestras (cronología, contexto, fases) y notas de campo (recogidas tras la observación), diarios (registros en primera persona del propio sujeto investigado), inventarios (objetos y actividades de un determinado grupo), otros documentos escritos (personales, oficiales, públicos).

3. **Sistemas descriptivos**

   Se basan en análisis retrospectivos de los acontecimientos observados. Son por ello, sistemas abiertos que, aunque pueden tener categorías prefijadas, introducen con otras generadas por los datos durante el proceso. Frecuentemente, los sistemas descriptivos se utilizan junto con los registros tecnológicos.

4. **Sistemas tecnológicos**

   El avance de la tecnología audiovisual permite efectuar registros permanentes sobre acontecimientos, procesos y grupos. Este tipo de registro suministra datos de primera mano sobre los que el sociólogo debe trabajar sistemáticamente para construir datos o representaciones de acontecimientos. Suelen utilizados en combinación con cualquiera de los otros sistemas de investigación descritos.

2.2. Las entrevistas

En general se entiende por entrevista aquella situación que permite el transvase de información entre dos o más personas. Hay diversos tipos según sea el grado de estructuración, número de participantes y directividad.

A) Según el grado de estructuración la entrevista puede ser estructurada o no estructurada

1. Entrevista estructurada

También se le denomina entrevista programada o entrevista formal. Se trata, en cierto modo, de un cuestionario administrado de forma oral y a través de preguntas cerradas, que proporcionan al sujeto entrevistado alternativas de respuestas que debe seleccionar, ordenar o expresar sobre el grado de acuerdo o desacuerdo con las mismas. El investigador debe mantener en todo momento una postura neutral y no debe enjuiciar ni preguntas ni respuestas. Ello facilita el análisis de la información, ahorra tiempo y permite la comparación entre los sujetos investigados, pero por contra es poco flexible y, a veces, dificulta la comprensión de las respuestas.

Como variantes de esta modalidad se señalan:

a) **Entrevista abierta**: por medio de una relación de preguntas cuidadosamente elaboradas y planificadas se intenta conversar con el entrevistado en la misma secuencia y hacer preguntas con sus mismas palabras.

b) **Entrevista estructurada no presencial**: permite alterar la secuencia de las preguntas según la dinámica de la entrevista.

2. Entrevista no estructurada

También se le denomina entrevista informal, ya que en este caso el esquema de cuestiones a plantear y la secuencia de las mismas es abierto y flexible. Ello permite una mayor adaptación a las necesidades de la investigación y características de los sujetos, pero al mismo tiempo requiere un mayor esfuerzo en cuanto su preparación y posterior análisis.

B) Según el número de participantes la entrevista puede ser individual o de grupo

1. Entrevista individual

En este caso la entrevista se aplica a una sola persona durante una sesión o varias.

2. Entrevista en grupo

El entrevistador reúne a un grupo de personas o a varios grupos para que las personas manifiesten públicamente sus percepciones, experiencias y vivencias. Las cuestiones abordadas suelen ser sobre temas consensuados previamente, se exponen de forma abierta y espontánea, y no se necesita alcanzar el consenso a favor o en contra de las mismas. La finalidad que se persigue es recoger datos en un contexto social donde los participantes pueden considerar sus propios puntos de vista a la luz de las opiniones de los otros. Las técnicas que precisa la entrevista en grupo no difieren de las que precisa la entrevista individual. El entrevistador debe ser flexible, objetivo, persuasivo, tener empatía y capacidad para escuchar.

C) Según el grado de directividad la entrevista puede ser dirigida o no dirigida

1. Entrevista dirigida

Abarca un conjunto de cuestiones objeto de indagación que han de ser explorados. El entrevistador posee libertad para explorar, probar y plantear todo tipo de preguntas adaptándolas al ritmo del diálogo y al contexto interactivo del entrevistador-entrevistado. Requiere, no obstante, una gran capacidad y destreza del entrevistador quien ha de adaptarla al sujeto entrevistado.

2. Entrevista no dirigida

Se le denomina también enfoque clínico y se fundamenta en la técnica de la terapia no directiva centrada en el cliente, técnica elaborada por C.Rogers. El investigador permite al individuo que se exprese libremente, sin establecer preguntas o sugerencias de contenido. La confianza en la persona entrevistada es total. El entrevistador escucha al entrevistado con la finalidad de comprenderle en su propio contexto. El investigador no formula ningún consejo o sugerencia, únicamente motiva al sujeto para que prosiga en su relato y proporcione informaciones acerca de los objetivos de la investigación.

El uso de este método requiere el dominio de una serie de habilidades por parte del entrevistador, tales como saber escuchar, apoyos verbales, gestos, etc., que estimulen la espontaneidad del relato en el sujeto entrevistado.

En cuanto a la estructuración y desarrollo de las entrevistas, existen diversas fórmulas, todo depende de los fines, del marco teórico y del contexto de aplicación. Algunos de los pasos a tener en cuenta son los siguientes:

1. **La preparación o planificación de la entrevista**

   En esta fase, el investigador elabora las preguntas, clasifica los temas, los factores que pueden intervenir, etc. El contenido de la guía de la entrevista difiere según sea el tipo de información deseada, longitud de la misma o el grado de interacción entrevistador-entrevistado. En la entrevista estructurada o semiestructurada la guía se elabora previamente, mientras que en la entrevista no directiva se realiza a medida que se desarrolla. El tiempo de duración de la entrevista dependerá también del grado de interacción entre el entrevistador y el entrevistado.

2. **Permiso de los sujetos**

   La realización de la entrevista requiere además la aceptación o consentimiento de los sujetos objeto de investigación. Previamente habrá que plantearles la finalidad de la investigación, el método a seguir, cómo serán empleados sus comentarios y la garantía del anonimato sobre la información recogida. Una relación sincera y bien definida facilitará la comunicación.

3. **Realización de la entrevista**

   La puesta en práctica de la entrevista supone unas condiciones adecuadas para su desarrollo. Se ha de realizar en un lugar privado y confortable. El entrevistador debe cuidar su aspecto físico y tener a punto el material necesario para recoger la información. Se recomienda plantear preguntas breves y sencillas, hablar sólo lo necesario, dejar que el sujeto se exprese con libertad y controlar el ritmo de la conversación, saber escuchar y evitar juicios valorativos.

4. **El contexto etnográfico**

   Por último, conviene tener en cuenta también el contexto etnográfico, es decir, las influencias de factores sociales, culturales, institucionales o lingüísticos del entrevistador y del entrevistado. El contexto etnográfico del entrevistado determina tanto lo que dice en sus respuestas como el sentido y significado de lo que dice; contexto que, en principio, no conoce el entrevistador.

   La relación establecida con el sujeto por medio de otras técnicas, como por ejemplo a través de la observación, facilitará la comprensión de ese contexto y la interacción en la entrevista obtendrá mejores resultados para el estudio.

Tema 23

Validez de los métodos diagnósticos: validez y fiabilidad de los instrumentos de medida. Sensibilidad, especificidad, Curvas ROC. Valor predictivo positivo y negativo

Francisco Rivas García
Licenciado en Ciencia y Tecnología de Alimentos

Rodio ediciones

Índice esquemático

1. MÉTODO DE DIAGNÓSTICO. INTRODUCCIÓN

Son numerosos los estudios científicos, cada vez más en auge, de carácter nacional e internacional, en materia de salud, de ahí la necesidad de disponer de recursos e instrumentos de análisis, metodología y evaluación, que muestren un criterio normalizado y homogéneo. En este sentido, la Organización Mundial de la Salud recomienda, apuesta e insiste en el desarrollo de indicadores de salud estandarizados.

Los instrumentos de análisis, sin duda, constituyen un pilar fundamental en el diagnóstico clínico, que implica considerar el análisis y la síntesis, utilizando diversas herramientas como la anamnesis, la historia clínica, exploración física y exploraciones complementarias; es precisamente en la fase de análisis, donde hay que contemplar los múltiples factores que determinarán la validez de dicho método, que a su vez condicionará todo el análisis, y finalmente el buen resultado del método de diagnóstico utilizado.

Brevemente y atendiendo al ámbito de interés en el presente tema, se distinguen dos métodos de diagnóstico:

a) **Diagnóstico diferencial**: Es aquel aplicado al conjunto de enfermedades que pueden ocasionar un síndrome, descartándose una a una según la hipótesis planteada y las exploraciones complementarias, hasta encontrar la enfermedad que ocasiona los síntomas del paciente.
b) **Diagnóstico precoz**: Es un programa epidemiológico de salud pública, de aplicación sistemática o universal, utilizado para detectar en una población determinada y asintomática, una enfermedad de carácter grave, con el objetivo de disminuir la tasa de mortalidad asociada.

2. VALIDEZ DE LOS MÉTODOS DIAGNÓSTICOS: VALIDEZ Y FIABILIDAD DE LOS INSTRUMENTOS DE MEDIDA

2.1. Validez

Existen circunstancias donde la información disponible sobre un problema médico es insuficiente para la formulación de un diagnóstico, lo cual impide la adecuada toma de decisiones, en estas situaciones debe recurrirse a una prueba diagnóstica que aporte suficiente validez para aproximarse con certeza al diagnóstico acertado de una enfermedad.

La validez se define como el grado de exactitud con el que se determine aquello que se pretende medir y por tanto, si se puede utilizar con el fin previsto. Entre las características de la validez se destacan:

- La validez de una prueba está necesariamente ligada al propósito para el que ésta fue diseñada.
- Validez no es un concepto absoluto, es decir las pruebas no son válidas o inválidas, sino válidas en mayor o menor grado para medir lo que pretenden.

- Un método es válido si puede arrojar una medida de lo que puede medir.
- Es la cualidad más importante de un instrumento de medida.
- Un instrumento puede ser fiable pero no válido; pero si es válido ha de ser también fiable.
- Por otro lado, existen varios tipos de validez:
  - Validez de contenido, que describe el intervalo donde una medida refleja la dimensión de un problema particular.
  - Validez de constructo, referida al aspecto donde una medida conforma un fenómeno externo establecido.
  - Validez de criterio, definida como la extensión donde una medida se correlaciona con una prueba de referencia.

La calidad de una prueba diagnóstica se mide en términos de validez y seguridad. Se debe comparar con otra prueba de probada eficacia en la enfermedad de estudio o con el verdadero resultado en el caso de que pueda ser conocido. Estos términos de comparación se denominan patrón áureo, "gold standard" o criterio de referencia. Si existe una medida de criterio aceptada no hay problema, ya que esa medida constituye el punto de corte para diferenciar la medida.

La sensibilidad y especificidad son dos variables que determinan la eficacia de los métodos diagnósticos. La combinación de ambas variables puede generar varios resultados al aplicar una prueba diagnóstica:

- Verdaderos positivos (VP): enfermos con la prueba positiva.
- Falsos positivos (FP): no enfermos con la prueba positiva.
- Falsos negativos (FN): enfermos con la prueba negativa.
- Verdaderos negativos (VN): no enfermos con la prueba negativa.

Se puede hacer una aproximación a la validez global de la prueba diagnóstica mediante la siguiente expresión:

$$\text{Validez} = \frac{VP+VN}{VP+FP+FN+VN}$$

2.2. Fiabilidad

El concepto de fiabilidad se relaciona con la precisión de la medida tomada y su estabilidad en el tiempo. En este sentido, si a un grupo de sujetos le aplicamos el mismo instrumento de medida para una prueba diagnóstica en dos o más ocasiones espaciadas en el tiempo, el instrumento será fiable si los sujetos tienden a mantener el mismo dato, o quedan ordenados de la misma forma en las distintas medidas.

Entre los rasgos característicos de la fiabilidad se encuentran:

- La fiabilidad se calcula partir de las puntuaciones de una muestra de sujetos obtenidas en un instrumento. La fiabilidad obtenida se refiere exclusivamente a esa muestra de sujetos y puede variar si lo aplicamos a una muestra distinta y calculamos de nuevo la fiabilidad.

- La variabilidad de la muestra es un aspecto clave en la interpretación de la fiabilidad.
- La fiabilidad se asocia a las diferencias, en concreto a la capacidad del instrumento para apreciar las variaciones entre las distintas personas sometidas a la prueba. Si no se puede hacer esto, el instrumento no es fiable.

  Existen distintos tipo de fiabilidad, siendo la fiabilidad como consistencia interna la más considerada porque:

  - Indica en qué medida los distintos ítems que forman parte de una instrumento son consistentes, es decir, tienen que ver unos con otros, midiendo el mismo rasgo o característica.
  - Sirve para medir la unidimensionalidad del rasgo: todos los ítems del instrumento poseen o son parte en la misma medida de ese rasgo.

2.2. Relaciones fiabilidad y validez

Fiabilidad y validez son índices basados en coeficientes de correlación. Los elementos más importantes que pueden contribuir a aumentar dicha variabilidad entre dichos conceptos:

- Número de datos de la prueba a obtener. Deben ser suficientes, pero no excesivos que provoquen el cansancio al responder.
- Tamaño de la muestra. Cuanto más grande sea la muestra, más probable será encontrar variabilidad en las respuestas.
- La heterogeneidad de la muestra: si la muestra es homogénea, las respuestas serán muy parecidas, no habrá variabilidad y por tanto, no podremos esperar altos coeficientes de correlación.
- La validez y la fiabilidad están relacionadas, de manera que las pérdidas o ganancias de una de ellas, repercutirá en el mismo sentido en la otra.

3. SENSIBILIDAD Y ESPECIFICIDAD

La **sensibilidad** nos indica la capacidad de una prueba para detectar a un sujeto enfermo. En otros términos, la sensibilidad es la probabilidad (expresada en %) de que la prueba diagnóstica identifique como enfermo a aquel que realmente lo está.

Sensibilidad = Verdaderos positivos x 100 / Enfermos

Rasgos de la sensibilidad:

- Una alta sensibilidad indica un bajo número de falsos negativos.
- El concepto de **Especificidad** nos indica el porcentaje de resultados negativos en pacientes que no padecen esa enfermedad. Hay que considerar que la especificidad de una prueba diagnóstica:

  a) Valora la capacidad de una prueba para detectar correctamente individuos sanos.

b) Una alta especificidad indica una baja frecuencia de falsos positivos.

c) La especificidad sería la probabilidad de que un paciente sano diese la prueba negativa o el porcentaje de negatividad de la prueba diagnóstica en ausencia de enfermedad.

A continuación, se expone un ejemplo práctico para explicar sensibilidad y especificidad:

Imaginemos que queremos evaluar una técnica analítica para el diagnóstico de una enfermedad infecciosa de carácter grave. Mediante un procedimiento aleatorio seleccionamos 400 personas que son evaluadas desde el punto de vista clínico, diagnosticándose 33 personas como enfermas. Tras realizar la prueba en todos ellos el resultado es el siguiente:

	Prueba positiva	Prueba negativa	Total
Pacientes enfermos	27 (VP)	6 (VN)	33
Pacientes no enfermos	3 (FP)	364 (FN)	367
Total	30 (TP)	370 (TN)	

Los 27 pacientes que, estando enfermos, dieron positiva la prueba diagnóstica se consideran verdaderos positivos (VP). Los seis pacientes enfermos que dieron negativa la prueba de laboratorio son considerados como falsos negativos (FN). Los tres pacientes no enfermos que dieron positiva la prueba se denominan falsos positivos (FP). Los 364 pacientes no enfermos que no dieron positivo en la prueba son los verdaderos negativos (VN).

Aplicando la fórmula de sensibilidad ésta será: 27x100/33= 81,8%. Ello indica que solo el 81,8 % de los pacientes enfermos darán positiva la prueba. En este caso habrá un 18,2 % de falsos negativos (pacientes enfermos que han dado negativa la prueba). Cuanto más sensible es una prueba, más probable es que detecte a las personas con enfermedad. Por ello, las pruebas con una sensibilidad muy elevada son muy útiles para descartar la presencia de enfermedad.

Para el cálculo de la especificidad=364x100/367=99,18%, ello indica que el 99,18 % de los individuos sanos darán negativa la prueba. En este caso habrá un 0,82% de falsos positivos (pacientes sanos que han dado positiva la prueba). Las pruebas muy específicas se usan para confirmar la presencia de una enfermedad. Si la prueba es muy específica y da positiva, indica la presencia de enfermedad, ya que apenas produce falsos positivos.

4. CURVAS ROC

La elección del umbral diagnóstico arrojado por una prueba no resulta fácil, ya que tiene importantes implicaciones sobre la utilidad diagnóstica de la prueba. En éstas circunstancias la solución aparentemente más sencilla es establecer un umbral diagnóstico o punto de corte entre todos los valores posibles que nos permita discriminar entre los resultados positivos y negativos.

Difícilmente existe un punto de corte que discrimine totalmente a grupos de sanos y enfermos. Por ello, las características operacionales de las pruebas diagnósticas, sensibilidad y especificidad, variarán en función del establecimiento del punto de corte.

Si se incrementa la sensibilidad, disminuirá la especificidad, y en sentido contrario si se incrementa la especificidad, se reducirá la sensibilidad. Para solventar estos problemas surgen las Curvas ROC que optimizan el punto de corte y nos proporcionan una representación global de la exactitud diagnóstica de la prueba utilizada.

Las curvas ROC se representan en un plano cartesiano, graficando sensibilidad versus especificidad. El gráfico expresará mayor poder discriminatorio de la prueba, cuanto mayor sea el área bajo la curva, mayor será la exactitud de la prueba.

Las curvas ROC presentan las siguientes ventajas:

- Son índices de la exactitud diagnóstica y proporcionan un criterio unificador en el proceso de evaluación de una prueba, debido a sus múltiples aplicaciones.
- Fáciles de interpretar visualmente.
- Excluyen el nivel de decisión individual, porque está incluido todo el espectro de corte.
- La especificidad y sensibilidad son accesibles en el gráfico.

5. VALOR PREDICTIVO POSITIVO Y NEGATIVO

Frecuentemente cuando se realiza una prueba diagnóstica se desconoce el resultado del patrón de referencia, por ello, una vez conocido el resultado de la prueba, interesa estimar la probabilidad de que su diagnóstico sea correcto. Ni la sensibilidad ni la especificidad nos aportan esa in formación, por ello, hay que calcular los valores predictivos:

Valor predictivo positivo (VPP). El valor predictivo positivo es el porcentaje de pacientes enfermos entre todos los pacientes con resultados positivos. Valora la probabilidad de que una prueba positiva diagnostique correctamente a un individuo enfermo.

Considerando el ejemplo anterior

$$\mathbf{VPP = VP \times 100 / TP = 27 \times 100 / 30 = 90\%}$$

Un VPP del 90 % indica que de cada 100 pacientes que dan la prueba positiva solo 90 padecen la enfermedad, o lo que es lo mismo: si la prueba da positiva, la probabilidad de padecer la enfermedad es de un 90 %. En este caso habrá un 10 % de individuos sanos diagnosticados incorrectamente como enfermos.

Valor predictivo negativo (VPN). El valor predictivo negativo expresa la frecuencia de pacientes no enfermos entre todos los pacientes con resultado negativo. Valora la probabilidad de que una prueba negativa diagnostique correctamente a un individuo sano.

$$\mathbf{VPN = VN \times 100 / TN = 364 \times 100 / 370 = 96{,}5\%}$$

Un valor predictivo negativo del 98,37 % indica que de cada 100 pruebas negativas, 98.3 pertenecerán a individuos sanos, o lo que es igual, si la prueba da negativa, la probabilidad de no padecer la enfermedad es del 98.3 %. En este caso, hay un 1,7 % de individuos enfermos que serán diagnosticados erróneamente como no enfermos.

Tema 24

Fundamentos de la Práctica clínica basada en la Evidencia

Francisco Rivas García
Licenciado en Ciencia y Tecnología de Alimentos

Rodio ediciones

Índice esquemático

1. PRÁCTICA BASADA EN LA EVIDENCIA (PCE)

Se define como Práctica basada en la evidencia (PCE) como el procedimiento que permite dar respuesta de manera práctica a una serie de dudas surgidas de una situación definida. Se utilizan como herramientas de PCE una serie de criterios preestablecidos y de datos en los cuales se basan las acciones. Entre los objetivos de PCE se distinguen:

- Análisis, recopilación y aval de literatura médica.
- Minimizar el margen de error, para lo cual se deben utilizar criterios y fuentes que incluyan adecuados resultados clínico-epidemiológicos.
- Sistematización en la búsqueda de información, para lo cual se requiere determinar el valor científico, la actualización de la información manejada y su calidad.
- Práctica innovadora desde el punto de vista de la creatividad, basada en la evidencia y con perspectiva de aplicación real.
- Disminuir los errores, como garantía de reducción de los potenciales costos sanitarios.
- Evaluación integral del paciente, considerando sus necesidades de salud y no solo del proceso biológico.
- No eliminar la experiencia como factor de decisión, debiéndose combinar las distintas evidencias clínicas con la experiencia profesional y la documentación científica.

El nivel de evidencia clínica es un sistema jerarquizado, basado en las pruebas o estudios de investigación, que ayuda a los profesionales de la salud a valorar la fortaleza de la evidencia asociada a los resultados obtenidos de una estrategia terapéutica.

Desde finales de la década de 1990, cualquier procedimiento realizado en Medicina, ya sea preventivo, diagnóstico, terapéutico, pronóstico o rehabilitador, tiene que estar definido por su nivel de evidencia científica, corriente que se llama Medicina basada en la evidencia o basada en las pruebas.

Los Niveles de evidencia según la US Agency for Health Research and Quality son:

Ia: La evidencia proviene de metaanálisis de ensayos controlados, aleatorizados, bien diseñados.

Ib: La evidencia proviene de, al menos, un ensayo controlado aleatorizado.

IIa: La evidencia proviene de, al menos, un estudio controlado bien diseñado sin aleatorizar.

IIb: La evidencia proviene de, al menos, un estudio no completamente experimental, bien diseñado, como los estudios de cohortes. Se refiere a la situación en la que la aplicación de una intervención está fuera del control de los investigadores, pero cuyo efecto puede evaluarse.

III: La evidencia proviene de estudios descriptivos no experimentales bien diseñados, como los estudios comparativos, estudios de correlación o estudios de casos y controles.

IV: La evidencia proviene de documentos u opiniones de comités de expertos o experiencias clínicas de autoridades de prestigio o los estudios de series de casos.

2. FACTORES IMPLICADOS EN "PRÁCTICA CLÍNICA BASADA EN LA EVIDENCIA" (PCE)

La PCE puede arrojar variaciones en algunas de las etapas (anamnesis, pruebas diagnósticas o tratamiento terapéutico) implicadas en la fase clínica. Entre los factores se consideran:

a) Los pacientes. Concretamente, su sintomatología, datos clínicos inespecíficos y la incertidumbre sobre su diagnóstico, y síntomas de la enfermedad, determinarán el buen desarrollo de PCE.
b) Los recursos materiales, personales y humanos del sistema sanitario.
c) La formación, experiencia y variables sociodemográficas de los profesionales sanitarios.

3. FUNDAMENTOS DE "PRÁCTICA CLÍNICA BASADA EN LA EVIDENCIA" (PCE)

1. La mejor evidencia científica será la que determine las decisiones clínicas.
2. Se necesita una metodología epidemiológica y estadística adecuada a la evidencia científica detectada.
3. Las problemáticas de diagnóstico clínico determinarán el tipo de evidencia a identificar para solventar las dudas existentes.
4. La evidencia científica será útil si permite la aplicación real en la práctica clínica.
5. Localizar las mejores evidencias sobre las cuales se responderá a las dificultades de la práctica clínica.

4. CRITERIOS BÁSICOS PARA LAS HERRAMIENTAS UTILIZADAS EN "PRÁCTICA CLÍNICA BASADA EN LA EVIDENCIA" (PCE)

Ante las diversas problemáticas clínicas que pueden surgir, la literatura científica es una herramienta clave con la cual se pretende responder a las incógnitas que se suceden de manera habitual. No obstante, hay que considerar una serie de criterios que nos indiquen si el artículo utilizado supone una adecuada fuente bibliográfica por su calidad, y por tanto sirve de apoyo:

1. Si el estudio se ajusta a nuestras problemáticas clínicas (tipo de población, intervención terapéutica, diseño del estudio, técnica empleada).
2. Valorar la evidencia que se ha identificado; esto implica valorar sistemáticamente la evidencia para comprobar la validez de las pruebas diagnóstica y de los resultados.

5. PROCEDIMIENTOS PARA IMPLEMENTAR "PRÁCTICA CLÍNICA BASADA EN LA EVIDENCIA" (PCE)

PCE deberá, entre otros aspectos, combinar la teoría con la práctica. En el campo teórico implica tener unos mínimos conocimientos en búsqueda de información bibliográfica, epidemiología y bioestadística. Considerando lo anterior se logrará el objetivo final de PCE que es esencialmente práctico.

A modo de esquema, el procedimiento abarcaría:

1. Formular las hipótesis a determinar sobre la problemática clínica.
2. Búsqueda de manera adecuada en fuentes bibliográficas.
3. Valoración crítica de la documentación obtenida.
4. Aplicación de las evidencias científicas a nuestro problema.
5. Adecuación a nuestra circunstancia.

El análisis de la evidencia recopilada y la síntesis para una toma de decisión puntual, o para la elaboración de recomendaciones, requiere de un proceso de clasificación previa de las evidencias a partir del diseño utilizado. Si no está ya realizado en los protocolos o en las revisiones sistemáticas identificadas es conveniente hacerlo. Por tanto, se recomienda el uso de aquellas intervenciones que dispongan de la mejor evidencia positiva y recomendar el abandono de aquellas que la evidencia sea negativa.

5.1. Problemas en la implantación de "Práctica Clínica basada en la Evidencia" (PCE)

PCE debe imponerse cada vez más entre los profesionales, ya que es creciente práctica que permite incluir la evidencia científica en los protocolos o guías de práctica clínica como forma de mejorar su validez. Las barreras en la implantación de PCE, que generalmente se han identificado, se pueden agrupar en función de:

A) Los conocimientos

- Ausencia de habilidades para acceder a bases de datos relevantes, realizar una lectura crítica de las publicaciones, para manejar toda una terminología procedente de la epidemiología, estadística y de la teoría de la probabilidad.

B) Las actitudes

- Falta de motivación para superar la inercia de los hábitos y rutinas la práctica clínica habitual.
- Negativa y poca colaboración de los pacientes.

C) Contexto

- Insuficiente número de evidencias, como el exceso de evidencias poco potentes, puede llegar a suponer una barrera para el desarrollo y aplicación de PCE.
- El entorno laboral y la inercia de la organización puede dificultar PCE. En este sentido, la falta de tiempo personal es una de las principales barreras que perciben los médicos para practicar medicina basada en la evidencia.

6. "PRÁCTICA CLÍNICA BASADA EN LA EVIDENCIA" (PCE) EN FISIOTERAPIA

Los profesionales de la fisioterapia deben proporcionar las mejores atenciones a sus pacientes. Tradicionalmente la práctica clínica de la Fisioterapia se ha basado en la opinión generada a partir de la experiencia clínica, la investigación básica y, en menor medida, de la investigación clínica.

Durante muchos años, la Fisioterapia, y también otras ciencias de la salud, han utilizado teorías sobre los mecanismos de acción de muchas de sus intervenciones sin que exista unas pruebas determinantes de las hipótesis que cada teoría genera por el hecho de serlo; de ahí que se deberá decidir cuál de todas las intervenciones posibles ante una situación concreta es la mejor para reducir en parte la incertidumbre con la que se realizan muchas tomas de decisiones.

Entre los principales criterios a considerar en PCE:

- La experiencia clínica como pilar fundamental. En ausencia de información recogida con orden, rigor y comprobación científica hay que actuar con cautela y recurrir a información científica sobre PCE.
- El estudio y el análisis de los mecanismos básicos de la enfermedad son necesarios, pero no suficientes, para guiar la práctica clínica.
- Comprensión de ciertos principios, métodos y reglas de comprobación científica y/o evidencia como elemento básico para interpretar correctamente la información y la literatura científica sobre aspectos de diagnóstico y tratamiento.

6.1. "Práctica Clínica basada en la Evidencia" (PCE) y protocolo a seguir

El mejor proceso para integrar la evidencia clínica en la práctica clínica incluye:

- Formular preguntas a partir de las necesidades identificadas.
- Localizar con la máxima eficiencia las mejores evidencias a utilizar.

- Valorar críticamente la validez y la utilidad de estas evidencias.
- Aplicar los resultados de esta valoración en la práctica clínica. La formulación de las preguntas puede proceder de estudios clínicos y PCE.

6.2. Fuentes de "Práctica Clínica basada en la Evidencia" (PCE)

El acceso a la información sobre PCE y que facilita la labor de las personas profesionales:

- Revistas que resumen, sintetizan y publican las mejores evidencias procedentes de las fuentes primarias.
- Organizaciones dedicadas a recopilar los resultados de las investigaciones: a las tradicionales bases de datos como Medline o Embase.
- Agencias de evaluación de las tecnologías sanitarias.

El desarrollo de Internet posibilita mayor diversidad de información, sin que se deba obviar revistas no indexadas en las bases de datos tradicionales o el acceso a entidades interesadas en la elaboración y difusión de protocolos o guías de práctica clínica, que pueden ser muy útiles.

Temario específico
Volumen 1

Fisioterapeutas Servicio Andaluz de Salud (SAS)

Servicio Andaluz de Salud
(SAS)

Tema 25

Base de datos bibliográficas, fuentes documentales de evidencia y revisión bibliográfica. Instrumentos de la evidencia científica. Elaboración de informes sobre la información relevante encontrada. Integración de los resultados de la investigación secundaria a la práctica clínica

Antonio Martos López
Licenciado en Veterinaria

Francisco Rivas García
Licenciado en Ciencia y Tecnología de Alimentos

eRodio ediciones

Índice esquemático

1. BASES DE DATOS BIBLIOGRÁFICAS Y REVISIONES BIBLIOGRÁFICAS

1.1. Introducción

Las bases de datos bibliográficas constituyen un conjunto de información estructurada en registros, que contienen la producción científica referida a una materia o disciplina concreta y publicada fundamentalmente en artículos de revista. Estos registros pueden estar en soporte físico o, como cada vez es más frecuente, en soporte electrónico.

Nos van a permitir por lo tanto, acceder a artículos científicos de forma rápida y sencilla, a la vez que son un buen recurso para conocer las últimas aportaciones científicas referentes a un área concreta de la ciencia.

Existen múltiples bases de datos, clasificadas por áreas temáticas según la ciencia que queramos consultar, pero en cuanto las más utilizadas en el ámbito sanitario, encontramos las siguientes:

- MEDLINE (US NLM): Base de datos de la National Libray of Medicine. Incluye más de 4.000 revistas de 70 países y más de 27 idiomas, sobre biomedicina, enfermería, odontología, psicología o ciencias sociales.
- HEALTHSTAR (actualmente recogida junto con MEDLINE en la base de datos Ovid Healthstar): Recoge referencias y resúmenes de literatura publicada sobre servicios de salud, tecnología, administración e investigación. Se incluyen materias como evaluación de resultados en pacientes, efectividad de los procedimientos, programas y servicios; seguros sanitarios, política sanitaria, investigación sobre servicios de salud, gestión y administración de recursos de salud, derecho sanitario y acreditación sanitaria.
- EMBASE: La base de datos de Elsevier Science (Holanda) incluye 4.100 revistas sobre biomedicina, farmacología, toxicología, política sanitaria, etc. Contiene también un tesauro de términos para utilizar en la búsqueda.
- LILACS/BIREME (Centro Latinoamericano y del Caribe de Información en Ciencias de la Salud): Esta base de datos recoge resúmenes de la literatura publicada en esta región desde 1982.
- BDIic: Base de datos de la Fundación Index especializada en Investigación Cualitativa en Salud. Además de la producción científica internacional, incluye los fondos documentales del Laboratorio de Investigación Cualitativa (registro de historias de vida, documentación histórica, etc).

1.2. Revisión bibliográfica

Podemos definir la revisión bibliográfica como el procedimiento estructurado cuyo objetivo es la localización y recuperación de información relevante para un usuario que quiere dar respuesta a cualquier duda relacionada con su práctica, ya sea ésta clínica, docente, investigadora o de gestión.

La naturaleza de la duda y, por tanto, de la pregunta que se hace el usuario, condicionará el resultado de la revisión, tanto en el contenido de la información recuperada como en el tipo de documentos recuperados (p. ej., en las ciencias sociales una revisión tiende a incluir más documentos no periódicos, mientras que en las ciencias naturales empiricoanalíticas predominan artículos originales de metodología cuantitativa y experimental).

La revisión de los estudios previos nos va a permitir:

- Ahondar en la explicación de las razones por las que hemos elegido dicho tema de investigación.
- Conocer el estado actual del tema: qué se sabe, qué aspectos quedan por investigar.
- Identificar el marco de referencia, las definiciones conceptuales y operativas de las variables estudiadas.
- Descubrir los métodos para la recogida y análisis de los datos utilizados.
- Contar con elementos para la discusión, donde se compararán los resultados que obtengamos con los de los estudios previos.

La información en Ciencias de la Salud tiene una capacidad de renovación muy importante, por lo que se aconseja que los estudios que se aportan como referencia para justificar una investigación no tengan más de 5 años. La excepción a esta regla la conforman los manuales o artículos originales que ofrezcan definiciones de los conceptos que se manejan en la investigación y que son referencia para el conjunto de la comunidad científica.

Así mismo, las referencias bibliográficas deben estar correctamente descritas de acuerdo a las normas que proponga la institución que va a autorizar o financiar el estudio, o la publicación a la que se envía un artículo original.

Las etapas de la estrategia de búsqueda se pueden resumir en:

1. Definición de la pregunta.
2. Análisis y preparación de la búsqueda.
3. Traducción de la pregunta al lenguaje documental.
4. Elección de las fuentes documentales: bases de datos bibliográficas.
5. Ejecución de la búsqueda.
6. Respuesta a la interrogación y selección de documentos.
7. Recuperación del documento primario.
8. Análisis y selección de los documentos recuperados. La búsqueda inversa.
9. Síntesis de la búsqueda bibliográfica.

2. FUENTES DOCUMENTALES DE EVIDENCIA E INSTRUMENTOS DE LA EVIDENCIA CIENTÍFICA

Las fuentes documentales son datos o estudios realizados previamente sobre los temas que se desean investigar, los cuales ya existen en algún medio como informes, paginas web, libros, investigaciones previas, documentos, etc.

En la actualidad, y debido al gran avance tecnológico, podemos clasificar las fuentes documentales e instrumentos de evidencia científica en primarias, secundarias, impresas, electrónicas y audiovisuales.

2.1. Fuentes primarias

Son aquellas que aportan informaciones originales, nuevas, o que permiten ampliar nuevas investigaciones.

Las más importantes son:

1. El libro en general (monografías): Un libro siempre ofrece algo nuevo, aunque se base en otros libros o ideas; pero también puede ser considerado como fuente secundaria. Son escritos que tienen un tema específico, abordado por el autor de una manera relativamente completa. Permite estudiar el tema o una parte de él sin tener que esperar una publicación posterior y constituyen la principal herramienta con que se cuenta para poder aprender sobre un tema cualquiera, incluyendo los principios, teorías, métodos, técnicas, normas, etc.

   Las monografías aparecen cuando se ha acumulado una cierta cantidad de información sobre un tema.

   En el aspecto informativo no presentan verdaderas novedades, sino que más bien su fortaleza es el análisis y la integración de la información que realiza el autor. El proceso de edición, distribución y traducción provoca retrasos adicionales. Generalmente son publicadas en formato de papel.
2. Publicaciones periódicas (revistas y diarios): Hay una gran cantidad de revistas que se publican en todo el mundo. La obra científica de vanguardia aparece publicada inicialmente en revistas, ya que son el medio utilizado por excelencia por los investigadores para publicar sus trabajos. Las revistas de mejor calidad son, por lo general, muy especializadas. Los diarios permiten el acceso a la información económica, política y social de un determinado país, ofreciendo datos que no se encuentran en libros o revistas. Por lo general, son útiles para conocer informaciones locales del lugar donde son publicados que no se encuentra en otros medios. A ellos, se puede acceder a través de Internet.
3. Informes científicos y técnicos: son investigaciones realizadas y publicadas por instituciones u organismos científicos.
4. Actas de congresos: recopilaciones de ponencias o comunicaciones expuestas en seminarios, congresos, etc, y que normalmente se plasman en libros.
5. Tesis de licenciaturas y tesis doctorales: trabajos de investigación con aportaciones personales realizadas con el fin de obtener una titulación, mención honorífica, etc.
6. Catálogos comerciales de empresas, productos y de editores: documentos que ofrecen información puntual sobre productos, servicios, empresas, etc.
7. Normas: documentos que se formulan según acuerdo previo entre organismos e instituciones en los que se define un producto, un material, un procedimiento y características de su funcionamiento.

2.2. Fuentes secundarias

Son listas, referencias o resúmenes de las fuentes primarias. Encontramos principalmente:

1. Boletines de resúmenes: son publicaciones periódicas que reagrupan diversos tipos de documentos; aunque hay muchas destacan:
   a) Boletines indicativos: son documentos ordenados por materias y con la descripción bibliográfica.
   b) Boletines analíticos: son documentos ordenados por materias y con un breve resumen.
2. Catálogos o repertorios bibliográficos: son listas de publicaciones ordenadas alfabéticamente, que se conservan en bibliotecas y centros de documentación.
3. Directorios y guías: listas de personas físicas y jurídicas que se ocupan de una disciplina o materia concreta.
4. Anuarios: documentos que resumen los acontecimientos más importantes ocurridos durante un año.

2.3. Obras de referencia

Facilitan con rapidez informaciones al usuario, independientemente de la materia de que se trate, del nivel, etc. Tienen que ser muy actuales y ser entregadas con rapidez al usuario. Este servicio es el que deben ofrecer las obras de consulta en los medios de comunicación, pero mucho más preciso, concreto y rápido, porque la actualidad de la noticia lo exige.

1. Diccionarios: su materia prima son las palabras de un lenguaje. Se trata de un conjunto de palabras de una o más lenguas o lenguajes especializados, comúnmente en orden alfabético, con sus correspondientes explicaciones o significados. Recopilaciones sobre conceptos y expresiones de una terminología específica en una sola lengua, o sus equivalentes en varias.

   Una herramienta de consulta para comprobar la ortografía de las palabras. Los diccionarios más comunes son los filológicos, que explican los significados de las palabras para obtener una comprensión del término, haciendo referencia al origen de la palabra (etimología) o aclarando su utilización en el lenguaje mediante ejemplos.
2. Enciclopedias: su materia prima son los conceptos, las materias. Profundizan en el concepto y desentrañan los significados, lo que permite al periodista quedarse con una visión más amplia de los contenidos.

   No existe una línea divisoria precisa entre los diccionarios y las enciclopedias, excepto en el caso de las temáticas, que no están ordenadas alfabéticamente, y que exponen temas amplios en los que se incluyen términos y conceptos relacionados entre sí por formar parte de un campo de estudio, de una tecnología, de una industria, etc.

3. Repertorios biográficos: contienen datos sobre personas importantes; deben presentar respuesta a los diferentes interrogantes, tales cómo dónde nació, qué es, qué ha hecho en su vida, qué cargos ha desempañado, a qué partido político pertenece, etc.

   Se pueden elaborar repertorios biográficos temáticos, geográficos, generales o especializados.

   Los repertorios biográficos forman parte de los datos necesarios para hacer las semblanzas de personajes ilustres, así como aquellos con los que se confeccionan las biografías de hombres de ciencia, cultura, política y con los que se elabora la posterior información el día de su fallecimiento. Ejemplos: Autobiografías; diarios; correspondencia o epistolario; memorias...
4. Guías y directorios: contienen nombres y direcciones de personas y entidades relevantes, además de otros datos que tengan que ver con su trabajo, su actividad e, incluso, datos de carácter histórico, miembros que componen las entidades, cómo funcionan, en qué campo trabajan, etc.
5. Atlas y anuarios geográficos: aportan datos geográficos, países, regiones, etc. Son necesarios ante el constante cambio de fronteras de los países o para profundizar en algún aspecto concreto de una nación. Sirven como punto de orientación. Contienen, además, información sobre ciudades, sus habitantes, formas de vida, incluso gobiernos y datos estadísticos. Si bien, la mayoría de estos datos se pueden conseguir en una enciclopedia que estuviera bien actualizada o, en todo caso, de un anuario geográfico que contuviera todas esas informaciones.
6. Libros del año (anuarios) y cronologías: contienen datos que tienen que ver con un período de tiempo y que suelen coincidir con una fecha cronológica y temporal, en la mayor parte de los casos, anual, pero también hay publicaciones que resumen la actividad acontecida durante un mes, una semana o incluso al día, dependiendo de la institución que se trate y de las futuras necesidades que tengan para consultar esa información.
7. Estadísticas: Datos que provienen del Instituto Nacional de Estadística, su publicación más importante es el "Anuario estadístico de España". Muy importantes en publicidad.
8. Legislación: hace referencia a aquellas fuentes de información en las que se publican las leyes de cada país.

El AGREE, o Instrumento para la Evaluación de Guías de Práctica Clínica, o simplemente instrumento AGREE es una herramienta para la evaluación de guías de práctica clínica. Se trata de una herramienta, integrada por 23 ítems, que evalúa el rigor metodológico y la transparencia con la cual se elaboran estas guías. Ha sido desarrollado por un grupo internacional de investigadores y autores de guías.

Publicado por primera vez en 2003, en 2010 salió una segunda versión mejorada. Ha sido traducido a diversos idiomas y está respaldado por varias organizaciones para el cuidado de la salud.

2.4. Obras de referencia secundarias o repertorios

Dan a conocer la referencia, es decir dónde se encuentra el documento, o lo que es lo mismo facilitar la referencia bibliográfica. Por tanto, el fin último de las obras de referencia secundarias, en las que se encuentran los repertorios, es ofrecer su existencia y facilitar la forma de llegar hasta ellas, cuáles son sus obras, dónde se han publicado, etc.

Son datos bibliográficos de referencia para llegar al documento. Las bibliografías aportan datos del documento, mientras que los catálogos dan el resto de la información.

2.5. Fuentes de Información en Internet

Gran parte de la información actualmente, está en Internet, lo que hace falta es saber buscarlo y discernir cuál puede ser interesante.

Una parte importante de toda la información contenida en Internet se puede considerar como fuente de información para los periodistas, puesto que el campo de la información es tan amplio que abarca todos los contenidos humanos.

Si bien, hay secciones que se podrían beneficiar de una forma diferente, con los resultados obtenido en una búsqueda en la Red.

1. Obras generales. Contienen diferentes directorios de prensa, que a su vez se convierten en fuente de consulta. Cualquiera de los motores de búsqueda ya dispone de un apartado dedicado a las publicaciones y a los periódicos y revistas electrónicos.
2. Obras particulares. Ofrecen aspectos, datos, apuntes, precisos y renovados, de ahí su importancia en los medios de comunicación. Aquí el aspecto documental predomina sobre el informativo.
3. Otras Fuentes más precisas. Son aquellas que, junto a una parte mayoritaria de fuentes y recursos, ofrecen otra serie de servicios de menor importancia. En todo caso, los archivos son más completos.
4. Archivos de Información en Internet (sobre todo audiovisuales). Es el trabajo de una serie de profesionales de los medios de comunicación y de expertos en Internet, capitaneados por Julian Sher y que han ido estableciendo diversas categorías, en las que cualquier periodista electrónico puede encontrar una importante fuente de información.

3. ELABORACIÓN DE INFORMES SOBRE LA INFORMACIÓN RELEVANTE ENCONTRADA

Son los informes que constituirán la base sobre la cual se recojan los distintos datos de información de interés en el ámbito profesional. En este sentido, el informe final es un documento utilizado para difundir los conocimientos producidos en el proceso de la investigación y por lo tanto debe ser accesible a los profesionales sanitarios. A continuación, se describen las partes que deben integrar el informe y las consideraciones a tener en cuenta:

Título

- Identificar al autor, el nombre del trabajo y la institución responsable.
- Corto, claro, informativo, interesante y clasificable.
- Limitarse a unas 10 palabras, sin excederse de 15.
- No incluir en el título palabras que indiquen algún juicio de valor o condicionamiento por parte de autores.
- Es aconsejable que el título sea escrito después de redactar el núcleo del manuscrito.
- Incorporar hasta un máximo de seis autores según el orden de importancia de su contribución material y significativa a la investigación.

Resumen

El resumen es una versión concreta del artículo total y permite conocer el contenido de manera rápida y completa, se escribe hasta terminar el Informe final y, generalmente, aparece después del título del trabajo. El resumen tiene que:

- Plantear los principales objetivos y el alcance de la investigación.
- Describir la metodología empleada.
- Resumir los resultados
- Generalizar con las principales conclusiones.
- Se debe escribir en tiempo pasado.
- Utilizar un solo párrafo, con una extensión máxima de 250 palabras.
- Definir brevemente el problema, objetivos, tipo de estudio, muestra, metodología, resultados y conclusiones más importantes.

Introducción

- Situación sobre el problema investigado.
- Exponer la naturaleza y alcance del problema investigado.
- Justificar la elección de ese tema y su relevancia.
- Incluir una breve revisión de las publicaciones existentes para situar la magnitud e impacto del problema de investigación.

Objetivos

Enumerar los objetivos generales y específicos planteados inicialmente.

Material y métodos

Esta parte del informe final es extremadamente importante, pues permite cumplir con un requisito básico de la investigación científica, la reproducibilidad. Los conocimientos científicos deben ser susceptibles de reproducción. La sección de material y métodos se organiza en cinco áreas:

- Diseño que caracteriza al estudio.
- Población sobre la que se ha hecho el estudio. Describe el marco de la muestra y cómo se ha hecho su selección.
- Entorno dónde se realizó el estudio.
- Intervenciones realizadas, describiéndose entre otros aspectos, las técnicas, tratamientos, técnicas de medición.
- Análisis estadístico de los métodos utilizados y su posterior análisis de datos.

Resultados

Se deben describir de forma narrativa los resultados obtenidos, empezando por ofrecer un panorama general de las características del grupo o grupos estudiado para fundamentar que los sujetos de estudio fueron los adecuados (o no) para el mismo.

Los rasgos generales que deben cumplir:

- Expresar los resultados de los experimentos descritos en la sección de material y métodos.
- Presentar las pruebas que sustentan los resultados obtenidos, sea en forma de figuras, tablas o en el mismo texto.

En esta sección, se pueden incluir tablas, cuadros o gráficas, según considere necesario. Con respecto a las tablas:

- Número de la tabla o cuadro. Generalmente antes del título. Se numera en forma correlativa.
- Título que debe indicar la o las variables a las que se refieren los datos ubicados en tiempo y espacio, indicando su forma de relación.
- Columna matriz que sirve para colocar el nombre de la variable y el nombre de cada una de las categorías en que se ha clasificado esa variable.
- Fila matriz. En ella se coloca el nombre de la variable, independiente y encabezando las columnas respectivas, los nombres de las categorías en que se ha clasificado esta variable.
- Casillas o celdas que contienen los datos y están limitados por las filas y las columnas.
- Cuerpo donde se anotan los resultados.
- Total vertical. Es la suma de los valores parciales de la columna y puede colocarse en la primera o en la última fila.
- Total horizontal. Es la suma de los valores parciales de la fila y puede colocarse en la primera o en la última columna (coincidiendo con la ubicación del total vertical).
- Columna de porcentajes. Cuando se considere necesario, se ubicará al lado de los valores totales respectivos.

Si se incluyen gráficas es recomendable utilizar la misma escala a todo lo largo del informe. Se debe seleccionar el diseño adecuado al tipo de variable y al lector al que va dirigido principalmente el trabajo. No se recomienda mezclar muchas variables en una sola presentación gráfica. El título de la gráfica se coloca al principio de la misma.

Discusión

Se refiere a la interpretación que el autor hace de sus hallazgos. Es, probablemente, la parte más difícil de escribir en el informe final. Se recomienda que, como mínimo, incluya lo siguiente:

- Un párrafo introductorio en donde recapitule el objetivo principal de la investigación.
- Describir someramente el o los grupos estudiados, su grado de adecuación para el estudio y si los grupos fueron comparables.
- Mostrar los principios, relaciones y generalizaciones que los resultados indican.
- Discuta los resultados, no hay que limitarse a recapitularlos ni describirlos.
- Señalar las excepciones o la falta de correlación y delimite los aspectos no resueltos.
- Comentar las diferencias o similitudes de los resultados con los de trabajos similares realizados por otros investigadores y lo que es más importante, sugiera las razones para estas congruencias o incongruencias encontradas.
- Sugerir líneas de investigación dentro del campo de su especialidad como resultado de sus hallazgos.
- Plantear hipótesis de trabajo para futuras investigaciones.
- Comentar las dificultades y limitaciones encontradas en el proceso de la investigación realizada y revisar la validez externa de su estudio.

Bibliografía

La bibliografía se citará según la normativa exigida. El nivel de actualización del artículo científico, se determinará atendiendo a las bibliografías consultadas y que se encuentren en los últimos 5 años de publicación.

4. INTEGRACIÓN DE LOS RESULTADOS DE LA INVESTIGACIÓN SECUNDARIA A LA PRÁCTICA CLÍNICA

La práctica clínica procedente de los resultados de la medicina basada en la evidencia requiere el siguiente procedimiento:

1. Plantear las cuestiones necesarias partiendo del problema clínico del paciente

Pretende transformar las interrogantes y/o dudas que surgen durante el encuentro clínico y que se perciben como necesidades de información, en una pregunta simple y claramente definida, que nos permita encontrar los documentos que satisfagan dicha incógnita.

2. Localizar las pruebas disponibles en la literatura científica

La búsqueda de la literatura relevante relacionada con la pregunta se realiza en bases de datos bibliográficos, de las cuales la más utilizada y conocida es MEDLINE. Otras fuentes son las revistas secundarias o de resúmenes como el ACP Journal Club y Evidence Based Practice.

3. Evaluación de las pruebas obtenidas

Implica evaluar en los documentos encontrados, su validez y utilidad. Aunque se tiende a clasificar la investigación según su calidad, situando en primer lugar los ensayos clínicos aleatorizados y los metaanálisis, estos no están siempre disponibles.

4. Aplicación a la práctica de las conclusiones de la evaluación realizada

Implica trasladar el conocimiento adquirido al seguimiento de un paciente individual o a la modificación de actuación en subsiguientes consultas, ejercicio que debe ir acompañado de la experiencia clínica necesaria para poder contrarrestar los riesgos y los beneficios de las técnicas utilizadas.

Temario específico
Volumen 1

Tema 26

Gestión por Procesos Asistenciales Integrados. Mapas de procesos asistenciales. Procesos de soporte. Planes de Cuidados

Fisioterapeutas Servicio Andaluz de Salud (SAS)

Antonio Martos López
Licenciado en Veterinaria

Rodio ediciones

Índice esquemático

1. GESTIÓN POR PROCESOS ASISTENCIALES INTEGRADOS

1.1. Introducción

La gestión por procesos es una herramienta innovadora en la gestión de empresas y constituye la base para la consecución de los objetivos de calidad total que, como es sabido, tienen validez universal, son aplicables a cualquier tipo de organización y están centrados en la orientación al cliente y a los resultados.

En el ámbito específico del sector salud, la gestión por procesos permite centrar la gestión y orientar los recursos hacia la atención al paciente, dar respuesta a las expectativas, tanto las planteadas por éste como por los profesionales, mejorar los puntos críticos del circuito asistencial y disminuir la variabilidad de la práctica clínica.

Por lo tanto, la gestión por procesos asistenciales integrados (PAI) constituye una herramienta para la mejora de la calidad asistencial, dirigida a facilitar el trabajo de los profesionales y la gestión sanitaria.

El **objetivo** de este tipo de gestión es impulsar un cambio en la organización basada en la fuerte implicación de los profesionales y en su capacidad de introducir la idea de mejora continua de la calidad, y de llevarlo a cabo desde un enfoque centrado en el usuario. Permite analizar los diversos componentes que intervienen en la prestación sanitaria para ordenar los diferentes flujos de trabajo de la misma, integrar el conocimiento actualizado y procurar cierto énfasis en los resultados obtenidos, teniendo en cuenta las expectativas que tienen los ciudadanos y profesionales, e intentando disminuir la variabilidad de las actuaciones de estos últimos hasta lograr un grado de homogeneidad razonable.

Recopilando podemos decir que la gestión por procesos se centra en una serie de elementos fundamentales, como son:

- enfoque centrado en el usuario,
- implicación de los profesionales,
- sustento en la mejor práctica clínica a través de Guías de Práctica y desarrollo de vías clínicas,
- desarrollo de un sistema de información integrado.

1.2. Puesta en marcha

Entre los pasos necesarios para implantar un sistema de gestión integral de los procesos asistenciales y tomando en consideración el utilizado en el Sistema Sanitario Público de Andalucía, se encuentran:

- Elaborar el mapa de procesos y priorizar los procesos considerados clave.
- Diseñar la forma más adecuada para abordar cada uno de los procesos asistenciales, incorporando en ellos la mejor evidencia científica disponible.

- Implantar los procesos en la organización.
- Evaluar los procesos y elaborar el Plan de Mejora Continua.

  Por lo tanto, para su correcta elaboración, se debe realizar un análisis del flujo de actividades, la interrelación entre ámbitos asistenciales y las expectativas del paciente; adaptándose al entorno y a los medios disponibles e incorpora documentos prácticos que proporcionan la evidencia científica (protocolos, guías o vías de práctica clínica). Así mismo, se deben cumplir las siguientes premisas:

  - Centrado en la persona (ciudadano y ciudadana, paciente, usuario y usuaria) como sujeto activo en el desarrollo de su PAI, que incorpora sus expectativas, sus características específicas en su ámbito de referencia (valores individuales, condiciones de vida, diversidad cultural, red social, grupo familiar).
  - Que garantice la continuidad asistencial.
  - Que elimine aquellas actividades que no aporten valor añadido.
  - Que busque la participación de todos los profesionales, asegurando su implicación y satisfacción.
  - Flexible para adaptarse a nuevos requerimientos e incorporar mejoras.
  - Que persiga la mejora en los resultados en salud para la persona, su recuperación y su satisfacción.

1.3. Identificación de procesos clave

La gestión por procesos exige, en primer lugar, una estrategia de identificación de los procesos que en la organización se consideran prioritarios (procesos 'operativos' o 'claves') y, a continuación, una ordenación según su importancia, el impacto que pueda tener su rediseño sobre los usuarios, el interés por su mejora continua, etc.

En el caso del Sistema Sanitario de Andalucía, la identificación y priorización se ha realizado mediante la constitución de un grupo de expertos, que ha analizado las fuentes de información disponibles de la Consejería de Salud, que entre otras destacan: distribución de las altas por GRDs más frecuentes; datos de Lista de Espera Quirúrgica del año 2000; estadísticas de Mortalidad Evitable; datos de CMBD del año 1999.

Tras el análisis y debate sobre dichas fuentes, se han priorizado los procesos operativos-claves mediante los siguientes pasos:

1. Adaptación de una parrilla de priorización según criterios específicos.
2. Definición, mediante consenso, entre el grupo de expertos y la Consejería de Salud, de los criterios específicos seleccionados:
   - Alta prevalencia.
   - Lista de espera.
   - Impacto social.
   - Coste elevado.

- ▹ Casuística más frecuente.
- ▹ Aportación de valor añadido a los usuarios.
- ▹ Factibilidad para abordar el proceso.

3. Reanálisis del resultado de la priorización anterior y consulta a cargos directivos de la Consejería de Salud y del Servicio Andaluz de Salud

2. MAPAS DE PROCESOS ASISTENCIALES

Centrándonos en los procesos clínico-asistenciales, la correcta atención de un problema de salud requiere la participación de profesionales de distintas disciplinas y categorías, en ubicaciones físicas diversas (centros de salud, centros de especialidades, hospitales) que llevan a cabo, de forma reiterada, una serie de actividades que deberían asegurar los mismos resultados de cara al paciente. Por ello, la gestión sistemática de estos flujos de trabajo puede facilitar la eliminación de aquellas actividades que no aportan valor (circuitos ineficaces, tiempos muertos, cuellos de botella, etc.) y acotar los límites de variabilidad.

Con el objetivo de implantar esta herramienta de gestión de calidad, el Sistema Sanitario Público Andaluz propuso abordar, en una primera fase, un conjunto de 44 procesos clínico-asistenciales de carácter prioritario, poniendo especial énfasis en: garantizar la continuidad de la asistencia mediante una visión continua y compartida del trabajo asistencial; adaptar la estructura funcional de los servicios a las necesidades y demandas de los ciudadanos; vincular el esfuerzo profesional al objetivo final, compartiendo riesgos y resultados; ubicar el recurso en el lugar donde depare un mayor beneficio.

La consecución de este proyecto se sustenta en diferentes fases progresivas, la primera de las cuales fue la definición del Mapa de Procesos considerados prioritarios y el desarrollo del soporte tecnológico de cada unos de ellos.

Estos mapas de procesos asistenciales considerados prioritarios son:

Procesos asistenciales. Mapa 1	Procesos asistenciales. Mapa 2
Ataque cerebrovascular	Amigdalectomía/adenoidectomía
Atención al paciente pluripatológico	Anemias
Cáncer de cérvix/útero	Arritmias
Cáncer de mama/detección precoz	Asma del adulto
Catarata	Asma infantil
Cefaleas	Cáncer colorrectal
Colelitiasis/colecistitis	Cáncer de piel
Cuidados paliativos	Disfonía
Demencias	Disfunción tiroidea
Diabetes	Dispepsia

→

→

Dolor abdominal	Hemorragias uterinas anormales
Dolor torácico	Hepatitis virales
Embarazo, parto y puerperio	Hernias abdominales
Enfermedad pulmonar obstructiva crónica	Insuficiencia venosa crónica
Fractura de cadera	Otitis media
Hiperplasia benigna/cáncer de próstata	Politraumatizados
Insuficiencia cardíaca	Artroplastia de cadera
Patología osteoarticular crónica	Síndrome febril de duración intermedia
Ansiedad, depresión, somatizaciones	Síndrome febril en el niño
VIH-sida	Trastornos de la conducta alimentaria
Procesos asistenciales.	Trastorno mental grave
	Procesos de soporte
	Bloque quirúrgico
	Laboratorios clínicos
	Técnicas de imagen
	Trasplantes
	Trasplante hepático
	Trasplante cardíaco
	Trasplante pulmón

Por último, se constituyen los correspondientes grupos de trabajo en los que confluyen profesionales de diferentes niveles asistenciales, disciplinas y categorías, y se establecen como punto de partida las expectativas de los distintos destinatarios de cada proceso (fundamentalmente, pacientes y profesionales), exploradas a través de técnicas cualitativas.

Asimismo, se constituyen grupos de referencia para cada proceso, responsables de mantener su vigencia, mediante la actualización e incorporación de las posibles modificaciones que sugieran la implantación local, los avances tecnológicos, los cambios en las expectativas de los ciudadanos y profesionales, y las aportaciones desde la medicina basada en la evidencia, que permitan optimizar determinados aspectos de prevención, diagnóstico o tratamiento.

3. PROCESOS DE SOPORTE

Como ya se ha comentado en apartados anteriores, esta herramienta de gestión, está estructurada en varios procesos de diferente índole para poder llevarse a la práctica y con las mejores garantías de calidad. Estos procesos constituyentes son:

1. Procesos estratégicos, están orientados a las actividades estratégicas de la Organización, para incrementar la calidad en los servicios que presta a la ciudadanía, y dar respuesta a sus necesidades y expectativas. En ellos, se establecen

de forma explícita los principios, valores y estrategias del sistema sanitario, se representan en la parte superior, de forma longitudinal.

2. Procesos operativos, en la parte central, se representan las diferentes actividades y escenarios en el desarrollo del PAI al paciente.
3. Complementariamente y en la parte inferior se diseñaron y elaboraron los procesos de soporte, imprescindibles para el desarrollo del PAI y que aportan valor añadido al proceso asistencial.

   Estos procesos de soporte apoyan para las áreas de Laboratorio, Técnicas de Imagen y Bloque Quirúrgico.

   Cada uno de estos procesos de soporte se constituyen con una estructura similar al resto de los procesos (responsable, destinatarios, entradas, etc), y su objetivo será dotar de recursos, y apoyo logístico o administrativo a los procesos operativos. Por tanto, se comportan como proveedores del proceso operativo y aparecerán como tales en los diagramas que definen a aquéllos.

   Las entradas que suministran las Unidades de soporte o apoyo se especificarán en el proceso operativo, junto a la unidad proveedora que la ofrece.

4. PLANES DE CUIDADO

4.1. Introducción

Se puede definir un plan de cuidado como el conjunto de actuaciones que realiza un profesional sanitario cualificado para la detección, descripción, planificación, tratamiento y evaluación de las respuestas humanas, y no sólo en las situaciones de enfermedad.

De modo genérico, tal como se muestra en el siguiente diagrama (Alfaro LeFvre, 1998), se definen las siguientes fases:

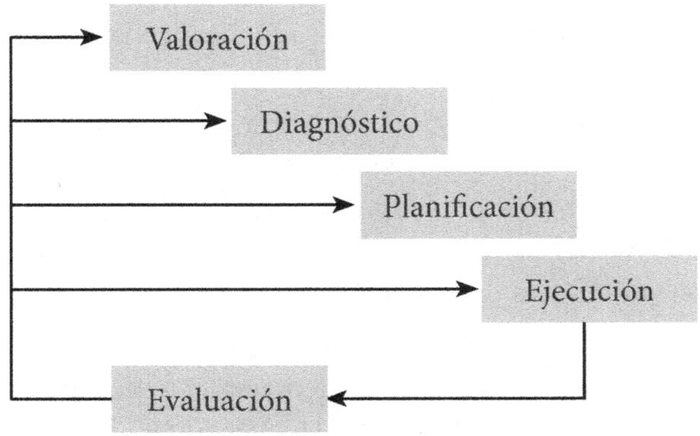

4.2. Tipos de planes de cuidado

- Individualizado: Permiten documentar los problemas del paciente en el momento de la atención, los objetivos del plan de cuidados y las acciones de enfermería para un paciente concreto. Se suele invertir más tiempo en elaborar.
- Estandarizado: un plan de cuidados estandarizado es un protocolo específico de cuidados previamente elaborado, apropiado para aquellos pacientes que padecen los problemas normales o previsibles relacionados con el diagnóstico concreto o una enfermedad.
- Informatizado: Requieren la informatización previa de los diferentes tipos de planes de cuidados estandarizados, Son útiles si permiten la individualización a un paciente concreto. Registran la información de manera rápida, clara y concisa. Recaban la información precisa sobre el estado de salud, que permite una óptima planificación de los cuidados, su revisión y la mejora del plan, facilitan la continuidad de los cuidados, tanto en el hospital como la comunicación con otros servicios de salud, y evitan la repetición de los datos.

4.3. Estructura de los planes de cuidados

1. Título: descripción del problema de salud con la referencia GRD correspondiente.
2. Definición problema de salud: breve descripción de la enfermedad y de su relevancia e impacto en la salud de los usuarios.
3. Objetivos generales: los planteamientos genéricos y metas de cuidados generales que se pretenden conseguir.
4. Criterios de aplicación del plan de cuidados: que circunstancias se han de cumplir para poner en marcha el plan de cuidados. Debe quedar muy claro cuando se aplica el plan.
5. Valoración individualizada: descripción de los problemas y alteraciones de las distintas necesidades básicas al ingreso del paciente.
6. Diagnósticos detectados tras la valoración: clasificados en función del proceso asistencial.
   a) En los procesos quirúrgicos la valoración se estructurará en: Ingreso: Pre-cirugía/ procedimiento. Post-cirugía/ procedimiento.
   b) En los demás procesos la detección de diagnósticos será por valoración diaria del paciente.
   c) Al alta: continuidad de cuidados.
7. Desarrollo del plan de cuidados estandarizado:
   a) Todos los planes de cuidados del departamento tienen estandarizadas 5 intervenciones que son inherentes a la hospitalización y que no dependen del problema de salud por el cual ha ingresado en el hospital.

b) Enumeración del diagnóstico con la fecha de inicio y resolución del problema.
c) Criterios de resultados coherentes con los objetivos planteados para cada diagnóstico. Las escalas deben evaluar la consecución o no del objetivo. Debe aparecer dos puntuaciones al inicio del problema y al final o al alta. Expresará los criterios de resultado observables en la persona tras la aplicación del cuidado relacionado con la modificación, mejoría o alivio, desaparición o no de signos y síntomas en un período determinado.
d) Intervenciones de enfermería que se ejecutarán para la resolución del diagnóstico.
e) Actividades seleccionadas de la intervención correspondiente y nivel de evidencia/ grado de recomendación de la actividad si lo hubiera. Los planes de cuidados deben basarse en la evidencia científica disponible, por lo que las actividades recomendadas en dichos planes que estén basadas en la evidencia se ajustarán a la tabla de recomendaciones de la Agency for Health and Quality del US Department of Health and Human Services.
f) Pauta o frecuencia de realización de las actividades o procedimientos.

8. Complicaciones potenciales: debe constar el objetivo a conseguir y las intervenciones o procedimientos a realizar para conseguir el objetivo.
9. Tabla resumen de los cuidados: aparece los problemas con los cuidados clave de enfermería para solucionar dichos problemas del paciente.
10. Glosario de términos: en aquellos planes en los que aparezcan términos muy específicos de la patología concreta.
11. Bibliografía consultada para la confección de los planes de cuidados.

Fisioterapeutas Servicio Andaluz de Salud (SAS)

Temario específico Volumen 1

Servicio Andaluz de Salud
(SAS)

Bibliografía y Webgrafía

Rodio ediciones

TEMA 12

- http://www.juntadeandalucia.es/servicioandaluzdesalud/hsc/web/index.php?option=com_content&view=article&id=56&Itemid=113
- http://www.juntadeandalucia.es/salud/channels/temas/temas_es/P_1_CENTROS_Y_SERVICIOS_SANITARIOS/C_6_autorizacion_registro_centros_sanitarios/autorizacion_registro_centros_sanitarios?perfil=org&desplegar=/temas_es/P_1_CENTROS_Y_SERVICIOS_SANITARIOS/&idioma=es&tema=/temas_es/P_1_CENTROS_Y_SERVICIOS_SANITARIOS/C_6_autorizacion_registro_centros_sanitarios/&contenido=/channels/temas/temas_es/P_1_CENTROS_Y_SERVICIOS_SANITARIOS/C_6_autorizacion_registro_centros_sanitarios/autorizacion_registro_centros_sanitarios
- http://www.calidadsaludandalucia.es/es/anexo_2.html
- http://www.juntadeandalucia.es/economiayhacienda/planif_presup/presupuesto2014/memoria/memoria-a-24.pdf

TEMA 14

- Servicio Andaluz de Salud. Consejería de Igualdad, Salud y Políticas Sociales. Junta de Andalucía [Internet]. Derechos y Garantías; [último acceso 28 julio 2014]. Disponible en: http://www.juntadeandalucia.es/servicioandaluzdesalud/principal/documentosAcc.asp?pagina=gr_derechosygarantias
- Plataforma de Relaciones con la Ciudadanía Andaluza. Junta de Andalucía [Internet]. Voluntad vital anticipada. Declaración y Registro; [último acceso 28 julio 2014]. Disponible en: http://www.juntadeandalucia.es/haciendayadministracionpublica/clara/cprDetalleTramites.html?c=1-59-33
- Decreto 128/97, de 6 de mayo, por el que se regula la libre elección de médico especialista y de hospital en el Sistema Sanitario Público de Andalucía. (BOJA 24/05/97, nº 60) (46 KB)
- Decreto 60/99, de 9 de marzo, sobre libre elección de médico y pediatra. (BOJA 13/4/99, nº 43) (48 KB)
- Orden de 27 de febrero de 2002, por la que se establece la efectividad del carácter individual de la libre elección de médico y su gestión por la base de datos de usuarios del Sistema Sanitario Público de Andalucía. (BOJA 07/03/2002, nº 28) (44 KB)
- Orden de 6 de junio de 1999, de la Consejería de Salud, por la que se regula el procedimiento para la libre elección y se establecen las normas de asignación de médico general y pediatra en la comunidad autónoma de Andalucía. (BOJA 17/6/99)

TEMA 15

- Ley 30/1992, de 26 de noviembre, de Régimen Jurídico de las Administraciones Públicas y del Procedimiento Administrativo Común; [último acceso 8 agosto 2014]
- Disponible en https://www.boe.es/buscar/act.php?id=BOE-A-1992-26318
- Servicio Andaluz de Salud. Consejería de Igualdad, Salud y Políticas Sociales. Junta de Andalucía [Internet]. El Servicio Andaluz de Salud; [último acceso 28 julio 2014]
- Disponible en: http://www.sas.junta-andalucia.es/principal/documentosAcc.asp?pagina=gr_conocerelSAS

TEMA 16

- Bibliografía básica | Apuntes de demografía en WordPress.com [Internet]. [cited 2014 Jul 16]. Available from: http://apuntesdedemografia.wordpress.com/curso-de-demografia/bibliografia-basica/
- http://www.juntadeandalucia.es/institutodeestadisticaycartografia/InformacionEstadisticayCartografica/RevistaFuturoPoblacion.pdf [Internet]. [cited 2014 Jul 16]. Available from: http://www.juntadeandalucia.es/institutodeestadisticaycartografia/InformacionEstadisticayCartografica/RevistaFuturoPoblacion.pdf
- Los censos de población basados en registros: una aproximación a las experiencias de los Países nórdicos y a su aplicabilidad en España [Internet]. [cited 2014 Jul 17]. Available from: http://www.ced.uab.es/publicacions/paperspdf/text364.pdf
- Pirámide de población [Internet]. [cited 2014 Jul 17]. Available from: http://enciclopedia.us.es/index.php?title=Especial:Citar&page=Pirámide+de+población
- Regidor E, Gutiérrez-Fisac J. Indicadores de salud. ... programa Reg Eur Salud para todos Madrid ... [Internet]. 1999 [cited 2014 Jul 17]; Available from: http://scholar.google.com/scholar?hl=en&btnG=Search&q=intitle:Indicadores+de+Salud#0
- Indicadores en salud [Internet]. [cited 2014 Jul 23]. Available from: http://es.slideshare.net/JoseMoi/indicadores-en-salud-14056145#
- Facultad de Ciencias Sociales (Uba) Cátedra: Demografía Social Profesora: Dra. Susana Torrado Serie Materiales Didácticos Documento No 9 Abril de 1998. El Diagrama de Lexis. Análisis transversal y análisis longitudinal. Cohortes reales y cohortes hi. 1998
- Epidat 4: Ayuda de demografía. Avalaible from: http:/gal/documentacionTecnica/docs/SaudePublica/Apli/Epidat4/Ayuda/Demograf%2525C3%2525ADa.pdf

- Definición de algunos Indicadores Demograficos.Definition of selected demographic indicators [Internet].[cited 2014 jul 23]. Avalaible from: http://www.cepal.org/publicaciones/xml/9/29499/OD-2-Definiciones.pdf
- Morbilidad | Apuntes de demografía en WordPress.com [Internet]. [cited 2014 Jul 23]. Available from: http://apuntesdedemografia.wordpress.com/2010/07/07/morbilidad/
- Consiglio E, Belloso WH. Nuevos indicadores clínicos: La calidad de vida relacionada con la salud. Med (Buenos Aires) [Internet]. Fundación Revista Medicina (Buenos Aires); [cited 2014 Jul 23];63(2):172–8. Available from: http://www.scielo.org.ar/scielo.php?script=sci_arttext&pid=S0025-76802003000200014&lng=es&nrm=iso&tlng=es
- Schwartzmann Laura. Health-related quality of life: conceptual aspects. Cienc. enferm. [Serial on the Internet]. 2003 Dec [cited 2014 July 24] ; 9(2): 09-21. Available from: http://www.scielo.cl/scielo.php?script=sci_arttext&pid=S0717-95532003000200002&lng=en. http://dx.doi.org/10.4067/S0717-95532003000200002

TEMA 17

- http://www.juntadeandalucia.es/salud/channels/temas/temas_es/P_2_ANDALUCIA_EN_SALUD_PLANES_Y_ESTRATEGIAS/plan_accidentabilidad/plan_accidentabilidad

TEMA 20

- Botella-Rocamora, P. Alacreu-García, M. Martínez-Beneito, M.A. "Apuntes de Estadística en Ciencias de la Salud". Depto. Ciencias Físicas, Matemáticas y de la Computación. Univ. CEU Cardenal Herrera. Centro Superior de Investigación en Salud Pública. Generalitat Valenciana. 2013
- Álvarez Cáceres, R. "Estadística aplicada a las Ciencias de la salud" 1997

TEMA 21

- Epidemiología y metodología científica aplicada a la pediatría (IV): Pruebas diagnósticas. C. Ochoa Sangrador1, G. Orejas2. AnEspPediatr 1999; 50:301-314
- Escrig-Sos J, Martínez-Ramos D, Miralles-Tena JM. Pruebas diagnósticas: nociones básicas para su correcta interpretación y uso. CirEsp 2006; 79(5):267-273
- Grimes DA, Schulz KF. Refining clinical diagnosis with likelihood ratios. Lancet. 2005; 365(9469):1500-5
- Donis, José H. Evaluación de la validez y confiabilidad de una prueba diagnóstica Avances en Biomedicina, vol. 1, núm. 2, julio-diciembre, 2012, pp. 73-8

TEMA 22

- Manual de la investigación cualitativa (Vol I): El campo de la investigación cualitativa. Norman K. Denzin, Yvonna S. Lincoln. Ed. Barcelona: Gedisa, 2012
- Manual de la investigación cualitativa (Vol IV): Métodos de recolección y análisis de datos. Norman K. Denzin, Yvonna S. Lincoln. Ed. Barcelona: Gedisa, 2012
- Asuntos críticos en los métodos de investigación cualitativa. Janice M. Morse, Bottorf, Joan L. Ed. San Vicente del Raspeig: Universidad de Alicante
- Investigacion Aplicada En Salud Publica.metodos Cualitativos. Elizabeth E. Tolley

TEMA 23

- Epidemiología y metodología científica aplicada a la pediatría (IV): Pruebas diagnósticas. C. Ochoa Sangrador1, G. Orejas2. AnEspPediatr 1999; 50:301-314
- Bermejo Fraile B. Epidemiología clínica aplicada a la toma de decisiones en medicina. Departamento de Salud. Gobierno de Navarra; 2001.www.cfnavarra.es/salud/docencia.investigacion/textos/Monograf_1/Epidemiologia_clinica.pdf 3
- Escrig-Sos J, Martínez-Ramos D, Miralles-Tena JM. Pruebas diagnósticas: nociones básicas para su correcta interpretación y uso. CirEsp 2006; 79(5):267-273.
- Grimes DA, Schulz KF. Refining clinical diagnosis with likelihood ratios. Lancet. 2005; 365(9469):1500-5
- Hayden SR, Brown MD. Likelihood ratio: A powerful tool for incorporating the results of a diagnostic test into clinical decisionmaking. Ann Emerg Med. 1999;33(5):575-80
- Eficacia de una prueba diagnóstica: parámetros utilizados en el estudio de un test. Ricardo Ruiz de Adana Pérez. Jano 1 de mayo 2009. N.º 1.736 • www.jano.es
- Donis, José H. Evaluación de la validez y confiabilidad de una prueba diagnóstica Avances en Biomedicina, vol. 1, núm. 2, julio-diciembre, 2012, pp. 73-8

TEMA 24

- González de Dios J, Buñuel Álvarez JC, Ochoa Sangrador C. La valoración crítica de documentos científicos y su aplicabilidad a la práctica clínica: aspecto clave en la toma de decisiones basada en las mejores pruebas científicas. EvidPediatr. 2006; 2: 37
- La medicina basada en evidencias científicas: mito o realidad de la variabilidad de la práctica clínica y su repercusión en los resultados en salud. A. Gómez de la Cámara. Anales Sis San Navarra v.26 n.1 Pamplona ene.- abr. 2003
- Evidence-Based Medicine WorkingGroup. La medicina basada en la evidencia. Un nuevo enfoque para la docencia de la práctica de la medicina. JAMA 1992; 268: 2420-5

- Las vías clínicas basadas en la evidencia como estrategia para la mejora de la calidad: metodología, ventajas y limitaciones. Genís Carrasco, Joan Ferrer. Calidad: metodología, ventajas y limitaciones. Rev. Calidad Asistencial 2001;16:199-207
- Evidence-Based Medicine WorkingGroup. Evidence-based medicine. A nextapproach to teachingthepractice of medicine. JAMA 1992;268:2420-5
- Rosenberg W, Donald A. Evidencebased medicine: anapproach to clinalproblem-solving. Br Med J 1995;310:1122-6
- Rothstein JM. Scalzitti D. Physiotherapy quo vadis. Advances in Physiotherapy 1999;1:9-12
- Eddy DM. Variations in physicianpractice: the role of uncertainty. HealthAff1984;3:74-89
- Sackett DL, Richarson WS, Rosenberg W, Brian R. Medicina basada en la evidencia. Cómo ejercer y enseñar la MBE. Madrid: Churchill Livingstone; 1997
- McColl A, Smith H, White P, Field J. General practitioners' perceptions of theroute to evidencebased medicine. A questionnairesurvey. BMJ 1998;316:361-5

TEMA 25

- Búsqueda de información en pediatría basada en la evidencia (II): fuentes de información secundaria y primaria. GONZÁLEZ DE DIOS J. Revista Española de Pediatría 2003;59(3): 259-273
- Uniforme Requirement for Manuscripts Submitted to Biomedical Journals. New England Journal of Medicine 1997;336(4):309-315
- Rosenberg W, Donal A. Evidence based medicine an: approach to clinical problem solving. Br Med J 1995; 310: 11222-6

TEMA 26

- Guía de diseño y mejora de procesos de asistenciales integrados 2ª edición, 2009. (Junta Andalucía. Consejería de Salud). ISBN: 978-84-692-4340-4
- Cartera de servicios por procesos asistenciales integrados. Junta Andalucía. Consejería de Salud. ISBN: 84-689-6813-7
- Plan de Calidad. Nuevas estrategias para la sanidad andaluza. Consejería de Salud de la Junta de Andalucía, 2000. Disponible en: http://www.juntadeandalucia.es/salud
- Torres Olivera A, Lledó R. La coordinación entre niveles asistenciales. Rev. Calidad Asistencial 2001;16:232-4
- Torres Olivera A. La gestión por Procesos Asistenciales Integrados: una estrategia necesaria. Aten Primaria 2003;31: 561-3

Made in the USA
Monee, IL
04 May 2026

49476044R00227